그리스 조각의 발전

폴리스의 전사 겸 시민

상반신에 갑옷을 두르고 창을 들고 서 있는 아리스티온(기저부에 새겨진 이 이름은 '좋은' 또는 '고상한'이라는 뜻이다)의 조각에는, 그리스 장갑보병의 완전장비 중에서 투구와 칼, 방패가 빠져 있다. 아리스티온 같은 귀족도 자발적으로 말에서 내려 평범한 농민-시민군과 함께 아테네의 밀집군단에 합류했는데, 이런 전투와 생활의 양식이 그리스의 고전시대를 열었다. 고졸한 이 조각이 보여주듯이, 고전적 미술양식은 자연주의적 표현(가슴의 근육을 보라)과 관습화된 표현(갑옷 밑으로 드러난 옷의 주름과 두발, 수염)의 조화를 추구했다. 이런 미술기법은 영웅적 이기주의와 폴리스에 대한 개인적 종속 사이의 불안한 균형을 유지하던 아테네 황금시대의 정치적 기술과 닮은 점이 있다.

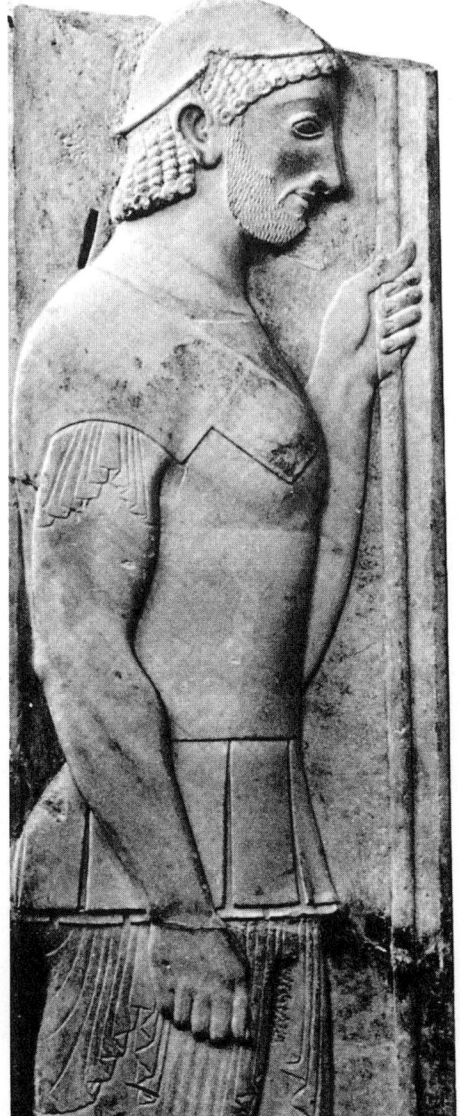

그림 1. 아리스티온의 석조, 510~500B.C., 아티카의 벨라니데사 출토, 아테네 국립미술관 소장.

그림 2. 포세이돈, 470~450B.C., 아르테미시온 갑(岬)에서 발견, 아테네 국립미술관 소장.

고전 그리스의 미

보존상의 사고로 인해 현대인은 고전 그리스 조각의 심미적 매력을 이런(그리고 그 밖의 몇몇) 이류작품을 통해서 감상할 수밖에 없다. 그림 2의 포세이돈 청동상은 기원전 5세기에 활약한 유명 조각가의 작품은 아닌 듯하고, 당시 아테네의 공방에서 흔히 제작되던 평범한 작품일 가능성이 크다. 그림 3 렘

그림 3. 렘니아의 아테나 두상, 볼로냐 시립박물관 소장.

니아의 아테나는 피디아스의 손을 거쳤으리라 추정되는 작품의 모조품으로 원작보다 몇 세기 후에, 로마인의 취향이 기원전 5세기의 그리스 미술을 최고로 치던 시절에 만들어진 것이다.

그림 4. 무명의 로마인 두상, B.C. 1세기, 보스턴 미술관 소장.

로마 공화정시대와 제정시대

이 두 무명 인물의 조각상은 그리스의 조각가들이 가족 초상을 좋아하던 로마인의 취향에 맞추어 한껏 솜씨를 발휘한 것이다. 그림 4는 간결하고 사실주의적인 기법으로 로마를 위대하게 만든 활력과 자기 규율을 표현하고 있다. 또한 그 근엄한 표정은 명령을 내리는 습관이 몸에 배어 있음을 말해준다. 그림

그림 5. 로마의 여인상, A.D. 54~117, 로마, 카피톨리노 미술관 소장.

5는 그림 4보다 약 1세기 후, 제정시대 궁정생활의 우아한 인공미가 과거의 엄숙한 미덕 위에 중첩되던 시대의 작품이다. 여인의 높게 말아 올린 헤어스타일이 강인하고 고고한 얼굴에서 주의를 빼앗지만 결코 그 표정을 가리지는 못한다.

5

그림 6. 관을 쓴 여성의 두상, 2세기, 프랑스의 비엔에서 출토, 프랑스의 리용 박물관 소장.

고전예술의 쇠퇴

고전예술은 이 두 두상이 만들어진 2세기 무렵에 소수의 대지주들이 애호하는 고상한 취미가 되었다. 관을 쓴 여인상은 속주 갈리아의 '시대적 분위기'를 나타내는데, 5세기 전인 헬레니즘 시대에 동방세계에서 시작된 양식화된 인간표현의 한 예를 보여준다. 고대의 모티프와 스타일을 재현한 조각가의

그림 7. 마르쿠스 아우렐리우스의 흉상, 2세기, 스위스의 아방슈 박물관 소장.

솜씨는 훌륭하지만, 왠지 시대에 뒤떨어진 것 같다. 스토아 철학자이자 황제인 마르쿠스 아우렐리우스의 흉상은 기교 면에서는 여인상보다 못하지만, 진부한 신들과 (그림 5와 같은) 인물에 표현된 도시 생활의 안락함보다 좀 더 고귀한 그 무언가를 믿고자 하는 열망을 잘 전달하고 있다.

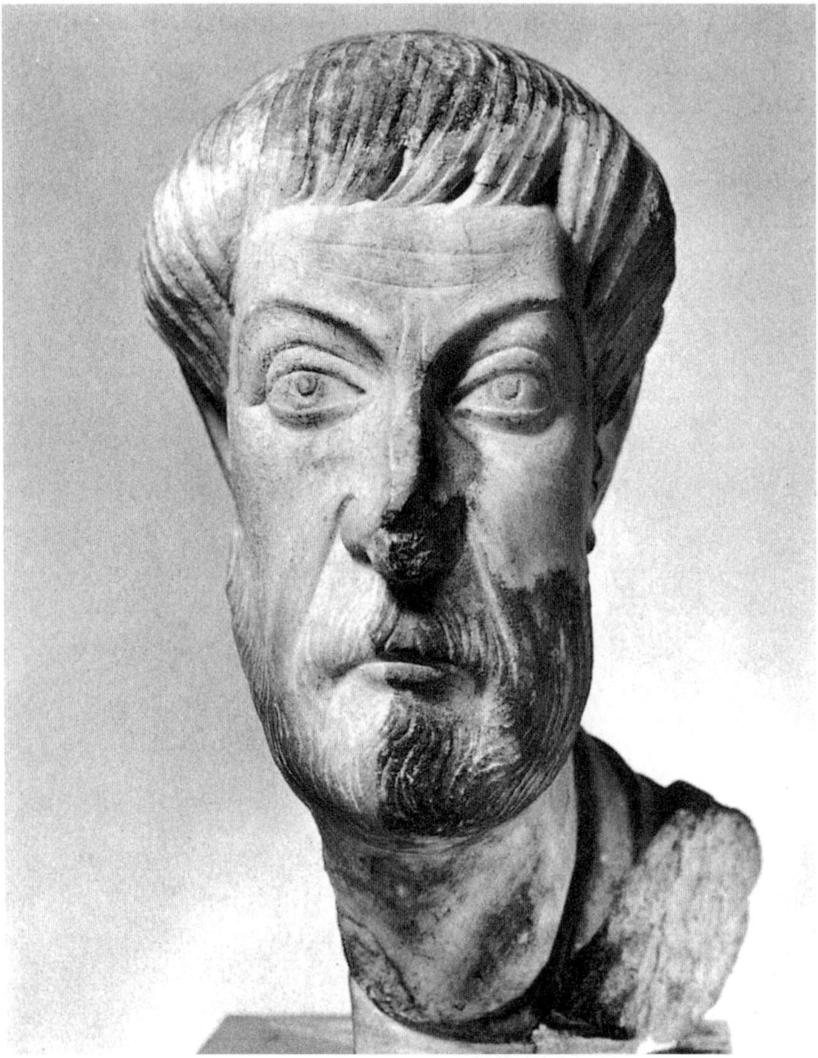

Kunsthistorisches Museum, Vienna

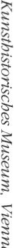

그림 8. 에우트로피우스의 흉상, 3~5세기, 빈 미술사박물관 소장.

고전예술의 종말

서기 3~5세기에 제작된 이 흉상은 새로운 비잔틴 양식을 반영하고 있다. 그리스도교의 발흥, 야만족의 침입, 로마 제국의 해체에 따른 예술사조의 변화가 이 작품에 반영되었다. 실제로 이 흉상은 인간의 세계에 대한 절망과 초대교회의 번영을 지탱해주는 초월적 진리에 대한 열망을 표현한 것으로 보인다.

그리스 조각의 여파와 변용

그림 9. 헬베티인의 두상, 아벤티쿰 출토, 스위스의 아방슈 박물관 소장.

서방 스타일과의 혼합

이 두상은 스위스의 로마 유적에서 발견되었다. 눈길을 사로잡는 이 특이한 작품의 배후에는 그리스-로마의 기법 및 양식과 토착적인(아마도 나무를 재료로 사용하는) 예술전통의 혼합과 상호교류가 있었음에 틀림없다.

그림 10-1. 아테나 신상 또는 로마의 신상. 2~3세기, 파키스탄, 라호르.

그림 10-2. 불상, 4세기, 파키스탄, 라호르.

동방 스타일과의 혼합

미술양식은 오랜 기간에 걸쳐 광대한 공간을 이동하면서 놀랄 만큼 크게 변용된다. 여기에 제시된 4점의 조각은 삼사백 년에 걸쳐 유라시아 대륙을 횡단한 미술양식의 관계를 보여주고 있다. 우리를 응시하고 있는 풍만한 아테나(또는 로마의) 여신상은 그 출발점인 서기 100년경에 그리스-로마 문화에 매료된 파키스탄의 조각가 또는 그 문화를 전파하기 위해 본고장에서 온 조각가가 만든 것이다. 같은 시대 같은 지역에서 제작된 오른쪽의 불상은 그 지역에 뿌리를 내리는 과정에서 새롭게 변용된 그리스-로마 조각의 일면을 보여준다. 파키스탄의 조각가는 두발과 복장 같은 그리스-로마의 모티프를 이용하여 붓다를 묘사했다. 중국의 조각가들은 인도-그리스적인 불상을 모델로 삼아 처음에는 이국적 요소가 혼합된 불상(그림 11-1)을, 다음에는 완전한 중국풍의 불상(그림 11-2)을 만들어냈다. 그리스 조각에서 특징적으로 강조되던 사실성이 차츰 변화를 겪다가 중국 조각가에 의해 완전히 부정된 점을 주목할 필요가 있다. 붓다의 의상뿐 아니라 그의 발도 평면적이고 장식적인 단순한 곡선양식으로 축소되었다.

그림 11-1. 삼존불입상(三尊佛立像), 산시(陝西) 성, 5세기, 토리노, 사바우다 갤러리 소장.

그림 11-2. 보살석상, 허난(河南) 성, 5세기, 오카쿠라 가쿠조(岡倉覺三) 기념, 덴먼 월도 로스 기증, 보스턴 미술관 소장.

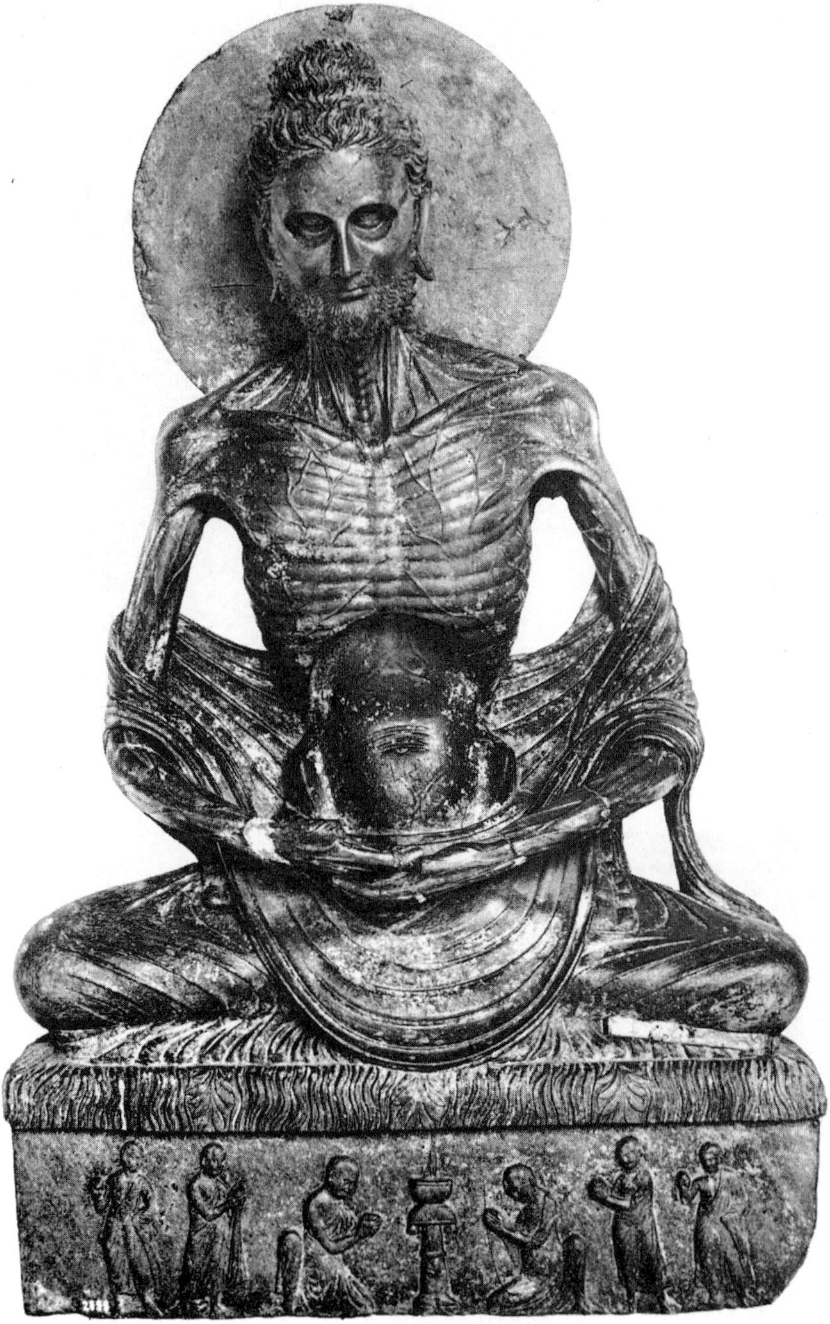

그림 12. 고행 중인 붓다, A.D. 300~400년, 시크리 출토, 파키스탄, 라호르.

그림 13. 지모신(地母神) 약시의 신상, 앞모습과 뒷모습, 마우리아 왕조, 인도, 파트나 박물관 소장.

인도의 두 얼굴

때로는 인간의 생리적 한계에 도전하던 금욕주의와 관능성은 포용력이 풍부한 인도 문화의 모태 속에서 상호 보완하고 지지했다. 그림 12와 그림 13은 그 양극단을 극적일 만큼 생생하게 표현하고 있다.

인도 건축의 발전과 그 여파

그림 14. 산치 제17사원, 5세기.

인도 사회를 반영하는 건축

여기에 소개한 사진들은 5세기와 13세기 사이에 인도의 사원건축이 진화한 발자취를 보여준다. 사진들이 말해주듯이 사원은 입구 부분, 성상을 안치하는 내실, 통상적으로 성상이 있는 장소의 상부에 높이 솟은 탑(그림 14 제외)으로 구성된다. 그렇지만 사원건축의 특성이라고 할 수 있는 공간의 평면적 배치와 규모는 천차만별이었다.

사원의 전체적인 구도가 긴밀한 통일성을 결여하고 있다는 점과, 건물 구석구석에 장식적인 조각이 풍부하다는 점(그림 18과 그림 19를 보라)은 인도 사회의 특징을 그대로 반영하고 있다. 인도 사회의 중심을 이루는 카스트 제도는 무수하게 세분된 사회계층 각각의 독특한 생활양식과 습관을 보존했고, 원시적인 수렵생활을 청산한 가난한 자들이든 먼 곳에서 온 공포의 정복자들이든 상관 없이 인도에 새로 들어온 사람들에게는 적절한 위치를 부여함으로써 이들을 포용했다. 사원도 마찬가지였다. 필요에 따라 입구와 탑, 조각을 추가함으로써 전체의 구도를 허물지 않고도 전혀 손색없는 건물로 기능할 수 있었다.

Photo, Gunvor Moitessier

그림 15. 말레기티 시발라야 사원, 625년경, 바다미.

그림 16. 파라슈라메슈바라 사원, 750년경, 부바네슈바라.

그림 17. 묵테슈바라 사원의 전경, 950년경, 부바네슈바라.

그림 18. 묵테슈바라 사원의 세부.

Photo, Gunvor Moitessier

그림 19. 거울을 든 여인. 11세기. 부바네슈바라 또는 카주라 호에 있는 사원의 세부 장식.

Eliot Elisofon, Life Magazine ⓒTime, Inc.

그림 20. 대사원 경내, 8~13세기, 부바네슈바라.

그림 21. 칸디 푼타데와, 700년경, 자바, 디엥 고원.

동남아시아의 사원

주로 인도에서 발원한 각종 종교행사를 치르기 위해 인도식으로 지어진 사원은 북으로는 티베트에서 남으로는 자바까지, 그리고 멀리 동쪽으로는 캄보디아에 이르기까지, 광대한 아시아 각지에 분포되어 있다. 이들 각 지역에서는 토착의 종교적·정치적 전통과 인도의 문화적·종교적 관행의 융합이 이루어졌기 때문에 인도적 원형의 단순한 모방은 발견되지 않는다. 그렇지만 종교 건축물에서는 인도의 영향을 쉽게 찾아볼 수 있다. 인도의 문명생활 양식이 미개한 민족들 사이에서 변용된 양상은 그림 21~그림 24의 건축에서 잘 드러나듯이 그리스의 조각양식이 도중에 수정되면서 로마와 서유럽으로 확산되던 과정(그림 4~그림 7)과 유사하다.

Photo, Gunvor Moitessier

그림 22. 붓다의 눈을 보여주는 불탑, 추정연대 8~9세기경, 네팔, 카트만두 부근.

그림 23. 시바 사원, 9세기 말, 자바, 프람바난, 라라-종그랑.

Eliot Elisofon, Life Magazine ⓒTime, Inc.

그림 24. 앙코르와트, 12세기 초, 북동쪽에서 내려다본 전경, 캄보디아.

중국·몽골·페르시아·무굴의 회화

그림 25. 마위안(馬遠), 「관매도단선」(觀梅圖團扇), 송대, 보스턴 미술관 소장.

고전기의 중국회화

위의 그림과 이하에 실린 세 개의 도판은 중국의 사대부가 지필묵이라는 제한된 표현수단을 사용하여 얼마나 다양한 효과를 낼 수 있는지 보여준다. 모든 작품은 중국 회화가 고전적 양식을 이룩한 송대(960~1279)에 제작된 것이다. 그 이전의 작품 가운데 진본이라고 볼 수 있는 것은 거의 남아 있지 않기 때문에, 그 후 중국의 화가들은 송대의 거장들이 확립한 장르의 틀 안에 안주하며 창작에 임했다. 그들은 특정 장르의 세련과 완성을 목표로 삼았고, 어쭙잖게 혁신을 시도하는 만용을 삼갔다. 그 결과, 중국 미술사에서는 급격한 양식의 변화를 찾아볼 수 없다. 표현수단의 절묘한 절제에 의해 다층적이고 우아한 안정성을 유지하는 중국 회화는 전통시대의 중국 사회를 충실하게 비춰주는 거울이었다.

Honolulu Academy of Arts, Honolulu

그림 26. 마편(馬賁) 전(傳), 「백안도」(百雁圖) 부분, 송대, 하와이 호놀룰루 예술원 소장.

그림 27-1. 량카이(梁楷), 「이백음행도」(李白吟行圖), 송대, 도쿄, 구(舊) 마쓰다이라(松平) 백작 컬렉션.

그림 27-2. 무치(牧谿), 「육시도」(六柿圖), 송대, 교토, 류코인(龍光院) 소장.

Courtesy, Museum of Fine Arts, Boston

그림 28. 둥위안(董源), 「평림제색도」(平林霽色圖) 부분, 송대, 보스턴 미술관 소장.

중국 미술이 페르시아에 미친 영향: I
그림 29의 사냥 장면은 페르시아의 시를 형상화한 삽화이다. 이처럼 미술을 문학에 종속시키는 것은 중국의 관례에서는 아주 생소한 일이다. 더욱이 명도가 높은 색채를 세밀하게 구사한 원화의 화려함 (여기서는 상상에 맡길 수밖에 없다)은 중국 회화의 특징인 담담한 색조와 극명하게 대비된다. 그럼에도 불구하고 좌측 상단에 묘사된 산의 모습은 분명히 중국풍으로(그림 28과 비교해보라), 13세기에 중국과 페르시아를 동시에 지배했던 몽골에 의해 처음 페르시아에 소개된 중국의 화풍이 이미 높은 수준에 올라 있던 페르시아 궁정미술에 영향을 주었다는 사실을 입증해준다.

Photo, The Asia Institute

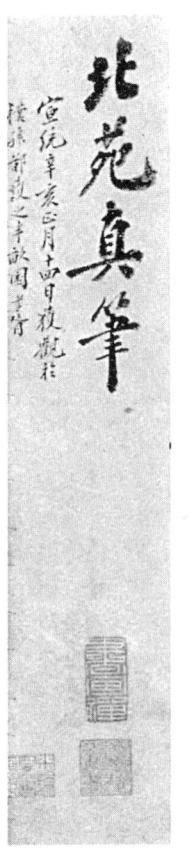

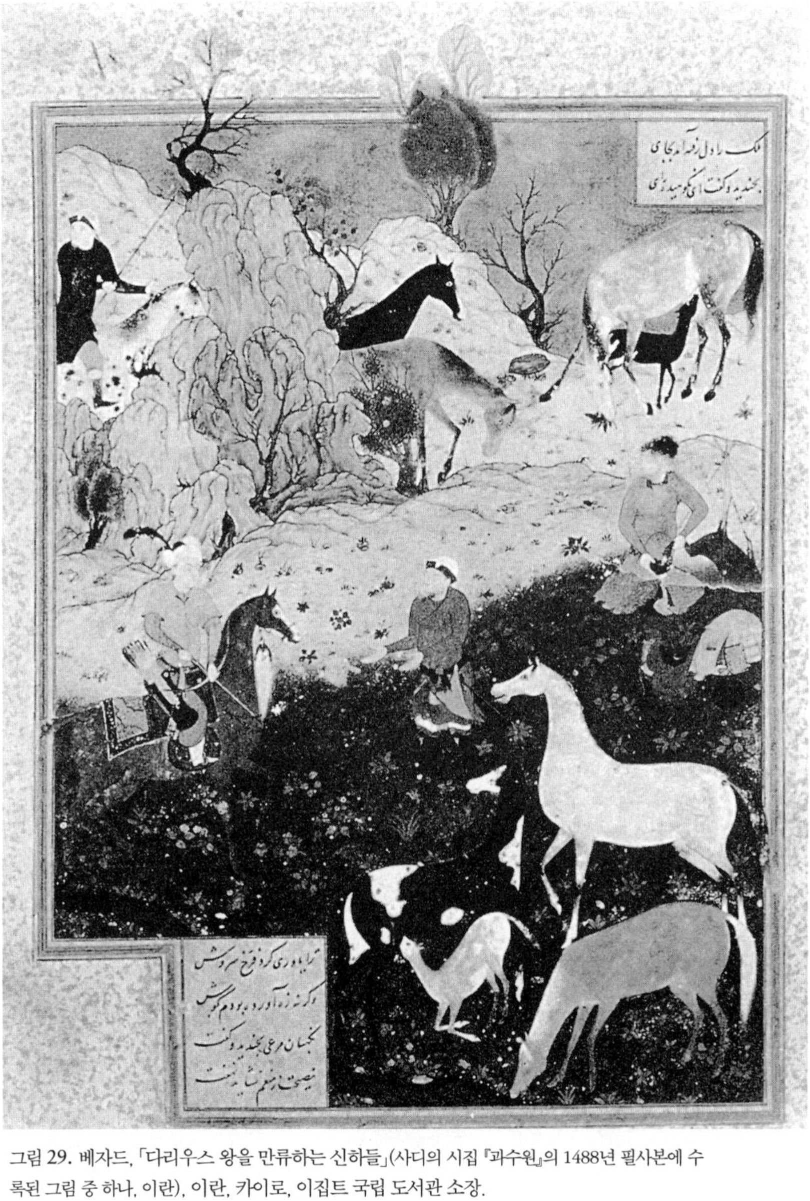

그림 29. 베자드, 「다리우스 왕을 만류하는 신하들」(사디의 시집 『과수원』의 1488년 필사본에 수록된 그림 중 하나, 이란), 이란, 카이로, 이집트 국립 도서관 소장.

중국 미술이 페르시아에 미친 영향: II

이 그림에 묘사된 나무를 그림 25의 매화나무, 그리고 그림 26의 대나무 잎과 비교해보면, 페르시아 화가들이 중국의 거장들로부터 모티프를 차용하여 그것을 그들 나름대로(때로는 어울리지 않게) 이용했음을 다시 한번 확인할 수 있다. 페르시아 화가들이 중국의 모티프를 소화하여 부분적으로 사용하는 태도는, 그림 4~7과 그림 21~24에 예시된 미개민족의 특징, 즉 이국의 양식을 전면적으로 수용하는 태도와 확연히 대조적이다.

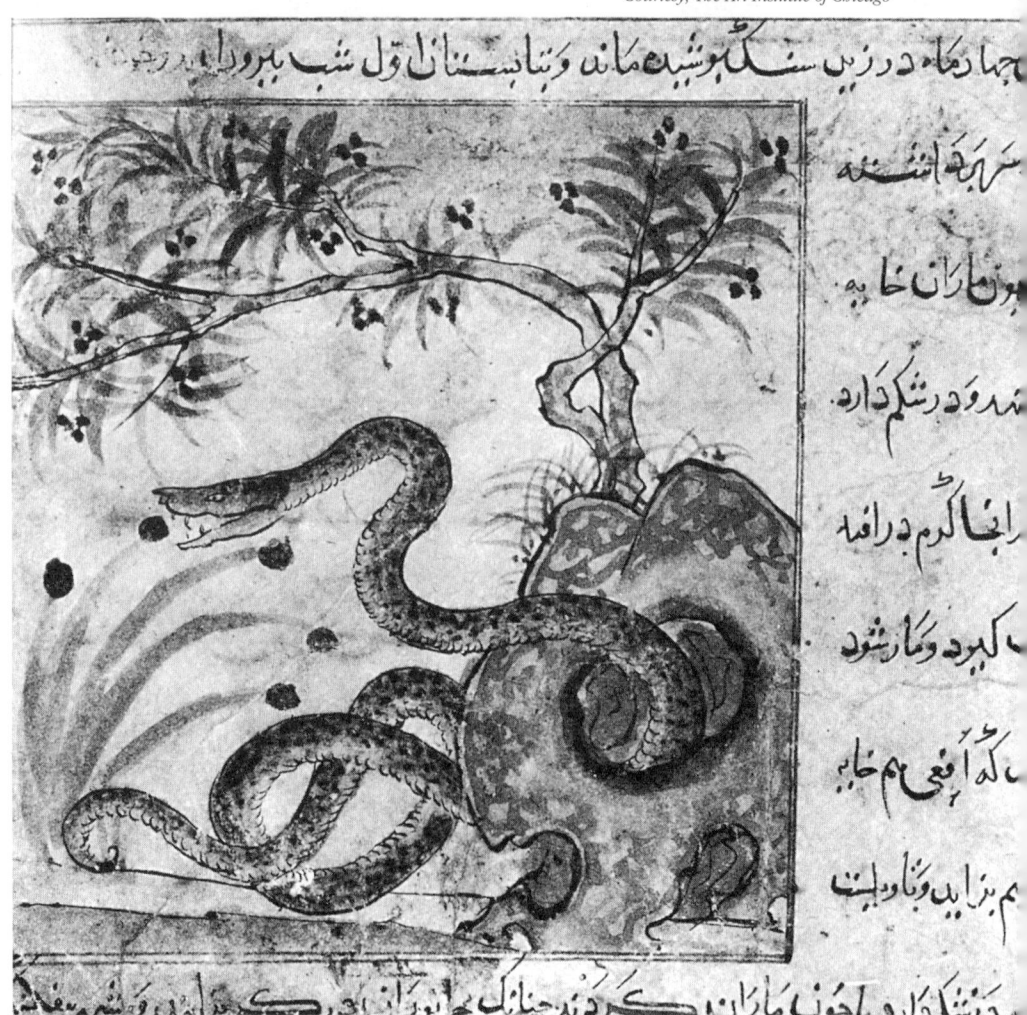

Courtesy, The Art Institute of Chicago

그림 30. 『마나피 알 하야완』(동물의 유용성) 사본에 수록된 뱀 그림. 1300년경, 몽골 통치기의 이란, 시카고 미술관 소장.

그림 31. 아미르 함자의 이야기를 묘사한 삽화, 무굴, 16세기, 메트로폴리탄 미술관 소장.

중국에서 페르시아를 거쳐 인도로

무굴 제국이 페르시아 문화를 간직한 채 인도에 침입했다는 사실은 악바르 치세(1556~1605) 전반에 제작된 이 그림이 말해준다. 이 무렵 페르시아에서는 종교개혁가들이 모든 인물화를 위험한 우상숭배의 일종으로 낙인찍어 배척했다. 그렇다고 해도 500년 전에 중국에서 유래한 모티프가 인도의 미술에 출현하는 것을 막지는 못했다. 그 전달과정에서 인간을 위압하던 거대한 산(그림 28 참조)이 왜소화되어 기묘한 모습을 한 공작의 보금자리로 변했다. 그렇지만 무굴 화가들의 왜곡을 거쳤다 하더라도, 눈길을 사로잡는 중국화 특유의 산의 형태는 그대로 남아 있다.

그림 32. 「다라 시쿠 왕자와 그의 아들」, 무굴, 17세기, 베를린 국립박물관 소장.

이슬람 제국의 위풍과 광휘

오스만·사파비·무굴의 3대 제국은 16세기에 무슬림 세계의 대부분 지역에 대한 지배권을 확립했다. 이들 막강한 국가는 당시 유럽의 그리스도교권이 분쟁을 일삼고 인도의 힌두교권이 무질서 상태에 빠져 있던 틈을 타 비교적 쉽게 세력을 확장했다.

아름답게 꾸민 코끼리가 경쾌하면서도 위풍당당하게 내딛는 거보가 주변 풍경을 압도하는 이 그림은 그런 정치적 상황을 어렴풋이 반영한 것이다. 또한 페르시아풍(카페트와 코끼리 등에 탄 사람들의 의상)의 요소와 오래된 인도적 특징(코끼리 발목의 장식)이 혼합되어, 예술적인 면에서나 실생활 면에서나 새롭고 독특한 무굴 양식이 탄생했음을 보여주는 예이기도 하다.

세계의 역사 1

A World History
William H. McNeill

Yeesan Publishing Co.

세계의 역사 1

윌리엄 H. 맥닐 지음/김우영 옮김

이산

히스토리아 문디 06
세계의 역사 1

2007년 3월 12일 1쇄 발행
2015년 9월 15일 5쇄 발행
지은이 윌리엄 H. 맥닐
옮긴이 김우영
펴낸이 강인황
도서출판 이산
서울특별시 중구 필동로8가길 10(예장동 1-164)
TEL: 334-2847 / FAX: 334-2849
E-mail: yeesan@yeesan.co.kr
등록 1996년 8월 8일 제 2015-000001호

편집 문현숙
인쇄 한영문화사 / 제본 한영제책

ISBN 978-89-87608-57-0 04900
ISBN 978-89-87608-56-3 (전2권)
KDC 900

가격은 뒤표지에 있습니다. 잘못된 책은 바꿔드립니다.

A World History by William H. McNeill
Copyright ⓒ 1999 by William H. McNeill
Copyright ⓒ 1967, 1971, 1979 by Oxford University Press
All rights reserved.
Korean translation copyright ⓒ 2007 by Yeesan Publishing Co.
Korean translation rights arranged with Gerard McCauley Agency, Inc. through Eric Yang Agency, Seoul, Korea.

이 책의 한국어판 저작권은 Eric Yang Agency를 통한 Gerard McCauley Agency, Inc.사와 독점계약으로
도서출판 「이산」에 있습니다. 저작권법에 의해 한국 내에서 보호를 받는 저작물이므로 무단전재와 무단복제를 금합니다.

www.yeesan.co.kr

1권 차례

화보 .... 1~32
4판 서문 43
서문 47

1부 주요 고대 문명의 탄생과 성립: B.C. 500년까지

1장 문명의 발단 57
최초의 인류 58/생태적 영향 59/농경에 따른 변화 62/최초의 문명 64/수메르인이 발명한 것들 67/종교 68/문자 70/관개 72/군사력과 왕정 73

2장 문명의 전파: B.C. 1700년까지의 1차적 양상 77
유목문화 77/쟁기 80/이집트 문명 82/고왕국 86/중왕국 88/인더스 문명 89/메소포타미아 문명, 2500~1700B.C. 92/천수지대로의 이행 96/해양문명 101/동아시아와 아메리카 대륙 104

3장 서아시아의 코즈모폴리터니즘, 1700~500B.C. 109
전차전의 기술 110/서아시아의 세 제국 113/철기시대 115/철의 영향 118/기마혁명 120/페르시아 제국, 559~330B.C. 122/제국통치의 기술 124/알파벳 문자 127/일신교의 출현 130/초기의 유대교 133/조로아스터교 140

4장 인도 문명의 형성, B.C. 500년까지 143
갠지스 지방으로의 이동 145/카스트 146/초월적 종교 150/베다와 브라마나 151/우파니샤드, 신비주의, 힌두교의 탄생 152/자이나교와 불교 155

5장 그리스 문명의 형성, B.C. 500년까지 159
미케네의 해적 159/도시국가 160/식민과 무역 162/밀집군단의 효과 164/그리스 문화에 실현된 폴리스의 우월성 168/폴리스의 한계 173

6장 중국 문명의 형성, B.C. 500년까지 　　　　　　　　　175
은 왕조 177/주 왕조 179/유교와 도교 183

7장 야만세계의 변화, 1700~500B.C. 　　　　　　　　　189
지중해 지방 190/스텝지대에서 서쪽으로 190/스텝지대의 동쪽으로 194/요약 195

2부 여러 문명 간의 평형상태: B.C. 500~A.D. 1500년

8장 그리스 문명의 개화, 500~336B.C. 　　　　　　　　　205
아테네의 해상 군사행동과 그 결과 207/고전시대 210/연극 211/철학 214/과학·수사학·역사 218/건축과 조각 221/펠로폰네소스 전쟁 후의 사회변화 223

9장 헬레니즘 문명의 확산, B.C. 500~A.D. 200 　　　　　　　　　227
마케도니아의 정복 227/그리스인의 이민 230/종교적 변화 232/헬레니즘의 과학과 예술 233/로마의 발흥 235/공화정의 붕괴 238/로마 제국의 헬레니즘 241/그리스도교 243

10장 아시아, B.C. 500~A.D. 200 　　　　　　　　　249
인도의 마우리아 제국 249/중국의 통일 252/중앙아시아의 여러 정권 254/전술과 교역에서의 변화 255/학문과 예술의 발전 257/새로운 세계종교 260/질병과 제국 264

11장 인도 문명의 번영과 확대, A.D. 200~600 　　　　　　　　　265
굽타 제국 266/산스크리트 학문 269/산스크리트 문학 272/굽타 시대의 미술 274/인도 문명의 동점(東漸) 275/동아시아로의 불교 전래 277/인도 문명이 서방에 미친 영향 280

12장 야만족의 침입과 문명세계의 대응, A.D. 200~600 　　　　　　　　　283
훈족과 서부 스텝지대 284/동방의 스텝지대 민족들 286/로마 제국의 약화 287/야만족에 대한 중국과 이란의 대응 290/사산 제국 293/사산조의 종교 294/비잔틴 제국 296/이단과 정통 298

13장 이슬람의 발흥 302
마호메트의 생애 303/아랍의 정복과 우마이야 왕조 307/무슬림의 경전과 율법 310/아랍의 궁정생활과 문화 313/아바스 제국 315

14장 중국·인도·유럽, A.D. 600~1000 317
중국 321/인도 324/유럽 326/봉건제의 시작 332/학문의 쇠퇴 336/요약 337

15장 투르크와 몽골의 정복에 의한 충격, 1000~1500 339
투르크인의 침투 340/몽골의 제패 342/오스만 제국 343/이슬람: 수피 운동 345/미술 349/인도: 힌두교의 변화 350/그리스 정교회권 352/중국: 전통의 승리 357

16장 중세 유럽과 중세 일본, 1000~1500 361
중세 유럽 362/유럽의 경제적 통합 365/정치적 통합 367/문화적 통합 371/일본 377

17장 문명세계의 주변부, 1500년까지 381
동남아시아와 남태평양 382/사하라 사막 이남의 아프리카 383/아메리카 대륙 387

1·2부 참고문헌 해설 393

2권 차례

화보   409~40

3부 서양의 우위

18장 대항해와 그 세계적 여파   459
가격혁명 463/아메리카 대륙의 식용작물 464/질병의 전파 465/유럽인의 지식과 발명능력 467

19장 유럽의 자기변용, 1500~1648   469
국제정치 474/유럽인의 식민지 건설과 무역 477/르네상스 479/종교개혁 481/과학의 진보 487/문화적 다원성의 출현 489

20장 유럽 주변부: 러시아와 아메리카 대륙, 1500~1648   491
모스크바의 발흥 491/서방의 영향: 정치적 혼란 495/서방의 영향: 문화적 변화 496/스페인령 아메리카 499/유럽의 다른 식민자들 500

21장 이슬람의 영역과 그 지배하의 힌두교와 그리스도교 사회,
     1500~1700   503
유럽 상업의 침입 506/시아파의 반란 510/지식의 퇴보와 예술의 진보 514/무슬림 지배하의 다른 종교 515

22장 동아시아, 1500~1700   521
중국의 번영과 보수주의 524/일본의 히데요시와 도쿠가와 쇼군들 526

23장 유럽의 구체제, 1648~1789   531
제한전쟁 532/국제적 이해관계의 균형 534/잉글랜드의 의회제도 536/프로이센의 군국주의 539/농업과 기술의 진전 540/수학과 과학 544/정치이론·역사서술·경험철학 547/고전파와 낭만파의 예술 550/유럽 우위의 뿌리 552

24장 아메리카 대륙과 러시아, 1648~1789   553
아메리카 대륙을 둘러싼 각축 555/장대한 스페인령 아메리카 557/식민지의 후진성과 급성장 559/러시아의 근대화 560/강대국으로 부상한 러시아 563

25장 유럽 구체제에 대한 아시아의 반응, 1700~1850　　　567
와하비 운동 569/개혁의 실패 570/영국의 인도 지배 572/이란과 투르키스탄 575/힌두의 개혁 576/발칸의 그리스도 교도 578/중국에서의 그리스도교 선교 579/중국의 문호개방 581/일본의 사회적 긴장 583

4부 전지구적 코즈모폴리터니즘의 출현

26장 산업혁명과 민주혁명에 의한 서양문명의 변용, 1789~1914　　593
산업혁명 597/산업혁명의 영향 601/프랑스의 민주혁명 603/나머지 유럽 국가들의 민주혁명 609/계획적인 사회변화와 민주정치 613/지적·문화적 혁명 614/예술의 혁명 618

27장 산업주의와 민주주의에 대한 아시아의 반응, 1850~1945　　621
서양의 우세에 대한 이슬람의 반응 627/발칸의 그리스도 교도 635/힌두 교도 636/서양의 우세에 대한 중국의 반응 638/일본의 자기변용 644

28장 아프리카와 오세아니아, 1850~1945　　　651

29장 서양세계, 1914~1945　　　677
제1차 세계대전 679/전간기 688/제2차 세계대전 694/사상과 문화 700

30장 1945년 이후의 전지구적 경쟁과 코즈모폴리터니즘　　　709
냉전시대, 1947~1973 711/냉전의 해빙, 1973~1991 726/1945년 이후의 사회문화적 변화 739

3·4부 참고문헌 해설　　　753
찾아보기　　　769

일러두기

1. 이 책은 William H. McNeill, *A World History*, 4th ed.(1990)의 완역이다.
2. *† 등을 표시한 각주 중에서 '―옮긴이'라고 표시가 없는 것은 모두 지은이의 주이다.
3. 원문의 'God'는 종교에 관계없이 하느님, 'god'는 신으로 번역했다.

4판 서문

30년 이상 쇄를 거듭하고 있는 책에는 무언가 그럴 만한 이유가 있음에 틀림없다. 이 책의 두 가지 특징은 그 같은 긴 생명력을 어느 정도 설명해줄 것이다. 하나는 서문에서 설명한 바와 같이 평이한 관점에서 세계사를 통합적으로 이해할 수 있도록 서술하고 있다는 것이며, 또 하나는 다른 교재들에 비해 설명이 굉장히 간결하다는 것이다.

애초부터 간략함은 이 책의 필수조건이었다. 이 책은 옥스퍼드 대학 출판부에서 1968~1973년에 출간한 10권짜리 『세계사 독본』(*Readings in World History*)과 짝을 이루어 기획되었다. 세계사를 배우는 학생들이 이런 독본을 읽음으로써 인류의 과거를 섭렵할 수 있고, 더구나 그 배경과 맥락을 알기 위해서 의지할 만한 적당한 두께의 교과서가 필요할 것으로 생각했기 때문이다. 그리하여 이 책에 개진된 나의 개인적 역사관이 확대되고 풍부해져서 여러 다양한 관점을 산출하는 동시에 학생들이 교사 한 사람의 관점에서 벗어나 자기 자신의 판단력을 형성할 수 있게 되기를 바랐던 것이다.

이런 기대는 학생들의 능력과 의욕을 지나치게 낙관적으로 본 데서 비롯되었는지도 모른다. 어쨌든 『세계사 독본』을 교재로 이용하는 교사는 별로 없었고, 자연히 10권의 독본은 절판되었으며, 세계사 학습을 위한 화보 자료집을 만들려던 계획도 실현되지 않았다. 하지만 이 책만은 옥스퍼드 대학 출판부가 쇄를 거듭해도 괜찮다고 판단할 만큼 해마다 적잖은 독자들에게 꾸준히 팔려 나갔다. 그러나 1978년에 제3판이 나온 뒤로는 지금까지 개정작업을 하지 않았다. 따라서 1997년에 이르러서는 마지막 장이 시대에 뒤떨어진 것이 되어버렸다. 결국 그해에 옥스퍼드 대학 출판부의 편집자들은 마지막 장을 대폭 수정한 개정판을 펴내기로 결정했다.

그런 연유로 제30장이 완전히 새로 태어나게 되었으며 최신 정보를 반영해서 만든 지도들이 새롭게 추가되었고, 4부를 위한 참고문헌도 새로 정리했다.

최근의 사건들에 대해 쓸 때에는 언제나 관점의 문제가 중요해진다. 1978년판의 마지막 장이 구닥다리가 되어버렸듯이, 신판의 마지막 장 역시 급변하는 오늘날의 현실로 인해 머지않아 부적절해 보일 가능성이 농후하다. 그래서 나는 기본적이고 근본적인 변화에 각별한 주의를 기울이고, 세세하고 구체적인 사실은 최소화하여 30장의 수명이 가능한 길게 갈 수 있도록 노력했다.

그럼에도 불구하고 전세계의 최근 역사에서 가장 문제가 되고 있는 점에 관해서 기술하고자 하는 시도는 개인적 판단에 기초해서 이루어질 수밖에 없는 일이며 또한 필연적으로 그렇게 될 수밖에 없다. 물론 오래된 시대에 관한 설명도 이것과 크게 다르지는 않을 것이다. 하지만 역사연구의 오랜 전통이 있기 때문에 먼 과거에 대해서는 접근이 여러 모로 용이한 반면, 우리가 살고 있는 시대는 새로우니만큼 이에 대한 의견의 일치를 보기는 대단히 어렵다. 그러므로 역사가들은 최근의 사건을 다룰 때 자신의 관점에 의지할 수밖에 없다. 새로 쓴 제30장에서, 서양인이 자기와 다른 민족이나 문화와 불편하게나마 그럭저럭 공유하고 있는 이 세계를 내가 과연 성공적으로 그려냈는지 여부에 대한 판단은 다른 이들의 몫이 될 것이다.

1998년 4월
코네티컷 주 콜브룩에서
윌리엄 H. 맥닐

서문

 현생인류의 조상이 출현한 뒤로 다른 생활방식에 의해 구분될 수 있는 무수한 인간사회가 인류의 역사를 통해 명멸해왔다. 문명이란 이례적으로 규모가 큰 사회로, 수백 아니 수천 킬로미터 떨어져 여기저기 흩어져 살고 있는 수백만 명의 삶을 개개인의 수명보다 훨씬 오랜 기간에 걸쳐 느슨하지만 일관성 있는 생활방식으로 엮어준다. 이처럼 거대한 규모를 유지하면서 오랫동안 지속될 수 있는 문명은 몇 개 되지 않는다. 사실상 인간사회가 문명이라 불릴 만한 복합적인 규모를 갖춘 이래 구세계에서는 4개 이상의 상이한 주요 문명이 공존한 적이 없었고, 아메리카 인디언의 발전이 항상적으로 미약했던 신세계에서는 겨우 3개의 독자적인 문명이 출현했을 뿐이다.
 이런 사실들을 바탕으로 우리는 인류의 역사를 총체적으로 조망할 수 있다. 물론 광범위하게 분산되어 있는 지구상 각지에서 벌어지고 있던 일들을 동시에 고려하다 보면, 현실의 일부 측면에만 주의를 기울여 다른 측면에는 소홀해지게 마련이다. 과거사의 좀 더 구체적인 부분을 연구하는 것도 마찬가지다. 예컨대 표준적인 국사(national history)에서 완전히 무시되었던 각 도시와 마을의 지역적 특수성에 대해 생각해보라!

지도에서도 각기 다른 축척이 그 나름의 장단점을 가지고 있듯이, 세부적인 정보의 많고 적음에도 일장일단이 있다. 정보가 너무 많으면 오히려 전체를 보는 데 지장을 초래할 수도 있고, 정보가 너무 적으면 역사의 박진감을 떨어뜨려 인간경험의 무한한 의외성을 숨겨버릴 수도 있다. 19세기의 역사가들은 국사라는 틀을 정립했는데, 이 틀은 일반적으로 수용되었다. 그리고 20세기에 미국의 교과서 집필자들은 서양문명의 역사에 관해 대체적으로 의견의 일치를 보았다. 그러나 세계사에 관한 한, 아직까지 통일된 기준이 마련되지 않았다. 무엇을 생략하고 무엇에 초점을 맞출 것인지는 아주 논쟁적인 문제이다.

이런 의견의 불일치가 있기에 이 책처럼 인류의 역사를 간략하게 설명하는 작업은 가치 있는 일이라 생각된다. 나의 저서 『서양의 발흥』(The Rise of the West)이 성공을 거둔 뒤, 나는 인류의 세계사에 관한 나의 개인적인 관점을 학생들과 일반 독자들에게 좀 더 알기 쉽게 전달하기 위해서는 적절한 분량의 교재가 필요함을 절실히 느꼈다. 나의 관점은 비록 불완전하긴 하지만 짜임새 있고 이해하기 쉽다는 장점을 가지고 있다. 또 독자들은 그것을 파악한 후 반추하면서 두고두고 성찰할 수 있을 것이다.

책의 구상은 간단하다. 어느 시대에나 인간이 이례적으로 매력적이고 강력한 문명을 만들어내는 데 성공했을 경우, 여러 문화 사이의 균형은 그 문명의 중심부가 발산하는 힘에 의해 무너지는 경향이 있다. 그 문명에 인접한 지역의 주민들은 자발적으로 또는 어쩔 수 없이 자기의 고유한 생활방식을 바꾸게 된다. 기술과 사상을 그대로 차용하는 경우도 있지만, 그보다는 자기 지역의 사정에 맞게 문물을 변용하는 경우가 더 많다.

시대가 변하면 전세계에 영향력을 행사하던 문명의 중심이 다른 곳으로 바뀐다. 따라서 일차적인 변화의 중심지를 확인한 다음 지구상의 다른 민족들이 문화활동의 1차적 중심에서 일어난 혁신을 (때로는 간접적으로) 배우고 경험하는 과정에서 어떻게 반응 또는 반발했는지 고찰하면 세계사를 각 시대별로 살펴볼 수 있다.

이런 시각에서는 서로 다른 문명간의 지리적 배경이나 접촉경로가 대단히 중요하다. 고고학·기술사·미술사는 현재 남아 있는 문서기록만으로는 드러낼 수 없는 고대의 여러 관계에 대한 중요한 단서를 제공한다.

나는 1964년 여름에 이 책을 썼고, 1965년 여름에 수정했다. 책의 제2판은 4부를 대폭 보완하여 1970년 여름에 개정했다. 1978년에 나온 제3판에서는 새로운 고고학적 발견을 설명하기 위해 본문내용을 약간 수정하고 기타 자료를 포함시켰다. 카네기 재단은 본서를 준비하고 세계사 수업에 실험적으로 사용된 교재들을 복사하는 데 재정적인 도움을 주었다. 나는 책의 1부를 읽어준 시카고 대학의 존 A. 윌슨 교수와 동아시아에 관한 부분을 검토해준 캘리포니아 대학 샌터바버라 분교의 이매뉴얼 쉬 교수에게 특별히 감사드린다. 두 분은 내가 바라던 대로 오류와 부적절한 표현을 지적해주었다. 제2판을 준비할 때는 크레이턴 대학의 앨런 M. 슐라이히 교수와 미네소타 대학의 데이비드 존스 교수, 하트퍼드 대학의 빌 B. 브레이필드 교수로부터 많은 도움을 받았다. 이들은 이 책 초판을 세계사 강의에 이용해본 경험을 토대로 상세하게 평을 해주었다. 존스 교수, 존 호드 교수, 휴 스코진 교수는 제3판을 준비하는 과정에서 비슷한 도움을 주었다. 휴 스코진은 참고문헌 해설을 개정하는 일도 맡아주었다.

1978년 6월
일리노이 주 시카고에서
윌리엄 H. 맥닐

1부

주요 고대 문명의 탄생과 성립: B.C. 500년까지

인류사의 첫 번째 획기적 사건은 식량생산의 발달이었다. 이로 인해 인구는 기하급수적으로 불어났고, 문명이 출현할 수 있는 토대가 형성되었다. 어떻게, 언제, 어디서 수렵채집이 농경과 목축으로 전환되었는지는 확실하지 않다. 이런 중차대한 전환이 최초로 일어난 곳 중 하나는 기원전 8500년과 기원전 7000년 사이의 서아시아 지역이었다. 그 후 이주와 차용—현재 학문적으로 이 과정을 재구성하는 것은 거의 불가능하다—을 통해서 곡물재배는 유럽, 인도, 중국, 아프리카 일부로 전파되었다. 아메리카 대륙, 아시아의 몬순지대, 서아프리카에서도 농경이 독립적으로 발생한 것 같지만, 이에 관한 확실한 증거는 없다.

인류사의 두 번째 획기적 사건은 발달한 기술을 보유한 복합사회, 이른바 문명의 탄생이었다. 문명의 요람이 서아시아 지역이었다는 데는 의문의 여지가 없다. 문명화된 인간사회는 기원전 3500년과 기원전 3000년 사이에 티그리스·유프라테스 유역에서 최초로 발달했고, 곧 이어 인더스 유역에도 문명이 나타났다. 최초의 문명화된 복합사회가 출현하기 위해서는 특수한 지리적 환경이 필요했다. 같은 경작지에서 매년 풍부한 곡물을 수확하기 위해서는 토지에 물을 댈 수 있어야 했다. 그래서 관개가 필요한 지역에서는 많은 사람의 협업을 통한 배수공사도 필수적이었다. 고대에 전문적 기술자를 부양할 수 있는 잉여농산물을 생산하고 다수의 인간을 조직화하는 사회적 관행을 만들어낸 유일한 곳은 서아시아 지역 주요 하천의 범람원이었다. 실제로 다른 지역에서는 한참이 지난 뒤에야 잉여농산물이 생산되고 사회조직이 생겨났다.

이로부터 약 1,000년 후에 인간은 문명화된 복합사회를 강우량이 풍부한 지역으로 확대시켰다. 이때 결정적인 역할을 한 것은 쟁기의 발명이었다. 쟁기 덕분에 고대의 농경민들은 동물의 힘을 이용하여 경작을 할 수 있었고, 이를 통해 경작자 개인은 식량생산량을 충분히 증대시켜 그때까지 관개지(灌漑地)에서만 나오던 잉여농산물을 생산할 수 있게 되었다. 게다가 문명은 독특한 사회조직을 필요로 했다. 지배자들은 새로 지은 궁전도시와 왕궁을 유지하기 위해 농민들의 잉여생산물을 강탈할 수 있는 수단을 찾아야 했다. 해상무역에 의존할 수 있었던 지역에서는 전혀 다른 지배형태가 나타났다. 예컨대 크레타 섬의 지배자들은 지중해 연안에서 수집된 산물의 교역을 통해 막대한 이윤을 남김으로써 크노소스 같은 궁전도시를 유지했다.

인간관계에서 일어난 네 번째 커다란 변화는 스텝지대의 유목민과 전사들을 최초로 역사의 전면에 부각시켰다. 이 중대사는 메소포타미아의 북변 어디에선가 전차전술이 확립된 기원전 1700년 직후에 일어났다. 전차는 말을 다룰 줄 알던 전사들의 전력을 크게 향상시켰다. 또한 말을 사육하던 중심지가 스텝지대였기 때문에 전차의 이득을 가장 많이 본 집단은 중앙아시아와 우크라이나의 전사부족이었다. 인도·유럽어족에 속한 이 전사들은 유럽 전역, 서아시아, 인도를 유린했다. 이들 외에 전차전술을 터득한 또 다른 집단은 중국 황허(黃河) 유역의 농경민을 정복했다.

유럽·인도·중국에서는 기존의 농경민들과 새로운 토지의 지배자들이 상호작용한 결과, 세 가지 스타일의 새롭고 강력한 문명이 탄생했다. 이들 문명의 발달속도는 엇비슷했으며, 기원전 500년경에 이르면 그리스에서는 독자적인 유럽형 문명이, 갠지스 강 유역에서는 유사한 특징을 가진 인도 문명이, 황허 중류지역에서는 중국 문명이 각각 모습을 드러냈다.

서아시아 지역의 역사는 훨씬 복잡했다. 전차를 보유한 민족은 메소포타미아와 이집트를 정복했지만, 그 영향은 크지 않았다. 토착민들도 이내 전차 사용법을 배워 정복자들을 추방할 수 있었기 때문이다. 그 후 이

B.C.	유럽	이집트/아프리카	시리아 팔레스타인	메소포타미아 이란	인도	중국	기타

B.C. 50만 년경 여러 형태의 인류와 원인류(原人類) 출현
B.C. 3만 년경 완전한 현생인류 호모 사피엔스 출현
B.C. 7500년경 서아시아에서 곡물농경 시작

신석기 시대

3500 — 수메르의 도시국가

신석기 곡물농경 — 역법

3000 — 메네스: 제1왕조 태양력 — 설형문자 — 동남아시아에서 근채식물과 벼 재배

쿠반 묘지 — 고왕국

2500 — 황허 유역의 신석기 농경민 — 멕시코에서 옥수수 재배

청동기 시대

거석문화의 전파자 — 아카드의 사르곤 제국 개시

미노아 문명 — 중왕국 — 천수지대에 히타이트인·가나안인·엘람인·후르리인 등이 만든 위성문명 출현 — 인더스 문명

2000 — 아브라함, 우르를 떠나 가나안으로

힉소스 — 함무라비 카시트인

야 만 족 의 전 차 전 단

1500 — 아카이아인 미케네 문명 — 이크나톤과 유일신 아톤 신앙 / 신왕국 — 미탄니 히타이트 제국 — 아리아인의 침입 — 은(殷)왕조

최초의 아시리아 제국 — '영웅시대' — 안양(安陽)

트로이 약탈 — 알파벳 표기
해양민족 — 히브리인 필리스티아인

철 기 시 대 인 의 침 입 — 주(周)왕조

1000 — 도리아인

에트루리아인 호메로스? 스키타이인 — 카르타고 건설 — 다윗왕 솔로몬왕 — 서주(西周)

아 시 리 아 제 국 — 갠지스의 여러 왕국

기 마 전 술 의

켈트인 탈레스 피타고라스 아이스킬로스 페리클레스 플라톤 — 히브리 예언 — 키루스 조로아스터 — 뤄양(洛陽) 침략 동주(東周)

페 르 시 아 제 국

500 — 다리우스 크세르크세스 — 붓다 — 공자 전국시대

아리스토텔레스 — 프톨레마이오스 왕조 — 셀레우코스 왕국

알 렉 산 드 로 스 의 제 국

헬 레 니 즘 과 학

로 마 제 국 — 파르티아 제국 — 마우리아 제국 — 진의 시황제 — 동남아시아의 동손 문화

한(漢)제국

에 쿠 메 네 세 계 의 최 초 의 완 결

철 기 시 대

집트, 소아시아, 메소포타미아 북부에 근거한 문명화된 세 제국이 서아시아의 패권을 놓고 경합을 벌이던 중, 야만족의 침입이라는 새로운 복병을 만났다. 새로 등장한 여러 민족은 철(실제로는 연강[軟鋼])로 만든 무기를 갖추고 있었다. 청동기시대의 대제국은 새롭고 풍부한 금속으로 무장한 부족들의 공격을 받고 무너졌다. 그러나 서아시아 지역에 침입한 야만족의 영향도 일시적인 것에 불과했다. 얼마 지나지 않아 새로운 제국이 연이어 나타났는데 처음에는 아시리아인, 다음에는 페르시아인이 고대 서아시아의 문명화된 지역 전체를 불안정하게나마 정치적으로 통일했다.

이처럼 사태가 복잡하게 진행된 결과, 이집트와 메소포타미아에 존재하던 독립적인 여러 문명뿐 아니라 양대 강 유역의 사이와 주위에 자리한 천수지대의 다양한 위성문명이 융합되어 서아시아의 새로운 생활양식을 만들어냈다. 그리고 이런 코즈모폴리턴한 문명에 어울리는 서아시아적 세계관이 유대인들 사이에서 확고하게 정립되었다. 기원전 8~6세기에 예언자들이 만들어낸 유대인의 종교는 인도의 불교와 중국의 유교, 그리스의 철학에 못지않은 생명력과 설득력을 지녔다. 이러한 사상의 단초는 모두 기원전 6세기가 끝나기 전에 나타났다. 이런 식으로 기원전 500년까지 고대문명이 명확하게 네 가지 패턴을 이루면서, 세계사를 구성하는 최초의 단계는 막을 내렸다.

1부의 목적은 후대에 대부분의 사람을 지배했던 사상과 행동의 주된 패턴이 인간의 마음과 감정에 최초로 각인되는 문명사의 첫 단계를 탐구하는 것이다.

1장
문명의 발단

인간의 역사는 원인(原人) 집단에서 진화한 호모 사피엔스의 출현과 함께 시작된다. 이 과정은 분명 서서히 진행되었지만, 10만 년 전쯤에는 생물학적으로 현대인의 특징을 갖춘 인간의 종이 분산된 수렵민의 소집단을 이루고 아프리카의 사바나 지대를 배회했으며, 생활하기에 적합한 아시아의 온대지방에도 살고 있었던 것 같다. 이 최초의 인류공동체는 자신의 조상인 원인류한테서 물려받은 기술에 크게 의존했다. 예컨대 목기와 석기는 완전한 인간집단이 등장하기 훨씬 전부터 사용되기 시작했던 것으로 보인다. 초보적인 언어와 협동적인 수렵 관습도 원인류시대의 유산이었으며, 불의 사용도 마찬가지였을 것이다.

완전한 인간집단과 그 이전에 존재했던 인간과 유사한 동물을 구분하는 주요한 특징은 유아기와 소년기가 길어졌다는 점이다. 유소년이 부모에게 의존하는 기간이 길어졌다는 것은 부모가 자식에게 생활의 기술을 가르칠 시간이 길어졌다는 것을 의미했다. 자식의 입장에서 보면 오랜 형성기간을 거쳐 서서히 성숙한다는 것은 학습능력을 비약적으로 발전시킬 시간적 여유가 있음을 뜻했다. 학습능력이 확대되면 우발적으로 발명하고 발견한 것을 의도적으로 보존할 가능성이 높아진다. 이런 사태가 발생했을 때, 문화적 진화는 생물학적 진화의 느린 속도를 앞지르기 시작했다. 이때부터 인간의 행동은 경이로운 DNA 분자기구를 통해 유전된 개인의 생물학적 자질보다는 사회에서 배운 것의 지배를 받았다. 문화적 진화가 생물학적 진화를 압도했을 때, 엄밀한 의미의 진정한 역사가 시작되었다.

최초의 인류

현생인류가 처음 탄생한 하나의 지리적 중심이 있다는 점은 인정하더라도, 최초의 인간집단이 사방으로 퍼져 나간 경위는 확실하지 않다. 사소한 생물학적 변이가 나타났다는 사실은 현존하는 인간들 사이에서 발견되는 인종의 차이를 보면 알 수 있다. 그러나 언제 어디에서 현재의 인종이 형성되었는지는 명확하지 않다. 다행히 역사가들은 그런 문제에 집착하지 않아도 된다. 역사시대를 통해 인간의 행위에 영향을 미친 변수는 상이한 인간집단 간의 생물학적 변이와는 특별한 상관관계가 없는 것으로 드러났기 때문이다.

애초에는 문화적 차이조차 현저하지 않았을 것이다. 손도끼를 비롯한 석기들은 광활한 구대륙에서 상당한 시간대에 걸쳐 놀랄 만한 유사성을 보여준다. 사실 호모 사피엔스는 지구상에 존재한 시간의 90%가량을 수렵채집인으로 생활했다. 그들은 간단한 목기와 석기를 사용했고, 불을 익숙하게 다루었으며, 우리가 아는 한 여러 세대 동안 변함없는 생활방식을 영위했다.

당시의 사람들이 자기가 원하는 용도에 맞추어 조각내기나 떼어내기 기술을 이용하여 만든 석기유물만 가지고는 그 제작자들의 생활에 대해 많은 것을 알 수 없다. 인간들이 수렵을 통해 얻은 동물의 고기를 주식으로 삼고, 주변에서 구할 수 있는 모든 것—유충과 곤충, 식용식물의 뿌리·줄기·열매―을 채집하여 영양을 보충했다면, 그들은 오늘날까지 남아 있는 소수의 원시수렵민들처럼 떠돌이 생활을 했을 것이다. 수렵민들은 20~60명 정도의 작은 밴드*를 이루고 있었을 것이며, 때때로 인접한 밴드와 접촉했을 것으로 추정된다. 이런 접촉이 의례적인 만남으로 발전되어 이웃한 밴드들이 모여 서로의 안녕을 함께 기뻐하기도 하고, 이런 기회를 이용하여 다른 밴드에 속한 구성원들 간의 혼인을 추진하거나 카우리 조가비 같은 귀중품을 교환하기도 했을 것이다. 때로는 이웃 밴드 간의 반목이 있었으리라 추정되지만, 이를 단정지을 수 있는 증거는 없다. 현존하는 돌날이나 돌도끼는 사람을 죽이는 무기로도, 동물을 사냥하는 도구로도 사용될 수 있었기 때문이다.

생태적 영향

초창기의 수렵생활이 비교적 안정적이었다는 것은 수렵민들이 환경에 제대로 적응했음을 말해준다. 각 밴드는 예상할 수 있는 모든 상황에 대처하는 적절한 방식을 이전 세대로부터 물려받았다. 초기의 수렵민이 생활공간으로 삼고 있던 동식물계의 생태적 균형에 중대한 변화가 없었던 만큼, 인간의 생활은 유랑하는 소규모 수렵채집인 밴드에 특유한 행동양식을 고수했을 것이다. 그렇다면 역사의 급류에 휩쓸리기 전인 당시의 문화적 진화는 생물학적 진화의 리듬에 따라 상당히 더디게 진행되었을 것이다.

하지만 지구상의 일부 중요한 지역에서 자연환경의 안정성이 무너지기 시작했다. 인류와 원인류가 살고 있던 지역의 북방한계선에서 발생한 기상변화는 생태적 환경을 철저하게 바꿔놓았고, 그 결과 인간의 적응

* band. 수렵채집인 사회에서 볼 수 있는 유동적인 거주집단을 가리키는 용어―옮긴이.

및 발명 능력은 일련의 심각한 도전에 직면했다. 이런 위기상황은 고대의 수렵민들이 자신들의 삶을 정의하고 규제하던 관습의 굴레에서 벗어나 문화진화의 제일보를 내딛게 된 계기가 되었다.

인류의 역사를 진전시킨 생태적 변화는 최후의 대륙빙하가 북반구에서 후퇴한 일과 밀접한 관계가 있다. 빙하는 약 3만년 전에 유럽과 아시아 북부, 아메리카에서 녹기 시작했다. 빙하가 물러간 빈 땅 위에 툰드라와 성긴 숲이 제일 먼저 형성되었다. 구대륙의 대서양 연안을 따라 형성된 사이클론의 기류는 멕시코 만류의 난류와 만나 서유럽의 비교적 습윤한 기후를 만들어냈다. 그 결과 식물이 무성하게 자라서 매머드·순록·들소를 비롯한 다수의 아한대성 초식동물이 번식했다. 이 초식동물들은 원시인과 대형 육식동물의 풍부한 식량자원이었다.

그러나 인간이 그런 가능성을 실현하기 위해서는 몇 가지 기본적인 발명이 필요했다. 특히 털이 없는 인류가 혹한지역에서 따뜻하게 지내기 위해서는 동물의 가죽을 봉합하여 옷을 만드는 방법을 배워야 했고, 송곳과 '실'로 쓸 수 있는 것—동물의 힘줄이나 생가죽으로 만든 끈 같은 것—도 필요했다. 필요한 것들이 발명되자, 수렵민 밴드는 약 25,000~30,000년 전에 서유럽의 툰드라와 삼림지대에 파고들 수 있었다. 이들 수렵민은 현대인과 골격상으로 구분하기 어려울 정도로 유사했다. 이들 이전의 인류 또는 준(準)인류인 이른바 네안데르탈인은 현생인류와는 현격히 다른 골격구조를 가지고 있었다. 이들은 새로운 인류가 나타나자 자취를 감추었다.

곳곳에 출몰하던 수렵민들의 생활상을 짐작케 해주는 물증은 돌로 만든 도구와 무기에 그치지 않는다. 그들은 프랑스 남부의 유명한 동굴벽화를 그렸을 뿐 아니라, 어두컴컴한 동굴의 벽감에 주술적-종교적 의례의 흔적을 남겼다. 1만 8천년 전쯤에 활동하던 수렵민들이 무슨 생각에서 후미지고 컴컴한 동굴 벽에 포획물의 형상을 묘사했는지 지금으로서는 알 도리가 없다. 한 가지 가능성은 인간과 그들이 죽인 동물 사이의 특별한 관계를 이야기하는 복잡한 신화가 존재했다는 것이다. 아니면 동물의 영혼을 달래어 지상에 사냥감이 풍부해지기를 기원하는 동굴의 의례가 행해졌을 수도 있다. 물론 이는 어디까지나 추측에 불과하다.

서유럽에 살던 극지의 대형동물 수렵민들은 동물 무리에 의존하여 생활했고, 동물들은 풀이나 이끼를 비롯한 식물을 먹고 살았다. 빙하가 후퇴하고 기후가 온난해지면서 울창한 삼림이 형성되자, 수렵민의 식량원이 사라졌다. 대형동물의 무리가 절멸됨에 따라 인간은 새로운 생활방식을 모색해야 했다. 인간은 그때까지 사용하던 동굴을 버리고 그 수가 줄어들고 있던 아극(亞極)지대의 동물을 뒤쫓아 빙하가 퇴각하던 북쪽과 동쪽으로 이동했을 것이다. 서유럽에는 삼림의 형성과 함께 나무의 어린 잎을 뜯어먹는 사슴과 소가 나타났고, 수렵민들(아마도 새로 출현한 사람들이었을 것이다)은 재빨리 그 사냥법을 터득했다. 그러나 사슴과 소를 추적하는 것이 일상사였던 수렵민 밴드는 상대적으로 고고학적 자료를 별로 남기지 않았다. 이들과 대조적으로 어떤 인간집단은 간단한 배와 그물, 낚싯바늘을 발명하여 물에 서식하는 식량자원을 채집하는 법을 배웠다. 이를 계기로 특정 지역에 정주하는 사회가 발달하게 되었다. 고기잡이 나간 배는 정박을 위해 돌아와야 했고, 폭풍을 피하기에 적당한 피난처는 몇 군데에 한정되어 있었기 때문이다. 그런 장소에는 조개껍질을 비롯한 각종 쓰레기가 쌓였다. 오늘날의 고고학자들은 패총을 연구함으로써 그곳에 거주하던 각 집단의 시대별 특성을 밝혀내고 그들이 사용하던 도구 일습의 변화과정을 추적할 수 있다.

서유럽을 제외한 세계의 다른 지역에 대해서는 조사가 충분히 이루어지지 않았다. 따라서 구세계의 북서단에서 상기한 변화가 일어나고 있는 동안 다른 곳에서 무슨 일이 일어났는지를 상세히 재구성하기란 현재로선 불가능하다. 하지만 다른 곳에서의 변화는 그다지 심각하지 않았던 것 같다. 서유럽에는 빙하와 멕시코 난류가 병존하고 있어 다른 지역에 비해 기후와 생활권의 변화가 훨씬 심했다. 그리고 제한적이나마 지금까지 나온 조사결과에 따르면, 다른 지역에서는 인간의 거주형태와 생활양식이 크게 변하지 않은 듯하다. 예외에 속하는 아메리카 대륙의 경우, 빙하의 퇴각으로 인해 수렵 밴드가 아시아의 태평양 연안을 따라 북상하여 알래스카까지 건너갈 수 있었다. 거기서부터 그들은 남하하여 아메리카 대륙 전역과 인접한 섬들을 차지했다. 신세계에 사람이 처음 거주한 시기는 논란거리이지만, 최초의 수렵 밴드가 북아메리카 일대에 퍼지기 시작한 것은 약 2만 2천 년 전이었을 가능성이 크다. 인간의 거주가 가능한 또 하나의 대륙인 오스트레일리아에 최초의 인간이 나타난 시점은 그보다 훨씬 오래전으로, 그 대륙과 동남아시아가 육교로 연결되어 있던 무렵까지 거슬러 올라가는 것으로 생각된다.

농경에 따른 변화

원시수렵 밴드가 남아메리카 남단의 티에라델푸에고에 도달했을 무렵, 서아시아 일대에서는 인간의 새로운 생활양식이 확립되었다. 메소포타미아의 북부와 동부에 위치한 소수의 인간사회가 식물을 재배하고 가축을 사육함으로써 자연환경을 변용하기 시작한 것은 아마도 기원전 8500~7000년경이었을 것이다. 밀과 보리가 가장 중요한 곡물이었고, 양과 염소가 주요 가축이었다. 최초의 식량생산사회는 나무가 우거진 지역을 삶의 터전으로 선택했다. 줄기를 둘러싸고 있는 나무껍질을 베어내면 몇 그루의 나무라도 고사시킬 수 있었다. 그러면 햇빛이 숲의 지표면을 충분히 비추어서, 고목(枯木) 주변의 알맞게 썩은 토양에 파종한 씨앗이 잘 자랄 수 있었다. 두세 차례의 수확으로 지력이 떨어지고 나면, 마른 나무를 태워 그 재를 땅에 뿌렸다. 그러나 원시농경민은 나무를 베어 일궈낸 경작지에 잡초가 자라는 것을 막을 수 없었다. 몇 해만 지나면 잡초가 뿌리를 내려 작물을 압도해버렸다. 유일한 대책은 다른 곳으로 옮겨가 숲의 일부를 새로 개간하여 똑같은 순환을 시작하는 것이었다. 버려진 경지는 다시 숲으로 바뀌면서 서서히 원래 상태로 돌아갔다. 이런 식의 경작법은 오늘날에도 세계의 벽지에서 행해지고 있다. 지리학자들은 그것을 화전농법이라 부른다.

최초의 농경민들은, 수렵민에게는 그다지 중요하지 않았던 세 가지 도구를 필요로 했다. 나무를 자르기 위한 도끼, 파종하기 전에 부식된 토양을 파서 일구기 위한 괭이, 익은 곡식을 수확하기 위한 낫이 그것이다. 쓸만한 괭이는 나무만 있으면 만들 수 있었고, 낫에는 예리한 날이 필요했다. 이런 날은 수렵민이 동물의 사체를 손질할 때 사용하는 것과 기본적으로 다르지 않았다. 그러나 도끼는 육중하게 타격할 때의 충격을 견딜 수 있을 만큼 강해야 했다. 그런 면에서 수렵민이 화살촉이나 칼날의 소재로 오랫동안 사용해왔던 부싯돌은 너무 약했다. 반면에 화강암이나 현무암 같은 돌은 너무 단단해서 다듬기가 쉽지 않았다. 그렇지만 농경민들은 인내심을 갖고 그 단단한 몸돌을 깨고 갈아서 도끼날 모양으로 만들어냈다. 이런 과정을 통해 '신석기' 시대 특유의 마제석기가 탄생했다.

신석기 농경민들은 수렵민들이 알고 있던 것 외에 몇 가지 중요한 도구를 추가로 발명했다. 끊임없이 이동하는 생활에서 벗어난 사람들은 곡류와 기타 물건을 저장하는 데 요긴한 바구니와 점토 항아리를 만들어냈다. 또 진흙벽돌집과 천을 짜는 베틀이 널리 사용되었고, 곡물과 그 밖의 음식물을 익히는 데 편리한 토기를 가마에서 구워내는 솜씨와 먹을거리를 굽거나 양조하는 기술이 급속히 발달했다. 인간사회의 기본단위는 유동적인 수렵 밴드에서 마을공동체로 바뀌었다. 경작지에서의 일상적인 작업과 힘든 노동을 해내기 위해서는 자기단련이 필요했고, 파종기를 정확히 알기 위해서는 시간을 측정할 수 있어야 했다. 이처럼 생활방식 면에서 농경민은 수렵민과 확연히 구별되었다. 미래에 대한 예측과 자기절제도 필요했다. 기아에 허덕일 때조차 미래의 수확을 확보하기 위해서는 반드시 적당량의 종자를 남겨두어야 했기 때문이다. 용기와 폭력적인 행동양식은 수렵민에게는 필수적이었으나 농경민에게는 그다지 중요하지 않았다.

끝으로, 인간이 자연환경에서 그저 약탈만 하는 존재로서의 생활을 끝내자, 인간 수의 증가로 인해 동식물계의 자연적 균형이 크게 바뀌게 되었다. 이는 부분적으로 인간의 의도에 의해 초래된 것이기도 했고, 부분적으로는 전혀 예기치 못한 의도하지 않은 결과이기도 했다.

아시아의 일부 몬순지대에서는 곡물 중심의 서아시아식 농경과는 별도로 근채식물 위주의 농경이 생겨났던 것으로 보인다. 다수의 전문가는 아메리카와 동아시아, 서아프리카에서도 식량생산이 독자적으로 시작되었다고 보고 있다. 고고학 조사는 언제 어떻게 그런 일이 있어났는지 속시원히 입증해 보이지 못하고 있는데, 최초의 농경민은 흔적을 거의 남기지 않았기 때문에 앞으로도 지리적·연대기적 사실을 정확하게 복원할 가능성은 별로 없을 것이다.

최초의 문명

서아시아에서 시작된 곡물재배와 가축사육은 인간의 역사에서 특별한 지위를 부여받을 만하다. 바로 그런 생활양식에서 최초의 문명이 출현했기 때문이다.

단순한 마을 수준을 뛰어넘은 취락 가운데 가장 오래된 예는 서아시아에서 발견되는데, 주로 희소하고 가치있는 물자가 있던 곳이었다. 예를 들어 예리코는 사해(死海)의 소금을 쉽게 구할 수 있는 곳에 위치했다. 인간이 곡물을 식량으로 섭취하게 되자, 몸속에서 체액의 균형을 유지하기 위해 소금이 필요해졌다. 이렇게 중요한 물자를 입수할 수 있었던 덕분에, 농경이 인접지역으로 널리 퍼졌던 기원전 7000년경 이후에 예리코에 성곽도시가 생겨났다. 초기의 또 다른 중심지는 소아시아의 차탈휘익(Çatal Hüyük)이었다. 이곳은 이른바 흑요석의 산지였다. 흑요석은 조각날 때 예리한 날이 만들어지기 때문에 아주 귀중했다. 자연히 차탈휘익에는 예리코와 유사한 교역중심지가 기원전 6000년경에 나타났다.

그러나 이런 고립된 '도시들'은 일부 희소자원의 독과점에 의존하고 있었으므로 본질적으로 팽창이 불가능했다. 문명이 확대되려면 광범위한 생태적 기반이 필요했는데, 예리코나 차탈휘익은 그런 조건을 갖추지 못했던 것이다. 문명의 기반을 제공한 곳은 수메르 땅이었다. 수메르는 페르시아 만에 접한 티그리스 및 유프라테스 강 하류의 충적평야에 위치했다. 매년 새로 형성되는 수메르의 침니(沈泥) 위에서 풍부한 곡물을 생산하기 위해서는, 우선 원시적인 농경기술을 근본적으로 바꾸어야 했다. 서아시아의 구릉성 삼림지대에는 초여름에 비가 충분히 내려 수확기까지 곡물이 잘 자랄 수 있었다. 그러나 여름에 비가 거의 오지 않는 남쪽지방의 사정은 달랐다. 이 지역에서는 강물을 끌어다 경작지에 대지 않는 한 곡물수확은 불가능했다. 그러나 관개수로의 건설과 관리는 수백 또는 수천 명의 집단노동뿐 아니라 최초의 농경공동체에서 통용되던 것보다 훨씬 엄격한 사회적 규율을 필요로 했다. 신석기시대의 마을에서는 혈연관계의 소가족이 통상적인 노동단위였고, 각 가족은 보통 자신의 경지에서 수확한 농작물을 소비했다. 따라서 의례적이거나 종교적인 행사를 제외하곤 다수의 인원이 모여 공동으로 작업할 필요가 없었다. 당시에 인간은 누구나 기후 변화에 예속되었으나 모두가 똑같이 자유로웠다. 주된 사회적 차이라고는 나이와 성(性)의 차이밖에 없었기 때문이다. 이 단순한 사회구조는 하천유역의 환경 속에서 근본적으로 변했다. 강물을 관리하기 위해서는 대규모 공사가 필요했는데, 이는 많은 사람의 노동을 일종의 관리자 역할을 하는 엘리트가 지배하게 되었음을 의미했다.

관리자 계급이 언제 어떻게 출현했는지는 분명치 않다. 한 민족이 다른 민족을 정복함으로써 사회가 주인과 종, 지배하는 자와 지배받는 자로 분화되었을 수도 있다. 한편 초자연적인 것을 다루는 전문가에게 특별한 지위를 부여하는 것은 인간사회에서 예로부터 내려오는 현상이었지만, 이것이 직능별 분화과정을 촉진하는 계기가 되었을지도 모른다. 후대의 메소포타미아 신화는 신이 인간을 자기의 노예로 창조했기 때문에 식량과 의류를 비롯한 필수품을 신의 집, 즉 신전에 빠짐없이 비치하여 신들이 그것을 몸소 생산하는 번거로움을 덜어줌으로써 그를 기쁘게 해야 한다고 설명하고 있다.

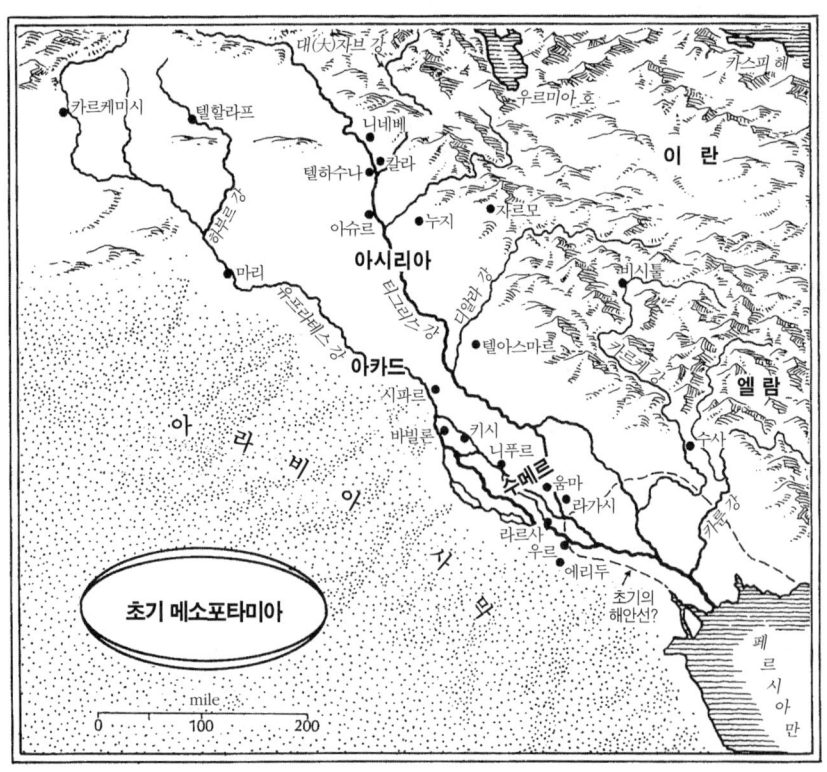

초기 메소포타미아

우리는 이런 사고방식이 실행에 옮겨진 과정에 대한 약간의 정보를 가지고 있다. 일례로 라가시(오늘날의 텔로에 있던 고대 수메르의 도시)의 한 비문에 의하면, 도시의 토지는 그 소유자가 신에게 어떤 의무를 지고 있느냐에 따라 세 범주로 나뉜다. 가장 큰 의무를 졌던 농민은 충분히 먹지도 못했을 것이다. 이들은 1년 중 일정기간에는 신을 위해 신관(神官)이 기획한 관개공사나 다른 프로젝트에 노동력을 제공해야 했다. 농민들은 신전에 바친 곡물과 여타 농산물의 일부를 신의 종복인 신관의 지시에 따라 일한 대가로 되돌려 받았다.

이런 체계를 통해 수천 명의 노동력이 대규모 공사를 완성하기 위해 동원될 수 있었다. 또한 직업의 분화가 이루어져 다방면의 전문가——무용수·가수·금세공인·요리사·목수·건축가·의복제작자——가 신을 기쁘게 하기 위하여 온갖 재주를 다해 식량과 옷을 바치고 화려하고 사치스러운 제전과 숭배의식을 행했다. 자신의 식량을 생산하기 위한 노동에서 해방된 이 전문가들은 인간이 그때까지 성취한 것보다 훨씬 수준 높은 기술과 지식을 발전시킬 수 있었다. 그 결과 티그리스·유프라테스 하류에 최초의 취락이 나타난 기원전 4000년경부터, 수메르 문화의 사회적·지적 측면을 조명해주는, 현대의 학자들이 해독할 수 있는 문자기록이 등장하는 기원전 3000년까지 약 천년에 걸쳐 문명이 탄생했다.

수메르인이 발명한 것들

기술은 매우 신속하게 발전했다. 청동 세공품, 물레로 만든 토기, 바퀴 달린 수레, 범선, 조각, 장대한 건조물, 그리고 가장 중요하다고 할 수 있는 쟁기가 거의 동시에 고고학적 유물로 나온다. 잔존한 수천 개의 인장 조각(彫刻)에 잘 드러나 있는 독특한 예술양식도 단기간에 확립되었다. 오늘날의 고고학자들에게 아무런 흔적을 남기지는 않았지만, 다른 기술도 분명히 예술 못지않게 발달했을 것이다. 예컨대 후대에 메소포타미아 도시들의 주요 수출품목이 되는 모직물의 생산과 염색, 그리고 화려한 신전의식은 틀림없이 초창기 수메르 문명에서 비롯된 것이다. 측량기술도 전에 없이 중요해지고 정확해졌다. 운하와 제방을 건설하고 평원 위에 인조 산처럼 우뚝 솟은 거대한 신전을 건설하기 위해서는 정확한 측정과 면밀한 계획이 필수적이었다.

하지만 더욱 중대한 일은 시간을 측정하는 것이었다. 농경의 기본은 적절한 시기에 파종하는 것이었기 때문이다. 달이 차고 기우는 현상은 시간의 경과를 알려주는 가장 뚜렷한 지표이지만, 그 주기는 태양력과 완전히 일치하지는 않는다. 그래서 신관들은 해와 달의 천체운동을 관찰하고 측정해 그 상관관계를 알아냄으로써 신뢰할 수 있는 역법(曆法)을 만들어냈다. 사실 역법을 만들고 관리하는 일은 신관이 초기의 농경민에게 제공한 가장 중요한 서비스였다. 역법에 관한 지식 덕분에 신관은 사회에서 특별한 지위를 차지했다. 계절을 예언할 수 있는 사람은 신과 특별한 관계에 있기 때문에 존경받아 마땅하다는 게 일반 농경민의 생각이었다. 인간의 역사에 한 획을 그은 조직화된 관개공사와 그것이 초래한 각종 기술적·사회적 결과는, 주로 계절을 예언하는 능력에 기초해 사회적 리더십을 장악한 신관의 지휘가 있었기에 가능했다고 볼 수 있다.

종교

신관이 누린 권력과 위신의 또 다른 기반은 그가 신들에 대한 모든 것을 이해할 뿐 아니라 그들을 기쁘게 하고, 혹은 이것이 불가능할 경우 그들의 노여움을 진정시키는 방법을 알고 있다는 사실이었다. 성스러운 노래와 그것을 부르는 방법, 신성한 의례와 그것을 집행하는 방법은 신관이 갖추어야 할 기본적인 소양이었다. 하지만 수메르의 신관들은 다른 신관들이 이미 말하고 실천한 바를 모방하는 데 만족하지 않았다. 아마도 문명발달의 초기에 그들은 신들이 세계를 지배하는 방식에 대한 체계적인 교의를 정립했던 것 같다. 우리는 훨씬 나중에 기록된 시를 통해 그들의 사고에 대해 알 수 있는데, 기원전 1800년경—대부분의 텍스트가 처음 문자로 옮겨졌던 시대—에 살고 있던 인간들의 마음을 사로잡은 개념만이 기록에 남았을 것이다. 고대 수메르의 종교가 일부 조야하고 원시적인 요소를 포함하고 있다 하더라도(이를테면 초기 우르 왕의 무덤에는 처첩과 신하들이 순장되었다), 고대의 신관들이 자연과 인간의 여러 현상을 설명하기 위해 논리 정연한 신학체계를 수립했다는 것은 분명한 사실이다.

기본적인 사고방식은 간단했다. 주요한 자연의 힘은 의인화되었으나 엄청난 위력을 가진 것으로 간주되었다. 그 중에는 영생(永生)의 위력도 있었다. 이렇게 의인화된 힘 또는 신은 하늘의 신인 아누가 다스리는 신의 정치적 사회에서 각자의 지위를 차지하고 있었다. 위대한 신들은 매년 정월 초하루에 만나 그 해에 일어날 일을 정했고, 개별적인 신은 그 결정에 따라야 했다. 예컨대 어떤 도시에 재해가 일어나도록 결정되었다면, 그 도시를 관장하는 신은 설령 자신에게 봉사하는 그 도시민에게 호감을 가지고 있어 이들이 다치는 것을 원치 않을 경우에도 신들의 전체 공동체에 복종해야 했다. 그 해의 운명이 결정되고 나면 제아무리 신이라도 어쩔 수 없었다. 태풍과 천둥의 신 엔릴은 신들의 의지를 집행하는 대표 격이었다. 그는 매년 내려진 결정에 따라 벌을 주고 재앙을 내렸다.

각 신의 성격은 인간과 동일하다고 여겨졌다. 신들은 신전이라는 집에 살았고, 인간의 영혼이 육체에 깃들어 있듯이 신상(神像)에 존재했다. 때로는 신의 영혼이 밖으로 나가기도 한다. 마치 인간의 혼이 꿈속에서 헤매고 돌아다니듯이. 그러나 신에게 물어야 할 대단히 중요한 문제가 있으면, 부재중인 신을 신상에 돌아오게 하는 방법이 있었다. 신은 전조와 예언으로 응답했다. 새가 나는 방향이나 제물로 희생된 양의 간을 보고 전문가들은 신의 뜻을 해독했다. 인간은 날마다 신에게 식사를 바치고, 그를 기쁘게 하고 찬양해야 했다. 특별한 제전에는 별도의 의식이 거행되었으며, 인간은 모두 모여 구경했다. 그리고 재앙의 조짐이 나타나려고 하면, 늦기 전에 신의 노여움을 달랠 수 있는 또 다른 의식을 거행했다.

신들의 성격, 신들 사이의 관계 및 신들과 인간의 관계에 대한 기본전제를 받아들인다면, 그런 신학체계는 자명해 보인다. 일어날 수 있는 모든 일에 대한 설명이 준비되어 있기 때문이다. 전조와 예언이 경고한 재해가 발생하지 않았다면, 이는 신관이 취한 예방조치가 효과적이었음을 입증하는 것이었다. 그리고 재해가 예고 없이 닥쳤다면, 이는 신이 인간에게 미리 알리지 않기로 작정했음을 의미한다.

이런 신앙체계는 매우 강력한 힘을 발휘했다. 3천년 동안 메소포타미아의 신관들은 문명사의 초기에 수메르인이 생각해낸 관념과 의례를 계속 발전시켰다. 더욱이 다수의 미개민족은 수메르 만신전의 위대한 신들이 실제로 세계를 지배한다고 확신했다. 그들 가운데 동유럽과 서아시아의 스텝지대에 살던 고대 주민들 ― 그리스인·로마인·켈트인·게르만인·슬라브인 ― 은 하늘·천둥·해·달 등의 신을 계속 숭배했는데, 이들 신의 힘과 성격은 고대 수메르 신관들의 사색에 의해 처음으로 정의된 것이었다.

문자

후세에 끼친 영향을 감안할 때, 수메르에서 비롯된 신관의 발명 중 가장 주목할 만한 것은 말을 기록하는 수단을 발견했다는 점이다. 그것은 갈대의 뾰족한 끝 부분으로 부드러운 점토판에 글씨를 새기는 방법이었다. 기록을 영구히 보존하고 싶을 때는, 점토판을 뜨거운 가마에 구워서 항구적인 문서로 만들었다. 이렇게 구워낸 점토판 덕에 우리는 고대 메소포타미아에 관한 상세한 지식을 얻을 수 있다. 이런 관행으로부터 서서히 발달한 문자가 쐐기 모양의 설형(楔形)문자이다.

처음에 수메르의 신관들은 주로 신전 창고의 물품출납을 기록하기 위해 문자를 사용했다. 이때 가장 큰 과제는 거래에 종사한 사람들의 이름을 기록하는 것이었다. 결국 이 문제는 개인의 이름을 소리에 따라 기록하는 방법에 의해 해결되었다. 신관들은 일단 그림문자의 음에 대응하는 인명의 음절을 기록했다. 얼마 지나지 않아 그림문자는 원래 그것이 형상화하고자 했던 사물이 아니라 소리를 의미하게 되었으며, 어느 맥락에서나 적절한 음절과 소리를 기록하는 데 사용될 수 있었다. 표준적인 음절을 나타내는 충분한 수의 그림문자가 만들어지자, 문자 사용자들은 말하는 모든 소리를 기록할 수 있었다. 기원전 3000년 이후에는 완전한 문장을 쓸 수 있었고, 신성한 이야기, 종교적 주문, 법전, 계약서를 비롯한 다양한 문서를 작성할 수 있었다.

역사가들은 편의상 문자의 발명을 선사시대와 역사시대를 구분하는 잣대로 삼는데, 이런 구분에는 일리가 있다. 현대의 학자들은 문자를 해독함으로써 지구상에서 사라진 지 오래된 인간의 활동을 깊이 있게 통찰할 수 있기 때문에, 근년에 고고학이 발달함에 따라 선사시대와 역사시대의 구분이 과거에 비해 불명확해졌다 하더라도 그 구분 자체는 여전히 유효하다.

우리가 알고 있는 모든 형태의 문자는 직접적 또는 간접적으로 수메르인의 설형문자에서 파생된 것이라고 주장하는 사람도 있다. 이 주장을 믿건 말건, 신에게 바칠 의무를 다한 사람과 그렇지 않은 사람의 이름을 분명히 기록하고자 했던 수메르 신관들의 노력이 지금까지 알려진 세계 최고(最古)의 문자를 탄생시켰다는 것은 부인할 수 없는 사실이다. 그 결과 정확한 정보를 저장하고 검색하는 인간의 능력이 눈에 띄게 향상되었다. 이후 문명사회의 효율적인 운용은 문자로 인해 증대된 정보처리능력에 크게 의존했다.

관개

문자기록을 통해 고대 수메르에 관한 상세한 사실을 알 수 있는 상한선인 기원전 3000년 무렵에, 수리(水利)시설은 상당한 수준에 도달해 있었다. 쉽게 물을 댈 수 있는 땅은 모두 개간되었고, 관개된 지역에는 수천 명의 인구를 가진 10여 개의 도시가 산재해 있었다. 각 도시 안에서 신전은 가장 웅장하고 화려한 건축물이었다. 니푸르(오늘날의 이라크 남동부에 있던 고대 도시)는 수메르의 도시들 가운데 군계일학이었을 것이다. 수메르 전역의 모든 신관들이 그곳에 있던 태풍의 신 엔릴의 신전에 수시로 모였던 것 같다. 이런 집회는 정보와 의견이 교환되는 장소이자 인접도시 간의 온갖 상거래가 이루어지는 기회로 이용되었을 것이다. 수메르 문명의 통일과 통합이 다른 방식으로 유지되었을 가능성은 희박하다.

이웃한 도시 간에 분쟁이 발생하면, 신관들이 회의를 열어 쟁점에 관한 판결을 내렸을 것이다. 그러나 수메르의 수리시설이 지리적·기술적인 한계에 이르자 분쟁은 점차 심각한 양상을 띠게 되었다. 왜냐하면 관개수로가 크고 길어짐에 따라 상류에 있는 도시가 강물을 새로 끌어다 쓸 때마다 하류에 위치한 도시에 공급될 수 있는 물의 양이 현저하게 줄어들었기 때문이다. 따라서 수리권(水利權) 다툼 ― 건기에는 사활을 건 문제로 비화될 수 있는 ― 을 평화롭게 조정한다는 것은 거의 불가능했다. 그 결과 인접한 도시들 사이에 전쟁이 일어났고, 심지어 경쟁관계에 있던 도시연합체들 사이의 충돌로까지 번져 나갔으며, 이것이 수메르인의 생활에서 반복적으로 나타나는 중요한 특징이 되었다. 더구나 외부의 야만족에 대한 방어는 언제나 어려운 문제였다. 강 유역은 사방이 훤히 트여 있어서 적의 공격에 취약했을 뿐 아니라, 특히 관개와 기술의 전문화를 통해 막대한 부를 축적한 수메르의 도시들은 아주 좋은 공격목표가 되었기 때문이다.

군사력과 왕정

결과적으로 수메르의 도시들은 기원전 3000년까지 신관의 지배와 중요한 군사조직을 발달시켰다. 처음에 왕권은 신이 자신의 대리인을 인간세계에 보냈다는 이론에 근거하고 있었을 것이다. 평화시에 그런 권위자는 신관들의 수장이었다. 그러나 전시에는 그가 직접 군대를 통솔하거나, 아니면 젊고 정력적인 인물을 찾아 자신과 신들을 대신하여 군사를 지휘하도록 해야 했다. 인접한 도시들 간의 전쟁상태가 항구화되자, 군사적 지도력이 의례를 비롯한 평화시의 다른 기능보다 훨씬 중요해졌다. 때로는 신관과 군사지도자 사이에 알력이 생기기도 했다. 적의 위협이 계속되고 결정적인 승리를 거두지 못하는 상황에서는 방위의 필요성이 절실해지기 때문이다. 그러나 수메르 평원의 각 도시가 독립을 주장하고 있는 한, 어느 한 도시가 결정적으로 승리할 가능성은 전혀 없었다. 여러 도시 사이에 물을 분배하고 여타 분쟁까지 해결할 만한 힘을 가진 단일한 행정력만이 내분을 종식시킬 수 있었다. 그러한 제국적 국가는 변경의 야만족들이 도전해올 경우 병력을 월등히 많이 모집하여 그들에게 두려움을 갖게 했을 것으로 추정된다.

한 명의 군주가 변방의 영토까지 효과적으로 통제할 수 있는 수단을 강구하기란 지극히 어려운 일이었다. 최초의 대정복자는 항상 대군을 신변에 두었다. 아카드의 사르곤(B.C. 2350년경) 같은 왕은 수천 명의 무장병력을 유지하기 위해 한 장소에서 다른 장소로 계속 이동하는 전략을 구사했다. 적대적인 공동체를 약탈하여 고정적인 수입을 확보하는 것도 중요했다. 이런 약탈적 정체(政體)는 체질적으로 불안정했다. 군사적 침략이 한번이라도 실패하면, 지역공동체들은 용기백배하여 아예 성문을 걸어 잠그고 왕의 군대가 들어오는 것을 거부했다. 유일한 대안은 지배하에 있는 각 지방의 공동체에 수비대를 배치하여 그들의 복종을 강요하는 것이었다. 하지만 그럴 경우 왕의 집중된 군사력이 분산되어 지방의 적대세력을 상대로 전장에서 우위를 점하기가 어려웠다. 더욱이 왕의 신변에서 멀리 떨어져 있는 지역에 장기간 주둔하고 있던 군대는 먼 곳에서 왕이 내리는 명령이 확실히 전달되었을 때조차도 그 명령에 복종하지 않게 될 우려가 있었다.

이처럼 어려운 상황에 처해 있었기 때문에 고대 수메르는 장기간의 평화를 누리지 못했다. 수메르 문명은 원래 독립된 도시들 내부에서 발전했다. 각 지방의 주민은 자기가 사는 도시에 대한 깊은 충성심을 갖고 있었으므로 통일된 제국을 수립하려는 온갖 노력은 수포로 돌아갈 수밖에 없었다. 또한 적대적인 도시들이 끊임없이 연합과 동맹을 시도함에 따라 도시들 사이에 세력균형이 성립하여 전쟁이 크게 줄어들 수 없었다. 따라서 내부의 평화를 지키고 외부의 적을 효과적으로 방어하는 문제는 끝내 해결되지 않았다. 그럼에도 불구하고 그토록 중차대한 문제를 해결하려는 노력은 수메르 문명뿐 아니라 후대의 메소포타미아 문명이 발전하는 주요한 계기가 되었다. 그 중 한 가지 성과는 무기의 개량과 군대조직의 개선, 군사력의 증대였다. 또 다른 성과는 멀리 떨어져 있는 사람들을 통제하는 행정적·정치적 장치였다. 이런 수메르인의 발명 가운데 일부는 이후 문명세계에서 정치행위의 기초가 되었다. 요컨대 법전의 공포, 임명직 관료제, 공식적인 우편업무와 같은 기본적인 요소는 모두 고대 메소포타미아에 그 기원을 두고 있었다. 수메르의 국토는 '언제나' 한 명의 신과 한 명의 왕이 행사하는 탁월한 통치력에 의해 통일을 유지해왔다고 위정자가 백성에게 선전했다는 증거도 있다.
　이런 장치들이 평화와 질서를 유지하기에는 역부족이라는 사실이 완전히 드러나기 전에, 수메르 문명의 중요한 측면은 가깝든 멀든 주위 사람들의 주목을 받았다. 자극을 받은 그들은 수메르의 문화적 성취에 비추어 자기의 생활양식을 바꾸었다. 다음 장에서는 수메르 문명이 이방인과 외국인에게 전파되면서 나타난 1차적인 양상을 개관하고자 한다.

2장
문명의 전파: B.C. 1700년까지의 1차적 양상

기원전 4000년과 기원전 1700년 사이에는 두 군데의 중심에서 일기 시작한 파문이 전세계의 인간사회로 확산되었다. 이는 마치 3천 년의 간격을 두고 연못 한가운데에 돌이 떨어진 것이나 마찬가지였다. 지역에 따라 지리적·사회적 여건이 달랐으므로, 연속적인 두 파문이 퍼지는 양상은 정확한 기하학적 패턴을 따르지는 않았다. 그 파문은 어떤 지역에서는 급속히 번졌고, 보수적인 지역에서는 겉돌기만 했으며, 또 다른 지역에서는 극복할 수 없는 기후라는 장벽에 부딪혔다. 하지만 이런 복잡한 양상에도 불구하고, 그 과정을 파문에 비유하는 것은 유효하다. 유럽·아시아·아프리카의 다양한 풍토 속에서 서아시아식 화전농법은 적당한 온도·강우량·자연림의 조건을 갖춘 새로운 지역으로 계속 퍼져 나갔다. 좀더 시간이 흐르자 문명이라고 불러도 전혀 손색이 없을 고도의 복합적인 사회들이 생활하기에 적합한 새로운 땅에 뿌리를 내리게 되었다.

유목문화

화전농법이 전파되면서 이 생활방식에 의존하는 사람의

수가 증가하자, 초창기에 확립된 농법은 두 가지 방향으로 의미심장하게 변용되었다. 첫 번째 변용은 환경적 요인과 밀접히 관련되어 있었다. 무엇보다도 초기 농경이 발생한 산악구릉지대의 북쪽에 있던 유라시아 대륙의 거대한 스텝지대에는 수목이 거의 자라지 않아 화전농법에 적합한 지역이 거의 없었다. 반면에 스텝지대 특유의 광활한 초원은 가축의 무리를 사육하는 데는 안성맞춤이었다. 그래서 스텝의 수렵민은 초창기의 농경민이 발달시킨 각종 기술을 접했을 때, 가축사육을 수용하고 고된 노동이 따르는 곡물재배를 거부하는 방식으로 자신의 지리적 환경에 효과적으로 적응해 나갔다.

이렇게 해서 농경을 이해하면서도 경멸하는 독특한 유목민의 생활양식이 출현했다. 산악지대의 남쪽은, 초원에서 아라비아 반도 북부에 호형(弧形)으로 펼쳐진 사막으로 옮겨가는 곳인데, 좀 더 덥고 건조하다는 점을 빼고는 자연환경이 스텝지대와 유사했다. 이 일대에서도 유목문화는 신석기 농경기술의 변종으로 발달했다. 남부지역에서 사육되는 가축은 북방에 적합한 대형동물과는 종류가 달랐다. 양·염소·당나귀는 여름철에 사료가 부족하게 마련인 반(半)사막 기후를 잘 견딜 수 있었다. 반면에 소와 말은 몸집이 커서 북방 스텝지대의 추운 겨울을 이겨낼 수 있었다.

유목문화가 농경세계의 북과 남에서 독자적인 생활양식으로 출현한 시기는 정확하게 알 수 없다. 아마도 기원전 3000년 이전에는 유목민으로 생활하던 사람의 수가 그리 많지는 않았을 것이다. 그 후로도 오랫동안 스텝지대의 주민들은 유목생활에 완전히 적응하지 못했다. 예를 들어 승마처럼 일견 단순해 보이는 기술도 기원전 900년 이후에야 널리 보급되었다. 승마생활의 정착에 오랜 세월이 걸린 것은 겁을 먹지 않고 인간을 등에 태울 수 있게 훈련된 특수한 종자의 말이 필요했기 때문이다. 처음에는 말의 완강한 저항에 부딪혀 땅바닥에 내동댕이쳐지기 일쑤였던 인간은 결국 말을 길들여 그 등에 올라타는 데 성공했다.

유목민은 수렵민과 마찬가지로 초식동물에 의존했고 한곳에 정주하지 않는 생활을 영위했다. 그들은 가축에게 먹일 풀을 구하기 위해 비교적 먼 거리를 이동했다. 유목민은 어느 정도 일정한 패턴에 따라 계절별로 저지대에서 고지대의 목초지로 옮겨 다녔다. 양이나 소를 사육하는 이들에게는 동물이든 인간이든 육식 습성을 가진 적으로부터 가축을 보호하는 게 급선무였다. 이런 생활을 위해서는 우두머리가 있어서 이동경로를 정하고 적이 공동체 영내의 목초지에 침입하거나 소와 양을 훔쳐가는 비상시에 공동체 전체를 지휘할 필요가 있었다.

이런 생활방식에서는 대형동물 사냥에 능숙한 수렵민 특유의 전투조직과 폭력적 습성이 여전히 중요시되었다. 이에 반해 초기의 농경민 공동체는 평화롭고 평등주의적이었다. 이 대조적인 차이로 인해 유목민은 농경민과의 전투에서 결정적으로 유리했다. 실제로 힘의 우위에 서 있던 유목민은 다른 인간집단을 정복하여 동물을 다루듯이 착취함으로써 그들을 길들여 보겠다는 유혹에 빠지곤 했다.

이후 구세계에서 인류의 역사는 농경민의 생활에서 비롯된 우세한 인구수와 유목민의 문화적 필요에 부응하는 우월한 정치·군사적 조직 간의 상호작용을 축으로 해서 전개되었다. 양자간의 균형은 사회조직과 결속력의 강약에 따라, 그리고 기술발전의 수준에 따라 어느 한쪽으로 기울어졌다. 종종 대정복자와 제국 건설자가 나타나거나 치명적인 역병이 유행할 경우에도 양자의 관계는 변했다. 시간과 장소를 불문하고 농경민과 유목민의 관계에 중대한 변화가 생기면 인간사회가 황폐해지고 혼란스러워졌다. 그러나 상이한 두 생활양식 간의 유혈충돌은 인간을 자극하여 여러 가지 실험을 감행하도록 했다. 그 결과 기원전 3000년경 이후 구세계 전역에서 사회발전이 가속화되었다.

쟁기

초기 농경의 두 번째 변용은 쟁기의 발명에서 비롯되었다. 쟁기는 인간생활의 구조에 심대한 변화를 가져왔고 다양성을 불어넣었다. 구체적인 장소는 어디인지 알 수 없으나 기원전 3000년을 조금 앞둔 시기에 인간은 가축의 힘을 이용하여 경작하는 법을 알게 되었는데, 이로 인해 중대한 결과가 나타났다. 곡물재배와 가축을 이용한 농경이 전

에 없이 밀접한 관계를 맺고 서로 의존하게 되었던 것이다. 또 이렇게 해서 완성된 서아시아식 농법은 다른 유형의 농경에 비하여 대단한 이점을 갖게 되었다.

첫째, 쟁기 덕분에 곡물재배민은 한곳에 완전히 정착할 수 있었다. 분명 농경민 공동체의 수가 늘어남에 따라 화전식 농법에 적합한 삼림지대를 찾기가 점점 어려워졌을 것이다. 이에 대응하기 위해 사람들은 서아시아 구릉지대의 원래 터전을 떠나 다른 곳으로 이동했고, 이 과정에서 농경이 사방으로 퍼졌다. 그러나 남아 있던 농경민 공동체의 경우 이미 경작된 바 있는 토지를 다시 갈아야 하는 빈도가 점점 높아졌다. 이런 상황에서 처녀지의 비옥함을 기대할 수는 없었다. 하지만 쟁기를 사용하면 괭이와 디깅스틱(digging stick)에만 의존할 때보다 훨씬 많은 땅을 새로 경작할 수 있었다. 결국 경지면적을 늘려 다소 낮아진 수확률을 만회함으로써 농경민은 식량생산의 수준을 유지하거나 심지어 증가시킬 수 있었다.

더욱이 휴경지, 즉 쟁기질은 했지만 곡물을 심지 않은 토지에서는 그 이듬해에 곡식이 만족스러울 만큼 잘 자란다는 것을 알게 되었다. 쟁기질을 하면 곡식의 성장을 방해하는 잡초가 채 뿌리를 내리기 전에 제거되었기 때문이다. 곡물재배와 휴경을 번갈아 함으로써 쟁기를 사용하던 농경민은 한곳에서 영원히 생활할 수 있었다. 쟁기질을 한 토지의 생산력은 화전민이 사용하던 처녀지에 비해 떨어졌으나, 이런 결점은 더욱 체계적이고 편리한 경지정리를 통해 보완되었다. 괭이만 사용하던 화전민은 그루터기 때문에 면밀하고 계획적인 농경을 시도할 수 없었다. 실제로 우리가 연상하는 경지의 개념, 즉 주로 한 종류의 식물이 재배되는, 비교적 평평하고 균일한 토지의 구획은 쟁기의 사용에서 비롯된 것이다. 그런데 쟁기는 크기가 커서 방향전환이 어려웠던 관계로 울퉁불퉁한 삼림지대의 땅에서는 사용할 수 없었다. 따라서 쟁기를 사용할 사람들은 삼림지대의 화전민들보다 훨씬 철저하게 풍토를 바꿔 나갈 필요가 있었다.

동일한 지역의 토지를 여러 차례 쟁기로 갈게 되면서, 서아시아의 전역에 장방형의 작은 경지가 생겨나기 시작했다. 이런 변화가 진행되자 서아시아의 농경민은 침니층(沈泥層)이 새로 형성되지도 않았고 관개수로를 갖추지도 않은 토지에서 상당한 양의 잉여식량을 얻을 수 있었다. 이런 사회에서는 가축의 힘을 이용하여 인간의 근육에 의존하던 노동력을 효과적으로 보완할 수 있었고, 소수의 인간이 자급자족을 위한 직접적인 노동에서 해방될 수 있었으며, 심지어 관개수로를 설치하지 못하는 지역에까지 문명이 파급되었다. 그리고 얼마 지나지 않아 문명생활의 발상지에서 적당히 떨어져 있던 지역에서는, 천수답을 기반으로 문명화된 사회를 창출하고 유지할 수 있는 새로운 가능성이 실현되었다.

이렇게 기원전 3500년과 기원전 2500년 사이에 유목민사회와 쟁기를 사용하는 농경사회가 출현함에 따라 인간의 생활양식이 눈에 띄게 다양해졌고, 기온과 강우량이 적합하여 대규모로 곡물을 재배할 수 있었던 유라시아 대륙과 북아프리카 전역으로 문명이 광범위하게 퍼져 나갔다.

이집트 문명

하지만 기원전 2500년경 이전에 문명화된 형태의 사회가 확산되기 위해서는 아주 특수한 지리적 환경이 필요했다. 당시의 기술수준을 감안할 때 관개가 가능했던 강 유역이 아니고서는 문명 수준의 기량과 지식을 성취할 수 있는 전문가 집단이 출현할 수 없었다. 수메르에서 꽤 가까운 거리에 있던 여러 작은 하천은 그런 조건에 들어맞았다. 예를 들어 요르단 강과 카룬 강은 오늘날에는 티그리스 강 하류에 합류하지만 고대에는 독립된 유로(流路)를 통해 페르시아 만으로 흘러들었는데, 이 두 강의 유역에는 일찍부터 도시가 들어섰다. 그 밖의 지역에서도 장차 고고학자들이 유사한 고대 도시의 유적을 발견할 가능성이 크다. 그러나 이들 강의 계곡은 너무 협소해서 수메르 문명이나 나일 강 및 인더스 강 유역에서 동시에 발생하고 있던 다른 고대문명에 필적할 만한 거대한 사회의 요람이 될 수 없었다.

1930년대까지는 이집트 문명이 지구상에서 가장 오래된 문명이라고 간주되었다. 그러나 현재 이집트 학자들은 그에 앞서 수메르 문명이 존재했다는 사실을 인정한다.(고고학자들이 수메르 유적을 처음 발견한 것은 1920년대였다.) 전설에 의하면 이집트의 역사는 메네스 왕이 상(上)이집트와 하(下)이집트를 통일하면서 시작되었다. 이 사건은 기원전 3000년과 기원전 2850년 사이에 일어났다고 추정되는데, 이 무렵에 수메르는 이미 수세기에 걸친 도시문화의 역사를 축적한 상태였다.

수메르가 이집트 문명발달의 초기 단계에 영향을 미쳤다는 것은 틀림없으며, 많지는 않지만 그 증거도 있다. 따라서 페르시아 만 위쪽에서 출발한 항해자들이 아라비아를 회항하여 홍해로 들어가 협소한 나일 계곡에 거주하던 사람들과 접촉했으리라고 상상해볼 수 있다. 수메르인이 숙지하고 있던 기술과 지식은 티그리스·유프라테스 강 하류와 유사한 자연환경에 살고 있던 초기 이집트인에게 굉장히 가치 있는 것이었다. 관개, 야금술, 문자, 쟁기, 바퀴 달린 수레, 거대 건축물은 메네스 왕이 등장할 무렵에 메소포타미아 전지역에서 볼 수 있는 것들이었다. 이 모든 것이 단기간의 모방 및 개작 과정을 거쳐 이집트인의 용도에 맞게 수정되었다.

이집트의 정치적 통일과 함께 수메르인의 연장 가운데 이집트인에게 쓸모 있는 요소는 신속히 수용된 반면, 지역의 전통이나 지리적 여건에 맞지 않는 것은 과감히 폐기되었다. 다시 말해서 이집트 문명은 단기간에 독자적인 양식적 통일성과 제도적 기틀을 확립했다. 메소포타미아에서 천년 이상 걸렸던 일이 이집트에서는 그 절반에도 못 미치는 기간에

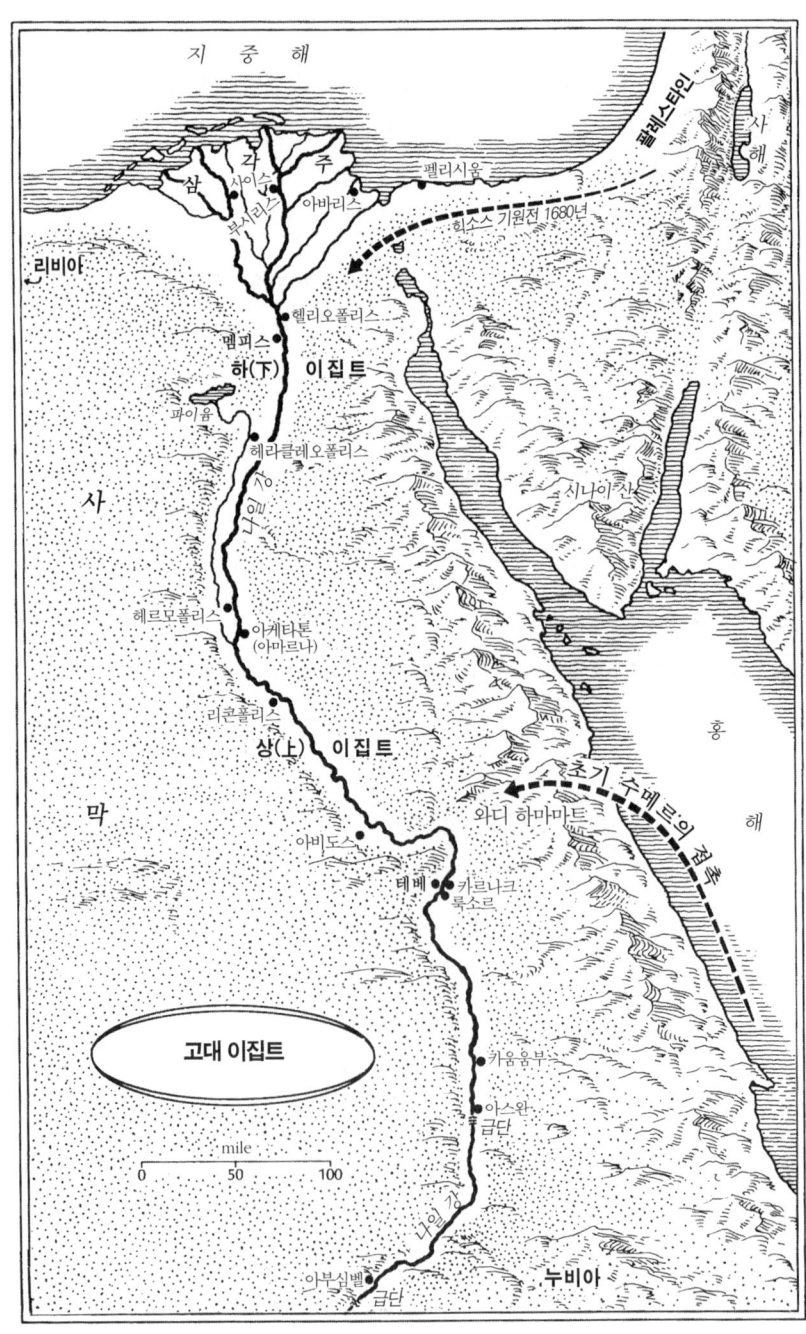

실현되었던 것이다. 이는 이집트인이 수메르인의 경험을 이용할 수 있는 유리한 입장에 있었기 때문이다.

이집트인은 수메르 모델을 단순히 모방하는 데 그치지 않고, 이집트의 실정에 맞게 모든 것을 뜯어고쳤다. 이 점은 상형문자로 알려진 초기 이집트의 문자와 수메르의 설형문자를 비교해보면 잘 알 수 있다. 이집트인은 글자를 쓸 때 수메르인과는 다른 종류의 재료를 이용했을 뿐 아니라 상이한 음절기호들을 사용했다. 그 결과 문자의 실질적인 형태는 전혀 유사하지 않았다. 유일한 연관성이 있다면, 그것은 추상적인 말을 음절의 요소로 분해하여 소리를 기록한다는 발상이다. 마찬가지로 이집트의 미술도 수메르의 모델과는 별개의 것이다. 두 미술이 공유한 것은 규모가 크고 수학적으로 정확하게 계산된 건축과 조각을 지향하는 관념 정도이다. 이처럼 이집트의 고급문화는 모든 면에서 독자적인 양식을 갖추고 있었다.

이집트와 수메르의 사회구조는 현저히 달랐는데, 아마도 이로 인해 초기의 이집트 문명이 완성도는 높았으나 그 기반이 취약했던 것 같다. 이집트에서는 모든 것이 왕이자 신인 존재, 즉 파라오의 궁정에 집중되어 있었다. 수메르인은 신들이 욕구·성격·행동 면에서 인간과 유사한 특징을 가졌지만 눈에 보이지 않는 존재라고 여겼다. 이와 대조적으로 이집트인은 자신들의 왕을 신이라고 단정했다. 불멸의 존재인 왕은 다른 인간에게 영혼의 불멸을 부여할 수 있는 힘을 가졌다. 이것이 바로 파라오에게 복종하는 강력한 이유였다. 자비로운 신왕(神王)은 현세에서 자신에게 봉사한 신하들에게 신이 가진 불사의 생명력을 부여하는 은혜를 베풀어 그들을 영원한 충복으로 삼을 것이라고 생각되었던 것이다. 반면에 파라오에 대한 도전은 내세의 모든 희망을 날려버리는 무모한 행동으로 간주되었다.

고왕국

나일 강 유역의 특수한 지리적 조건도 정치적 중앙집권화에 일조했다. 나일 강 양쪽은 불모의 사막으로, 위험한 외적의 침입을 받을 염려가 거의 없었다. 남쪽의 누비아인과 서쪽의 리비아인이 이따금 공격해왔지만, 그 수가 별로 많지는 않았기 때문에, 메소포타미아에서처럼 야만족의 공격이 심각한 문제를 야기하지는 않았다. 게다가 유역 내에서는 유유히 흐르는 나일 강에 배를 띄우면 어렵잖게 북상할 수 있었고, 돌아올 때에도 돛을 올리고 거의 1년 내내 이집트 쪽으로 불어오는 북풍 내지 북동풍을 타면 순항할 수 있었다. 이처럼 나일 강의 상류와 하류를 오가는 것이 용이했기 때문에 배를 제외한 다른 운송수단은 필요하지 않았다. 비옥한 토양은 강기슭 가까운 곳에 있었고, 짐과 사람을 실은 배는 강변의 어디에서 출발하든 하구의 삼각형 침니지대로부터 제1급단에 이르는 상·하류 모든 지점에 갈 수 있었다. 이런 상황이었으므로 하천을 오가는 선박만 규제하면 전국토를 통제하는 것이나 마찬가지였다. 정해진 행로를 따르지 않는 여러 형태의 육상수송에 비해 강을 오르내리는 선박의 운항을 관리하고 단속하기가 더 쉬운 것은 당연한 일이다. 따라서 이집트에서는, 메소포타미아에서 갖은 노력을 다하고도 완전하게 발달시키지 못했던 중앙집권적인 제국행정을 유지하기 위한 장치가 딱히 필요하지 않았다. 신성한 통치자는 하천교통의 요지에 주재하고 있던 충성스럽고 근면한 신하들의 도움을 받아 어렵지 않게 전국을 지배할 수 있었다.

독립된 두 왕가에 의해 각각 통치되고 있던 상·하 이집트를 메네스 왕이 통일하면서 마침내 단일정권이 성립되었다. 사실상 신성한 파라오의 왕가는 수메르의 신전과 마찬가지로 항행 가능한 나일 강 상류와 하류 유역에서 거둔 잉여농산물이 집중되는 유일한 곳이었다. 이로 인해 파라오의 궁정은 압도적인 권력을 유지할 수 있었고, 이집트는 수메르가 도저히 이룩할 수 없었던 대내적 평화와 질서라는 난제를 해결했다.

이집트 문명은 파라오의 왕실이 구축한 주요한 틀 안에서 꽃을 피웠다. 신왕(神王)의 왕실에 소속된 장인과 행정관들은 메네스 왕이 이집트를 정복한 지 삼사백 년도 지나지 않아 피라미드 건립을 계획했고, 그에 못지않게 경이로운 예술양식을 만들어냈다. 상형문자, 유약을 바른 기와와 항아리, 정교한 목공, 그리고 음악과 무용을 비롯하여 고고학 유물로는 쉽게 접하기 어려운 각종 기예가 모두 왕실 안에서 발달했다. 설령 그런 기예가 그 밖의 장소에 존재했다 하더라도, 그것은 조잡하고 불완전한 형태에 지나지 않았다.

중앙에 모든 것을 집중하면 오늘날 대기업이 누리는 것과 같은 이점을 얻게 된다. 예컨대 대(大)피라미드는 농한기에 이집트의 농촌인구를 총동원해야만 건설할 수 있었다. 그리고 파라오의 궁정 같은 단일한 사령부만이 그런 일을 해낼 수 있었다. 한편 엄격하게 중앙집권화된 고대 이집트의 정체는 취약할 수밖에 없었다. 모든 것은 파라오의 왕실에서 멀리 떨어져 있던 사람들이 파라오나 그의 대리인에게 복종할 마음이 있는지 여부에 달려 있었기 때문이다. 그래도 고왕국시대(약 2600~2200B.C.)의 약 400년 동안 이집트 백성은 왕조 교체기를 제외하곤 대체로 체제에 순응했던 것으로 보인다.

하지만 고왕국의 전성기에도 파라오 전제정치의 이면에는 뚜렷한 지방간 격차가 존재했다. 이는 특히 고대 이집트의 종교적 혼란에서 잘 드러난다. 수메르의 종교와는 달리 이집트의 종교는 신들 사이의, 그리고 그들과 왕 사이의 관계를 정의하는 일관성 있는 체계를 결여하고 있었다. 종종 동물이나 반인(半人)의 형태로 형상화되던 지방의 신들은 지방 주민의 숭배를 요구했고, 각 지방의 신전과 신관들도 배타적인 신앙을 고수하고 있었다. 시간이 지나자 그들 중 일부는 정교한 의례를 발달시켰고, 고대 메소포타미아의 신전에 필적할 만한 규모의 건물을 축조하기 시작했다.

그럼에도 불구하고 중앙집권적인 이집트 정부를 궁극적으로 붕괴시킨 것은 신관의 저항이 아니라 지방관리의 반역이었다. 당대의 지식계급인 서기들은 파라오의 질서가 해체되는 현상에 대한 당혹감을 기록에 남겼는데, 주로 이집트의 정치적 분열을 크게 우려하는 내용이었다. 기원전 2200년 이후 1세기 이상 이집트 국내는 메소포타미아가 늘 그랬듯이 분열된 상태를 극복하지 못했다.

이집트 문명의 많은 분야는 빠르게 쇠퇴하기 시작했다. 각지의 지배자는 파라오의 권위를 상징하는 고급예술과 그 밖의 요소들을 유지하기 위해 최선을 다했지만, 자원의 부족은 사치품과 그 기능의 질적 저하로 이어졌다. 하지만 외견상 질서가 문란하고 정치가 분열된 시대에도 파라오 문명의 이상은 살아남았다. 찬란한 고왕국시대의 이상은 나일 강 유역의 토양에 단단히 뿌리내리고 있었다.

중왕국

따라서 2세기 가까운 정치분열 끝에 이집트가 남쪽에서 온 새로운 정복자에 의해 기원전 2000년경에 다시 통일된 것은 놀랄 일이 아니다. 그[멘투호테프 2세]는 수도를 나일 강 삼각주에 접해 있는 멤피스가 아니라, 훨씬 상류에 위치한 테베로 정했다. 이렇게 성립된 이른바 중왕국은 약 200년 동안 존속했다. 기원전 1800년경에 이르자 또다시 이집트는 분열되어 각 지방의 권력자들이 저마다 온 땅의 정당한 파라오임을 주장하며 각축을 벌이는 무대가 되었다.

예술양식과 기타 유물을 보면 중왕국의 지배자들이 고왕국 파라오들의 업적을 계승하고자 노력한 흔적이 역력하다. 그러나 중대한 차이도 있었다. 신전건축은 갈수록 세련미를 더해갔고, 신관이든 속인이든 각지의 지주와 유력자는 고왕국시대에 비해 훨씬 중요한 위치를 점하게 되었다. 이에 따라 이집트 사회와 문명이 중앙에 의존하는 정도는 차츰 낮아졌고, 정치적 파국을 견뎌낼 수 있는 힘은 점점 커졌다. 그러나 이런 강점들은 고왕국 전성기(약 2600~2400B.C.)의 문화를 특징짓던 탁월한 예술적 세련미와 양식적 일관성을 희생시켜 얻은 것이었다.

차후 이집트에서 발생한 획기적인 사건이 아시아의 야만적 이민족인 힉소스인의 군사정복이었다는 점을 고려할 때, 중왕국시대에 중앙의 문화가 주변으로 확산된 사실은 이집트의 문화양식이 살아남는 데 결정적으로 중요한 의미를 갖는다. 만약 고왕국시대처럼 단일한 파라오의 왕실이 이집트의 전문지식이나 기술을 모두 장악하고 있었다면, 왕실의 몰락은 곧바로 이집트 문명의 붕괴로 이어졌을 것이다. 그러나 힉소스가 나타나기 전에 이집트 사회 자체의 구조 내에 전문지식과 기술의 작은 중심지가 다수 생겨남으로써 문명 붕괴의 위험은 미연에 방지되었다.

인더스 문명

기원전 3000년과 기원전 2000년 사이에 인더스 유역에서 출현한 또 하나의 위대한 문명에 대해서는 별로 많은 것이 알려져 있지 않다. 인더스인이 사용하던 문자를 학자들이 아직까지 해독하지 못하고 있다는 것은, 그들의 문화를 이해하는 데 꼭 필요한 통로가 막혀 있음을 뜻한다. 또한 인더스 유적에 대한 고고학 조사도 불완전하고, 지금까지 이루어진 일부 발굴도 엉성하게 진행되어왔다. 그럼에도 불구하고 이미 발견된 것을 기초로 몇 가지 연역적인 추론을 시도할 수는 있을 것이다. 인더스 문명에는 두 개의 거대한 중심도시가 있었다. 하나는 하라파에, 다른 하나는 수백 마일 떨어진 하류에 위치한 모헨조다로에 있었다. 이 두 도시의 특징은 놀랄 만큼 균일한데, 이는 인더스 문명이 이집트 고왕국시

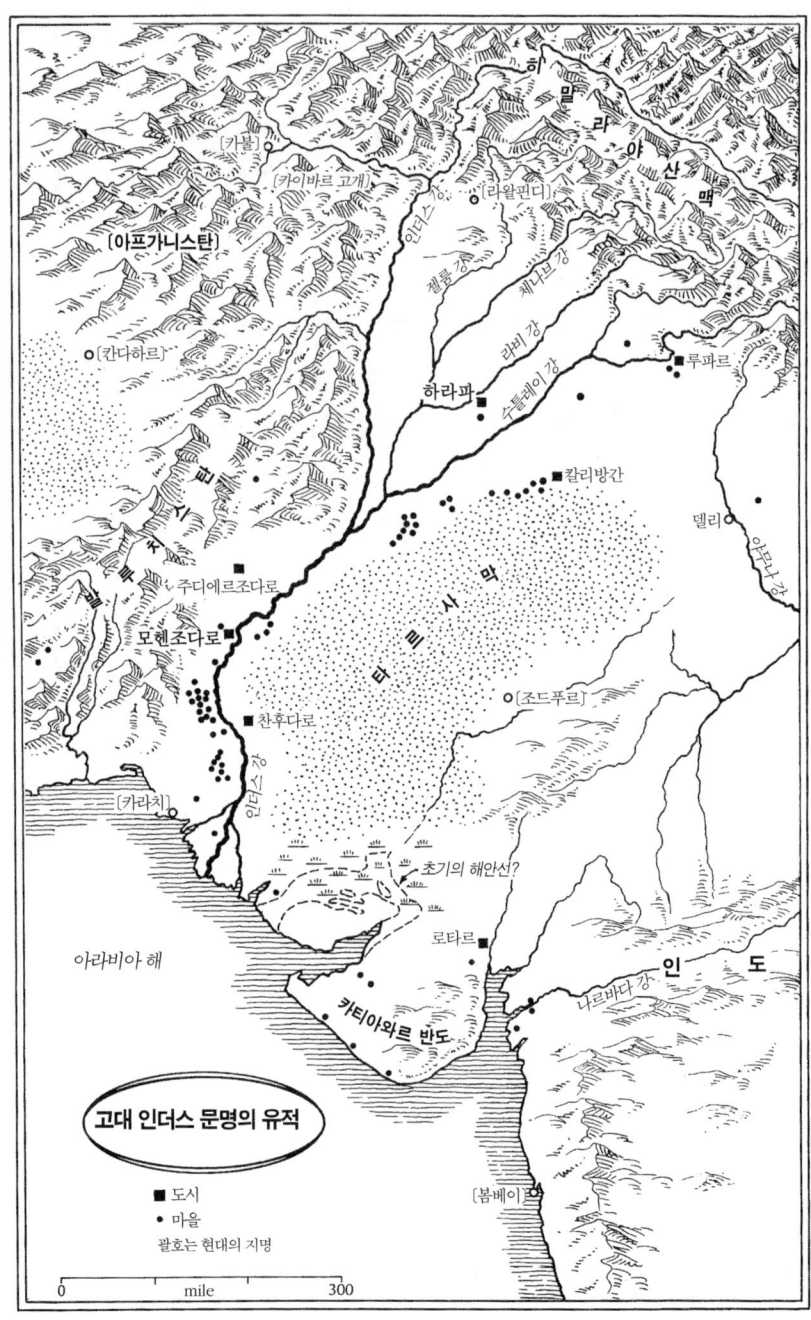

대와 마찬가지로 정치적 통일을 이루고 있었기 때문이라고 추정된다.

인더스에서 제작된 인장(印章)과 기타 소품들이 기원전 2500년경 이후로 추정되는 메소포타미아의 유물층에서 발견되는 것으로 미루어 짐작할 때, 수메르와 접촉한 것은 틀림없는 사실이다. 따라서 해로를 통한 수메르와의 접촉이 이집트의 초기 발전단계에 중요한 역할을 했듯이, 인더스 문명의 성장을 촉진하는 데도 중요한 요인이었으리라 생각된다. 이집트의 경우와 마찬가지로, 인더스인이 발달시킨 예술양식과 문자체계는 수메르의 모델과 무관한 것으로 보인다. 이집트인과 인더스인이 수메르인으로부터 취한 것이 있다면, 그것은 자신만의 독특한 생활방식을 만들어내려는 충동이었다. 수메르의 기술을 그대로 베끼거나 조잡하게 모방한 흔적은 독특한 지역적 스타일이 정착되기 전의 초보적 단계에서나 발견된다. 그런 모방의 예는 이집트에서 나왔는데, 인더스 문명의 2대 중심지인 하라파와 모헨조다로에서는 고고학자들이 지하수라는 암초에 부딪혀 직접적인 모방의 증거를 출토할 수도 있는 최하층에 여태껏 도달하지 못했다.

모헨조다로와 하라파는 둘 다 높게 축조된 성채 또는 성역과 저지대의 구역으로 양분되어 있었다. 어떤 지구에는 동일한 형태의 방이 다닥다닥 붙어 있었는데, 아마도 징발된 자들이나 노예노동자들의 숙소였던 것 같다. 이것말고는 고대 인더스 사회의 구조에 대해 추론할 수 있는 것이 거의 없다. 이집트 및 수메르와 비교해볼 때, 신에게 봉사하는 신관집단에 의해 조직화된 사회가 인더스 문명의 핵심이었음을 짐작할 수 있을 뿐이며, 이것도 단정짓기는 어렵다.

두 대도시의 유적에는 돌을 쌓아 만든 구릉들이 남아 있는데, 이것들이 나타내는 연대의 폭에 대해서는 제법 자신 있게 말할 수 있다. 이는 인장과 기타 수입품을 대조함으로써 연대의 상한선 및 하한선을 수메르와 비교할 수 있기 때문이다. 이를 토대로 인더스 문명이 기원전 2500년과 기원전 1500년 사이에 만개했다고 추정할 수 있다. 거대한 두 도시는 침입자들에 의해 파괴되었다. 그들은 주민을 학살하고 도시를 불태웠지만, 그곳에 정주할 생각은 없었다. 이렇게 인더스 도시들을 파괴하고 인더스 문명을 멸망시킨 야만족은 아리아어를 사용하던 북방의 부족이었음이 거의 확실하다. 그 파괴는 철저했다. 오직 평범한 마을주민들이 익히 알고 있던 인더스 문명의 요소들만이 후대에까지 살아남았다. (아마도 신관계급의) 지도자들이 보유하고 있던 전문적인 지식과 고도의 기술은 기원전 1500년과 늦어도 기원전 1200년 사이에 야만족이 그들을 살해하고 추방했을 때 사라졌다. 파라오의 이집트도 중왕국의 정치적 발전이 없었다면, 즉 힉소스가 국토를 침탈하기 오래전에 문명을 유지하는 데 필요한 기능과 지식을 각지의 사원과 귀족가문에 분산시키지 못했다면 인더스와 동일한 운명에 처했을 것이다.

메소포타미아 문명, 2500~1700B.C.

이런 거대한 변화가 이집트와 인더스 유역의 생활을 탈바꿈시키는 동안, 메소포타미아의 문명생활도 평화롭고 태평하지만은 않았다. 그렇지만 수메르 땅에서 기원전 3500년과 기원전 2500년 사이에 일어났던 것과 같은 근본적인 변화는 이후 수세기 동안 재연되지 않았다. 관개수로를 갖춘 평원의 부를 약탈하려는 야만족을 물리치기 위해 변경의 방비를 강화하는 문제는 오랫동안 해결되지 않았다. 이에 못지않게 골치 아픈 문제는 여러 도시 사이의 평화를 유지하는 것이었는데, 이 문제는 증오의 대상이던 야만족 또는 반(半)야만족의 외래정복자에게 여러 도시가 일제히 굴복하는 경우에만 해결되었다.

끝없는 정치적·군사적 소요 속에서 일어난 두 가지 중요한 변화에 주목할 필요가 있다. 첫째, 기원전 2000년 직후부터 수메르어는 더 이상 일상적인 용도로 사용되지 않았다. 수메르어는 셈족의 여러 언어로 대체되었는데, 그 가운데 메소포타미아 지역에서 처음 구어로 정착된 것은 아카드어였다. 일상어였던 수메르어의 퇴조는 서서히 진행되었던 것으로 보인다. 셈어 사용자들이 변경의 사막지대로부터 수메르의 도시들로 계속 이주한 결과, 수메르어는 점차 학교에서 가르치거나 종교적 제전에서 낭송되는 신성한 언어의 지위로 축소되었다. 하지만 신들에게 그들이 익히 알고 있는 언어로 말해야 한다는 명백한 필요성이 있었기에 수메르어는 수세기 동안 보존되었다. 오늘날 우리가 라틴어를 배우듯이 신관들도 수메르어를 배워야만 했기 때문에, 그들은 수메르어 낱말과 아카드어 낱말의 대조표와 같은 학습상의 보조수단을 만들어내지 않을 수 없었다. 이 덕분에 근대의 학자들은 일단 고대 페르시아어와 아카드어로 기록된 비문을 연구하여 아카드어에 능숙해진 뒤에 수메르어를 해독한다거나 읽을 수 있게 되었다.

둘째, 광대한 영토를 거느린 정치적 제국이 수차례의 좌절을 경험하면서도 조금씩 통일성과 안정성을 달성해나갔다. 이것이 가능했던 것은 그 시대 이후의 정치체제에서 결정적인 역할을 하게 되는 세 가지 수단인 관료제·법·시장이 발달했기 때문이다. 오늘날에는 관료제의 원리가 너무나 당연시되기 때문에, 한 개인의 공적 임무나 역할이 그 개인의 직책이나 지위에 기초하지 않는 인간사회를 상상하기 어렵다. 그러나 관료제가 처음 도입되었을 때에는 사람들이 그 제도에 적응하는 데 많은 시간이 걸렸다. 자신을 총독으로 임명한다는 왕의 교지를 갖고 도착한 사람은 다른 이방인들과 구별되는 특별한 대접을 받아야 했다. 재판관·장수·세리(稅吏)와 그 밖의 관리들도 특수한 임무를 띠고 있었다. 이들은 자신들이 공무를 수행하고 있다는 사실을 생면부지의 이방인들에게 납득시켜 협조를 구해야 했다. 그러나 관료제의 이념이 수용되자, 왕은 자신의 장수와 관리를 통해 멀리 떨어진 땅까지 통치할 수 있었다. 이집트 땅에서 나일 강이 제공하던 특별한 연결수단 없이도, 장거리에 걸쳐서 효과적인 협력이 이루어지게 되었던 것이다.

왕의 통치하에 있는 모든 장소에서 개별 사건에 적용될 수 있는 법 또한 유사한 효과를 가졌다. 그것은 관료제의 원리와 마찬가지로 인간관계를 예측 가능한 것으로 만들어주었다. 다시 말해서 모르는 사람들끼리 접촉할 때도 그 결과를 어느 정도 신뢰할 수 있게 되었다. 그리고 누군가 자신의 의무를 저버릴 경우에는 왕의 법과 재판관의 심판이 기다리고 있었다. 가장 유명한 최초의 법전은 바빌로니아의 왕 함무라비(B.C. 1700년경)에 의해 공포되었다. 하지만 현존하는 판례만 놓고 볼 때 그 법전의 조항이 실제로 적용되었는지는 분명치 않다.

시장가격과 법정을 통해 강제할 수 있는 매매규칙도 이방인들 사이의 유효한 협력을 가능하게 해주었다. 고대 메소포타미아에서 물가는 보리로 산정되기 시작했다. 이후에 큰 거래에는 은괴(銀塊)가 같은 용도로 사용되었다. 그러나 서민들이 교역에 참가하는 경우는 드물었다. 교역이라고 해봤자 물건을 서로 교환하는 정도였고, 공통의 기준이 사용되지도 않았다.

인구의 대부분은 가난한 농민이었다. 이들은 경지에서 열심히 농사를 지었고, 세금과 지대를 걷는 사람들이 충분한 양의 먹을거리를 남겨주면 행복감을 느꼈다. 그들은 왕의 관리나 왕의 법, 지역간 시장과는 아무런 관계가 없었다. 그러나 잉여농산물이나 기타 산물을 수중에 거머쥔 부유한 사람들은 관료제·법·시장의 점진적인 발전을 통해 수백 마일의 공간과 수년 또는 수십 년의 시간을 넘나들며 자신들의 작업을 조율할 수 있게 되었다.

그렇지만 고대 메소포타미아의 정치적 제국은 장기간의 안정을 누린 적이 없었다. 지역에 대한 충성심이 여전히 강했고, 교통·통신은 느리고 비용이 많이 들었다. 오직 함무라비 같은 정력적인 군주만이 메소포타미아 전역을 효율적으로 지배할 수 있었다. 그가 신하들에게 보낸 서한은 아직도 많이 남아 있다. 정치권력의 중심은 강의 상류로 이동하는 추세였다. 이런 현상이 일어난 것은 수분이 증발한 결과 토양의 염분이 증가하여 메소포타미아의 최남단에 위치한 가장 오래된 경작지의 비옥도가 떨어졌기 때문이다. 게다가 군사적 충돌이 발생할 경우 상류의 도시가 언제나 유리한 입장에 있었다. 하류에 있는 도시에 물이 공급되지 못하도록 운하를 차단할 수 있었기 때문이다. 이상의 요인들이 작용한 결과 아카드는 사르곤의 시대(B.C. 2350년경)에 수메르를 지배하기 시작했다. 그보다 훨씬 북쪽에 있던 바빌론은 함무라비의 시대에 메소포타미아의 수도가 되었다.

또한 함무라비의 시대에 바빌론의 신관들은 바빌론의 신성한 소유자이자 수호신인 마르두크의 이름과 권력을 찬양하기 위해 수메르와 아카드의 집적된 지식을 대대적으로 개정하는 작업을 벌였다. 그래서 세계의 창조를 설명한 '창조 서사시'는 예컨대 후대에 성서의 「창세기」에도 반영된 표현을 사용하여 마르두크를 신들의 우두머리라고 칭했다. 마르두크는 원래 수메르의 신들 가운데 최고의 신이었던 니푸르의 태풍의 신 엔릴을 대체하는 존재가 되었다. 또 다른 측면에서 함무라비 시대의 서기와 수학자들도 대체로 지적인 모험을 시도했다. 예를 들어 복잡한 산술적 계산이 이 시대의 점토판에 최초로 나타나는데, 이후 천년 이상이나 수학 분야에서는 그것에 필적할 만한 새로운 성과가 발견되지 않았다.

수메르에서 아카드로, 그리고 아카드에서 바빌로니아로 지리적 중심이 바뀌고 부와 권력이 북쪽으로 이동함에 따라 언어적 변용도 일어났으나, 메소포타미아 문명의 기본적인 연속성에는 커다란 변화가 없었다. 애초에 수메르의 신관들이 인간과 신의 관계와 세계를 설명하기 위해 만들어낸 사상은 세월의 풍상을 견뎌냈다. 범람원에서의 생활에 적응하는 과정에서 발달한 초창기의 기술도 그대로 전해졌다. 메소포타미아 문명의 기술적 측면에는 놀랄 정도로 작은 변화만 있었을 뿐이다. 대신에 발명과 점진적인 개량은 정치 및 군사 분야에 집중되었다. 이미 살펴본 것처럼 제국의 행정기술은 갈수록 정교하게 다듬어졌다.

천수지대로의 이행

메소포타미아 지방의 문명권이 지리적으로 확대됨과 동시에 멀리 떨어져 있던 나일 강과 인더스 강의 계곡에서 이집트 문명과 인더스 문명이 발흥한 것은, 분명히 인류문명의 폭을 넓힌 의미심장한 현상이었다. 그렇지만 그런 복합사회들이 발달하기 위해서는 관개시설을 갖춘 하천유역이 필요했기 때문에, 문명사회는 야만의 바다에 둘러싸인 고도(孤島)처럼 희귀하고 이색적인 인간생활의 형태로 머물러 있을 수밖에 없었다. 천수지대가 문명사회를 만들어낼 수 있을 만큼 충분한 수의 전문가를 부양할 수 있게 된 후에야 비로소 문명이 지상(地上)을 뒤덮을 수 있었다. 이런 변화의 과정이 기원전 2000년 직전에 시작되어 19세기에 이르러 완성되기까지 거의 4천 년의 세월이 소요되었다.

천수지대로의 이행이 최초로 일어나게 된 구체적인 경위는 알 수 없으나, 그런 일이 발생했다는 것은 확실하다. 예컨대 기원전 2000년경에 메소포타미아 주변에는 일련의 위성적인 문명 또는 원(原)문명이 출현했는데, 그 중에서 가장 유명한 것은 소아시아에 있던 히타이트 사회와 시리아 및 팔레스타인에 걸쳐 있던 가나안 사회이다. 이집트 주변은 사막지대였기 때문에 나일 강 계곡의 양쪽에는 히타이트나 가나안에 필적할 만한 문명이 발달하지 못했다. 한편 인더스 문명의 요소들이 남쪽과 동쪽으로 침투하여 남부 및 중부 인도에서 관개농법을 모르고 살아가고 있던 민족들의 생활에 영향을 미쳤을 가능성 내지 개연성은 다분하지만, 아직까지 고고학적으로 입증되지는 않았다.

천수지대에서 문명이 개화하는 데 필수적인 조건을 서술하기란 그리 어렵지 않다. 첫째, 농민들이 잉여식량을 생산할 수 있어야 했다. 둘째, 잉여식량을 생산자인 농민들의 수중으로부터 다방면의 전문가들에게 이양할 수 있는 사회기구가 나타나야만 했다. 그래야만 전문가들이 농민 대중들처럼 논밭에서 일할 필요 없이 고도의 기술과 나름의 지식을 연마하는 데 전념할 수 있었기 때문이다.

이미 살펴본 것처럼, 쟁기질의 확산은 평범한 농민들이 여러 지역에서, 그리고 대부분의 계절에 잉여농산물을 생산할 수 있게 해주었다. 이는 관개지대의 한계를 넘어 문명이 정착되는 데 불가결한 전제조건이었다. 그렇지만 쟁기를 이용하는 농경법의 정확한 기원이나 초창기의 전파경로에 대해서는 별로 밝혀진 바가 없다. 이와 마찬가지로 생산자로부터 전문가(즉 소비자)에게로 식량을 이관하는 사회기구의 기원과 성격에 대해서도 거의 알려진 바가 없다. 아마도 정복과 무역이 두 가지 중요한 요인이었을 것이다. 정복자들과 상인들은 이미 존재하고 있던 사회지도층의 형태에 다양한 충격을 주어, 하천유역 관개지대의 한계를 벗어나 성장하기 시작한 여러 문명사회와 원문명사회 사이에 상당한 구조적 변이를 만들어냈다.

예컨대 소아시아의 동북부에서는 기원전 1800년경 아시리아의 상인들이 쓴 점토판이 다수 발견되어, 히타이트 문명의 초기 상태를 엿보게 해준다. 당시 이 지방의 지도자들은 병사·신관·상인·직인 등의 측근을 거느리기 시작했는데, 비록 그 규모는 작았으나 그로부터 약 한 세기 뒤에 히타이트의 수도 하투사스에서 발달한 궁정생활의 원형을 보여준다. 히타이트인의 생활은 여러 모로 메소포타미아에서 직접 수입한 것이었다. 예를 들어 설형문자와 메소포타미아 종교의 일부 신화는 그대로 차용되었다. 이와 동시에 소아시아 지역의 전통 가운데 중요한 요소들도 살아남았다. 그 결과는 수입된 메소포타미아 문명과 독자적인 고유문화

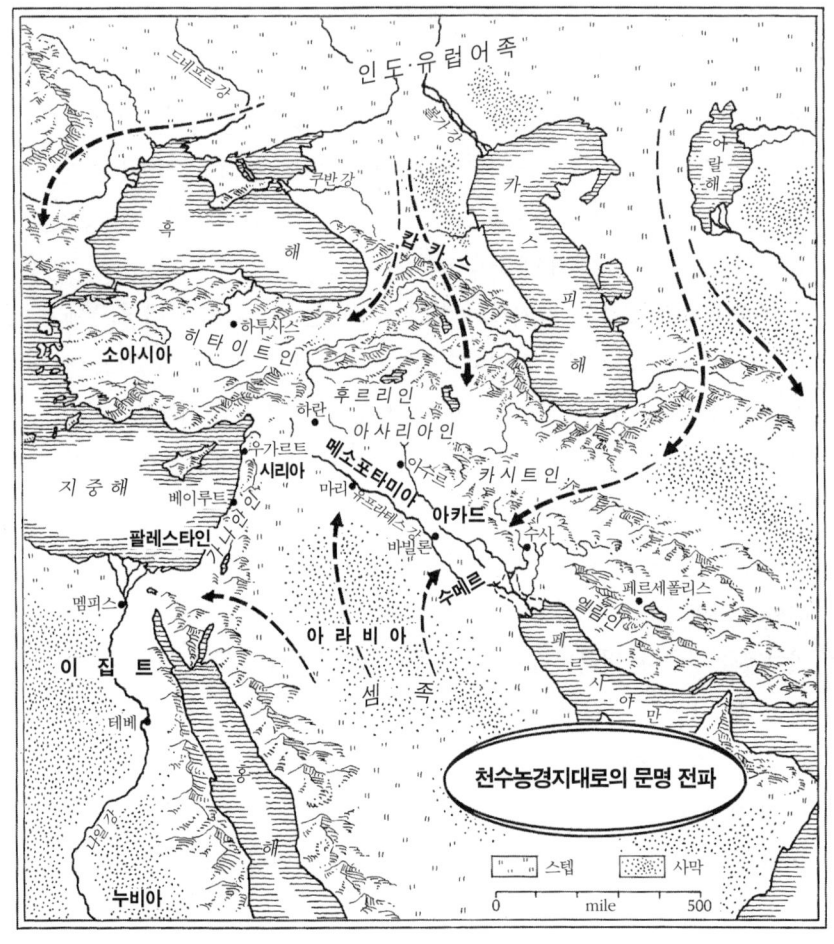

의 혼합물이었다. 히타이트의 예술은 그로부터 유래한 문화적 이원성을 확연히 드러낸다. 하투사스의 조각은 메소포타미아 모델과 밀접한 관계를 맺고 있음에도 불구하고 자기만의 조악한 스타일을 그대로 간직하고 있다.

히타이트 사회는 다수의 상이한 민족집단으로 구성되었고, 히타이트 문명의 기초가 된 사회적 분화는 근본적으로 한 집단이 다른 집단을 정복한 데서 유래한 것으로 보인다. 지방의 수장과 통치자들이 일정 수준의 부와 노동력을 축적한 뒤에야 문명사회의 상인들이 실제로 상행위를 시작할 수 있었다. 멀리 떨어진 문명사회에서 생산된 물품은 너무 비싸서 일반 농민들의 관심을 끌지 못했을 것이고, 문명사회의 상인들이 교환을 통해 입수하고자 했던 품목들—금속, 목재, 또는 다른 원료—을 수송하고 처리하기 위해서는 상당히 복잡한 운영방식이 필요했을 것이다. 그런 일을 하기 위해 지방의 인력을 조직화하고 문명사회의 상인들로부터 옷감이나 금속제품, 그 밖의 기재를 사들였던 사람들은 애초에 다른 민족집단을 정복한 집단의 지도자로서 자신이 획득한 부와 권력을 이용할 수 있었던 것으로 보인다. 히타이트 조각의 특징은 전사들의 존재가 두드러지고 땅딸막한 외모가 중후한 느낌을 준다는 것인데, 이는 분명 적진을 유린하던 정복자들의 발자취를 시사한다. 정복자들은 작은 도시를 유지하기에 부족함이 없을 정도의 세금과 노력봉사를 피정복자들에게 요구할 수 있는 지위를 누렸고, 그 도시에 살던 직인이나 다른 전문가들은 정복자들의 기호를 만족시키기 위해 애썼다.

사실상 메소포타미아의 다른 벽지들도 동일한 패턴의 사회적 진화를 겪었다. 서쪽의 가나안인은 상업적 성향이 강한 반면에 군사적 기질은 약했다. 그러나 티그리스 강 유역의 북쪽과 동쪽에 위치한 구릉지대에서는 후르리인과 엘람인이 메소포타미아 문명에 바탕을 두고, 특히 그 강력한 군사적 성격을 수용하여 자신만의 고유한 생활양식을 만들어냈다. 하지만 이는 매우 불완전한 자료에 바탕을 둔 추론일 뿐이다.

산맥을 넘어 더욱 멀리 떨어져 있던 스텝지대에서는 유목민들이 금속을 이용하여 무기를 개량하거나 의복을 치장하는 데 각별한 관심을 기울였다. 예컨대 기원전 2500년경에 이르자 캅카스 산맥 북쪽에 위치한 쿠반 강 유역의 수장들은 자기의 무덤을 멋진 청동제 무기와 보석으로 꾸미기 시작했다. 가뜩이나 호전적인 스텝지대의 야만족들은 청동기를 사용한 다음부터 더욱 위력적으로 변했다. 실제로 그들은 멀리 떨어져 있는 지방까지 광범위하게 정복할 수 있는 힘을 보여주었다. 이런 식으로 그 후 600~700년 동안 청동기로 무장한 야만족들은 스텝지대를 빠져나와 서유럽 전역을 공략하여 선주민을 정복하고 급기야는 흡수하기에 이르렀다. 무력에 호소하는 습관과 전사적 미덕을 존중하는 태도는 청동기시대 야만족의 침입으로 인해 유럽인의 의식에 깊이 뿌리내리게 되었다. 유럽은 또한 언어적으로도 유럽화되었다. 그도 그럴 것이 핀란드·에스토니아·마자르·바스크를 제외한 유럽의 모든 현대 주민은 청동기시대의 정복자들이 유라시아의 서부 스텝지대에서 가져왔던 하나의 고대어(또는 그것과 밀접히 관련된 언어)에서 유래한 언어를 사용하기 때문이다.

이 어족은 인도·유럽어족이라 불리는데, 이는 그 다양한 어군에 속한 언어들이 유럽뿐 아니라 페르시아 및 인도 북부에서도 사용되기 때문이다. 이런 현대의 언어분포를 보면, 진보된 청동제 무기를 갖추게 된 스텝지대의 용감무쌍한 야만족들이 동쪽과 남쪽으로 정복에 나설 수 있었다는 사실을 알 수 있다. 예를 들어 서아시아에서는 인도·유럽어를 사용하는 소수의 유목민 집단이 후르리인이라는 산악민들 사이에서 지배권을 확립했던 것으로 보인다. 조금 더 동쪽에 살고 있던 카시트인의 경우에도 사정은 마찬가지였다. 주로 셈어계에 속하는 민족으로 구성된 힉소스인조차도 인도·유럽어를 사용하는 민족을 무사계급으로 받아들였던 것 같다. 아리아인의 인더스 강 유역 정복과 이에 따른 고대 인더스 문명의 파괴는 이런 야만족의 이동을 보여주는 하나의 극단적인 예다. 다소 덜 알려진 부족(토카라인)은 더욱 동진하여 나중에는 중국의 변경에까지 이르렀다.

민족 대이동의 성격과 결과에 대해서는 다음 장에서 좀 더 자세히 살펴보기로 하자.

해양문명

문명지대의 기술과 야만족 사회가 서로 접촉함에 따라 유라시아의 민족지도에 커다란 변화가 일어나고 있는 동안, 비교적 규모는 작지만 결코 무시할 수 없는 별도의 해양문명이 전파되면서 지중해와 대서양 연안에 살고 있던 사람들의 생활과 문화를 변모시켰다.

크레타 섬의 미노아 문화는 초기 해양문명을 조명해주는 가장 중요한 예다. 크레타 섬에 인간이 살기 시작한 것은 지중해 항해가 시작된 것으로 보이는 기원전 4000년 직전이었다. 크레타 섬에서 출토된 유물들은 기원전 3000년경에 이집트와 교역했음을 명백히 입증해준다. 그 후 1000년 이상이 흐르고 나서야 본격적인 문명이 출현하여 기원전 1900년경에 유명한 미노스 궁전이 최초로 세워졌다. 거의 같은 시기에 아직까지 해독되지 않은 표기법, 야금술, 멋들어진 토기, 매력적인 자연주의적 예술양식 등을 비롯한 고대문명의 요소들이 모습을 드러냈다.

미노아 문명의 영광을 창조한 직인이나 다른 전문가들을 먹여 살리는 데 필요한 부는 주로 해양무역을 통해 마련된 것으로 보인다. 미노아의 배들은 지중해 곳곳을 항해했다. 청동을 만드는 데 필요한 구리와 주석을 구하는 것이 원양항해의 주된 목적이었다. 어쨌든 미노아인이 거주했던 흔적이 사르데냐의 오래된 구리광산 근처에서 발견되었다. 크레타에서 생산된 목재와 올리브유는 시리아 연안과 이집트로 수출되었다. 게다가 미노아의 상인들은 동지중해에 위치한 문명사회의 직인들과 서북 지중해의 원료 생산자들을 연결해주는 역할을 했다.

미노아 사회의 구조는 아직까지 속 시원히 밝혀지지 않았다. 미노스는 아마도 파라오와 같은 호칭이었을 것이며, 그 지배자의 권력은 군사적 또는 행정적 역할보다는 종교적 역할에 바탕을 두고 있었을 것이다. 대륙부에 비해 전쟁은 그다지 중요하지 않았음이 분명하다. 현재까지 알려진 바에 의하면, 수도인 크노소스에는 방벽이 없었다. 또 무기나 갑옷은 크레타 섬의 유물 중에서 그리 눈에 띄지도 않는다.

　미노스의 권력기반이었던 종교는 소아시아에서 역사시대까지 존속된 신앙과 관계가 있다. 가장 중요한 신은 '위대한 어머니'로, 이 여신을 나타내는 특별한 상징은 두 자루의 도끼이다. 그 밖에 소와 뱀이 특별한 신앙의 대상이었다. 소춤(牛舞), 다시 말해 청년들이 공격하는 소의 뿔을 잡고 곡예를 하듯 그 등을 넘어 도약하는 종교행사는 중요한 의례였다. 스페인의 투우는 이 고대의 종교적 스포츠에서 유래한 것인지도 모른다.

　엄숙하고 둔중한 감각의 히타이트 조각과 비교해보면, 미노아 예술은 현대인의 눈에 경쾌하고 우아하며 자유분방해 보인다. 어류와 물속에 사는 다른 생명체의 자연주의적 표현이나 양식화되긴 했으나, 생생한 인간의 묘사는 군사투쟁과 정복민의 압박이 문명사회와 초기 문명사회의 엄연한 실상이었음을 보여주는 히타이트 및 다른 대륙사회의 예술에 비해 좀 더 밝고 덜 황량하다는 느낌을 준다.

　크레타 문명의 절정기에, 지중해 서단에 위치한 몰타 섬에는 또 다른 고급문화의 중심지가 존재하고 있었다. 이 섬은 '거석'(巨石)종교의 '본산'지였던 것으로 보인다. 분명히 밝혀진 사실은 매우 큰 바위로 만든 무덤과 다른 건조물들이 모로코에서 스웨덴 남부에 이르기까지 서유럽과 북아프리카의 해안에 다수 산재해 있다는 것이다. 인간이 고생스럽게 그런 구조물을 만든 이유를 현재로서는 단언하기 어렵다. 어쩌면 전도사 겸 신관이 지역주민들에게 그런 노력이 가치 있는 일이라는 점을 납득시킨 다음, 필요한 인력을 편성하는 동시에 거대한 구조물을 만드는 데 불가결한 기술을 주민들에게 가르쳤을 것이다. 이 종교를 설파하던 사람들이 해가 지는 서쪽으로 멀리 떨어져 있던 축복의 섬에 불멸의 삶이 찾아오리라는 희망을 심어주었을 가능성도 있다. 무덤과 다른 거석 구조물들은 그런 불멸의 행복을 사람들에게 확신시키는 데 일조했을 것이다. 거석종교의 사상은 이집트의 사자(死者) 숭배와 어떤 관계가 있다고 볼 수도 있다. 그러나 그런 관계가 어떻게 형성되었는지는 분명치 않다. 더욱이 문서기록이 남아 있지 않기 때문에, 거석종교의 원리는 연대가 한참 떨어지는 아일랜드인이나 여타 켈트인의 민간전승에 의지해서 추론하는 수밖에 없는 실정이다.

유럽과 아프리카에 남아 있는 거석유물의 지리적 분포상태를 보면, 이 문화를 가진 사람들은 해로를 통해 이동했고 꽤나 숙련된 항해자들이었음이 분명하다. 이들이 타던 배는 버드나무를 적당히 엮은 후 해수를 막기 위해 동물가죽을 덮은 단순한 것이었을 가능성이 크다. 그런 가볍고 간단한 배로 육지에 바싹 붙어 전진하다가 폭풍이 위협할 경우에는 재빨리 해안에 상륙하는 식으로 장거리를 항해할 수 있었다. 작은 배가 뜻밖의 폭풍우를 만나 우연히 대양을 항해하게 될 가능성도 있었다. 예를 들어 카나리아 제도에 인간이 거주하게 된 것은 그런 우연한 항해의 결과였을지도 모른다. 어쨌든 유럽인이 14세기에 카나리아 제도를 최초로 발견했을 때, 거석문화 건설자의 후손이라고 생각되는 석기시대인이 그 외딴 곳에 살고 있었다. 실제로 콜럼버스가 후대에 북동 무역풍을 타고 항해한 것처럼, 고대 거석문화인이 보유하고 있던 작은 배로도 대서양 횡단이 기술적으로 가능했다는 말이다.

초기 거석문명이 유럽의 서단까지 확산된 것은 기원전 3000년과 기원전 1700년 사이였다. 기원전 1700년이 되자 유라시아 스텝지대 유목민의 후손인 야만족 정복자들이 유럽의 대서양 연안에 도달해 평화롭게 살아가고 있던 거석문화인들을 평정했다. 때때로 새 지배자들은 오래된 거석문화의 기술을 사용하여 잉글랜드의 스톤헨지 같은 구조물을 만들었다. 이런 종류의 환상열석(環狀列石)은 스톤헨지말고도 여럿 남아 있는데, 원래 나무의 줄기를 원형으로 배열하여 만들던 종교적 기념물의 스타일을 암석으로 웅장하게 표현한 것 같다. 한 가지 목적은 역법과 관련된 것이었다. 즉 태양력에서 가장 중요한 날짜에 태양(과 다른 밝은 별들)이 뜨고 지는 방향에 맞추어 거석들 사이의 간격을 일정하게 배열했던 것이다. 이런 식으로 1년 중 낮이 가장 긴 날과 짧은 날을 아주 정확하게 알아낼 수 있었다.

동아시아와 아메리카 대륙

기원전 3000년과 기원전 1700년 사이에 세계의 다른 지역에 살고 있던 인간의 생활에 어떤 변화가 일어났는지에 대해서는 정보가 부족한 편이다. 중국 문명이 개화하고 있던 황허 중류지역에는 조를 주식으로 하는 농경민집단이 밀집해 있었다. 이 농경민들은 황토라 불리는 특별한 종류의 땅을 경작했다. 황토는 빙하기에 바람에 날린 먼지들이 퇴적된 것으로 경작하기가 쉬웠다. 황토지대에는 숲이 형성되지 않았기 때문에, 경작방법도 서아시아의 화전농법과는 공통점이 없었다. 이 때문에, 그리고 조는 다른 지역에서는 중요한 곡물이 아니었기 때문에, 대부분의 학자는 중국의 농경이 서아시아와는 무관하게 발생했다고 주장한다. 그렇지만 서아시아의 주요 곡물인 밀과 보리가 일찍이 중국의 황토에서도 경작된 적이 있다는 사실을 잊지 말아야 한다.

더 남쪽으로 내려가 동남아시아의 큰 강 유역에서는 전혀 다른 유형의 원경(園耕)이 기원전 3000년과 기원전 2000년 사이에 큰 비중을 차지하게 되었다. 이 지역에서는 몬순이 결정적인 요인이다. 1년의 절반은 거의 매일 비가 오는 우기이고, 나머지 절반은 건기이다. 우기와 건기의 교체는 토지에 물이 범람했다가 서서히 건조된다는 것을 의미한다. 이런 환경에서는 다양한 근채류가 잘 생장한다. 마찬가지로 벼도 환경에 잘 적응하여 몬순지대 농업의 주요 작물이 되었다.

아시아 몬순지대의 벼농사는 충분히 발달한 형태일 경우 서아시아의 곡물재배농경과 세 가지 중요한 차이를 보인다. ①못자리에서 기른 모를 논으로 옮겨 심는다.(즉, 번식을 위해 포기 나누기를 해주는 근채류와 같이 취급된다.) ②경작을 할 때 인간의 근력을 보완하기 위해 가축의 힘이 반드시 필요한 것은 아니다. ③벼가 여무는 몇 달 동안은 물을 얕게 대주어야 한다. 이런 차이는 동남아시아의 원경법이 서아시아의 밭농사에 비해 훨씬 집약적이고 노동력의 소모가 심하다는 것을 뜻한다. 특히 연중 몇 달 동안 물이 충분히 공급되는 토지가 없는 곳에 논을 만들기 위해서는 엄청난 양의 노동과 상당한 기술이 필요하다. 천혜의 환경을 갖추지 못한 곳에서는 우선 지표면을 평평하게 고르고 물이 골고루 퍼질 수 있도록 얕은 도랑을 파야 한다. 그런 다음 인위적으로 물줄기를 논으로 흘러들어가게 함으로써, 벼가 익는 데 필요한 적절한 수위를 유지해주어야 한다. 그렇지만 이렇게 지표면을 개조한 곳에서 잘 관리된 논은 수확량이 많기 때문에 농사에 필요한 노동력을 충분히 부양할 수 있었다. 그 결과 아시아의 몬순지대에서는 논농사를 기반으로 인구가 조밀한 농경민 집단이 유지될 수 있었다. 그러나 그런 공동체도 처음에는 자연적인 범람으로 농경민의 일이 훨씬 수월해지는 강둑에 인접해 있었다. 중국 문명이 성립된 뒤에야 고지의 구릉지대에서도 대규모로 벼를 재배하게 되었다.

그럼에도 기원전 3000년과 기원전 1500년 사이에 벵골 지방에서 남중국에 이르는 동남아시아의 강가와 해안가의 평야에는 사람들이 많이 모여 사는 공동체가 나타났다. 이들 공동체에서는 쌀과 근채식물을 주식으로 삼았고, 항해술이 발달하여 상당한 수준에 이르렀다. 하지만 서아시아의 복잡다기한 문화에 견줄 만한 문명은 출현하지 못했다. 기술 분화나 비교적 많은 수의 사람을 하나의 정치적·경제적 단위로 묶어주는 조직화도 서아시아에서 흔히 볼 수 있는 규모로 발달하지 못했다. 이는 아마도 몬순지대의 기후조건 때문이었을 것이다. 몬순지대에서는 대규모 관개수로를 건설하기 위한 인간의 협동이 필요 없었을 뿐 아니라 더 다습한 지역에서는 용수가 아예 문제가 되지 않았던 것이다.

아시아의 초기 항해자들이 태평양의 여러 섬 가운데 어디까지 도달했는지 속단하기는 어렵다. 그 지역에 대한 고고학적 연구가 단편적이기 때문이다. 그들의 지리적 이동은 유럽의 거석문화인에 비해 훨씬 광범위하게 이루어졌다. 원시적인 배로도 일정한 방향으로 부는 계절풍과 무역풍을 타면 그 일대를 비교적 쉽게 항해할 수 있다. 반면에 거센 폭풍이 몰아치는 북대서양은 전세계에서 가장 횡단하기 어려운 바다 중 하나이다.

신세계에서는 빙하가 퇴각할 무렵 베링 해협을 건너온 떠돌이 수렵 밴드가 기원전 8000년경에 남북아메리카 전역을 차지했다. 이는 남아메리카 남단에 있는 티에라델푸에고에서 이 시기의 것으로 추정되는 유물(타제석기)이 발견됨으로써 입증되었다. 그러나 수렵과 채집이 아메리카 대륙 주민들의 유일한 생활방식이던 시대는 그리 오래가지 않았다. 수렵민들이 최초로 티에라델푸에고에 도달하기 직전에 멕시코 중부, 미국 남서부, 그리고 아마도 페루와 남아메리카의 일부 다른 지역에서 옥수수를 재배했던 흔적이 남아 있다. 그렇지만 처음 재배가 시작되었을 때의 옥수수는 후대의 것과는 많이 달랐으며, 그때는 생산량도 적고 영양가도 낮았을 것이다. 어쨌든 아메리카 대륙에서는 여명기의 농경이 도시의 성립이나 문명의 탄생으로 곧바로 이어지지 않았다. 서력기원이 시작되기 몇 세기 전까지는 신세계에서 가장 진보된 지역에서조차 소박한 공동체 생활이 일반적이었다.

우리의 지식에 불확실한 점이나 빈틈이 많긴 하지만, 기원전 1700년까지 인류가 인상적인 문화를 이룩해냈다는 것만은 분명한 사실이다. 이보다 앞선 시대에 문화가 진보하던 속도와 비교해보면, 사회는 아주 빠르게 변하기 시작했다. 채 2000년이 지나기도 전에, 구세계의 중앙부에는 세 개의 관개문명이 나타났다. 천수지대에도 약간 규모가 작은 다수의 위성문명이 등장함으로써, 문명사회를 이룩했다는 메아리가 북부 스텝지대의 야만적 전사들뿐 아니라 지중해, 대서양, 그리고 아마도 인도양 연안에 거주하던 사람들에게까지 울려 퍼졌다. 이들에 비해 다양성이나 기술수준, 지명도가 떨어지는 문화들이 아시아의 몬순지대와 황허 유역의 황토지대에서 발달했다.

요컨대 복잡하기 그지없는 문명의 역사가 시작되었다. 문명화 내지는 반(半)문명화된 모험가·선구자·전사·상인·광산 투기꾼·토지 강탈자 등이 무력으로 다른 약소민족을 침해하고, 새로운 땅을 찾아 지구상의 더욱 먼 지역으로 침입하기 시작했던 것이다.

3장
서아시아의 코즈모폴리터니즘, 1700~500B.C.

기원전 1700년 직후부터 약 300년 동안 문명세계는 야만족 정복자들에게 짓밟혔다. 메소포타미아의 북부와 동부에 살고 있던 산악민, 시리아·팔레스타인·아라비아 북부 등 사막 주변의 여러 부족, 북방의 스텝지대에서 발원한 각양각색의 전사집단이 다양한 방식으로 결합하여 기존 문명사회의 모든 중심부를 공격했다. 이후의 역사에서 야만족의 정복이 이토록 폭넓게 이루어진 적은 없었다. 전문가의 기술을 지탱하는 사회구조가 견고하지 않았던 문명사회의 주변부에서는 야만족의 침입에 의해 그동안 쌓아올린 문화적 성취가 송두리째 파괴되었다. 문명세계의 양단에 있던 크레타와 인도에서는 아카이아인과 아리아인의 공격을 받아 거의 모든 것이 불타버리고 폐허만 남았다. 그 두 민족의 침략은 기원전 1500년과 기원전 1400년 사이에 가장 격렬했을 것으로 짐작된다.

문명 특유의 생활방식이 확고하게 자리잡은 중심부 근처에서는 야만족 정복의 결과가 그렇게 철저하지 않았다. 메소포타미아와 이집트 문명은 특정 지역에 국한된 일시적인 퇴화를 겪었을 뿐이다. 이 두 곳에서 패권을 장악한 야만족(기원전 1680년경에 이집트를 정복한 힉소스인과 거의 같은 시기에 메소포타미아를 정복한 카시트인)은 피정복민의 문화를 향유하는 데 관심을 보였다. 따라서 그들은 신관, 서기, 기타 전문가들의 도움을 받아 신과 인간의 질서를 그대로 유지함으로써 특별한 기능을 보유한 숙련 노동자들이 생산하는 지대·조세·사치품이 종전과 다름없이 유입되도록 했다. 그 결과, 문명을 지탱하던 사회구조는 붕괴되지 않았다. 실제로 메소포타미아와 이집트 문화의 전통적인 형태는 신기할 정도로 미미한 변화만 겪었다.

전차전의 기술

야만족의 정복이 광범위한 지역에서 위력을 떨쳤던 것은 전쟁기술의 중대한 진보와 불가분의 관계에 있었다. 야만족 정복자들은 준마가 끄는 가벼운 전차를 보유하고 있었다. 그들은 질주하는 전차에 안전하게 몸을 싣고 적의 대열을 향해 화살을 퍼부을 수 있었다. 전형적인 전술은 몇 번쯤 돌격을 가장하여 일단 적진에 접근하여 화살을 빗발치듯 쏘아댄 다음 모든 전차가 일거에 총돌격하여 적을 유린하는 것이었다.

기원전 17세기에 전차가 누리던 이점은 1925~1950년에 탱크가 단독 보병부대와 맞섰을 때 발휘하던 강점에 견줄 수 있을 것이다. 기동력·화력·무구(武具)라는 전투의 3대 요건에서 전차를 탄 전사들은 압도적으로 유리했다. 한 가지 치명적인 약점은 전차와 전사들에게 필요한 장비가 너무 비싸다는 것이었다. 청동제 무기 및 무구와 말을 장만하고 쇠와 가죽을 다루는 숙련된 기술 및 여타 직인의 기량을 동원하여 제대로 된 전차를 만드는 데는 막대한 비용이 들었다. 따라서 전차의 수는 한정될 수밖에 없었다. 결국 전차의 시대는 귀족주의적인 시대이며, 군사권과 경제적·정치적 통제력이 극소수 엘리트의 손아귀에 들어 있었다.

전차전술이 언제 어디에서 완성되었는지 분명치 않다. 이란 또는 아제

르바이잔처럼 말을 사육하던 유목민 부족이 문명화된 직인의 기술, 특히 바퀴 제작법을 접할 수 있었던 지역에서 전차전술이 최초로 발달했던 것으로 보인다. 그리고 그 시기는 야만족의 정복이 급속히 확대되고 있던 기원전 1700년 직후라고 생각된다.

전차의 위력이 완전히 알려지자, 이 새로운 무기는 엄청난 위세를 떨쳤다. 북유럽이나 서유럽처럼 활을 사용해봐야 별로 효과도 없는 지역에서조차 미개한 부족들은 서둘러 최상의 전차를 장만했다. 그리스의 경우가 대표적인 예이다. 호메로스가 들려주는, 아카이아의 전사들이 트로이 성벽 앞에서 구사한 전법은 확실히 무의미한 것이었다. 호메로스의 영웅들은 전차를 타고 활을 쏜 것이 아니라, 전투에 앞서 땅에 내렸고 전차를 전장에 출입하는 편리한 도구로 사용했을 따름이다. 이렇게 되면 전차에는 의례적인 의미만 남는다. 하지만 사방이 탁 트인 동쪽 지방에서는 활이 실용적인 무기였다. 인도에 침입한 아리아인과 기원전 1400년 이전에 중국의 황허 유역에서 지배권을 확립한 전사들은 화살을 빗발치듯 쏘아대는 이동성 대좌(臺座)로 전차를 사용했다.

전차전의 기술이 완성됨에 따라, 말을 사육하는 야만족들은 상당한 군사적 우위를 누리기 시작했다. 전차 몇 대만 있으면 정복이 한결 수월해졌던 것이다. 기원전 2000년 직전에 메소포타미아를 둘러싼 지역에 위성문명을 구축하기 시작했던 토지귀족들은 좀 더 쉽게 패권을 확립하게 되었다. 전차를 보유한 소수와 그렇지 못한 나머지 인간 사이의 군사력 차이가 갈수록 커졌기 때문이다. 그 결과 파괴만을 일삼던 최초의 정복이 끝나면서, 인도와 크레타 문명이 사라져버리자 야만족 정복자들은 그리스와 인도에 조야하고 군사적으로 막강한 자신들만의 문명양식을 구축하기 시작했다. 고전기의 그리스와 인도 문명은 이렇게 시작되었다. 멀리 떨어져 있던 중국에서도 같은 일이 벌어졌다. 전차를 탄 전사들이 모습을 드러낸 뒤에 은(殷) 왕조가 탄생한 것으로 보이기 때문이다.(전설

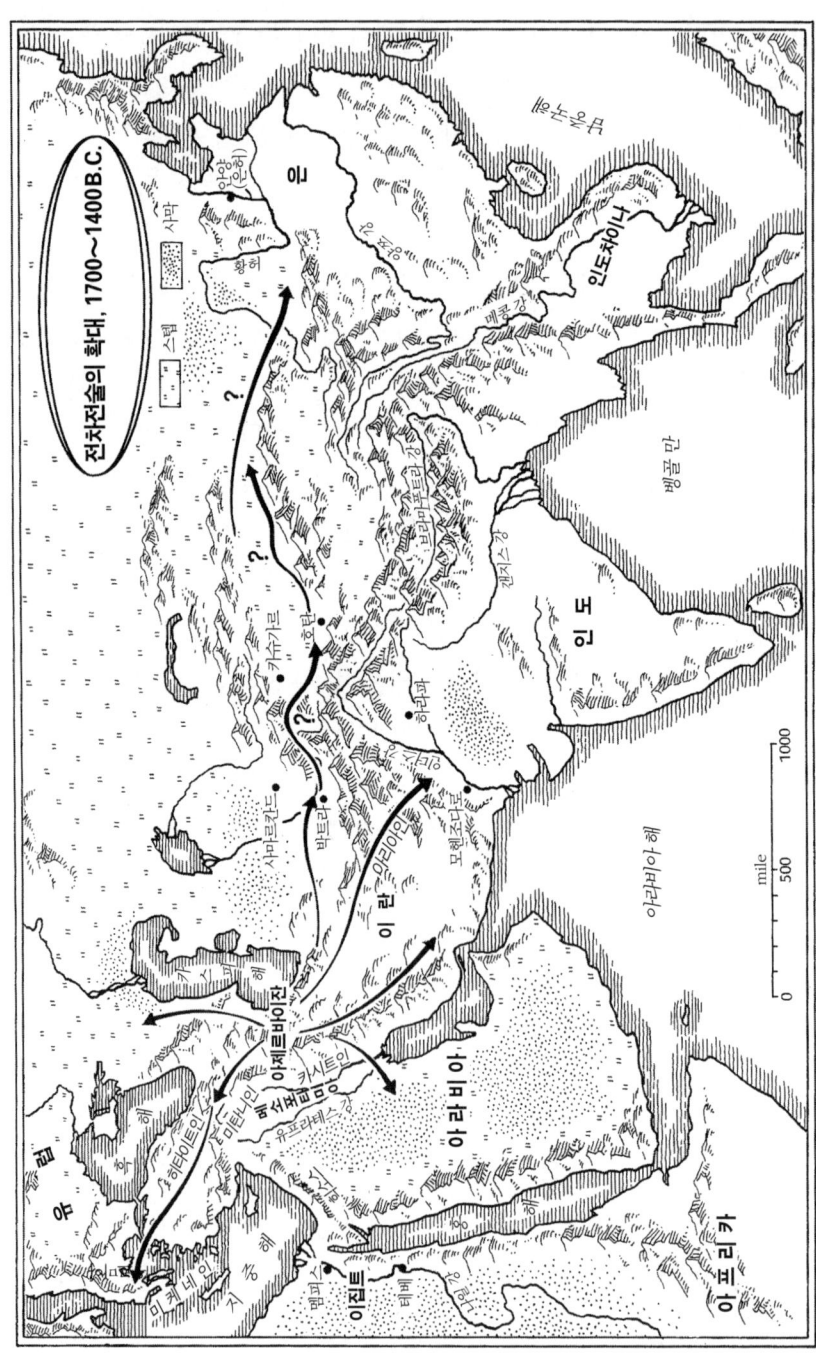

적인 은의 연대는 짧게 잡을 경우 기원전 1525년에서 1028년까지이다.) 사실 은은 중국의 전설에 기록된 두 번째 왕조이고, 그 전에 중국 문명의 각종 기반을 다진 것은 하(夏) 왕조였다. 그렇지만 중국의 사회와 통치형태에 크게 자극을 주고 새로운 방향을 제시한 것은 전차를 몰던 은나라의 전사들이었다.

이상에서 논의한 것처럼, 전차가 발명되고 이에 따라 전장에서 전차에 탄 사람과 그렇지 않은 사람 사이의 격차가 커진 것은 구세계의 변경지대에서 3대 문명이 탄생하게 되는 발판이 되었다. 미케네인의 그리스, 아리아인의 인도, 은나라 전사들의 중국에서 군사적·귀족적 통치형태가 거의 동시에 출현함으로써, 유라시아 대륙 전역이 느슨하게나마 연결되었다. 전차는 메소포타미아의 주변지역에서 처음으로 완성되었지만, 메소포타미아로부터 간접적인 영향도 받음으로써 구세계의 모든 위대한 문명은 지리적 거리에도 불구하고 서로 실질적인 관계를 맺게 되었다.

서아시아의 세 제국

오래되고 뿌리 깊은 서아시아의 문명에서 전차를 탄 정복자들은 그리 큰 의미를 차지하지 못했다. 승리를 거둔 야만족 침입자들은 삽시간에 광대하지만 느슨한 행정망을 갖춘 봉건제국을 여럿 건설했다. 각 전사집단의 구성원들은 지방에 흩어져 지주로서 또 선주민의 지배자로서 자리를 굳혔다. 정복자들은 문명의 양식 가운데 최소한 몇 가지를 제법 빠른 속도로 수용했다. 예를 들어 이집트인이 이방인이라 하여 혐오하던 힉소스인은 고대 이집트 종교와 문명의 관습과 의례를 그대로 흡수했다. 야만족인 카시트인은 메소포타미아 문명에 더욱 철저하게 동화되었다.

야만족의 문화적 동화에도 불구하고, 서아시아의 고대 민족들은 야만족 지배자들에게 호락호락 복종하지 않았다. 얼마 지나지 않아 각 지방의 지도자들은 여전히 외국인의 속박이라 여기던 것을 타도하기 위해 전차전의 기술을 차용했는데, 이런 저항은 때로는 아주 작은 규모로 시작되었다. 예컨대 이집트의 남쪽에서는 테베 지방의 어린 군주가 힉소스인에 대항하는 반란을 지휘하여 기원전 1570년 무렵에 그들을 나일 강 유역에서 완전히 추방했다. 메소포타미아에서 기원전 1380년경 야만족 지배자를 몰아냄으로써 '원주민의 반항'을 이끈 것은 훨씬 북쪽에 위치한 아시리아의 왕이었다. 히타이트인도 자력으로 전차를 준비하여 새로운 유형의 전법에 당황했던 초창기의 충격을 극복하고 서아시아의 세 번째 강대국이 되었다. 그들은 당시 최강의 단일국가이던 이집트 및 아시리아와, 시리아 지방의 국경을 둘러싸고 분쟁을 벌였다.

기원전 14세기에 기록된 이집트의 외교문서 더미가 발견됨으로써, 오늘날의 학자들은 이 세 제국의 국제적인 귀족생활을 생생히 엿볼 수 있다. 아카디아의 설형문자가 당시의 외교언어였다. 이집트의 왕들은 주변 국들과 결혼동맹을 맺기 위해 딸들을 주고받았는데, 이 과정에서 궁정생활과 문명의 양식이 새로운 땅으로 퍼져 나갔다. 주둔지에 모인 직업적인 전차전사들은 전력의 핵심이었다. 그들의 봉급은 약탈품과 왕이 세금으로 징수한 금이나 다른 귀중품이었다. 이집트의 국고는 제1급단 너머에 있는 누비아의 금광 덕에 넉넉했다. 이집트는 금을 가장 많이 보유했기 때문에 최고의 군대를 유지할 수 있었다. 파라오는 나일 강의 모든 변경지대에서 용병을 모집했다.

귀족 전사들과 말 조련사, 전장의 지배자들은 고분고분하지 않은 신하였다. 전사들의 왕은 자신의 지휘 아래 거의 모든 종류의 모험에 나서도록 그들을 설득했을 테지만, 무례한 전차대 귀족들의 마지못한 동의 아래 세워진 나라에서 질서정연한 관료제가 꽃필 수는 없었다. 따라서 이집트 제국, 히타이트 제국, 그리고 최초의 제국인 아시리아는 느슨하게 결합되어 있었고 만성적으로 지방 반란에 시달리던 국가였다. 지방의 젊은 군주나 호족은 중앙정부의 행위에 불만을 느낄 때마다 먼 곳에 있는 왕과 그 대리인들에게 반역을 했는데, 동료 귀족 대부분이 자신에게 등을 돌리고 왕의 편을 들 경우에만 견책을 당했다. 전차대의 귀족들은 온갖 가능한 방법 가운데 가장 현실적인 방법을 택했다. 즉 왕의 소집명령에 응해 반역자를 토벌하는 전장에 나가든가, 아니면 그 명령을 거부하겠다는 의지를 표했다. 따라서 왕의 권력은 유력한 신하들의 합의에 의해 효과적으로 제한되었다. 이와 마찬가지로 동료 귀족들의 의견은 개별 귀족의 무분별한 반란이나 불복종에 제약을 가했다.

전사들 사이에서 싹튼 기사도적 예절과 농민 및 종복들에 대한 무자비한 억압은 이 청동기시대 제국들의 코즈모폴리터니즘을 특징짓는다. 긴 안목에서 보면, 지배계급의 전사들과 나머지 사회구성원들 사이에 공감대가 형성되지 못한 것은 심각한 문제였다. 그러나 일반인이 전차전의 전술에 대항하여 전장에 뛰어들 어떤 시도도 할 수 없었던 동안에는, 코즈모폴리턴한 귀족적 기사도가 그 힘을 잃지 않았다.

철기시대

하지만 기원전 1200년 직후, 귀족적인 전차전사가 사용하던 청동보다 훨씬 싼 새로운 금속이 널리 사용되면서 군사상의 균형은 크게 변했다. 다시 한번 양적 우세가 전장에 영향을 미치기 시작했다. 새로운 금속은 바로 철이었다. 철광석은 청동을 만드는 데 필요한 구리광석 및 주석광석보다 훨씬 풍부했다. 하지만 철의 야금기술은 습득하기가 굉장히 어려웠다.

구리와 주석은 그 광석으로부터 쉽게 정련(精鍊)된다. 청동 합금(3~10%의 주석을 섞은 구리의 합금)은 쉽게 녹기 때문에, 거푸집에 붓거나 주

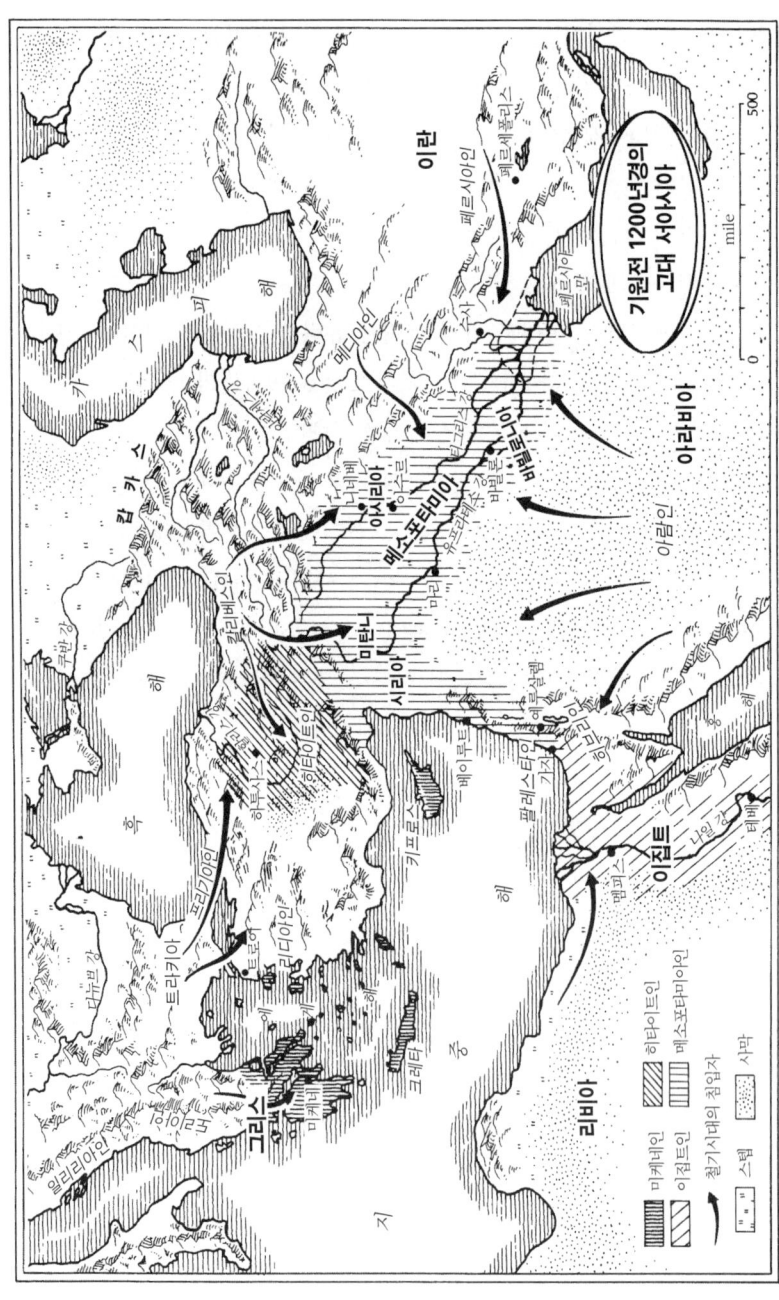

괴(鑄塊)에 타격을 가해서 원하는 물건의 형태를 만들어낼 수 있었다. 철의 야금은 많은 면에서 다르다. 철은 원시적인 불에서 흔히 얻을 수 있는 온도보다 훨씬 높은 온도에서 녹는다. 하지만 철광석은 숯으로 에워싸서 가열하면 쉽게 고체상태로 변형되는데, 이렇게 해서 얻은 해면(海綿) 상태의 철은 녹이지 않아도 백열(白熱)에서 두들기면 단단해진다. 이 과정에서 철광석에 남아 있던 암질의 불순한 찌꺼기들이 대부분 빠져나온다. 일단 단단해진 철은 열을 가하면 아주 얇게 펴지는 성질이 있기 때문에, 두들기거나 눌러줌으로써 쉽게 모양을 만들 수도 있고 그 조각들을 튼튼하게 이어 붙일 수도 있다.

철을 숯불에 넣어 장시간 달구면 탄소를 (0.1~1.0%) 흡수하여 강철이 된다. 강철이 철과 다른 점은 작열상태에서 물에 냉각시키면 극도의 경도를 얻게 된다는 것이다. 그러나 냉각이 너무 갑자기 일어나지 않도록 미세하게 조절해주지 않거나 냉각된 것을 살짝 다시 가열해 부분적으로 부드럽게 만들어주지 않으면 깨지기 쉽다. 후자의 방법은 서기 1000년 이후에야 널리 보급되었다. 그리고 초기의 철기는 그 성질이 천차만별이었다. 최상의 제품은 극히 드물었고, 그 제작자는 명인 대접을 받았다. 철이 균등하게 탄소와 화합하여 강철이 만들어지는 경우는 거의 없었다. 그리고 아주 일부만이 단단하게 만들어진 상태로 사용되었다. 초기의 철은 그 성질 면에서 청동보다 우월하지 않았는데도 그것이 널리 사용된 것은 철광석을 구하기가 비교적 쉬웠기 때문이다.

철이라는 금속은 기원전 2000년경에 구리나 아연을 용해하는 과정에서 우연히 탄생한 부산물이었던 것 같다. 그것을 의도적으로 생산하기 시작한 것은 기원전 1200년경이었지만, 철제 도구와 무기가 광범위하게 보급된 것은 그로부터 400년이 지난 뒤였다.

이 기술적 진보가 초래한 첫 번째 중대한 결과는 야만족이 또다시 고대 서아시아의 대제국들에 침입하여 기원전 1200년과 기원전 1000년 사이에 그들을 하나씩 무너뜨렸다는 것이다. 철기시대 야만족이 군사적으로 성공을 거둔 것은 미개하지만 평등한 공동체사회 특유의 심리적 통합력 덕분에 누구나 제몫을 다하는 병사가 될 수 있었기 때문이다. 요컨대 세계의 문명지역에서 오랫동안 보아왔던, 지배자와 신민 사이의 깊은 균열이 없었던 것이다. 귀족 전사들은 아무래도 소수에 불과했고, 불만 많은 부하들에 둘러싸여 있었을 뿐 아니라 자기들끼리도 반목하느라 세력이 약화되어 야만족의 대대적인 공격에 맞설 힘이 없었다.

서아시아에 새로 침입한 자들은 청동기시대의 선배들과 마찬가지로 북부와 동부의 스텝지대와 산악지대, 남부 사막의 외곽과 같은 변경지대 출신이었다. 이들 이주자 집단 중에는 훗날 유명해지는 민족이 다수 포함되어 있었다. 이란의 메디아인과 페르시아인, 시리아 및 팔레스타인의 필리스티아인, 히브리인, 아람인, 에게 해 지역의 프리기아인, 도리아인 등이 바로 그들이다. 대부분의 침입자는 부족적인 조직을 갖추고 있었다. 각 부족은 자신이 정복한 지방에 독자적인 정치제도를 확립했는데, 때로는 (히브리인들 사이에서 발견되는 것과 같은) 광범위한 비공식적인 연합체를 이루어 긴급한 비상사태가 발생했을 때 가동하기도 했다.

철의 영향

철의 사용은 경제적·정치적·군사적 의미에서 중요한 결과를 낳았다. 새로운 금속은 그 양이 풍부했고, 덕분에 농민들은 낫이나 쟁기의 날을 비롯해서 철제 농구들을 만들 수 있었다. 그 결과 농경의 능률이 높아졌고, 특히 토양이 점토질이어서 흙을 부수기가 상대적으로 어려운 토지에서 그것이 두드러졌다.

서아시아의 일부 지방에서는 철기시대 야만족의 침입 이후 출현한 자유로운 농민이 자신이 재배한 곡물의 일부를 장인이 만든 물건과 교역할 수 있었다. 그런 물건들 중에는 인기 높은 철제 도구와 무기뿐 아니라, 평범한 농민이 갖지 못한 특수한 기술을 요하는 제품, 예컨대 돌림판으로 성형한 후 가마에서 구운 토기, 살이 달린 수레바퀴 등도 있었다. 얼마 지나지 않아 토지 소유자와 징세인은 서아시아 사회에서 자신들의 지위를 회복했지만, 그 후에도 도시와 농촌 사이에서 물품이 유통되는 현상은 지속되었다. 기능 보유자이며 농민이 필요로 하는 물품을 생산하는 미천한 신분의 직인집단은 항구적으로 도시에 자리를 잡게 되었다. 어떤 군사적·정치적 재앙이나 파괴가 그 지방을 엄습했을 때에도, 지역적 분업은 그대로 존속되거나 신속하게 파괴로부터 회복되었다.

이런 식으로 경제적 분업의 이점이 서아시아 사회계층의 저변까지 철저히 파고들자, 문명은 사상 최초로 완전히 그리고 확실히 뿌리를 내리게 되었다. 모든 중요한 인구집단은 교환과 상호의존의 네트워크 속에 편입되었다. 모든 사람이 분업의 덕을 톡톡히 봤다. 심지어 가장 가난한 농민도 필수적인 농기구를 구입하기 위해 시장을 드나들기 시작했다. 이는 아마도 철기시대가 이룩한 최대의 성과였을 것이다. 원래 비정상적인 지리적·사회적 상황의 산물이었던 사회의 분화와 분업이 서아시아 농경사회의 항구적인 부분이 되었다. 문명사회의 복합성과 분업이 약 2,000년의 세월을 거쳐 마침내 정착되었던 것이다.

이와는 대조적으로 철기시대 침입자들의 도래에서 비롯된 정치질서는 매우 불안정했다. 지방의 부족들과 부족연합체들이 투쟁을 벌인 결과, 거대한 영토를 차지하는 국가가 탄생했다. 아시리아인은 가장 성공적인 제국 건설자였다. 그들은 강건한 다수의 지방 농민 중에서 전투병을 징집할 수 있었다. 아시리아의 왕들에게는 고대 메소포타미아 문화의 계승자이자 옹호자라는 자각이 있었는데, 메소포타미아 제국의 전통과 통치술 역시 그들에게는 소중한 자산이었다. 반면에 3회 연속 침입을 시도한 적군을 가까스로 격퇴할 수 있었던(1220~1165B.C.) 이집트는 나일 강 유역의 국경선 내에서 침입자들의 동태를 예의주시하는 방어적 자세를 취하면서 유서 깊은 파라오의 문화적 유산을 지키는 데 급급했다.

거의 끊이지 않았던 격렬한 전쟁에도 불구하고, 아시리아 제국은 결코 안정되지 않았다. 이스라엘인과 바빌로니아인 같은 종속민족들은 계속해서 반란을 꾀했다. 기원전 722년에 이스라엘 왕국의 모든 지배가문을 바빌로니아로 이주시킨 강경한 보복조치도 그럴싸한 구실이 생길 때마다 재개되는 반란을 막지는 못했다. 그렇지만 궁극적으로 아시리아 제국을 멸망시킨 것은 내부로부터의 반란이 아니라 전쟁기술의 일대 혁신이었다. 이 군사적 혁신은 기원전 850년과 기원전 700년 사이에 일어났고, 발원지는 스텝이었다. 그 실상은 매우 단순했다. 그 기간에 스텝의 유목민들이 말을 타는 습관을 붙이기 시작했던 것이다. 기마병이 된 그들은 말의 체력과 속도를 이용하는 간단한 방법으로 기동성의 혜택을 누릴 수 있었다.

기마혁명

우리는 말에 올라타는 것을 너무나 당연시하기 때문에, 그것이 말을 이용하는 가장 자연스러운 방법이라고 느끼게 된다. 그렇다면 승마가 관습화되는 데 그렇게 오랜 세월이 걸린 이유는 무엇이었을까? 사실 인간은 기원전 2000년 이전에도 가끔씩 말을 타기는 했으나, 기마병이 되기 위해서는 난제를 풀어야 했다. 군사행동의 승패가 결정되는 순간에, 말을 탄 사수는 활을 쏘기 위해 양손을 사용해야만 했다. 말이 조금이라도 예기치 못한 행동을 하게 되면, 사수는 적의 면전에서 낙마하는 위험에 처했다. 전차전사들은 기수와 사수를 나눔으로써 이 문제를 해결했다. 기마병은 그 두 가지 역할을 동시에 수행해야 했다. 이를 위해서는 두 사람 사이의 역할 분담이 아니라, 말을 모는 하반신과 활을 쏘는 상반신 사이의 분업이 필요했다. 이런 상황에서는 말과 인간이 오랜 시간 호흡을 맞취 서로에게 익숙해지는 것만이 안전한 승마를 보장할 수 있었다. 따라서 그리스 신화에 나오는 반인반수의 괴물 켄타우로스와 역사시대의 기마인은 전혀 다른 생물학적 종 간의 경이로운 공생을 상징하는 것이었다. 기마가 전쟁에서 큰 비중을 차지하는 데 오랜 시간이 걸린 것은 그리 놀랄 일이 아니다.

그러나 기마가 널리 보급되었을 때, 그 군사적 중요성은 이전 시대에 발명된 전차에 뒤지지 않았다. 손에 활을 들고 말을 탄 모든 유목민 부족은 잘 조직되고 훈련된 어떤 보병부대라도 제압할 수 있는 기동력과 막강한 전력을 지녔다. 스텝지대에서 빠져 나와 대상(隊商) 행렬이나 마을을 급습한 후 살던 곳으로 되돌아가는 일은 식은 죽 먹기였다. 이런 급습을 막기 위해서는 동일한 수준의 기동성을 갖추되 훈련이 더 잘 되어 있거나 기마병의 수가 더 많아야 했다. 아시리아인은 그럴 형편이 못되었다. 그들이 사는 곳에는 말을 사육하기에 적합한 목초가 부족했고, 그만큼 자연히 말의 수도 적었다. 따라서 왕과 귀족의 자부심은 아시리아 군의 실상과는 동떨어진 것이었다.

기원전 700년 직후에, 그리스인이 킴메르인과 스키타이인이라고 부르던 민족이 스텝지대의 새로운 기마병력을 사용하여 서아시아에 대한 광범위한 공격을 개시했다. 기마민족의 습격이 성공을 거두자, 배후에서 반란이 일어났다. 남쪽에서는 바빌로니아인이, 동쪽에서는 이란 고원지대의 메디아인이 반란을 일으켰고, 북방 스텝지대의 스키타이인도 쳐들어왔다. 이들의 압박을 견디지 못한 아시리아 제국은 기원전 612년에 마침내 붕괴되었다. 승자들은 전리품을 나누어 가졌다. 스키타이인은 말에다 약탈품을 가득 싣고 북방 스텝지대로 되돌아갔고, 메디아인과 바빌로니아인은 새롭게 야심을 불태우고 있던 이집트와 아시리아 제국을 삼등분했다.

승자들은 이내 자기들끼리 다투게 되었다. 특히 바빌로니아와 이집트는 팔레스타인과 시리아를 지배하기 위해 싸우기 시작했다. 그 와중에 이집트와 연합하기로 한 유다 왕국이 바빌로니아의 왕 네부카드네자르 (605~561B.C. 재위)를 격분시켰다. 바빌로니아의 군대는 기원전 587년에 예수살렘을 점령하고 파괴한 뒤 주민들을 바빌론으로 이주시켰다. 바빌론 유수로 알려진 이 에피소드는 당시로서는 특기할 만한 사건이 아니었으나, 향후 유대교의 발전에 결정적으로 중요한 역할을 했다.

페르시아 제국, 559~330B.C.

채 50년도 지나지 않아, 페르시아의 키루스(559~530B.C. 재위)라는 새로운 정복자가 동부의 고원지대에서 나타나 서아시아 전역을 거의 통일하여 지배했다. 그의 뒤를 이은 캄비세스(530~521B.C. 재위)와 다리우스 대왕(521~486B.C. 재위)은 이집트와 인도 북서부를 페르시아 제국에 병합했다. 페르시아인은 변경의 유목민 부족을 고용하여 스텝지대의 중요한 전선을 방어함으로써 멀리 떨어진 스텝지대로부터의 급습에 대비했다. 이 방어체계가 무너질 위험에 처하자, 키루스와 다리우스는 페르시아의 야전군 병력을 모두 이끌고 스텝지대로 출격하여 유목민 기마부대를 괴멸시키지는 못해도 위압하고자 했다. 키루스는 그런 전방의 전투에서 목숨을 잃었다. 다리우스 대왕도 기원전 513년 유럽에 침입하여 오늘날 남부 러시아의 일부인 스키타이인의 본거지를 공격했을 때 소기의 성과를 거두지 못했다.

서아시아 문명의 중심지에서 페르시아인이 최초로 시도한 것은 병합된 모든 민족의 지역적 자유와 전통종교 및 법률체계를 부활시킨 것이었다. 키루스는 유대인의 예루살렘 복귀를 허용했고, 소수는 그의 말대로 했다. 동시에 자신의 정권을 지지한다는 조건 아래 이집트와 바빌론의 고대 신관조직을 부활하거나 승인했다. 그러나 키루스의 아들 캄비세스

3장 서아시아의 코즈모폴리터니즘, 1700~500B.C. 123

와 다리우스는 신관들과 그들의 야망이 반란의 온상임이 밝혀지자 그런 특권을 취소할 필요가 있다고 생각했다. 그래서 키루스의 후계자들은 자유화정책을 포기하고, 재빨리 아시리아풍의 오래된 행정기술을 소생시켜 개선했다. 지방의 실질적인 독립을 확보하는 데 거듭 실패한 서아시아의 여러 민족은 낙담한 나머지 먼 곳에 떨어져 있는 이방인 왕의 정치적 주권에 저항하려는 의지가 약해졌다. 그럼에도 불구하고 페르시아 제국은 겨우 200년 조금 넘게 존속되었다. 결국 기원전 330년에 페르시아를 멸망시킨 것은 내부의 반란이 아니라 제국의 서쪽 변방에 위치해 있던 여전히 야만의 티를 벗지 못한 마케도니아의 공격이었다.

서아시아를 벗어나 인도·그리스·중국으로 관심을 돌리기 전에, 기나긴 전란의 세기를 거치면서 그 어느 때보다 뚜렷하게 부각된 서아시아 문명의 세 가지 중요한 발전에 대해 간단하게나마 살펴볼 필요가 있다. 그 첫째는 제국 통치술의 발전, 둘째는 알파벳 문자의 발명, 셋째는 윤리적 일신론의 출현이다.

제국통치의 기술

일반적으로 말하자면, 제국정부의 기본적인 장치는 청동기시대 야만족의 침입이 개시된 기원전 18세기 이전에 고대 메소포타미아에서 이미 다각도로 검토되었다. 관료, 즉 개인의 능력이나 인격보다는 관직에 의거해 권력을 행사하는 행정관에 의해 지배되는 정치질서는 함무라비 치하에서 상당히 발달했다. 같은 원리가 아시리아인에 의해 부활되었고, 페르시아인에 의해 사실상 그대로 채택되었다. 임명직 관료의 조직은 그리 치밀하지 않았다. 상당히 넓은 영지를 관장하는 왕의 행정관은 자신이 책임진 지역 전체를 일일이 통제할 수 없었다. 실제로 그는 다양한 지방행정의 실력자들, 이를테면 신전의 신관, 도시의 행정장관,

지역의 소군주, 부족의 수장, 다른 유형의 지방 엘리트 등과 원만한 관계를 유지해야 했다.

대부분의 경우 관행과 관례가 그러한 관계를 엄밀히 규정했다. 지방의 유력자가 왕의 행정관에게 제공하는 세금과 군역의 양과 성질, 왕·왕의 행정관·지방 유력자의 사법재판권, 신들과 우호적인 관계를 유지하는 데 필요한 종교적인 준수사항이나 그 밖의 의례를 비롯하여 관료가 해당 지방의 일상사를 접하는 과정에서 발생하는 모든 문제는 대체로 관행에 따라 처리되는 편이었다. 일단 관행으로 굳어진 뒤에는, 어느 쪽도 그것을 쉽사리 바꿀 수 없었다. 이는 전쟁이나 기타 목적을 위해 사회 전체의 자원을 동원해야 하는 왕과 행정관의 능력 발휘에 제약이 되었지만, 제국정부 자체의 안정성을 보장해주었다. 정부는 공납과 노역을 해마다 강제로 징발한다거나 재조정할 필요 없이 관행에 따라 상당히 안정적으로 제공받을 수 있었기 때문이다.

이러한 통치의 원리는 기원전 1천년기에 새로 나타난 것이 아니었다. 아시리아인·바빌로니아인·메디아인·페르시아인은 그 원리를 역사상 유례없이 광활한 영역에 장기간 적용했다. 그들이 성공할 수 있었던 주된 이유는 대영지의 지배자가 힘이 약한 경쟁자에 비해 군사적 우위를 유지했다는 것이다. 제국의 우위를 뒷받침한 것은 군사행정상의 중요한 개선이었다. 예를 들어 아시리아인은 직업적인 장교단과 유사한 조직을 만들어, 수십 또는 수백 명을 단위로 하는 상비군 병단을 편성했다. 공을 쌓은 장교는 상관의 의지와 판단에 따라 상급 지휘관으로 승진할 수 있었을 것이다. 철저한 합리주의는 민간행정보다는 군대조직에서 실현될 가능성이 훨씬 컸다. 게다가 거의 해마다 출병하던 제국군대는 항시 만반의 전투태세를 갖추고 있었기 때문에, 우발적인 지방의 반란을 간단하게 진압할 수 있었고 먼 곳의 국경지대를 넘어오는 대부분의 공격을 위압할 수 있었다.

아카드의 왕 사르곤의 시대(B.C. 2350년경)에는 상비군을 유지하기에 곤란한 문제가 많았다. 적절한 규모의 병력을 유지할 만큼의 충분한 물자를 한곳에 집중시킬 수 없었기 때문이다. 그러나 식량을 조달할 수 있는 장소에 병력을 분산 배치하는 것은 중앙권력을 무너뜨릴 위험이 있었다. 사르곤은 이 모순을 해결하기 위해 정복지를 계속 약탈하는 군대를 양성했다. 함무라비 왕은 병사들을 영지에 주둔시키고, 개개인의 군사적 의무를 꼼꼼하게 기록함으로써 상비군의 병역을 강제하고자 했다. 아시리아인과 페르시아인에게도 그 오래된 모순이 남아 있었지만, 수송과 통신이 개선되자 사태는 완화되었다. 충분한 물자를 수중에 넣은 제국의 조정은 이제 상당한 병력, 즉 근위부대를 항상적으로 유지할 수 있게 되었다. 황제가 동원할 수 있는 모든 인원을 지척에 거느리고 있을 수는 없었으므로, 군사행동이 없을 때는 그들을 지방에 분산시켰다가 필요할 경우에 소집했다. 그러나 근위병의 인원이 늘어나고 전문성이 높아져 페르시아의 '불멸의 군'이 1만에 이르자, 제국의 중앙권력은 자연히 평범한 경쟁자를 압도하는 군사력을 갖게 되었다. 근위병의 존재로 인해 변경지대조차 왕의 소집에 순순히 응하지 않을 수 없었다. 반항할 경우 신속하고 철저한 보복이 뒤따른다는 것을 누구나 이미 알고 있었기 때문이다. 흔히 볼 수 없는 일군의 병력, 예컨대 기원전 7세기에 서아시아를 공격한 스키타이 기병이나 기원전 4세기에 알렉산드로스가 페르시아까지 이끌고 온 조직화된 마케도니아 군대만이 평상시에 제국이 누리던 군사적 우세를 뒤엎을 수 있었다.

이상에서 언급한 것이 아시리아와 페르시아가 정치적·군사적 성공을 거둔 비결이었다. 그리고 세계사의 큰 틀에서 보면, 상비군과 상비군을 보조해 전투를 치르는 반(半)직업적인 징집병 같은 권력의 기본 도구가 발달한 것은 분명히 정치발전사의 획기적인 사건이었다. 로마의 군대와 근대 유럽의 군대는 고대 아시리아인과 페르시아인이 처음 만들어낸 행정적 원리에 바탕을 두고 생겨났다.

직업적 상비군이 설치된 이면에는 경제적·기술적 진보로 인해 다수의 무장한 인간을 1년 내내 부양하기에 부족함이 없는 규모로 물자를 집중할 수 있었다는 사실이 숨어 있었다. 체계적인 도로건설도 한몫했다. 아시리아의 군대는 바퀴 달린 마차가 달리기에 적합한 공공 도로를 계획적으로 건설했다. 이 덕분에 보급품이 군대로 원활하게 전달되었고, 제국의 변방까지 진격하기가 훨씬 용이해졌다. 도로는 또한 평화시에 인간과 재화를 저렴하고 신속하게 수송해주었다.

더욱이 상인의 권리와 특권에 대한 일련의 법적·관습적 규정이 생김으로써, 비교적 멀리 떨어져 있어 피차 생소하고 신뢰하기 어려운 사람들 사이에서도 교역이 용이해졌다. 기원전 2천년기의 바빌로니아 법률은 이미 상인의 요구를 고려했고, 전성기의 아시리아 제국과 페르시아 제국은 상인에 대한 중요한 법적 보호조치를 시행했다. 예를 들면, 상인은 병역 면제혜택을 받았다. 상인과 직인이 모여 살던 중요한 도시는 세금을 돈으로 내는 대가로 놀랄 만큼 광범위한 자치권을 누렸다. 더욱 중요한 것은, 실제로는 그렇지 않을 때도 있었지만 원칙적으로는 도로가 제국정부에 의해 보호되었다는 것이다. 따라서 인근을 통과하는 대상을 약탈하려던 강도는 지방 주둔군을 지휘하는 제국의 군인이나 야전부대의 파견대로부터 처벌받을 각오를 해야 했다. 지역간 교역자와 제국군대는 어느 정도 의식적이고 의도적인 협력관계를 맺고 서로를 지원했다. 양자는 기원전 1700년과 기원전 500년 사이에 고대 서아시아의 사회제도가 발달하는 데 중요한 역할을 했다.

알파벳 문자

단일한 중앙 정치권력의 중요성이 커짐에 따라 광범위하

고 복잡한 결과가 파생되었다. 예컨대 상인과 관리, 기타 지역간 업무 종사자는 공통의 언어를 필요로 하게 되었다. 기원전 1000년경 이후에는 아람어가 공통어 구실을 했다. 또한 문자의 간략화도 필요했다. 수메르의 신전에서 문자가 처음 사용된 이래, 글자를 쓰는 기술은 다년간 학교에 다니면서 말을 표기하는 데 사용되는 많은 음절기호를 익힌 학식 있는 소수의 특권이었다. 그러나 기원전 1300년이 되기 전에 표기법이 근본적으로 간략화되어, 문자를 배우기가 훨씬 쉬워졌다. 이로써 사회의 각 분야에서 문자가 폭넓게 사용될 수 있는 가능성이 열렸다.

문자를 간략화하려는 시도는 시나이에서 토로스 산맥에 이르는 동지중해 연안에서 집중적으로 이루어졌다. 이 지역은 이집트와 메소포타미아 사이에 위치해 있었는데, 양 지방은 상형문자와 설형문자라는 전혀 다른 표기법을 모델로 내세웠으나 소년들에게 복잡한 문자를 체계적으로 학습시킬 학교조직을 갖추지는 못했다. 이런 상황에서 고대 문자를 정확히 배우겠다는 의무감도 없고 교육도 완전히 받지 못한 서기들이 재미삼아 표기법의 간략화를 시도했다. 그들의 노력에 의해 다수의 '알파벳'이 만들어졌는데, 그 기본원리는 서로 다른 별개의 자음을 표기하는 데 하나의 기호를 사용할 경우 약 30개의 기호만 있으면 인간의 말을 충분히 기록할 수 있다는 것이었다. 그 지방에서 사용되던 셈어족의 여러 언어에서는 표기된 자음들 사이에 올바른 모음을 삽입하기가 쉬웠기 때문에, 구태여 모음을 표기할 필요가 없었다. 오늘날에도 아랍어와 히브리어에서는 모음이 생략된다.

알파벳 문자가 발생한 연대를 정확히 추정하기란 불가능하다. 기원전 1300년경 알파벳 문자는 시리아와 팔레스타인에 널리 보급되어 있었다. 지극히 일상적인 거래를 기록하는 데 사용한 다수의 토기 파편을 통해, 알파벳 문자의 사용이 단기간에 그 지역의 도시사회에 제법 폭넓게 침투했음을 짐작할 수 있다. 메소포타미아와 이집트의 서기들은 물론 새로운 스타일의 문자를 거부했고, 종교적인 목적에는 오래된 설형문자와 상형문자가 서력기원이 시작될 무렵까지 사용되었다. 그러나 일상사에는 상이한 언어에 적합하게 다소 변용된 알파벳 문자가 그 발상지인 시리아로부터 모든 방향으로 전파되어 사용되었고, 이 새로운 매체에 의해 민중의 삶에 좀 더 밀착된 문자기록이 영구히 보존될 수 있는 길이 열렸다.

알파벳 표기법의 발명은 그 중요성 면에서 거의 같은 시기에 일어난 철의 도입에 견줄 만하다. 철제 도구와 무기는 빈부격차를 완화함으로써 전쟁과 사회를 대중화했다. 또한 이미 설명한 것처럼, 농촌의 농민과 도시의 직인을 호혜적인 교환관계로 묶어줌으로써 사상 최초로 문명이 진정한 지역적 특색을 지니게 되는 계기를 마련했다. 이와 마찬가지로 알파벳은 보통사람도 초보적인 식자(識字)능력을 갖출 수 있게 해줌으로써 지식을 대중화했다. 알파벳 덕분에 특수한 신관집단이나 고급교육을 받은 서기들의 전유물이던 문명사회의 지적 전통이 속인과 일반인에게 해방되었다. 더욱 중요한 것은 알파벳을 통해 속인과 일반인이 문명사회의 지적 유산에 기여하기가 한결 쉬워졌고 결과적으로 인류의 문화적 유산이 훨씬 다양하고 풍요로워졌다는 점이다. 알파벳 문자가 없었다면, 예컨대 아모스 같은 못 배운 목동이나 그 밖의 히브리 예언자의 말이 기록되어 오늘날까지 사람들의 사고와 행동에 영향을 미치는 일도 없었을 것이다.

그러므로 철과 알파벳은 전체 인구 중에서 경제적으로나 지적으로 문명생활에 완전히 참가할 수 있는 사람의 비율을 이전보다 증가시킴으로써 문명 특유의 생활양식을 확립하는 결과를 가져왔다. 그렇지만 과장은 금물이다. 도시와 농촌의 격차는 여전히 극심했고, 예외적인 경우를 제외하면 서아시아의 농민계급은 어디까지나 수동적인 자세로, 그리고 희생자로서 정치무대에 진입했다. 마찬가지로 그들은 도시의 고급문화를 거의 공유하지 못했고, 지방의 풍속과 신앙에 완고하게 매달렸으며, 가혹한 징세인과 부정직한 상인, 탐욕스러운 지주를 증오했다. 농민들의 눈에는 자신들과 다른 방식으로 살아가는 그런 부류의 존재 자체가 심각한 부정과 불의의 증거로 보였다.

일신교의 출현

농민계급의 소외는 기원전 1700년과 기원전 500년 사이에 서아시아의 문화적 지도자들이 직면한 문제 중 빙산의 일각에 불과했다. 고대 메소포타미아와 이집트에서 신관들의 신앙과 학문에 의해 고착화된 낡은 스타일의 사상과 감각은 코즈모폴리턴한 시대에 새로 나타난 사실들을 설명하기에는 부적당했다. 그러므로 예컨대 이집트의 군대와 외교관들은 아시아·시리아·팔레스타인을 통과할 때(때로는 성공하고, 때로는 실패하면서) 신성한 파라오의 의지가 신의 의지와 마찬가지로 시간과 장소를 불문하고 지고한 것으로 받아들여지리라는 믿음을 접을 수밖에 없었다. 그리고 정치적인 힘과 경제적인 부가 티그리스-유프라테스 강의 상류—처음에는 바빌론, 다음에는 니네베—로 이동함에 따라, 한때 번영했던 수메르의 여러 도시는 극도로 황폐화해졌고, 수메르를 세상의 중심이자 신의 총아로 취급하던 종교적 성가와 의례가 사람들에게 무조건적으로 받아들여지는 일은 더 이상 없게 되었다. 현재의 사실과 과거로부터 계승된 신앙 사이의 괴리를 더욱 첨예하게 느낀 것은 이집트와 메소포타미아의 중간지점에 살고 있던 약소민족들이었다. 날이 갈수록 이들의 운명은 지역의 성직자들이 존중하는 신·신화·의례에 관해 무지하고 무관심한 외국의 지배자와 군대에 좌우되고 있었다.

대체로 그 괴리는 두 가지 상반된 반응 가운데 하나를 촉발했다. 어떤 사람들은 전통적인 의례를 올바로 수행하지 못해 신들이 분노했다는 말로 신앙상의 기대와 현실 사이의 균열을 설명했다. 그렇다면 필요한 것은 고대의 선례를 충실히 따름으로써 신들이 다시 한 번 모든 것을 정리해주기를 기대하는 것이었다. 이 설명을 수용한 사람들은 상실되고 망각된 옛 양식을 찾아내고 부활시키려는 엄격하고 의식적이며 보수적인 태도를 취해야 했다.

다른 사람들은 신들에 대한, 그리고 인간과 신들의 관계에 대한 종래의 사상을 새로운 계시의 힘으로 수정하거나 심지어 대체할 필요가 있다고 주장했다. 그렇지만 급진적인 종교개혁가조차도 자신이 하는 일은 세월의 흐름 속에 파묻힌 망각된 진리를 복원하는 것이라고 주장하는 경우가 많았다. 반면에 보수적으로 옛것을 옹호하는 사람도 자신이 말하는 진리와 신에 대한 올바른 봉사가 당시의 종교적 관행에 정면으로 배치될 경우에는 혁명가가 될 여지가 있었다. 실제로 인간의 세계관에 영속적인 변화를 초래한 가장 중요한 운동은 현재보다 나은(때로는 가상의) 과거로 돌아가자는 호소와 새로운 계시의 힘에 의지하자는 호소를 결합한 것이었다.

고대 서아시아 사회의 지적·종교적 발전은 윤리적이고 초월적인 일신론 쪽으로 기울어졌다. 그러나 유대인만이 그런 경향을 일관되게 고수해 논리적이고 명확한 결론에 도달할 수 있었다. 다른 민족들은 특정 신을 다른 신들보다 우위에 두고 그 신의 힘을 전 우주로 확대했을 때에도 전통적인 다신론을 완전히 버리지는 못했다.

예컨대 바빌로니아의 신관들은 마르두크가 우주를 지배한다고 주장했다. 그들은 오래된 성가와 의례를 '시정'(是正)하여 자신들의 마음에 들지 않는 요소들을 제거했다. 예를 들어 왕들의 신성함에 대해 언급한 수메르 성가의 문구는 아예 없애버렸다. 그러나 이런 식으로 고대의 텍스트를 정화한 뒤에 그 이상의 수정은 이루어지지 않았고, 대부분 고대 수메르 시대부터 전해 내려오던 규범적인 문전(文典)은 거의 변경되지 않고 아시리아 시대까지 통용되었다. 그런 종교의 오래된 권위는 물론 인상적이었지만, 당시의 코즈모폴리턴한 대제국에서 방황하던 개인의 마음을 위로해주지는 못했다.

이집트 종교의 발전은 파란만장했다. 힉소스의 침입자를 국토에서 몰아낸 후 아시아로 진출하기 시작한 이집트인은 나일 강 유역 외부에서 마주친 굉장히 이국적인 생활방식에 충격을 감출 수 없었다. 나일 강 유역과 파라오가 전 우주의 중심이라는 오래된 사상은 외부의 세계를 제대로 설명해주지 못하는 것 같았다. 이런 상황에서 기원전 14세기에는 개혁가와 종교적 급진주의자의 일파가 등장하여 이집트와 다른 나라의 전통적인 신들은 모두 허구라고 주장했다. 개혁가들의 눈에는 언제 어디서나 인간에게 자애로운 찬란한 태양 아톤과, 역시 태양처럼 은혜롭고 (적어도 원칙적으로는) 보편적인 파라오만이 진정한 신성을 지니고 있는 것으로 보였다. 파라오 아멘호테프 4세(1379~1362B.C.)는 즉위하자마자 그런 사상을 천명했다. 아크나톤으로 개명한 그는 자신의 지위에 전통적으로 부여된 모든 권력을 이용하여 이집트의 낡은 의례와 신앙을 일소했다. 이 조치는 신관들과 보수주의자들의 격렬한 반대에 부딪혔고, 그 결과 아크나톤이 죽은 뒤에 아톤 신앙은, 아톤주의가 단기간이긴 했지만 이집트의 오래된 종교형태를 심하게 탄압했을 때와 똑같이 심한 탄압을 받았다. 그 후 이집트인은 먼 곳의 여러 민족과 교류하면서 직면하게 된 새로운 현실을 해석하기 위해 종교적 전통을 개조하려는 노력을 완전히 포기했다. 기억할 수조차 없을 만큼 오래되었다는 이유로 고대 학문의 자구를 금과옥조로 여기는 엄격한 보수주의적 태도가 매사에 일반인의 정신을 지배하게 되었다. 오래된 것이 더 좋다는 사고방식이 팽배해지자 미술 분야에서는 고왕국 시대 조각작품의 모방이 유행했는데, 워낙 정교하게 모사했기 때문에 현대의 학자들도 어느 것이 기원전 3천년기의 작품이고 어느 것이 2천 년 뒤에 만들어진 작품인지 확실히 구별하지 못할 정도다!

고대 서아시아의 정치사는 이런 심리적 전환과 궤를 같이했다. 기원전 1100년 이후 이집트의 힘은 좁은 나일 강 유역의 세계로 수축되었다. 나일 강 지방은 천혜의 요새여서 아시리아의 공격을 억지했고, 페르시아의 이집트 지배를 시종일관 불안정하게 만들었다. 요컨대 이집트는 사상이나 행동 면에서 나머지 세계와 담을 쌓았고, 그렇게 함으로써 유서 깊은 정치적·문화적 정체성을 로마 시대까지 지킬 수 있었다.

초기의 유대교

기원전 1천년기의 가장 생산적인 사상은 서아시아 문명의 오래된 중심지가 아니라 그 주변지역인 팔레스타인과 이란에서 발생했다. 팔레스타인은 이집트와 메소포타미아 사이에 있었다. 그 주민들은 양대 문화의 전통을 알고 있었으나, 어느 것도 완전히 받아들이지는 않았다. 마찬가지로 동부 이란도 메소포타미아 문명과 한창 발흥하던 인도 문명 사이의 문화적 경계지대에 위치해 있었다. 따라서 팔레스타인과 동부 이란에서 지역정세에 자극을 받아 우주의 작용을 새롭게 설명하고자 노력하던 사람들은 하나가 아니라 두 개의 경쟁적인 사상체계를 발견했다. 이런 상황하에서 문명지대의 신화를 단순히 흡수하거나 약간 수정해 각 지방의 요구와 전통에 맞추는 것은 썩 만족스러운 방법이 아니었다. 그 대신 양 지방의 진지하고 예민한 사람들은 좀 더 자유롭고 근본적인 종교적 계시의 가능성을 타진했다. 즉, 유서 깊은 기성 종교 교의에 의존하지 않고 인간생활의 영원한 문제와 씨름하기 시작했던 것이다.

인간과 초자연적인 존재와의 관계를 새롭게 정의하려는 노력에서, 팔레스타인을 중심으로 발전했고 히브리 성전에 기록되어 있는 유대의 전통이 결정적으로 중요한 것으로 밝혀졌다. 그것은 근대 유대교뿐 아니라 그리스도교와 이슬람교의 온상이 되었기 때문이다.

성서의 전설은 히브리인의 시조를 아브라함으로 보았다. 그는 수메르의 우르 시를 (아마도 기원전 1900년경에) 떠나 메소포타미아와 시리아의 사막 주변에서 유목생활을 했다. 아브라함은 아라비아 사막의 북쪽에 인접한 비옥한 초승달지대를 계속 떠돌다가 자신을 따르던 무리들과 함께 훗날 팔레스타인이라 불리게 되는 가나안 땅에 도착했다. 이 전설의 내용은 본질적으로 믿을 만하다.

히브리의 역사에서 다음으로 일어난 주요 에피소드인 이집트 탈출기는 아브라함의 이야기에 비해 문제가 많다. 이집트의 기록과 연대기는 성서의 내용과 잘 들어맞지 않는다. 어쩌면 일부 히브리인이 힉소스인과 함께 이집트로 이주했다가 나중에 그 땅의 파라오에게 예속되었을 수도 있지만, 이집트의 기록에는 그런 이야기가 없다. 출애굽의 지도자 모세가 아톤 신앙을 접했을 수도 있으나, 그의 이름이 이집트풍이라는 것말고는 별다른 증거가 없다. 억압받던 히브리인이 이집트를 떠나 시나이 반도에서 유목생활을 재개했다는 성서의 설명은 역사적 사건에 근거한 것일지도 모른다. 시나이 산 기슭에서 이루어진 여호와와의 서약이나 모세의 입법은 사막의 생활습관을 망각한 민족이 요구함직한 것이라고 생각된다.

오늘날 대부분의 학자는 기원전 1200년 직후에 가나안에 침입해 팔레스타인의 구릉지대를 차지한 히브리인이 막 사막에서 왔고 그들 중 일부 (아마도 12부족 중 하나 또는 둘)만이 이집트에 있었거나 모세의 종교를 인정했다고 보고 있다. 그럼에도 불구하고 성문화된 법과, 이집트의 분노로부터 자신의 백성을 보호하는 힘을 보여준 전쟁의 신은 정치적·문화적 통합성을 결여한 부족민에게는 분명한 자산이었다. 따라서 여호와의 종교가 가나안인에 대한 군사작전의 힘을 결집하는 중심이 되었다는 것은 결코 놀랄 일이 아니다. 한편 히브리인은 정착하여 농경을 시작하자마자 자연히 토지의 신들인 바알에게 의지했다. 바알의 신들이 곡물을

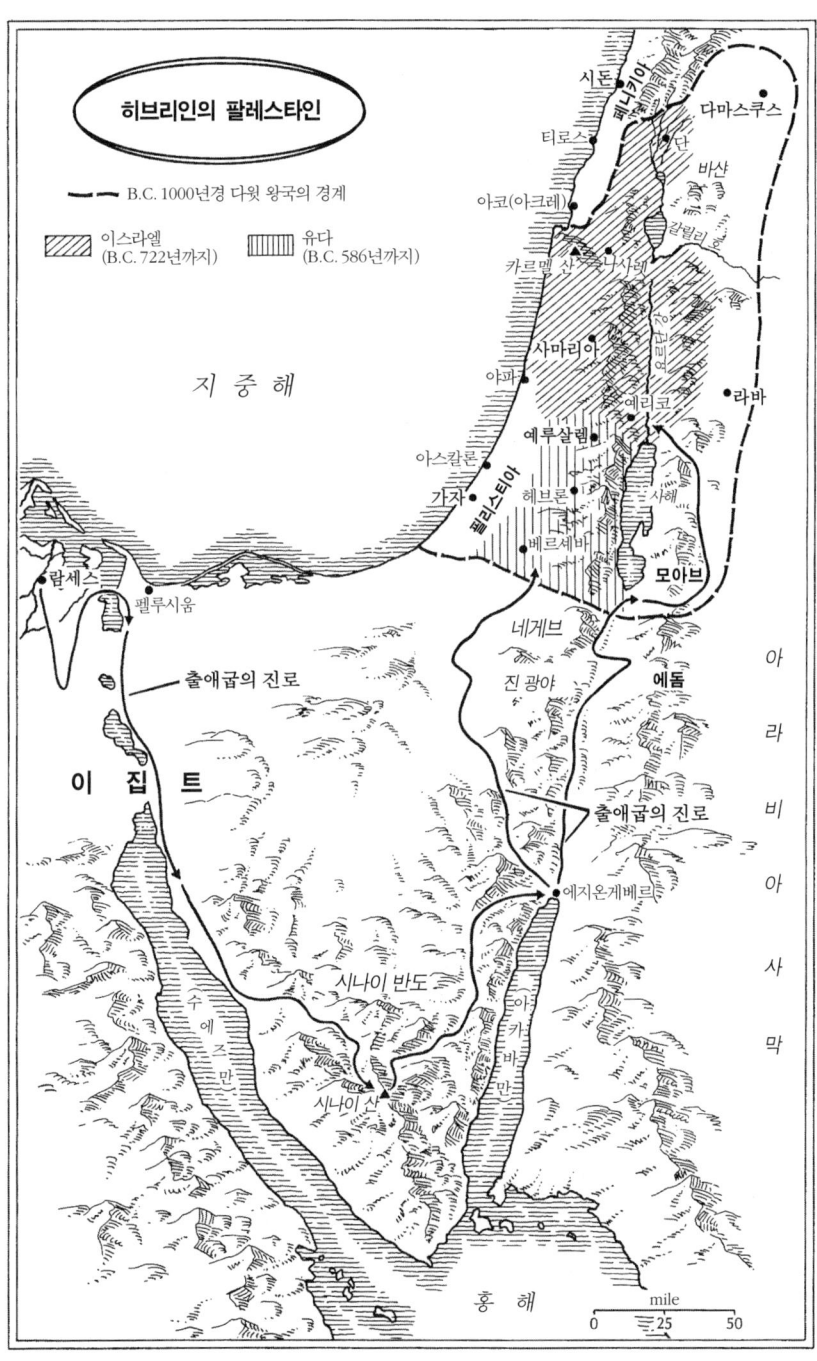

보호하고 토지를 풍요롭게 해주는 힘을 지녔다는 것은 오랜 경험에 의해 입증되었다.

여호와 숭배는 가나안의 풍요숭배와 결코 융합되지 않았다. 여호와의 추종자들이 가나안인을 공격하여 그 우상을 파괴했을 때에는, 사막과 과거의 호시절에 대한 기억이 오래된 적개심을 자극했다. 따라서 필리스티아인과 다른 이웃의 공격으로부터 스스로를 보호할 필요성을 느낀 히브리인은 왕의 통솔하에 단결했다. 용맹한 히브리인은 처음에는 사울, 다음에는 다윗 왕을 위해 자연히 여호와의 호전적인 깃발 아래 뭉쳤다. 하지만 다윗 왕국의 급격한 팽창(1000~961B.C.)은 사치스러운 궁정생활과 인접국가와의 친밀한 관계로 이어졌다. 여기에 자극받은 예언자 집단이 여호와의 이름으로 문명의 침투에서 비롯된 신종 부패를 비난하고 바알에 대한 탄핵을 개시했다. 이 초기의 예언자 가운데 가장 유명한 인물이 엘리야였다.

강렬한 하느님의 힘과 의지를 의식한 사람들이 열정적인 시를 써서 사회의 부정을 고발하자, 예언은 새로운 양상을 띠었다. 그런 시는 기록되어 오늘날까지 남아 있다. 최초의 시적 예언자는 아모스(B.C. 750년경)였다. 이 기간에 히브리 예언자들은 여호와의 종교를 개조하여, 여호와를 부족적인 전쟁의 신으로 간주하는 것—이는 가나안 침입기의 대세였다—이 아니라 그의 힘을 보편화했다. 동시에 하느님은 정의롭고 자비로운 분으로 악행을 범한 자를 벌하시지만 죄인도 회개하면 기꺼이 용서해주신다고 언명했다.

여호와는 언제나 질투하는 신으로, 자기 백성의 일치된 충성을 요구했고 모든 경쟁자를 부정했다. 그러므로 히브리 예언자들이 여호와 숭배를 타협의 여지가 없는 일신교로 발전시키기가 비교적 쉬웠다. 서아시아의 다른 민족들이 일신교도가 되는 동시에 자신들의 전통적인 신앙에 충실하기란 불가능했다. 그들은 하나같이 복수의 신을 모시는 다신론적인 신앙체계를 물려받았기 때문이다. 그렇지만 먼 곳에 있는 군주와 수백 마일 떨어진 곳에서 일어난 예측 불가능한 사건들이 지방의 생활에 심각한 영향을 미치는 세상을 정말로 만족스럽게 설명해주는 것은 일신교밖에 없는 것처럼 보였다. 이런 시대에 종교가 특정 지역에 국한된 것이라는 생각은 상식과 일상적인 경험에 배치되었다. 전통적인 의례는 아무런 반향도 불러일으키지 못하는 허울에 지나지 않았다. 오직 히브리인만이 보편적 종교에 대한 광범위한 감정적 욕구를 십분 표현해낼 수 있었다. 따라서 그들이 윤리적 일신교를 만들어낸 것은 고대 서아시아 문명이 이룩한 가장 위대하고 영속적인 업적 중 하나였다.

여호와 숭배의 제도적인 형식도 차후의 종교적 발전에 대단히 중요했다. 히브리인이 정치적 독립을 향유하는 동안, 여호와 숭배는 수도에서 행해지던 신전의 의례에 집중되었다. 신전 의례는 다윗 왕의 아들이자 후계자인 솔로몬 왕(약 961~922B.C. 재위)의 시대에 절정에 달했다. 그는 예루살렘에 여호와에게 바치는 웅장한 신전을 신축했다. 히브리의 정치적인 힘은 솔로몬 왕 사후에 약화되어, 왕국은 사마리아에 수도를 둔 북쪽의 이스라엘과 예루살렘을 수도로 삼은 남쪽의 소규모 유다 왕국으로 쪼개졌다. 그 후 이미 살펴본 것처럼 기원전 722년에 이스라엘이 아시리아인에게 정복당했을 때 그 지배가문은 추방되었고, 유다 왕국도 기원전 587년 바빌로니아의 정복자 네부카드네자르의 손에 비슷한 일을 당했다.

이스라엘에서 추방된 사람들(10개의 '잃어버린 부족')은 독자성을 상실했고, 서아시아의 인구 일반에 흡수되었다. 따라서 북쪽의 왕국에서 여호와의 종교는 소박한 농민의 세계에서만 살아남았다. 이 신자들은 후대에 사마리아인으로 불리게 된다. 유대교의 훨씬 풍부한 전통을 물려받은 유대인은 사마리아인이 진정한 종교를 미신과 혼합했다고 주장하며 이들을 경멸했다.

유다 왕국에서 추방된 자들에게는 다른 운명이 기다리고 있었다. 예루살렘 공략(B.C. 587)이 있기 전에, 여호와 숭배를 정화하려는 부단한 노력이 경주되었다. 이 개혁의 과정에서, 성전(聖典)이 오늘날 알려진 것과 거의 같은 여러 권의 구약성서로 편성되었다. 따라서 유대의 지배가문이 여호와의 신전에서 멀리 떨어진 바빌론으로 추방되었을 때, 그들은 적어도 성전을 지니고 있었고, 그것을 읽고 공부할 수 있었다. 매주 신자들이 모여서 교사(랍비)의 성전 설명을 듣는 것이 신전에서의 의식을 대신했고, 이후 우리가 유대교라는 적절한 이름으로 부르는 종교의 핵심적인 예배행위가 되었다. 페르시아의 키루스 왕이 추방된 자들의 예루살렘 귀환을 허용했을 때에도(실제로 귀환한 자들은 얼마 되지 않았다), 신전에서의 예배는 부활했으나 성전을 강독하는 지역별 주중 집회가 중단되지는 않았다. 대부분의 유대인은 신전에서 거행되는 의례에 참석할 수 없었다. 머나먼 타국의 이방인들 틈에 흩어져 있었기 때문이다. 그렇지만 그들은 자신들의 종교에 대한 깊은 신앙심을 간직했고, 성전에 기술된 약속을 생각하며 희망을 키워 나갔다.

이렇게 해서 종교는 지방의 굴레에서 벗어났다. 유대인은 여러 언어를 구사했고 복장이나 행동도 각양각색이었기 때문에 외견상으로는 다른 민족과 구별되지 않았으나 언제나 여호와에게 충실했다. 한마디로 말해서 종교가 인간문화의 다른 측면으로부터 해방되었던 것이다. 예루살렘의 신전에서 의식을 주관하는 신관에게 의존하거나 신자들에게 같은 구역에 거주하면서 통일된 관습에 따르라고 요구하지 않고도, 유대인의 신앙은 여호와의 숭배자들이 모여서 성전을 연구하고 사색할 수 있는 장소라면 어디서나 번성할 수 있게 되었다.

추방생활은 유대교의 정서적 색조에도 중대한 변화를 가했다. 미래에는 잘못이 시정되리라는 예견을 강조하는 것은 언제나 예언의 두드러진 특징이었다. 그러나 바빌론 유수의 경험은 미래에 더욱 중요한 의미를 부여했다. 유대인은 이렇게 자문할 수밖에 없었다. 왜 하느님은 불의가 횡행하도록 허용하시는가? 왜 그 분은 자신의 충실한 종에게 가혹한 벌을 가하시는가? 이 질문에 답하는 두 가지 이론이 나왔다. 에스라와 느헤미야 같은 이들은 현재의 고통은 분명 과거에 인간이 저지른 잘못에 대한 하느님의 노여움에 기인하기 때문에 성전에 명시된 하느님의 의지에 더욱 충실할 필요가 있다고 강조했다. 그러나 다른 이들, 특히 위대한 시인 이사야는 하느님이 자기 백성의 인내력과 용기를 시험하기 위해 시련을 주신다는 사상을 개진했다. 그 시련을 참고 견딘 자에게는 세계가 종말에 이르고 모든 부정이 일소되는 위대한 '최후의 심판일'에 보상이 주어진다는 논리였다. 이런 해석을 지지하는 사람들에게는 현재의 고난이 크면 클수록 최후의 심판일이 그만큼 가까워진 것이므로 성전에 기록된 하느님의 명령에 주의 깊게 따르는 것이 더욱 중요했다.

성전의 문장에는 여러 면에서 서로 모순되는 것이 많아 보였기 때문에, 또한 성전의 가르침만으로는 해결할 수 없는 개인적 문제가 많았기 때문에, 랍비들은 성전의 법을 일상생활에 적용하기 위해 온갖 지혜를 짜내야만 했다. 그렇게 함으로써 그들은 인간이 제기할 수 있는 거의 모든 의문에 답하는, 그리고 일상생활에 의미와 가치를 부여하는 행동규범을 점차 발전시켰다. 고대 서아시아의 척박한 문화적 풍토에서 그러한 신념과 도덕률은 횃불과도 같았다. 당시 대도시의 주민들은 대개 조상들이 물려준 종교적 가치를 상실한 뒤 도시생활에 어울리는 진정한 신념이나 새로운 도덕적 규범을 갖지 못한 채 생활하고 있었다. 그러므로 다른 신앙이 사라진 대도시에서 유대교는 번성했고, 불안하고 힘든 시대를 살아가던 신자들의 마음을 단단히 붙잡았다.

성서의 정전(正典)에는 기원전 500년 이후에도 추가되는 것이 있었고, 랍비들의 주석은 기원후 수세기가 지날 때까지 완성된 형태를 갖추지 못했다. 그럼에도 불구하고 기원전 500년 무렵에는 유대교의 특이한 강조점과 독특한 생명력이 뚜렷하게 나타났다.

조로아스터교

한편 메소포타미아 세계의 동쪽에 있던 또 다른 변경지대에서는 새로운 종교운동이 기원전 6세기에 큰 중요성을 띠고 있었다. 조로아스터라는 이름과 관련된 페르시아 종교의 개혁은 위대한 한 예언가의 작업이었다는 점에서 유대교의 발전과 달랐다. 그는 자기 민족의 전통을 송두리째 부정하고 반박하면서 모든 것을 일신하고자 했다. 현대 인도의 파르시인은 자신들의 종교가 조로아스터에서 유래했다고 말하지만, 양자의 관련성은 명확하지 않다. 예컨대 파르시인이 보존해온 성전 중에서 조로아스터가 쓴 부분이 있는지도 분명하지 않다. 그 성전 가운데 가장 오래된 『가타스』는 알아보기 힘든 페르시아어 서체로 작성되어 있는데, 많은 구절이 현대의 학자들에게도 해독 불가능한 상태로 남아 있다.

따라서 조로아스터의 가르침을 상세히 알기는 어렵다. 그가 언제 어디에서 포교를 했는지조차 의견이 분분하다. 의심의 여지가 없는 유일한 사실은 페르시아의 다리우스 대왕(B.C. 486년 사망)이 자신의 비문에 조로아스터의 문구를 사용했다는 것이다. 이는 다리우스 왕이 신자였음을 암시한다. 다리우스의 시대에는 조로아스터의 교의가 생긴 지 얼마 되지 않았을 것이다. 그것은 페르시아인이 제국을 건설하기 시작한 변화기의 세계를 설명하고 그것에 질서를 부여하려던 한 인간의 시도였다.

조로아스터의 메시지는 웅대하고도 심원했다. 그는 우주의 초월적이고 영적인 신 아후라 마즈다의 영광을 설파했다. 마즈다는 악의 원리를 구현하는 아흐리만과 우주적인 투쟁을 벌였다. 모든 선한 인간의 의무는 빛의 편에 서서 예언자 조로아스터를 통해 전달되는 아후라 마즈다의 명령에 복종하는 것이었다. 그 명령 중에는 소박한 의식을 치를 것(피를 바치는 희생제의는 명시적으로 금지되었다)과 타인에 대해 도덕적인 행위를 할 것이 포함되었다. 조로아스터는 그 보상으로 현세에서의 번영과 내세에서의 불멸을 약속했다. 그는 또한 조만간 세상의 종말이 도래할 것이고, 그때는 아후라 마즈다가 금속이 용해된 정화수를 퍼부어 악인들을 삼켜버림으로써 자신의 승리를 알릴 것이라고 믿었던 것으로 보인다. 그렇게 되면 신성하고 지고하며 인간적인 빛의 세력들이 영원히 승리를 거두고 함께 기뻐하리라는 것이었다.

조로아스터교는 페르시아인을 제외한 다른 민족의 신앙이 되지는 못했다. 페르시아인 중에서도 한정된 범위의 귀족과 궁정신료만이 예언자의 교리를 완전히 받아들였던 것 같다. 크세르크세스 왕(B.C. 465년 사망)의 시대 이후에 페르시아의 군주들이 남긴 비문에는 조로아스터의 가르침(현대의 학자들이 어렵사리 복원한)에 배치되는 신들의 이름과 관념들이 서술되어 있다. 따라서 엄격한 의미의 조로아스터교는 페르시아의 궁정에서도 그다지 오랫동안 세력을 유지하지 못했던 것으로 보인다. 그렇지만 페르시아인이 키루스 왕의 치세에 정치권력을 획득했고 그것을 다리우스 대왕 시대에 안정시켰다는 것은, 조로아스터교가 페르시아의 지배를 받은 여러 민족에게 막연하게나마 알려져 있었음을 뜻한다. 따라서 후기 유대교의 몇 가지 특징, 예컨대 천사의 개념이나 악인이 심한 벌을 받는다는 관념은 조로아스터의 교의에서 차용된 것이거나 그 영향을 받은 것이었다.

조로아스터교는 유대교나 그 자매종교인 그리스도교와 이슬람교처럼 세상을 변혁하지는 못했다. 그렇지만 조로아스터의 가르침은 거듭되는 격변 속에 불안하기 그지없던 고대 서아시아의 코즈모폴리턴한 세계에 종교적 지도와 질서를 부여하려는 진지하고도 열정적인 노력이며, 위대한 히브리 예언자들의 말과 나란히 취급되어야 마땅하다. 조로아스터교의 이원론은 엄격한 일원론적 종교에 비해 악을 납득하기 쉽게 설명했다. 간접적으로 조로아스터교에서 유래한 이원론적 사상은 유대교·그리스도교·이슬람교의 전통에서 끊임없이 그 모습을 드러냈다. 그러나 조로아스터교 자체는 훗날 대대적으로 수정된 채 인도의 파르시인 사이에서 명맥을 유지하고 있다.

4장
인도 문명의 형성, B.C. 500년까지

기원전 1500년경 호전적인 침입자들이 인더스의 도시들을 파괴하자, 인도에서는 야만적인 암흑시대가 시작되었다. 여러 차례 산을 넘어 남쪽으로 치고 내려온 침입자 아리아인이 완전히 이주를 종료하는 데는 거의 300년이 걸렸던 것으로 보인다. 이 기간에 서로 경쟁하던 전사 밴드들은 가축을 몰고 이곳저곳을 떠돌아다니면서 수시로 곡물을 약탈했다. 방랑자들은 서로 싸웠고, 이동 중에 만난 원주민들을 복속시켰다. 이 군단들은 서서히 인도의 새로운 지방으로 침투했고, 아리아계의 언어를 퍼뜨렸으며, 내륙의 삼림지대에 살고 있던 민족들을 고립상태에서 벗어나게 했다. 전사의 습관이 몸에 배어 있고 장비도 우수한 이 새로운 도래인들은 선주민들을 쉽게 제압했다.

하지만 방랑자들은 서서히 정착하여 좀 더 안정적인 농경생활을 시작했다. 방랑과 정복의 영웅시대에 대단히 중요했던 목축은 그 의미를 상실하게 되었다. 경작지에서 해야 하는 고된 작업이 유목민 전사의 여유 있는 일상을 대신했다. 그러나 침입자들이 완전한 농경민이 된 뒤에도, 아리아인은 계속해서 인도의 남쪽 및 동쪽 방향으로 팽창해나갔다. 화전식 경작법의 특성상 오래된 밭에 잡초가 무성해지면 새로운 땅으로 이동할 필요가 있었기 때문이다.

　인도사의 '영웅시대'에 대해 말해줄 유물은 소수에 불과하다. 잘 건설된 도시나 항구적인 주거장소를 만들지 못했던 초기 아리아인은 고고학자가 발견할 만한 것들을 거의 남기지 않았다. 물론 그 시대부터 전해 내려오는 문서들은 있다. 그러나 이 문서들은 후대의 승려들이 종교적 의례에 사용하기 위해 개작한 것이다. 또한 한 세대에서 다음 세대로 구전되는 과정에서 원전은 반복적으로 수정되었을 것이다. 그 결과 무엇이 정말 오래된 것이고 어떤 부분이 후대에 추가된 것인지 알아내기가 여간 어려운 게 아니다. 이런 사정에도 불구하고 지금까지 보존된 산스크리트 시집 중에서 가장 오래되고 신성한 『리그베다』와 대서사시 『마하바라타』에는 귀족 사수가 전차에 타고 전장을 질주하면서 적진의 영웅과 화살을 주고받으며 결투하는 장면을 묘사한 구절들이 나온다. 그런 구절은 그리스나 서아시아와 마찬가지로 인도에도 귀족적인 전차시대가 있었음을 입증해준다.

　그 후 기원전 900년 무렵 인도에서는 전차전술의 전성기가 막을 내렸다. 철이 인도 아대륙으로 확산됨에 따라 서아시아에서와 마찬가지로 말과 전차를 유지할 수 없던 가난한 사람들도 무장하고 자신을 지킬 수 있게 되었다. 따라서 철의 도입은 귀족의 우위를 무력화했다. 철이 전장에서 힘의 균형을 바꾸어놓자, 모든 전사가 정치적 의결권을 갖는 작은 나라들이 출현했다. 이처럼 거의 평등한 무장 공동체가 존재했다는 증거는 주로 북방에서, 특히 히말라야의 구릉지대에서 나온다. 그러나 갠지스 강 유역의 중앙집권화된 대군주국이 지방의 작은 공동체들을 압도하기 전에는 유사한 정치조직이 광범위하게 분포하고 있었을 가능성도 있다. 우리가 실제로 그런 공동체의 존재에 대해 알게 된 것은 어떤 왕의 군대가 시대에 뒤떨어진 씨족국가들을 정복했다는—기원전 600년경에 활발하게 진행되었다—기록을 접한 뒤부터이다.

갠지스 지방으로의 이동

철은 인도인의 생활에 또 다른 중요한 영향을 주었다. 이 새로운 금속으로 만든 도구들을 사용하면 밀림을 개척하기가 용이했다. 특히 몬순에 의한 풍부한 강우량 덕에 식물이 번성하던 갠지스 강 유역에서는 나무를 베어내자 대단히 비옥한 농지가 조성되었다. 이미 살펴본 것처럼 동남아시아의 농경민에 의해 처음 재배된 것으로 보이는 벼는 갠지스 강 유역의 생산성을 크게 향상시켰다. 서아시아 농경의 2대 작물인 밀과 보리는 벼에 비해 경지의 단위면적당 수확량이 훨씬 적었다. 따라서 벼농사에 적합한 토지는 더 많은 인구를 부양할 수 있었다. 벼농사와 함께 개별 경지를 항구적으로 사용하는 관습이 생겼다. 논에 인위적으로 물을 대고 빼는 작업은 논의 습도를 크게 변화시킴으로써 거의 모든 잡초를 제거했다. 게다가 논에 관개용수를 끌어오기 위해 도랑을 파고 제방을 만드는 일이 워낙 힘들었기 때문에 새로운 장소로 이동한다는 것은 엄두도 낼 수 없었다. 따라서 벼농사가 확립된 갠지스 지방에 완전히 정착농경, 그에 부수되는 영구적인 마을과 도시의 중심지가 출현한 것은 당연한 결과였다. 그리고 지배자의 입장에서는 세금을 걷기도 쉬웠다. 주민들이 힘들게 일궈놓은 농지를 버리고 밀림으로 도주할 리 없었기 때문이다.

그러므로 기원전 800년경에 갠지스 강 유역은 문명화된 복합사회로 새롭게 진보할 수 있는 전제조건을 갖추고 있었다. 당시에 인더스 강 유역은 한참 낙후되어 있었다. 인더스 강 유역에서는 구식 화전농법이 여전히 지배적이었다. 왕의 대리인이 세금을 부과하거나 노역을 징발하러 올 때마다 숲 속으로 달아나 버리는 사람들에게 의지하여 대규모의 안정적인 정치구조를 만들어내기란 불가능했다. 반면에 동쪽의 갠지스 지방에서는 논이 경작자들의 발을 묶어두었을 뿐 아니라 농경의 생산성을 높여주었기 때문에, 농민들은 상당량의 곡물을 내주고도 살아나갈 여력이 있었다.

따라서 갠지스 지방에는 직업적인 행정관과 군인들을 부리는 여러 개의 큰 왕국이 발달하기 시작했다. 같은 시기에 인더스 지방은 여전히 무수한 부족집단으로 분리되어 있었다. 이 집단들은 일부 위대한 왕의 불안정한 힘에 의해서만 통합되었는데, 이 왕들은 자신을 따르는 측근집단의 범위 내에서만 행정권력을 제한적으로 행사했다. 하지만 갠지스 지방에는 효율적으로 중앙집권화된 왕국이 발달하여 궁정이 있는 중심지에서 직인들의 수준 높은 기술이 급속히 발전할 수 있는 가능성이 있었고 실제로도 발전했다. 지역간의 교역도 중요해졌고, 이를 통해 갠지스 지방의 중심부에서 전파된 새롭고 의미심장한 요소가 인더스 지방의 생활에 추가되었다. 고고학적 증거에 따르면 메소포타미아와의 해상교역은 기원전 800년경에 재개되었다.

이 모든 면에서, 인도의 발전은 다소 후진적이고 기록이 별로 남아 있지 않다는 점을 제외하면 서아시아의 발전과 유사했다. 그렇지만 기원전 800년 이후 인도에서 발생한 새로운 생활양식은 힌두쿠시 산맥의 북쪽과 동쪽에 있던 아시리아 및 페르시아 제국의 코즈모폴리턴한 세계에서 유행하던 것과는 전혀 달랐다. 새롭게 떠오르는 인도 문명의 독특한 성격은 카스트 제도와 인도 종교의 금욕적 초월주의에 집약되어 있다. 이 두 가지에 대해 간략히 살펴보기로 하자.

카스트

현대의 카스트는 함께 식사하고 통혼을 하면서도 다른 카스트에 속한 자는 이 두 가지 일에서 배제해버리는 사람들의 집단을 말한다. 아울러 특정 카스트의 성원은 그 카스트에 속한 자와 그렇지 않은 자를 누구나 구별할 수 있도록 특징적인 표시를 지녀야 한다. 다른 카스트의 성원 앞에서 어떻게 행동할 것인가를 정한 규율도 그런 접촉이 자주 이루어지는 상황에서는 필요했다. 사회 전체가 그런 원칙 위에 조직되었을 때, 이방인이나 침입자 집단은 자동적으로 새 카스트가 된다. 왜냐하면 다른 사람들의 배타적인 관습으로 인해, 신참들은 식사 및 결혼 문제를 자기들끼리 처리할 수밖에 없기 때문이다. 큰 카스트는 의견대립의 결과로, 또는 오랫동안 지리적으로 격리되어 있었다는 단순한 이유에서 작은 집단으로 쉽게 분열한다. 새로운 카스트가 새롭게 정착한 사람들을 둘러싸고 만들어질 가능성도 있다. 방랑자들과 추방자들이 사회 한 구석에 정착하게 되면, 카스트에 얽매인 이웃들의 관습에 따라 자동적으로 자기들끼리 식사하고 결혼할 수밖에 없다.

어떻게 해서 또 언제 인도 사회가 그런 원리로 조직되었는지는 분명치 않다. 어쩌면 인도 문명 자체가 카스트와 유사한 원리에 바탕을 두고 형성된 것일지도 모른다. 혹은 침입자 아리아인과 이들의 공격을 받은 검은 피부의 민족 사이의 반감이 훗날 인도에서 카스트 조직이 뿌리를 내리게 된 원인일 수도 있다. 그러나 카스트의 기원이 무엇이든, 인도인의 사상과 감정의 3대 특징이 작용하여 후대에 카스트의 원리를 지탱했다고 볼 수 있다. 그 중 하나는 의례적 청결의 관념이다. '불결한' 하층 카스트의 성원과 접촉하여 스스로를 더럽히게 되는 것에 대한 두려움은, 브라만과 다른 상급 카스트의 성원에게 하급 카스트에 속한 사람과의 교제를 제한하는 강력한 근거를 제공했다.

정반대의 입장에 서 있는 가난하고 천한 사람들에게도 카스트를 고수해야 할 충분한 이유가 있었다. 사회의 저변에 있는 가장 비천한 자들 외에는 누군가를 내려다볼 수 있었는데, 이는 결코 무시할 수 없는 카스트 제도의 심리적 특징이다. 게다가 비천한 카스트는 미개한 삼림생활을 막 청산한 사람들의 집단인 경우가 많았다. 이들은 도시 또는 농촌에서 배경도 다르고 카스트도 다른 사람들과 뒤섞여 살아가야 하는 환경 속에서도 자연히 자신들의 고유한 습속을 지키고자 했다. 다른 문명사회는 대체로 신참들에게 고유한 생활방식을 포기하라고 설득 내지는 강요하고, 2~3세대에 걸쳐 그들을 문명화된 주민들에게 동화시킨다. 이와 반대로 인도의 경우 그런 집단은 세대가 아무리 바뀌어도 카스트의 틀 안에서 자신만의 특이한 습관을 지킴으로써 독자적인 정체성을 무한정 간직할 수 있다.

카스트의 원리를 지탱하는 세 번째 요인은 재생과 '바르나'의 교의다. 바르나의 교의는 모든 인간이 태어나면서부터 네 개의 카스트로 나뉘어 있다고 주장한다. 즉 기도하는 브라만, 전투하는 크샤트리아, 노동하는 바이샤, 불결한 일을 하는 수드라가 그것이다. 공식적인 교의는 앞의 세 카스트를 아리아계로, 마지막 카스트는 비-아리아계로 분류했고, 정점의 브라만에서 밑바닥의 수드라에 이르는 카스트의 서열을 중시했다. 현실은 결코 그 이론에 부합하지 않았다. 우리가 기억하는 한, 인도에는 브라만의 가르침에서 인정하는 4개의 카스트만 있었던 게 아니라 수백(수천은 아니라 하더라도) 개의 카스트가 있었다. 그러나 이론이 중요했던 것은 재생의 교의가 바르나의 교의와 결합했을 때 표면적인 불의와 변칙이 사라졌기 때문이다. 재생사상은 아버지에서 아들로 전해지는 카스트가 전생의 업에 따라 인간에게 상이나 벌을 내리고자 신이 만든 제도라고 해석함으로써 그 체계를 논리적으로 설명하고 정당화했다. 이 사상은 확실히 혼란스러운 현실을 안정시키는 데 일조했다. 최하층 카스트로 태어났지만 잘못을 저지르지 않은 사람은 다음 생에서는 상급 카스트로 태어나기를 바랄 수 있었다. 역으로 상급 카스트로 태어났으나 적절한 규범에 따라 행동하지 못한 사람은 하급 카스트로 환생하는 것을 각오해야 했다. 정말로 사악한 사람은 다음 생에서 벌레로 환생할 위험까지 감수해야 했다.

분명히 현재 관찰되는 카스트의 체계는 고대 인도에 존재하지 않았다. 그렇지만 현대의 카스트는 최고(最古) 기록에 나타나는 사회조직 유형으로부터 성장한 것이다. 예를 들어, 초기 불교의 이야기 중에는 카스트의 차별을 비판하는 일화가 많고, 『리그베다』나 기타 고문헌에는 카스트와 유사한 관행과 태도를 암시하는 대목이 있다. 확실한 사실은 기원전 500년 무렵에 현대의 카스트 조직을 탄생시킨 씨앗이 이미 인도의 토양에서 싹을 틔우고 있었다는 것이다.

카스트는 정치적·영토적 행정의 중요성을 감소시켰다. 모든 사람이 우선적으로 카스트와 자신을 동일시했다. 그러나 카스트는 대개 내부의 행정기구를 갖추지 못했고 그 영토적 경계도 명확하지 않았다. 대신에 특정 카스트의 성원은 상대를 오염시키지 않으려고 각별히 주의하면서 다른 카스트의 성원과 섞여 살았다. 국가보다는 카스트에 속해 있다고 느끼던 사람들은 어떤 왕이나 통치자에게도 절대적인 충성을 바치지는 않았다. 실제로 평범한 카스트의 성원은 통치자·관리·군인·세리를 골치 아픈 국외자로 간주하여, 필요한 경우에만 그들에게 복종하고 가능하면 무시하려 했다. 인도의 국가들이 대부분 허약한 성격을 갖게 된 것은 주로 여기에서 기인한다. 인도의 고대사를 통틀어 가장 두드러진 특징은 전쟁과 정치에 관한 정보가 거의 없다는 것이다. 이 또한 인도 사람들이 정서적인 면에서 기본적으로 국가와 정치에 무관심하다는 사실을 반영하는 것 같다.

카스트 덕분에 인도 문명은 새로운 집단을 손쉽게 자기 내부로 끌어들일 수 있었다. 인도에 새로 들어온 사람들은 고유의 습속을 현저히 바꿀 필요 없이, 이미 그 땅에 존재하고 있던 수많은 카스트의 틈새에서 새로운 하나의 카스트로 살아가면 그만이었다. 결과적으로 인도에는 매우 원시적이고 오래된 사상과 행동의 패턴이 사회구조 내부에 남아 있었다. 그것을 남긴 사람들은 이방인들 사이에서 생활해야 하는 현실에 자신들을 맞추면서도, 카스트라는 장치를 통해 조상들이 물려준 원시적인 주술의례·주문(呪文)·사고방식을 고수했다.

초월적 종교

전쟁과 정치에 대한 무관심, 그리고 다종다양한 관습에 대한 관용과 포용은 인도 특유의 종교적 발전과 보조를 같이 했다. 최근까지도 인도에서는 종교적 교의가 오직 구전에 의해 스승으로부터 제자에게 전승되었다. 진리를 탐구하는 진지한 자는 한 명 이상의 스승 앞에 앉아 있었을 것이다. 따라서 상이한 교의가 각양각색으로 혼합되고 교착(交錯)되는 현상이 쉽게 일어났다. 더구나 종교사상의 발전을 정리하는데 도움을 줄 연대기적 자료도 없다. 오늘날까지 남아 있는 방대한 종교문헌이 특정한 시간이나 장소를 연상시키는 사건과 인물에 대해 언급하는 경우는 놀랄 정도로 드물다. 따라서 복잡하게 엉킨 사상의 실타래를 푸는 일은 역사적이라기보다는 논리적인 작업이 되어야 한다. 그럼에도 불구하고 논리적으로 유추한 사건의 전후가 역사적 발전단계와 일치할 수도 있다. 다만 확신할 수 없을 뿐이다.

물론 남아 있는 기록은 모두 침입자 아리아인의 언어인 산스크리트어로 쓰여 있다. 그들은 신들의 무리도 대동하고 왔는데, 그 중의 주신(主神)인 인드라는 전쟁의 지도자인 동시에 강력한 성격의 소유자였고 도시의 파괴자이자 천둥과 폭풍의 신이었다. 그 밖의 신들은 각기 다른 자연적 요소와 힘—하늘·공기·땅·물 등—의 화신이었다. 신관계급도 침입자들과 함께 왔다. 그들의 역할은 신들에게 기도하고, 제물을 바치고, 다른 적절한 의례를 수행함으로써 신들의 노여움을 방지하는 것이었다. 평화시와 전시의 번영, 장수, 그리고 건강이 그 경건한 의례의 목적이었다.

이 종교는 모든 면에서 인도·유럽어족에 속한 다른 야만족, 예컨대 그리스인·라틴인·켈트인·게르만인·이란인·슬라브인의 종교적 목표나 태도와 크게 다르지 않다. 방금 언급한 모든 민족은 자연세계의 여러 측면에 확실한 성격을 부여하고 그 면면을 숭상했다. 신들의 구체적인 성격은 민족마다 달랐지만, 초기 인도유럽계 종교에 표출된 근본적인 세계관은 전문적인 신관들에 의해 정립되었고, 이들은 메소포타미아 사람들이 우주를 지배하는 신들을 성격이 변덕스러워 싸움을 일삼는 무리로 간주했다는 사실을 막연하게나마 알고 있었다. 수메르의 신들과 다른 인도·유럽어족의 신들이 똑같지는 않아도 상당히 유사한 이유는 다른 식으로는 도저히 설명할 수 없다.

베다와 브라마나

아리아계의 종교에 대한 우리의 지식은 베다에 의거한 것이다. 종교의례의 편람으로 사용되는 베다는 제물을 바치는 동안 큰 소리로 낭송되는 노래와, 의식을 치르는 동안 신관이 해야 할 일을 지시하는 문장들로 구성되어 있다. 시간이 흐르자 베다의 언어는 신관조차도 이해하기 어려운 지경에 이르렀다. 그래서 원전이 스승에서 제자로 세대를 넘어 전달될 때 그 내용을 정확히 기억할 것을 강조함으로써 억양이나 발음 같은 세세한 것까지 보존하려고 최대한의 노력을 기울였다. 전승된 운문의 시시콜콜한 세부가 문제를 야기하여 행의 위치가 틀리다거나 단어의 발음이 잘못되면, 공희(供犧) 자체가 무효화되고 심지어 신의 노여움을 살 수도 있었기 때문이다.

세부의 정확성을 중시하게 되면서, 종교의 초점은 아리아인의 신들에서 예배와 기원으로 급속히 이동했다. 아리아인 신관은 인더스 문명의 신관이 지녔다고 자처하던 주술적인 힘에 대해 배웠을 것이다. 어쨌든 일부 브라만은 의례를 올바로 수행하면 신의 마음을 움직여 기원한 바를 실제로 이룰 수 있다고 주장하기 시작했다. 요컨대 적절한 공희와 기원은 신들과 인간의 세계를 새롭게 창조하고, 자연과 초자연적 실체 사이의 긴장된 관계를 다시 안정시킨다는 것이었다. 이런 관점에서 보면 개별 신의 의미와 성격이 하찮은 것으로 축소되는 반면에, 신관의 능력과 기능이 매우 중요시된다. 신관의 이런 과도한 주장은 브라마나라 불리는 원전에 자유롭게 개진되었다. 이 원전은 베다에 관한 주석서의 형식을 취하고 있는데, 원래의 의도는 오래된 원전의 참된 의미를 설명하는 것이었으나 실제로는 그 과정에서 종종 의미가 바뀌기도 했다.

우파니샤드, 신비주의, 힌두교의 탄생

신관이 신과 인간에 비해 우월한 권위를 갖는다는 주장은 고대 인도에서 널리 받아들여지지는 않았다. 수장과 전사들은 신관의 주술적 힘을 다소 경계했으나, 브라마나에 언명된 신관의 우월성을 인정해줄 생각은 없었다. 사회적 지위가 낮은 자들도 신관의 교만함에 반감을 느꼈다. 이는 신관을 존중하는 신앙과 대립하는 유형의 신앙이 인도에 나타나 곧 그 땅에 존재하는 모든 종교적 전통의 가장 특징적인 요소가 되었다는 사실에 의해 입증된다. 이 종교적 발달의 증거는 일군의 구전 문헌인 우파니샤드이다. 우파니샤드를 구성하는 여러 문헌은 체계적인 논고도 아니고 세부에서 서로 모순되는 경우도 있지만, 중요한 점에 관해서는 대체로 일치된 의견을 제시한다.

첫째, 우파니샤드는 종교생활의 목적을 근본적으로 새로운 방식으로 파악한다. 성인과 현자는 부·건강·장수를 추구하는 게 아니라, 끝없는 재생의 순환에서 벗어나고자 노력한다. 해탈한 자는 자신의 혼을 그 근원인 범(梵)으로 적멸하고, 생의 고뇌와 고통, 불완전함을 의연하게 초월해버린다.

둘째, 신성함과 윤회로부터의 해방은 신관에게 복종한다거나 의례를 수행한다고 해서 얻어지는 것이 아니었다. 진정한 성인에게는 중개인도, 신도 필요 없었다. 대신에 자기도야·명상·금욕을 실행하고 세속적인 관심을 털어버림으로써, 종교적 고행자는 신비한 진리를 깨닫게 되었다. 깨달음을 얻은 자는 정화되고 행복해졌다. 그 신비한 통찰의 성질과 내용은 말로 표현될 수 없었다. 그것은 개인의 혼과 우주의 영을 합일시킴으로써 진리를 드러냈다. 인간의 오성과 일상적인 언어를 초월하는 그러한 경험은 자기를 멸각(滅却)하여 범과 하나가 되는 지복을 미리 맛보는 것으로, 이는 성현이 추구하던 궁극적인 목표이기도 했다.

우파니샤드에 표현된 주제와 자세는 베다와 브라마나의 세속적이고 실제적인 논조와 사뭇 다르기 때문에, 자신이 신비주의자가 아니라면 어떻게 그런 변화가 일어났는지 궁금할 것이다. 금욕적인 수행은 아리아인의 침입 이전에 이미 인도의 성인과 신관에게 알려져 있었을 것으로 추정된다. 그렇다면 종교생활에 대한 우파니샤드의 처방은 산스크리트 문헌의 저자들이 아리아인의 도래 이전에 존재했던 금욕적인 수련과 자세를 인지하고 있었다는 점을 보여주는 것일 수도 있다. 그러나 아리아인 이전의 종교가 어떠했는지 알 수 있는 증거가 없기 때문에, 이 설명은 추측에 불과하다.

두 번째 종류의 설명은 신비주의가 확산된 원인으로 인도의 사회적 상황이 변하고 있었다는 점을 지적한다. 금욕생활과 내세를 강조하는 우파니샤드가 아리아어 사용자들의 관심을 끌기 시작한 것은, 철기시대에 인도 북부에서 생겨난 자유인들의 평등한 소사회가 갠지스 강 유역의 중앙집권적 관료제 왕국의 거대한 힘 앞에 무너지기 시작할 때였다고 봐도 무방할 것이다. 그러므로 이방인과 먼 곳에 있는 왕의 대리인들이 아버지 세대의 사회적·정치적 질서를 파괴한 탓에 자신에게 익숙한 생활방식을 더 이상 영위할 수 없게 된 사람들이 금욕주의에 매료되었을 것이라 생각된다. 이런 가설이 성립된다면, 전사와 통치자의 후손들은 대개 인적이 드문 숲 속에서 아무런 속박도 받지 않고 개인적·인격적 신성을 추구함으로써 잃어버린 자유를 보상받고자 했으리라고 추정할 수 있다. 그런 장소에서 금욕적 단련을 체득한 자가 자신의 경험에서 우러난 비결을 다른 사람에게 전수하면서 만들어진 것이 우파니샤드였다.

세 번째 설명은 심리적인 것이다. 물론 회의주의자들은 장시간 단식하거나 잠을 자지 않거나 호흡을 의도적으로 억제하면 몸의 감각이 이상해질 수 있다는 사실을 어렵지 않게 지적할 수 있었다. 그런 상황에서 경험하는 환각을 신성하고 궁극적인 실체와의 조우라고 해석하려는 간절한 기대를 품고 있는 사람에게, 그 체험은 개인의 정서를 압도하는 중요한 의미로 다가온다는 것이다.

하지만 신비한 환각을 체험한 사람에게 그런 설명은 얼토당토않은 소리로밖에 들리지 않는다. 기억을 공유하고 있고 새로운 정신적 고양을 꿈꾸며 살아가는 신참들은 자기긍정적인 체험의 힘을 알고 있다. 정당화는 불필요하고 설명은 불가능하며 의심은 생각조차 할 수 없다. 이는 수천수만에 달하는 신비주의자의 말과 행동이 강력히 시사하는 바이기도 하다.

우파니샤드는 무신론적 금욕주의를 권하는 반면에 브라마나는 빈틈없는 의식의 수행을 요구한다는 점에서, 이 둘은 극명하게 대립되는 것처럼 보인다. 그런데 고대 인도의 브라만 신관들은 모순되는 두 이상을 절충할 수 있는 간단한 방법을 찾아냈다. 그들은 신관을 존중하고 의례적 준칙을 지키고 가족을 부양하며 젊은 시절을 보낸 뒤 인생의 종말에 다가선 사람에게 우파니샤드의 도가 적절한 의미를 갖는다고 주장했다. 이런 식으로 우파니샤드의 교의가 브라만의 종교로 수용되었고, 권위주의적이라는 이유로 우파니샤드의 가르침에 의해 직접 공격을 받았던 신관은 일반인을 위해 종교의례를 주관하는 사람으로 평온하게 살 수 있었다.

베다와 우파니샤드의 종교적 전통들이 융합되어, 세계의 위대한 종교체계 중 하나인 힌두교가 탄생했다. 어마어마하게 다양한 종교적 예배와 실천은 언제나 힌두교의 일부였고, 그 전체 체계는 신관의 의례에 집착하는 측과 신비주의를 갈망하는 측의 상반된 요구에 부응하면서 계속 발전해왔다. 자기보다 더 체계적인 다른 종교들과의 만남은 힌두교의 지속적인 발전을 위한 또 하나의 중요한 자극이 되었다.

자이나교와 불교

기원전 500년경에 나타난 불교와 자이나교는 힌두교에 대한 최초의 외적 도전이었다. 이 두 종교를 창시한 역사상의 인물은 모두 기원전 500년에 생존해 있었던 것으로 보이지만, 정확한 연대는 알 수 없다. 자이나교는 마하비라에 의해 창시 또는 재편되었고, 불교는 고타마 왕자라는 카리스마 있는 인물을 중심으로 만들어졌다. 두 종교에는 공통점이 많다. 어떤 의미에서는 양자 모두 우파니샤드에 추상적으로 표현된 사상을 일반화했다. 마하비라와 고타마, 즉 붓다는 자아를 멸각하고 윤회전생에서 벗어나는 것을 종교적 노력의 지상(至上)목표로 삼았다. 그러나 두 종교는 교의상의 구체적인 부분에서 몇 가지 중요한 차이를 보였다. 자이나교는 불교처럼 널리 보급되지 못하고 엘리트의 신앙에 머물렀다. 또한 극단적인 금욕주의를 요구하여 신참 구도자를 굶어죽게 만드는 경우도 있었다.

그와 반대로 불교는 온건한 교의를 중심으로 형성되었다. 고타마는 청년기에 금욕주의를 시도했으나, 그 후 신체를 심하게 학대하는 것은 생의 고뇌에서 벗어나는 길이 아니라는 결론에 도달했다. 대신에 그가 권장한 것은 방종적인 자유와 금욕주의적인 고행 사이의 중도였다. 그 자신과 그를 따르던 수많은 제자는 명상과 종교적 토론, 탁발을 하며 생활했다. 우기에 고타마는 생각이 비슷한 사람들과 함께 한곳에 머물러 있는 것을 좋아했다. 건기에는 이곳저곳 떠돌아다니며 보시에 의존해 생활했다. 자기를 멸각함으로써 번뇌에서 벗어나는 것이 붓다의 궁극적인 목표였다. 하지만 대부분의 인간은 열반이라는 그 목표에 도달하기가 어려웠다. 붓다는 제자들에게 '팔정도'(八正道)를 추구함으로써 내적인 신성을 함양하게 했다. 팔정도란 정견(正見), 정사(正思), 정어(正語), 정업(正業), 정명(正命), 정정진(正精進), 정념(正念) 그리고 가장 중요한 정정(正定)을 말한다. 붓다는 이 표현 중에서 '정'(正)으로 번역되는 글자가 무엇을 뜻하는지 분명하게 설명하지 않았다. 그는 추상을 배격하고 구체적인 예를 들어가며 가르쳤다. 제자들은 그를 본받아 생활했고, 특별한 문제가 있을 때에는 스승이 정해준 계율에 따랐다.

따라서 고타마 생전에 그가 가르친 생활방식에 만족한 제자들의 무리가 생겨났고, 이들은 심지어 그가 죽은(B.C. 483년경) 뒤에도 계율을 지키는 공동체에서 계속 생활했으며, 고타마 왕자에 체현된 신성한 붓다를 숭앙했다. 영어권 저술가들은 그런 공동생활체를 보통 '수도원'이라고 불렀는데, 나중에 생긴 그리스도교의 수도원과 실제로 매우 흡사했다. 왜냐하면 시간이 지나자 불교도의 공동생활체 다수가 건물과 재산을 보유하고 수입을 얻을 수 있었기 때문이다. 사찰의 재산은, 구도의 길을 걷는 성자들을 도와줄 필요가 있다고 느낀 속세의 신도들이 기부한 것이었다.

이런 식으로, 스승과 제자 사이의 일시적인 결합으로 시작되었던 생활형태가 단체를 통해 영속화되면서 우리 시대까지 면면히 이어졌다. 물론 붓다의 가르침은 시간의 흐름 속에서 훨씬 정교해지고 근본적인 변화를 겪었지만, 승려들의 공동체라는 제도적 연속성은 중단되지 않았다. 수억에 달하는 인간의 생활과 감정, 행위는 이들 공동체가 설파하고 구현한 종교적 이상의 영향을 받았다. 정작 불교의 발상지에서는 그 신앙이 수용되지 않았다는 사실에도 불구하고, 포교사들이 불교의 교의와 관행을 중국, 일본, 한국, 그리고 거의 모든 동남아 국가에 퍼뜨림으로써 인도는 그 국경 외부에 있는 민족에게 상당한 영향을 주었다.

인도 내에서 불교는 탄생한 뒤 수백 년 동안 우파니샤드류의 종교사상을 대중화하고 조정하고 정의했다. 이로써 불교는 인도 문명 전체에 독특한 내세사상·신비주의·금욕주의의 전통을 각인시켰고, 사상적 발전의 방향을 제시함으로써 후대 인도의 사상가와 성인에게 지대한 영향을 미쳤다. 그렇지만 초기의 성공에도 불구하고, 불교는 결국 일반화되지 못했다. 대신에 힌두교가 재생되고 변용되어, 인도인 대부분의 신앙심을 확보하고 유지하는 데 성공했다. 어떻게 이런 일이 벌어졌는지에 대해서는 뒤에서 다시 살펴보기로 하고, 여기서는 불교의 실천적인 약점 때문에 그런 대반전이 일어날 수 있었다는 점을 지적하고자 한다. 초기 형태의 불교에는 인간의 생활에서 보편적으로 일어나는 결정적 사건, 즉 탄생·죽음·결혼·성년 등에 대응하는 의례가 없었다. 따라서 일상생활의 속성상 사람들은 여전히 브라만의 의식을 요구했고, 브라만의 필요성은 복잡하기 그지없는 베다의 가르침과 신관의 의식을 온존시켰다. 불교의 생활양식은 정상적인 가정생활을 포기하고 오로지 신성을 추구하는 데 매진하는 비범한 사람에게만 완벽한 안내자 역할을 했다. 다른 사람들은 전통적인 의례와 신관의 도움 없이는 살 수 없었다. 인생의 보편적인 위기에 대해, 초기의 불교는 아무것도 제공할 수 없었다. 따라서 인도는 완전한 불교국가가 되지 못했고, 인도 문명은 불교의 틀에 자신을 완전히 맞추지 못했다.

그럼에도 불구하고 카스트 제도와 인도 종교의 중요한 특징이 명확해진 기원전 500년경에 인도 문명은 전체적으로 그 영속적인 성격과 특수한 경향을 형성했다고 말해도 무방할 것이다. 물론 그 후에도 대대적인 수정이 가해지고 거대한 변화가 누적되었지만, 명백한 문화적 동질성이 현대의 인도와 붓다의 고대 인도를 연결해준다.

5장
그리스 문명의 형성, B.C. 500년까지

인도가 고대 서아시아의 한쪽에서 새롭고 독자적인 문명을 형성하고 있을 때, 그 반대편에서는 또 다른 신문명, 즉 그리스 문명이 모습을 드러내고 있었다. 초기 그리스사의 주요 단계는 우리가 알고 있는 또는 추정할 수 있는 인도의 발달단계와 아주 비슷하다. 그러나 그 최종 산물은 근본적으로 달랐다. 그리스인은 자신들이 만들어낸 도시국가라는 정치조직을 그 어떤 인간의 결합원리보다 우위에 두었고, 세계와 인간을 신비주의적인 방식이 아니라 자연의 법칙을 통해 설명했다. 따라서 훗날 호메로스가 노래했듯이, 사나운 '말의 조련사들'이 신관의 지배를 받고 있던 농경사회를 정복했다는 점에서 출발은 비슷했어도, 인도 문명과 그리스 문명은 기원전 500년경에 이르면 전혀 다른 길을 걷게 되었다.

미케네의 해적

커다란 차이점 하나가 처음부터 존재했다. 인도의 아리아인은 내륙민족이었으나, 최초로 에게 해 지역에 침입한 그리스인은 바닷

길을 따라 미노아 문화를 꽃피운 크레타 섬의 크노소스에 침투함으로써 그리스 본토뿐 아니라 에게 해의 여러 섬에도 정착했다. 그리스어를 사용한 최초의 크노소스 지배자들은 미노아 문명의 고고학 유물에 거의 변화를 주지 않았으나, 선형(線形)문자 B라는 새로운 문자를 발달시켜 고대 그리스어를 기록했다. 하지만 기원전 1400년경에 크노소스는 파괴되었다. 아마도 그리스 본토의 신생 수도 미케네에서 온 해적들의 공격 때문이었을 것이다. 그 후 200년 동안 미케네의 배들은 끊임없이 해안을 약탈했고, 지중해 전역을 황폐화시켰다.(물론 그 와중에도 틈틈이 평화적인 교역이 이루어졌을 것이다.) 이집트의 기록에 따르면, '해양민족'의 연합이 이집트를 세 차례나 공격했다고 하는데, 이때 미케네의 그리스인은 미미한 역할을 맡았던 것 같다. 하지만 기원전 1190년에 이집트인은 최후의 공격을 성공리에 물리쳤고, 침입군의 잔당은 팔레스타인에 정착하여 성서의 역사에 나오는 바리새인이 되었다. 헬레스폰트(다르다넬스) 해협 입구에 있는 트로이에 대한 유사한 공격(기원전 1184년에 있었다고 전해진다)은 호메로스가 기술한 영웅적 서사시의 주제가 되었다.

도시국가

기원전 1200년 직후, 이 광범위한 지역에 대한 약탈행위는 막을 내렸다. 그리스어를 사용하는 도리아인이라는 새로운 침입자의 파도가 북방에서 밀려 내려와 미케네 세력의 중심부를 유린했다. 도리아인과 함께, 또는 그들의 침입 직후에 도입된 철은 다른 지역에서 나타났던 것과 동일한 정치적 결과를 초래했다. 미케네의 황금시대에 전쟁과 정치를 좌우하던 귀족적 전차전사는 철제 무기를 휴대한 지방부족에게 패퇴했다. 이런 집단은 더 좋은 경지나 목초지가 있다면 언제라도 이주할 태세를 갖추고 있었다. 따라서 도리아인의 침입은 점진적으로 진행되었고, 많은 지역에서 2차적인 인구이동을 유발했다. 특히 그리스 본토에서 쫓겨난 피난민들은 배를 타고 에게 해를 건너 소아시아 해안에 일련의 새로운 취락을 만들었다. 그 후 이 지역은 이오니아로, 그리고 그 북단은 아이올리스로 불리게 되었다. 선주민의 공격을 막아내기 위해, 그리스인의 거주지는 방어에 유리한 반도나 기타 연안의 적절한 장소에 집중되었다. 난민들(「출애굽기」의 히브리인처럼)은 모든 사람이 무조건 동의하는 통치형태나 관습을 갖고 있지 않았으므로, 가시적인 법률과 정치체계를 만들어서 새로운 취락에서의 효율적인 협력을 확보해야만 했다. 그리하여 최초의 그리스 도시국가가 성립되었다.

모세도 한두 세기 전에 이스라엘 민족을 이집트에서 탈출시켜 사막으로 인도했을 때 비슷한 문제에 봉착했다. 새로운 환경에 처한 히브리 공동체를 조직하기 위한 그의 입법은 훗날 유대교의 핵심이 되었다. 그리스인이 소아시아 해안에 만든 자치적인 도시국가도 세계사에서 모세의 공동체에 못지않을 정도로 중요하다. 도시국가, 즉 폴리스(이로부터 영어의 'politics'[정치]라는 말이 유래했다)를 형성함으로써 이오니아의 그리스인은 하나의 정치적 원형을 만들어냈는데, 이 원형으로부터 정치조직을 영토적으로 규정되는 주권단위인 국가로 편성하려는 서양세계의 전반적인 경향이 생겨났기 때문이다. 영토권을 그 밖의 모든 형태의 인간조직보다 우선시하는 것이 자연스럽지도 필연적이지도 않다는 것은 인도의 카스트 원리를 보면 알 수 있다. 따라서 서양인의 종교가 파라오의 핍박에서 탈출한 히브리 난민에서 비롯되었다면, 서양인의 정치는 도리아인으로부터 달아난 그리스 난민에서 비롯되었다고 말할 수 있다. 그리스인은 새롭고 적대적인 환경에서 살아남기 위해 자신의 전통적인 사회를 재편하고 합리화해야만 했는데, 이는 약 두 세기 전에 모세가 자신의 추종자들을 위해 한 일과 대동소이했다.

그리스 본토에서는 폴리스가 우월한 정치적 단위로 발전하는 데 시간이 좀 더 오래 걸렸다. 이주와 정착을 번갈아 하던 부족이 일단 일정한 지역에 영주한 뒤에 이웃 부족과 결합하여 하나의 영토단위를 만들어야 폴리스가 성립했던 것이다. 이런 진화의 도정은 아주 명료하다. 폭력이 감소하고 인구가 증가하고 토지가 희소해지자, 정착농경이 대세가 되었다. 인구의 정착이 진행되면서, 지방의 수장들은 유력한 왕이 주재하는 회의를 열어 문제를 해결하는 것이 편리하다는 점을 깨달았다. 전원이 회의에 출석할 수 없는 기간에는, 공통의 문제를 처리할 사람들을 임명해 왕이 권력을 확대하려는 시도를 견제하게 하는 것이 바람직해 보였다. 이런 식으로 해서 일정 기간 권력행사를 위임받은 임명직 행정장관이 생겨났는데, 나중에는 이들이 법적으로 규정된 권력을 갖게 되었다. 생성기의 도시국가 중에는 왕의 지위 자체가 행정장관의 성격을 띠는 경우도 있었고, 왕위가 특정 집안에서 계승되는 경우도 있었다.

식민과 무역

인구가 계속 성장하자, 본국에서 생활할 만큼 충분한 토지를 소유하지 못한 사람들은 해외이주를 해결책으로 생각하게 되었다. 정치적 투쟁도 이주를 촉발했다. 패배한 측은 적당한 토지가 있는 장소에 자신만의 새로운 폴리스를 세우기 위해 배를 타고 떠나는 경우가 많았다. 고대에는 이주가 개인이나 가족의 문제가 아니라 수백 명의 집단이 한꺼번에 무리지어 떠나는 것이었다. 안전을 지키기 위해서는 일정 수준 이상의 인원이 필요했다. 사람이 많을 경우 새로운 거주지는 시칠리아나 남부 이탈리아, 또는 북쪽의 에게 해와 흑해 연안처럼 원격지의 미개인들 틈바구니에서도 완전히 그리스적인 성격을 보존할 수 있었다. 그리스인의 식민지는 처음부터 완전한 자치제였지만, 그들이 떠나온 도시와의 종교적 유대는 언제나 유지되었다.

식민은 무역을 촉진했다. 새로 생긴 도시들은 종종 내륙의 야만족과 오래된 그리스 도시들을 연결하는 중개역할을 했기 때문이다. 그리스의 몇몇 도시가 포도주와 올리브유를 특산물로 생산하기 시작하자, 장거리 무역은 상당한 탄력을 받았다. 포도주와 올리브유는 비교적 고가의 생산물로 특별한 풍토와 기술을 필요로 했지만, 저장이 용이했고 단지에 담아 선적할 수 있었다. 그리스의 배가 통과하는 범위 내에 있던 야만족은 포도주와 올리브유의 가치를 재빨리 알아차리고 곡물과 목재, 기타 물자와 교환했다. 얼마 지나지 않아 포도주 제조자와 올리브 재배자가 그런 무역에서 대단히 유리하다는 사실이 명백해졌다. 야만족 귀족들은 자신의 땅에서 나지 않는 물품을 얻기 위해 많은 것을 지불할 용의가 있었다. 따라서 이런 종류의 상업적 농업이 뿌리를 내린 그리스의 도시들에 그들이 기꺼이 제공한 곡물과 다른 원자재의 양은 그 도시들의 통치범위 내에서 생산될 수 있는 농산물의 양보다 훨씬 많았다. 다시 말해서 포도주와 올리브유의 수출이 활발하게 유지되는 한, 인구는 토지의 곡물 생산량의 한계를 넘어서 증가할 수 있었다.

기원전 6세기에 리디아 왕국에서 처음 발명된 화폐는 이런 그리스식 경제교환에서 중요한 윤활제 구실을 했다. 구리와 은으로 만든 동전은 평민들이 일상생활에서 물건을 사고파는 데 필요했다. 실제로 가장 크고 중요한 그리스의 도시에서는 전체 인구의 대부분이 먹을 양식을 구입해야만 했는데, 식량은 주로 배로 수입된 것이었다. 서비스도 화폐가치로 환산되었기 때문에, 날마다 많은 동전이 사용되었다. 토지와 세금을 비롯한 모든 종류의 상품도 화폐로 가치가 매겨졌다.

시장관계가 사회의 저변까지 확산되는 현상은 그런 도시에서 처음 나타났다. 이는 과거에 비해 사회가 훨씬 유연해졌음을 뜻했다. 물가의 상승은 인간과 물적 자원을 특정한 활동으로 몰리게 할 수 있었고, 물가의 하락은 인력과 자원을 과밀상태의 또는 비효율적인 활동에서 끌어낼 수 있었다. 그리고 물가는 수요와 공급에 대응하여 등락하기 때문에, 곡물의 저장과 분배를 규제함으로써 식량공급을 확보하려는 공적인 노력에 의해 부분적으로 안정될 수 있었다. 이러한 유연성은 물가의 네트워크에 결합된 그리스인과 여타 민족이 과거의 여러 민족에 비해 모든 종류의 경제변화에 훨씬 신속하고 효율적으로 대응할 수 있다는 것을 뜻했다.

올리브유와 포도주를 수출하여 곡물과 원료를 얻는 것은 후대의 그리스와 로마의 역사에서도 근본적인 중요성을 잃지 않는 교환 패턴이었다.

첫째, 그것 덕분에 올리브와 포도를 재배하는 연안지대에 비교적 큰 도시들이 생겨날 수 있었다. 이들 도시의 주민들은 수입곡물을 이용할 수 있었기 때문이다. 둘째, 농민이 도시의 상업에 절대적으로 필요한 존재로서 도시생활에 적극 참여하게 되었다. 고대 서아시아 사회에서는 잉여농산물이 대개 경제적으로 일방통행인 지대와 세금의 형태로 도시의 시장에 유입되었다. 농촌에 틀어박혀 있던 수동적인 농민이 통치자와 도시민을 압제자이자 타고난 적으로 간주한 것은 그 일방적인 관계의 필연적인 산물이었다. 그리스에서는 그렇지 않았다. 포도주와 올리브유를 생산하는 농민은 이상적인 시민으로 간주되었고, 스스로도 그렇게 생각했다. 그들은 구매자이자 판매자로서 자유롭게 시장에 출입했고, 농사일이 중단되어 학수고대하던 여가가 생기는 건기에는 공적인 행사에도 적극적으로 참가하고자 했다.

밀집군단의 효과

기원전 650년경에 군사전략상의 중대한 변화가 일어나, 일반 농민이 정치생활에 참여할 수 있는 확고한 기반이 마련되었다. 그것은 8열 횡대로 밀집된 보병부대를 일컫는 밀집군단의 발명으로, 부대원들은 일치단결하여 움직이고 돌격하도록 훈련받았다. 하나의 대형을 이루어 행동하는 수천 명의 무장부대가 기술적인 공격을 가하면 기마병은 물론이고 그 어떤 적도 전장에서 일소할 수 있는 것으로 밝혀졌다. 이 사실이 널리 알려지자, 각 도시는 시민들을 징발하여 되도록 큰 밀집군단을 조직하고 훈련시키고자 애썼다. 밀집군단의 강화에 걸림돌이 되는 모든 요인은 각 도시를 위험에 빠뜨렸다. 사태가 위급할수록 그에 대한 반응은 강력했다. 기원전 7세기에 스파르타에서 일어났던 예속민의 반란이 그런 경우인데, 이 사건은 도리아인 지배자에게 엄청난 위협이었다. 스파르타는 23~30세의 모든 시민에게 병영에서 함께 숙식하도록 요구함으로써, 사실상 자신의 땅에 항구적인 주둔군을 편성했다. 스파르타처럼 극단적인 반응을 보인 도시도 없었지만, 그처럼 직업적인 군대를 육성할 수 있는 도시도 없었다. 그리스의 다른 도시는 오래된 귀족제도를 수정하여, 밀집군단에 방패와 투구, 칼과 창으로 무장하고 참가할 수 있는 사람들의 집회에 결정적인 무게를 실어주는 정도에 만족했다.

밀집군단의 도입은 또 하나의 광범위하고 심대한 영향을 미쳤다. 필요한 무구와 무기를 장만할 수 있는 청년들은 밀집군단에서 효과적으로 싸우는 데 필요한 리듬감과 기능을 연마하기 위해 동료들과 장시간 함께 훈련을 했다. 스피드와 체력, 용기는 싸움에 필요한 조건 가운데 일부에 불과했다. 그 밖에도 각자는 밀집군단이 전장을 돌파하며 공격할 때 방패로 쌓은 벽이 무너지지 않도록 군가의 박자에 맞춰 한몸처럼 행동하는 것을 배워야 했다. 각자의 안전은 옆에 있는 병사가 대열에서 자신의 자리를 잘 지키는 데 달려 있었다. 각자의 방패가 자신의 오른쪽에 있는 병사를 막아주었기 때문이다. 그런 상황에서 혼자서 잘난 체하는 짓은 비겁한 태도를 취하거나 돌격 리듬에 보조를 맞추지 못하는 것만큼이나 부적절한 행동이었다. 전열을 어지럽히는 모든 행위는 순식간에 파멸적인 결과를 초래할 수 있었다.

현대식 군대에서 훈련을 담당하는 하사관이라면 누구나 알고 있듯이,

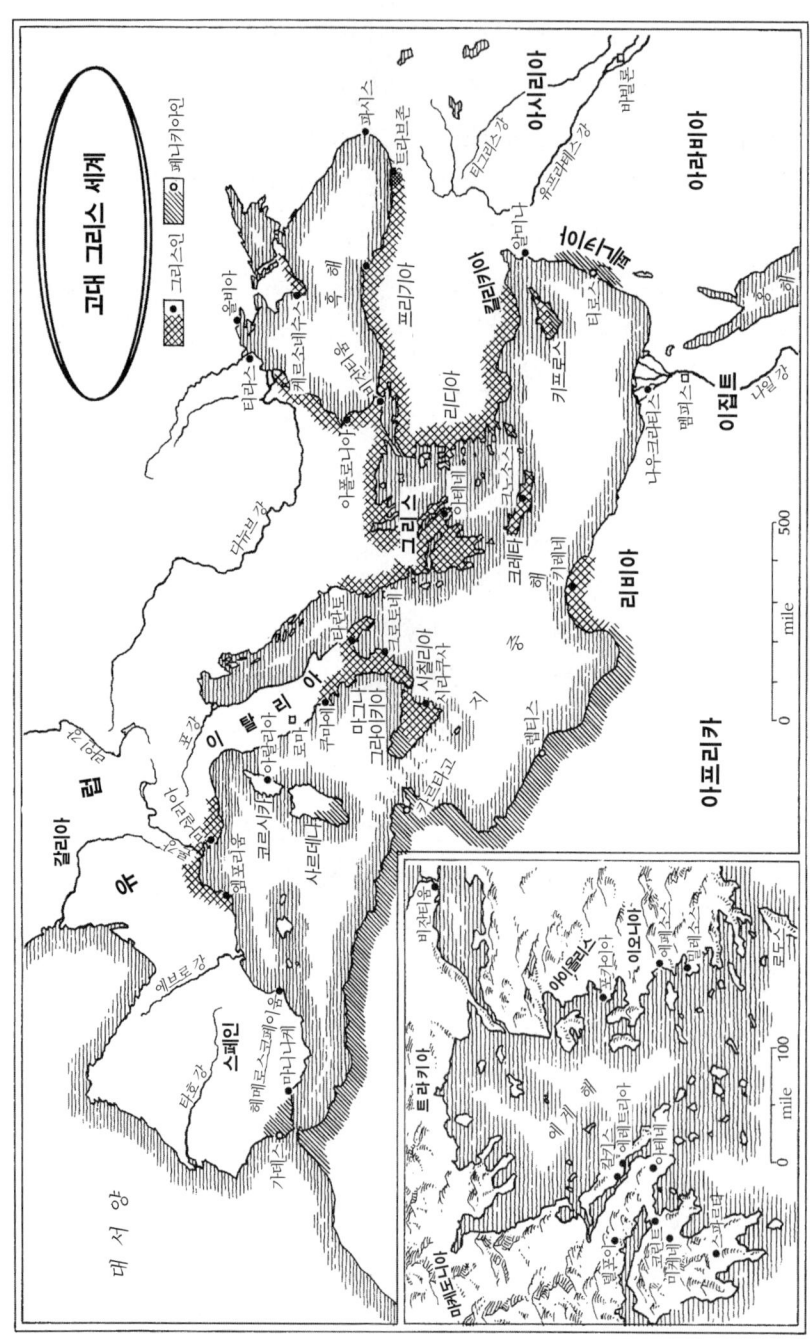

다른 사람들과 함께 리듬감을 장시간 훈련하는 것은 대단히 강력한 정서적 효과를 발휘한다. 까마득한 옛날에 인간의 선조들은 야영지에서 모닥불을 피워놓고 그 주위를 돌며 춤을 추면서 사냥에서 효과적인 협력을 발휘하는 데 필요한 사회-심리적 연대감을 표현하는 동시에 배양했다. 반복적인 훈련을 받은 자는 모든 인간이 선조로부터 물려받은 본능적인 마음의 메아리를 느낄 가능성이 크다. 밀집군단의 궁극적인 목적은 전투였다. 이 또한 무리를 지어 수렵하던 인간과 원인(原人)의 경험에서 직접 유래한 격렬한 원시적 충동을 일깨웠을 것이다.

어쩌면 가장 근원적인 차원의 사회성에 공명했기 때문에, 그리스의 시민과 병사는 밀집군단의 전투에 숙달하기 위한 장시간의 훈련을 묵묵히 견딜 수 있었을 것이다. 그리하여 고되고 위험한 군사행동을 체험하고 전장에서 격한 희열을 느끼기도 하면서 절체절명의 순간에 의외의 힘을 발휘하여 위기를 극복한 사람은, 그런 경험을 공유한 모든 사람과 평생 강한 연대감으로 맺어지게 되었을 것이다. 이 강렬한 감정을 토대로 사회의 구성원 전체는 자기가 속한 도시의 위대함과 영광에 대해 불타오르는 자부심을 갖게 되고, 그것에 봉사함으로써 개인적인 만족감을 느꼈다. 이리하여 표면적으로는 하나의 역설로밖에 보이지 않지만, 그리스 폴리스의 시민들은 도시 전체의 리듬에 따르고 엄격한 요구를 내세우는 정권에 헌신한 결과 희한하게도 개인의 자유라는 극히 생생한 감각에 도달할 수 있었다.

그러므로 밀집군단의 도입과 더불어 그리스인이 개인적 행동의 이상을 바꾼 것은 그리 놀랄 일도 아니다. 초기의 귀족정치 시대에는 개인의 자기주장과 이목을 끄는 소비생활이 일반적인 동경의 대상이었다. 호메로스가 찬양한 바 있는 개인의 용맹한 공적과 과시적인 사치가 그 예였다. 하지만 밀집군단에서는 군대의 규율에 대한 절대복종이 지상명령이었다. 이 원리는 이내 시민생활로 확산되어, 사치스럽게 생활하거나 독불장군처럼 구는 것은 예절 없고 비-그리스적이고 부적절한 것이 되었다. 경쟁적인 자기주장은 개인적인 차원에서 폴리스 전체의 사회적인 차원으로 옮겨갔다. 확실히 운동경기는 해소되지 않고 남아 있던 개인의 경쟁심을 방출하는 장이었다. 그것은 그리스 전역의 여러 신전에서 종교적 축전의 일환으로 열렸는데, 그 중에서 가장 유명한 것이 (오늘날 올림픽 경기의 기원인) 올림피아 제전이었다. 그러나 평범한 일상생활에서는 선량한 시민에게 요구되는 순응과 협력이 개인의 주장에 우선했다. 실제로 항상 그런 것은 아니었지만 적어도 원칙적으로는.

그리스 문화에 실현된 폴리스의 우월성

매우 강력하고 절대적인 심리적 호소력을 가진 폴리스는 그리스 문명의 새로운 기축이 되어 문화활동의 거의 모든 측면에 지대한 영향력을 행사했다. 종교·미술·문학·철학은 시민의 애정을 듬뿍 받게 된 폴리스 제도와의 관계를 통해 틀을 갖추거나 새로운 특징을 지니게 되었다. 그리스 생활의 면면에 대해 간단히 설명하면, 그것들과 폴리스의 관계가 명료해질 것이다.

우선 종교부터 살펴보자. 도리아인의 침입에 뒤이은 암흑기에 각 지방의 왕과 씨족의 수장은 자기 집안과 신하를 대표해서 종교의식을 집행했다. 그 후 이 전통적인 종교적 업무는 명문가의 귀족이 일시적으로 맡던 행정장관의 일로 간주되었다. 이들 종교행사 담당자는 자신들이 계승한 교의의 갖가지 모순에 대해서는 대개 무관심했다. 그리스 종교에는 두 개의 독특한 요소가 혼합되어 있었다. 그리스인이 북방에서 올 때 모셔왔다는, 올림포스 산의 정상에 살았다고 하는 신들에 관한 이야기(아리아인이 인도에 올 때 동반했던 신들과 유사하다)가, 그리스인이 도착하기 전에 그 땅에서 숭배되었다는 고대 풍요의 여신에 관련된 다른 계통의 신화와 병존해 있었던 것이다.

델포이에서 신탁을 담당하던 신관들과 신의 영감을 받았다고 자타가 공인하는 시인들이 이 혼란을 정리하고자 노력했다. 헤시오도스(B.C. 8세기)는 특히 다양한 신화를 하나의 통일된 전체로 조직화하려고 노력했다. 그러나 헤시오도스와 그의 선배 중에서 가장 위대한 시인이었으나 신학적인 면에서는 체계적이지 못했던 호메로스는 양립불가능한 두 가지 종교적 체계의 혼합으로 인해 생겨난 수많은 모순을 도저히 조화시킬 수 없었다. 그런데 오히려 이 논리적 혼란이 세계의 성격과 그 안에서 인간이 차지하는 위치에 대해 개개인이 사색할 수 있는 길을 활짝 열어주었다. 이렇게 해서 철학이 탄생했다.

종교적 발전은 또 다른 방향으로 진행되었다. 일반인과 정치가는 전설이나 신화에서 엿볼 수 있는 명백한 모순에 대해 심각하게 고민하지 않았다. 개별 신에 대한 전통적인 기도와 예배의 양식이 분명한 한, 어떤 경우에는 특정 신이, 다른 경우에는 별도의 신이 적절하다는 것을 아는 것만으로 충분했다. 한편 그리스 도시들의 부가 증가함에 따라, 특히 부자들이 앞 다투어 공적인 예배에 헌납하는 일이 많아짐에 따라, 그리스인은 전통적인 의례를 호화로운 구경거리로 만들기 위해 상당히 창의적인 노력을 기울였다. 이렇게 의례를 공들여 다듬는 과정에서 올림포스 숭배의 요소와 오래된 토착신앙에서 유래한 요소가 혼합되었다. 이를테면 아테네의 경우가 좋은 예이다. 연중 종교행사의 절정을 이루는 판아테나이아 제전이 열리는 동안에는, 거대한 행렬이 엘레우시스에 있는 오래된 비의(秘儀)의 중심에서 아크로폴리스까지 이어지면서 양자를 상징적으로 결합한다. 마찬가지로 신참 신이며 올림포스에 자신의 자리를 갖지 못했던 디오니소스의 제례는 올림포스 시대와 올림포스 이전 시대를 가리지 않고 온갖 종교적 전설에서 무차별적으로 취한 신화를 연극화하여 제시하는 기회였다. 이런 실용적인 방식으로 발흥기의 폴리스는 공적인 종교의례를 통해 그리스의 종교적 유산에 내재된 부조화를 혼합했고, 그렇게 함으로써 효과적으로 조화를 달성했다.

　미술, 적어도 오늘날까지 남아 있는 기념비적 건축물도 기원전 6세기 폴리스의 틀 안에서 대부분 탄생했다. 공공 신전이 건축되자, 석공과 건축가가 일할 기회를 잡았다. 또 신전에 세워둘 예배용 상(像)을 제작하고 신전의 벽면과 박공(牔栱)을 장식하는 데는 조각가가 솜씨를 발휘했다. 고전기의 그리스 미술은 근본적으로 이런 공공의 목적에 봉사하기 위한 것이었다. 신과 영웅을 표현하고자 하는 미술에서 개별적인 인간을 묘사하는 것은 부적절했다. 대신에 인간미의 이상형이 추구되었고, 그리스의 예술가들은 오늘날까지 경탄을 자아내고 있는 정확한 터치로 그것을 표현하는 데 성공했다.

　기원전 500년 이후에는, 태동기의 연극이 그리스 문학에 폴리스의 의미를 각인시켰다. 그 전까지 시는 귀족의 취향에 맞추어 개인의 자기주장과 힘을 과장하는 경향이 있었다. 그리스의 모든 시인 가운데 가장 위대하고 영향력 있는 인물인 호메로스는 특히 그런 경향을 강하게 드러냈다. 호메로스는 기원전 850~기원전 700년의 어느 기간에 소아시아에 살았던 것 같다. 그러나 그의 시는 미케네의 영웅들을 다루고 있고, 음유시인들에 의해 구전된 것으로 보이는 그 시대의 자료를 꽤 정확하게 반영하고 있다. 현대의 고고학적 발견은 아킬레우스의 분노나 오디세우스의 여정에 대한 호메로스의 이야기가 사실에 근거한 것일 수도 있음을 강조하는 경향이 있다. 그러나 『일리아스』와 『오디세이아』는 고전시대의 그리스인이 변함없이 믿었던 것처럼 저자가 훨씬 후대에 살았다는 것을 입증해주는 명백한 시대착오적 표현도 담고 있다. 영웅적 이상에 대한 호메로스의 서술은 영웅들의 격렬한 행동과 그들이 맛본 희열을 결국에는 패배와 죽음이 찾아온다는 숙명론과 결합시킨 것으로, 그리스인의 인생관에 깊이 파고들었다. 잘 훈련된 밀집군단이 단일한 의지와 공통의 용맹성에 고취되어 일제히 전장에 돌격해 들어간 것과 마찬가지로, 고전 시대 그리스의 개인은 자신이 속한 특정 폴리스를 호메로스가 노래했던 영웅의 폴리스로 간주하는 경향이 있었고, 개인적 희생과 결과는 불문에 부치고 도시 전체의 이익과 명예를 위해 헌신해야 한다는 대의에 쉽게 공감했다. 이런 간단한 방법으로, 그리스인은 밀집군단이 요구하는 평등주의적 자기몰각과 호메로스의 시에 구현된 고래의 귀족적 자기주장의 이상을 절충할 수 있었다. 그리스인이 영웅적인 격정과 자유로운 자기주장을 폴리스에 봉사하는 방향으로 발산하는 데 성공한 것은, 동시대의 인도에서 아리아인의 오래된 현세주의를 부정하는 금욕적 신비주의 사상이 발흥할 때 일어났던 가치의 이행만큼이나 놀라운 현상이었다.

폴리스는 사물에 질서를 부여하는 데 대체로 성공했지만, 소수의 개인은 그리스의 종교와 전통적인 세계관 사이의 논리적 모순에 대해 고민을 거듭했다. 교역이 발달함에 따라, 다른 민족의 지혜를 배울 기회가 늘어났다. 탐구심이 강한 그리스인은 어떻게 세계가 창조되었는가, 왜 지구가 주기적으로 운행을 중지하고 잠시 역행하다가 다시 전진하는가와 같은 근본적인 질문에 대해 서아시아의 직업적인 신관들조차 일치된 의견을 내놓지 못했다는 것을 알게 되었다. 처음으로 그런 종류의 문제에 체계적으로 파고들어 자신들의 견해를 기록한 것은 이오니아인이었다. 이 최초의 철학자들은 이성의 힘에 바탕을 두고 상상력을 발휘함으로써 세계의 현상을 설명하고자 했다. 신들에 관한 모순되고 근거 없는 이야기에 불만을 느낀 그들은 신들을 아예 빼버리고, 우주를 지배하는 힘은 신이 아니라 자연의 법칙이라는 과감한 주장을 내세웠다. 물론 이오니아의 철학자들은 자연의 법칙이 작동하는 방식을 기술할 때 서로 의견이 엇갈렸고, 그 어느 때보다 광범위한 현상을 설명하려던 그들의 소박한 노력은 그다지 성공을 거두지 못했다.

그럼에도 불구하고, 사변적 이성에 의거해 사물의 성질을 해명하려던 그들의 시도는 인간의 지적 발전에 한 획을 긋는 중대한 전환점이었다. 우주는 변덕스러운 신의 인격에 의해 지배되는 것이 아니라 비인격적인 불변의 법칙에 의해 규정된다는 이오니아인의 사고방식은 영원히 잊히지 않았다. 그 후 유럽과 서아시아의 사상사를 통해 사물의 성질에 대한 그리스인의 독특한 관점은 서아시아의 오래된 유신론적 우주관과 지속적이고도 생산적인 긴장관계를 유지했다. 어느 쪽의 입장도 완전히 포기하지 못한 일부 사상가는 실로 다양한 논의를 전개하면서 전지전능한 신의 의지와 불변의 자연법칙을 조화시키려고 애썼다. 하지만 두 관점은 이오니아 철학자들의 출발점이었던 복잡다기한 신화와 마찬가지로 논리적으로 양립불가능한 것이었기에, 그 어떤 정식화나 절충도 영속적이고 보편적인 동의를 얻지 못했다. 인간은 좀 더 만족스러운 형이상학과 신학을 정립하기 위해 언제나 다시 시작해야 했다. 하지만 이런 원점이 존재했기 때문에, 이후 유럽의 사상은 고갈되지 않고 성장을 거듭할 수 있었다.

 실제로 최근에 이루어진 자연과학의 성공은 탈레스(B.C. 546년경 사망)와 그 후계자들을 깜짝 놀라게 할 만큼 복잡한 방식으로 이오니아적인 자연법칙의 개념이 옳다는 것을 입증했다.(탈레스와 그 제자들의 주장은 실은 굉장히 운이 좋은 추측에 지나지 않음이 밝혀졌다.) 그들은 어떻게 자연법칙의 개념을 정립했을까? 이오니아인은 폴리스라는 긴밀한 소세계를 우주에 투영시킴으로써 그 개념을 생각해냈다고 봐도 무방할 것 같다. 왜냐하면 폴리스가 군주의 개인적 의지나 자의적인 충동이 아니라 법에 의해 다스려진 것은 엄연한 사실이기 때문이다. 눈에 보이지 않는 추상적인 힘이 인간의 행동을 통제하여 그것을 어느 정도 예측할 수 있는 반경 안으로 제한할 수 있다면, 유사한 법칙이 자연세계를 지배한다고 볼 수도 있지 않겠는가? 이 질문에 대해 이오니아인은 긍정적으로 답했고, 그렇게 함으로써 그 후에 축적된 그리스와 유럽의 모든 사상에 독특한 성격을 부여했다.

폴리스의 한계

그렇다고 해서 그리스 생활의 모든 국면이 아무런 문제없이 폴리스의 틀에 딱 들어맞았다는 인상을 받는 것은 잘못이다. 분망한 공공생활에는 내면적인 개인적 체험의 여지가 별로 없었고, 인도의 문화적 환경에서 풍부하게 표출된 정화와 구제, 신성함을 추구하려는 노력은 거의 배제되었다. 그렇지만 그리스인도 그런 충동을 외면하지는 않았다. 그들은 고대의 신비스러운 종교나 유명한 수학자이자 신비주의자였던 피타고라스(B.C. 507년경 사망)가 창설한 '교단' 같은 조직을 통해 그런 욕구를 해소하고자 했다. 그러나 그러한 노력이 조직적인 형태를 갖추자, 모든 시민의 무조건적인 충성을 요구하는 폴리스와 신성함을 추구하는 개인 사이의 근본적인 대립관계가 노정되었다. 피타고라스 교단의 파란만장한 역사가 좋은 예이다. 남부 이탈리아의 크로토네에서는 신성함을 추구하는 자들의 조직이 일시적으로 폴리스를 점령하기도 했고, 피타고라스의 노년에는 폴리스의 행정장관이 교단을 단죄하기도 했다. 이 문제에 관한 현실적인 타협점은 없어 보였다. 이것은 서양의 역사에서 교회와 국가가 갈등을 빚은 최초의 사례일 것이다.

이 에피소드가 보여주듯이, 기원전 500년 무렵에 형성된 그리스와 인도의 제도는 근본적인 차이를 보였다. 카스트의 원리에 의해 실현된 여러 문화의 느슨한 연합은 불교승려의 공동체처럼 신성함을 추구하는 사람들의 조직을 수용하는 데 아무런 문제가 없었다. 이와 대조적으로 시민의 시간과 노력, 애정을 독점적으로 요구하던 폴리스는 어떤 종류의 대립적인 단체도 허용하지 않았다.

폴리스는 거대한 에너지를 분출했다. 그때까지 존재했던 어떤 문명사회에서도 유례를 찾을 수 없을 정도로 광범위한 층의 인구가 문화적·정치적 활동에 참가했고, 그 결과 고전시대의 그리스 문명이 화려하게 꽃을 피웠다. 그렇지만 폴리스의 팽팽한 정치적 긴장은 인간집단의 영토적 편성과 어울릴 수 없는 활동과 감수성을 배제했고, 그리스의 여러 도시 사이에 내분이 일어나 파국적인 결과가 초래되는 원인을 제공했다. 그러나 모든 성취는 그 대안을 포기할 때 가능해지는 법이다. 그리스인의 성취가 위대했던 만큼 그들이 배제했던 부분이 유난히 도드라져 보이는 것이다.

6장
중국 문명의 형성, B.C. 500년까지

황허의 거대한 물줄기는 중류에서 내몽골의 메마른 스텝지대를 뒤로 하고 부드러운 황토지대를 흘러내려 하류의 범람원으로 향한다. 토지가 비옥하고 경작에 적합한 이 지방에는 비가 규칙적으로 내리지 않는다. 때로는 집중호우로 홍수가 나기도 하지만, 비가 거의 내리지 않아 곡물이 말라 죽는 계절도 많다. 어떤 해에는 비가 전혀 내리지 않는데, 황허 일대의 강우량은 몬순의 북방한계에 좌우된다.

이 불안정한 환경에서 신석기시대의 농경민은 기원전 3000년 이전부터 조를 재배하기 시작했다. 그 후에는 서아시아가 원산지인 밀과 보리, 아시아의 몬순지대가 원산지인 벼도 황허 유역의 농경민에게 알려지게 되었다. 그러나 물이 결정적으로 부족한 이 지방에서는 벼가 생산성은 낮지만 가뭄에 강한 조·밀·보리를 대체할 수 없었다.

황허 중류지역에서는 세 유형의 신석기시대 주거지가 발견되었다. 그 중의 하나인 이른바 '흑도'(黑陶) 문화권에서는 튼튼한 토벽으로 둘러싸인 제법 큰 마을이 발달했다. 커다란 제사용 항아리는 그 형태나 다른 세부적인 면에서 중국 문명의 초창기에 만들어진 정교한 청동기와 흡사하다. 따라서 흑도인은 역사시대 중국인의 선조일 가능성이 크다. 그렇지만 다른 스타일의 토기를 만든 사람들이 발생기의 중국 문명에 공헌했을 가능성도 배제할 수 없다.

본질적으로 중국 문명은 독립적으로 발생했다. 반(半)건조지대의 황토라는 독특한 환경에서는 농경의 일상작업이 다른 지역과 달랐다. 이에 따라 기원전 2000년경부터 환경에 대응하는 독특한 고급문화가 발달하기 시작했다. 그렇지만 서아시아의 몇 가지 기본적인 기술을 적어도 간접적으로 전수받은 침입자들이 초기 단계의 중국문명에 영향을 주었을 가능성도 있다.

이는 기원전 1400년과 기원전 1100년경 사이에 은 왕조의 수도 중 하나인 안양(安陽)에서 발굴된 고고학적 자료로 입증되었다. 안양에서 출토된 유물은 흑도 마을의 농경민이 남긴 유물과 몇 가지 중요한 점에서 달랐다. 특히 왕릉에는 말의 유골, 청동 무기와 장신구, 전차가 부장되어 있었다. 물론 이런 특징은 거의 같은 시대에 서아시아·그리스·인도 등지에서 전차를 몰던 정복자들의 존재를 강하게 암시한다. 당시의 정황을 보여주는 두 가지 다른 흔적은 합성궁(合成弓, 전차의 좁은 공간에서 사용할 수 있도록 본체의 크기를 줄이고 동물의 뼈나 힘줄을 덧대어 강력하게 만든 활)과 도시 자체의 장방형 배열이다. 성벽으로 둘러싸인 지역의 중앙에는 직각으로 교차하는 두 개의 주요 도로가 있었다.

일부 학자는 중국 문명의 독자성과 황허 유역과 서아시아를 갈라놓는 지리적 거리를 지적하면서, 그렇게 이른 시기에 중국과 서아시아 사이에 중요한 관련성이 있었다는 이론을 부정한다. 한자(漢字)의 특이성과 수준 높은 청동기 주조기술도, 중국 문명이 근본적으로 훨씬 서쪽에서 일어났던 일의 영향을 받았다는 사실을 부인하는 강력한 근거였다. 그러나 일단 전차가 완성되었을 때, 이 강력한 신형 무기의 사용법을 아는 사람들은 메소포타미아, 이집트, 인도, 에게 해 연안을 정복할 수 있었던 전차전사들과 마찬가지로, 중앙아시아 오아시스의 평화로운 농경민을 쉽게 복속시켰을 것이다. 더욱이 중앙아시아 전역에는 눈 덮인 고산에서 떨어져 내린 물줄기가 히말라야·알타이·톈산(天山) 산맥의 기슭에 있는 사막으로 흘러드는 곳마다 다양한 크기의 오아시스가 즐비했다. 실제로 어떻게 보면 황허 유역은 이들 오아시스 가운데 가장 크고 가장 동쪽에 있던 지역에 지나지 않았다. 황허는 사막이라는 장애물을 뛰어넘어 다시 천수지대로 진입하고 결국에는 바다로 흘러들어갈 만큼 강력한 힘을 지닌 강이었다.

연대기적 관계는 전차기술이 서쪽과 남쪽은 물론 동쪽으로도 전파되었다는 견해와 모순되지 않는다. 왜냐하면 전차를 탄 정복자들이 처음으로 서아시아에 출현한 시기와, 전차를 닮은 유사한 군사장비가 중국에 도달한 것으로 보이는 연대 사이에는 약 200년의 격차가 있기 때문이다. 그러나 전차를 탄 정복자들이 통과한 흔적이 있을 것으로 예상되는 오아시스 유적지에 대한 고고학적 발굴은 여전히 초보적인 수준에 머물러 있어서, 아직까지는 전차전사들의 존재에 대한 증거를 내놓지 못하고 있다. 이는 안양의 지배자들이 서아시아와 관계를 맺고 있었다는 의견이 어디까지나 가설임을 뜻한다.

은 왕조

후대의 전설은 중국 최초의 인간 지배자들을 하(夏)라는 명칭으로 불렀다. 흑도문화의 마을들이 그 시대를 대표한다고 가정하지 않는 한, 명확하게 하의 것이라고 말할 수 있는 고고학 유물은 없다. 반면에 안양은 확실히 중국사에 기록된 두 번째 왕조인 은(殷)에 속한다. 은 왕조에 대한 두 가지 전설상의 연대 중 짧은 것은 기원전 1523년과 기원전 1028년 사이에 그 왕조가 존재했다고 보는데, 현대의 학자들은 이 기록의 정확성을 의심할 만한 근거를 찾아내지 못했다.

불완전한 고고학적 자료를 해석하는 데는 각별한 주의가 필요하다. 정복자들이 중앙아시아를 통과하다가 어떤 오아시스에 머물러 그 지방의 여인과 결혼했고, 자신의 아들과 손자를 계속해서 다음 오아시스로 보내는 일이 약 200년 동안 벌어졌다고 치자. 그러면 인도유럽계의 야만족이 한꺼번에 물밀듯이 몰려왔다고 가정할 필요가 없다. 아리아인이 중국에서 은 왕조가 성립된 것과 비슷한 시기에 인도에 침입한 양상과는 달랐다는 말이다. 더구나 정복자들은 얼마 지나지 않아 새로운 피정복민의 문화를 대부분 수용했을 것이다. 좀 더 정확히 표현하자면, 황허 유역의 농경민에 대한 지배권을 확립한 은의 귀족계급은 지대를 거두어 그 수입의 일부를 직인 집단을 양성하는 데 사용했고, 직업화된 직인들의 기술 수준은 급속히 향상되었다고 말할 수 있다. 그 기술 중 일부인 청동 주조 기술과 바퀴 제작기술은 중국에 새로 전해진 것으로, 둘 다 전차부대의 장비에 필수적인 것이었다. 그런데 새로운 기술은 오래된 목적에 이용되기도 했다. 수천 기에 달하는 은의 무덤에서 발굴된 정교한 청동제기(祭器)가 좋은 예인데, 제기의 형태는 흑도인 사이에 널리 퍼져 있던 형태와 일치하는 경우가 많다. 청동기를 장식하는 데 사용된, 동물의 형상을 기하학적으로 왜곡시킨 명문(銘文)의 패턴은 흑도인에게 친숙한 오래된 목조(木彫) 예술양식에서 유래한 것일 수도 있다.

안양에서 발견된 유물 가운데 가장 인상적인 것은 다량의 '갑골'(甲骨)이었다. 이것은 고대 중국의 예언가가 점을 칠 때 사용하던 동물의 뼈나 거북의 등딱지로, 미래에 관한 갖가지 급박한 질문, 예컨대 "비가 내릴 것인가?" 또는 "야만족이 공격할 것인가?"에 답하기 위한 것이었다. 양심적인 직업인이었던 예언가는 신이 하사한 기호의 의미를 해석하는 기술을 향상시키고자 노력했고, 때로는 질문과 대답을 모두 기록해두었다. 이 기록은 오늘날 사용되는 한자의 직계 조상에 해당하는 문자로 적혀 있기 때문에, 현대의 학자들은 갑골이 처음 발견된 이래 큰 어려움 없이 그 뜻을 해독할 수 있었다.

갑골에 새겨진 간략한 기록을 가지고 은의 사회와 정치에 대해 많은 것을 추론할 수는 없다. 다른 고고학적 자료도 은 사회가 호전적이고 귀족적이었으며 고도의 기능을 보유한 직인의 소집단—지체 높은 주인들을 위해 대단히 세련된 물건을 생산하던—을 지원했다는 것 이상의 사실을 말해주지는 않는다. 인구의 대부분은 궁정이나 귀족의 대소사와 무관하게 농경에 종사했다. 은 '제국'은 중앙의 최고 권력에 의해 근근이 통제되고 있던 전사의 수장들 사이에 분할되어 있었던 것으로 짐작된다. 그러나 자료가 거의 없어 명확한 결론을 내리기는 어렵다.

갑골에 새겨진 문자는 은의 종교사상에 대해 꽤 많은 정보를 알려준다. 여러 명의 남신과 여신의 이름이 나오는데, 이들의 기능은 분명하지 않다. 그 중 일부는 산이나 강, 호수 등 자연의 특징을 나타내는 것 같다. 그 의미를 정확히 알 수 없는 기호는 아마도 조상의 영혼을 가리키는 것으로 생각된다. 은에서는 인신공희가 행해졌고, 왕이 죽으면 그를 따르던 자와 신하들을 순장했다. 후대 중국인의 정서에 반하는 이런 특징은 은 사회가 야만상태에 가까웠다는 것을 암시한다.

주 왕조

기원전 1028년 또는 그 무렵에 은 왕조는 중국의 서쪽 변경—현재 간쑤(甘肅) 성에 속하는 웨이수이(渭水) 유역—에서 온 정복자 주(周)에게 멸망당했다. 주의 시대를 도읍이 웨이수이 유역에 머물러 있던 전기 또는 서주(西周, 1028~771B.C.)와, 도읍이 중화세계의 중심에 가까운 뤄양(洛陽)에 있던 후기 또는 동주(東周, 770~256B.C.)로 나눈 중국의 전설적인 역사는 본질적으로 옳다.

서주시대에 중앙정부는 중국 북부의 상당한 영역에 대해 제법 실질적인 지배력을 행사할 수 있었던 것 같다. 그러나 기원전 771년에 도읍이 야만족의 갑작스러운 공격을 받는 바람에 황제의 직계혈통이 끊어지고 중앙의 권위가 마비되었다. 왕족의 피를 물려받은 자가 뤄양에 수도를 정하고 동주의 왕조를 개창한 이듬해에도 실질적인 중앙의 권위는 회복되지 않았다. 대신에 적대적인 지방의 제후들이 권력과 우선권을 놓고 각축을 벌이면서 끝없는 외교상의 마찰과 전투가 이어졌다. 경쟁관계에 있는 지방의 제후들이 행정과 전쟁의 기술을 개선함으로써 자신의 힘을 확대하고 강화함에 따라, 그들의 투쟁은 갈수록 격렬해졌다.

흔히 '전국시대'(戰國時代, 403~221B.C.)라 불리는 그 시대의 후기는 중국 문명이 지리적으로 급속히 팽창하던 때였다. 중앙에서 폭력이 난무하자 유민이 속출했고, 이들은 중국의 문화와 기술을 주변 민족들에게 퍼뜨리는 역할을 했다. 그 결과 이들 민족 역시 정치적 소용돌이에 휘말리게 되었다. 야만족들을 상대로 새로운 동맹자를 구하려는 제후들의 노력도 같은 결과를 낳았다. 이 과정에서 북중국의 연안지방이 처음으로 중국문화권에 편입되었고, 중국적 생활양식의 전선이 남쪽의 양쯔 강 유역까지 확대되었다. 요컨대 중국은 후대의 중국과 유사한 지리적 윤곽을 급속히 형성하고 있었다.

또 다른, 그리고 좀 더 중요한 의미에서 중국은 주대에 역사적 실체를 형성하고 있었다. 훗날 중국 문명을 관류하게 되는 근본적인 사상이 주대에 처음으로 명확하게 표현되었기 때문이다. 게다가 주 왕조의 후기에는 패권을 다투고 있던 중국 각지의 제후국 내에 관료제 정치의 기술과, 관료제적 중앙집권화에 어울리는 사회체제가 출현했다. 물론 관료제의 사상과 실행이 합리적인 조화를 이룬 것은 한(漢)왕조의 성립(B.C. 202) 이후였지만, 중국식 문명의 주요 요소와 역점은 그보다 300년 앞선 기원전 500년경에 명확해졌다.

처음부터 주의 정복자들은 은의 종교에서 비교적 야만적인 면을 제거하려 했던 것으로 보인다. 인신공희와 의례적 학살은 중단되었다. 정복자들은 자신들이 최고 권력을 탈취한 것을 하늘의 명이라고 설명했다. 이 사상은 그 후 중국 정치사상의 토대가 되었는데, 공자가 믿었던 것처럼 주의 정복자가 처음 선언한 데서 유래했을 수도 있다. 나중에 그 사상은 막연하게 인간의 형태를 띤 최고신으로 인식되는 하늘이 특별히 선택된 대리인인 '천자'(天子) 또는 황제에게 지상의 통치를 승인했다는 이론으로 발전했다. 천자는 경건하고 올바르게 처신하는 한 그 자리에 계속 머물 수 있는 것으로 생각되었다. 반면에 불경스럽거나 포악하고 예의에 어긋나는 행동을 하면 하늘의 명이 철회되고, 다른 사람에게 지상을 통치할 임무가 맡겨진다는 것이었다.

주나라 백성들에게 천하의 통치는 주술적인 힘의 행사를 포함하는 것이었다. 이를테면 군주는 비가 필요할 때 적절한 제사를 거행하여 비를 내리게 해줄 것으로 기대되었다. 이런 식의 생각이 점차 우주관으로 정교화되었는데, 한대에 완전히 발달한 우주관은 하늘과 땅의 유사점을 구체적으로 분석했다. 예컨대 천체가 북극성을 중심으로 돈다면, 지상의 일은 황제를 중심으로 전개된다는 식이었다. 황제는 전쟁과 정치의 문제뿐 아니라 인간의 활동에 영향을 줄 수 있는 지상의 모든 현상에 책임을 져야 했다. 좋은 황제는 평화와 풍작을, 나쁜 황제는 그 반대 결과를 가져왔다. 세세하게 정해진 예에 따라 행동하는 것이 황제의 으뜸가는 의무였다. 그래야만 땅과 하늘이 조화를 이루어 인간의 삶이 행복해진다고 생각되었다.

이상에서 언급한 사상은 황제의 권력을 높여주는 동시에 심히 제한했다. 그것이 분명히 시사하는 바는 오직 한 명의 천자가 존재할 수 있다는 것이었다. 나머지 모든 통치자는 어떤 식으로든—현실적이든 허구적이든—천자로부터 권력을 위임받아야 했다. 주 왕조 초기에는 황제가 실제로 권력을 쥐고 있었으므로 이론상으로 아무런 문제가 없었다. 지방의

182 1부 주요 고대 문명의 탄생과 성립: B.C. 500년까지

귀족가문은 일종의 봉건적 소유제도에 의해 토지를 갖고 있었고, 그것은 급속히 세습화되었다. 그런 체계에 내재된 원심적 경향에 대항하는 것이 궁정 내의 학교였다. 그곳에서 귀족의 자제들은 궁술 같은 군사적 기능뿐 아니라 그들이 가장이 되어 가족들의 행복을 책임지게 되었을 때 행해야 할 의례도 배웠다. 그런 의례에 관한 지식을 갖고 있다는 것은 그

배후에 있는 사상, 즉 천자에게 지상에서 일어나는 모든 일을 책임지게 하는 정치적 정당성과 인간사회의 질서에 대한 이론을 숙지하고 있다는 것을 의미하기도 했다. 필요한 의례를 적절히 집행하기 위해서는 문자를 읽을 수 있어야 했다. 따라서 주대 중국의 젊은 귀족들은 적어도 어려운 한자의 기본 정도는 공부해야 했다. 이렇게 해서 그들은 통치자·전사·신관·서기의 기능과 업무를 모두 부담했다. 다시 말해서 서아시아 사회에서는 오래전부터 개별 직업에 배분된 기능을 혼자서 수행했던 것이다.

하지만 기원전 770년 이후에는 현실과 이론이 분리되기 시작하여 걷잡을 수 없는 지경에 이르렀다. 후기 주 왕조의 통치자는 선임자들이 실제로 휘둘렀던 실질적인 권력을 갖지 못했다. 명목상의 천자는 중화세계의 중심에 가까운 곳의 약소국 왕으로 전락했다. 반면에 변경 근처에서 급부상한 왕들은 자력으로 훨씬 막강한 왕국을 만들었고, 오래된 주의 종교와 우주관에 대해서는 입으로만 충성을 맹세할 뿐이었다. 전국시대에서 살아남으려면 더 많은 세금을 거둬들이고 좀 더 신뢰할 수 있는 병사들을 모집하기 위한 효과적인 노력을 기울여야 했다. 이런 상황에서 왕들은 선례에 얽매이지 않고 타인을, 국가의 목적을 실현하기 위한 단순한 수단으로 취급할 수 있는 인재를 물색하게 되었다. 한마디로 말해서, 문치와 군사 양면을 포괄하는 관료제를 발달시킬 필요가 생겼던 것이다.

유교와 도교

전쟁이 반복되고 갈수록 폭력이 난무하자, 치열한 경쟁에서 살아남기 위해서는 국가권력을 극대화해야 한다는 압력이 거세졌다. 이런 현실은 전통적인 의례를 올바로 준수하는 것이 인간사회의 질서와 지상의 번영을 보장하는 관건이라는 오래된 신념을 무색케 했다. 이에 대한 한 가지 반응은 과거의 신앙을 깡그리 부정하는 것이었는데, 이 관점을 냉정하게 개진한 사람들이 '법가'(法家)로 알려진 현실적인 정치가와 실무가였다. 그러나 전통적 사상을 근본적으로 부정하는 그들의 태도는 결국 폭넓게 보급되지 못했다. 대신에 완강할 정도로 보수적이고 조화를 강조하는 유교신앙이 중국 사회에 뚜렷한 족적을 남겨 오늘날까지 영향을 주고 있다.

공자 자신의 생전(551~479B.C.)에는 그런 결과가 나오리라고 예측하지 못했다. 실제로 성인 공자는 자신을 실패자라고 생각했다. 한번도 위정자의 부름을 받지 못했기 때문이다. 그는 교육받은 자의 가치는 권력과 책임의 실천을 통해서만 완전히 구현될 수 있다고 믿었다. 공자는 살아생전에 당시 경쟁을 벌이고 있던 나라들 중 한 곳의 정사를 맡고 싶어 했다. 역설적이지만 공자는 그의 간절한 소망이 달성되었을 경우에 상상할 수 있는 것보다 훨씬 오랜 기간에 걸쳐 훨씬 심대하고 중요한 의미에서, 제자들을 통해 중국을 다스렸다.

그러나 자신의 궁극적인 성공조차도 공자에게는 부질없는 일로 여겨졌을지 모른다. 자신이 고대인의 지혜에 아무런 보탬이 되지 못했다고 믿었기 때문이다. 어떻게 보면, 자신의 사상이 새로운 것이라는 사실을 부정한 그의 태도는 전적으로 옳았다. 공자는 깊은 향수에 잠겨 주의 초기시대, 그보다 오래된 은과 하의 시대, 전설적인 삼황오제의 시대를 되돌아보았다. 그는 천지가 서로 올바른 관계를 맺고 있던 그 시대를 흠모했다. 과거를 바라보는 그런 눈으로, 공자는 당대의 핵심문제와 씨름했다. 어떻게 하면 선인이 악한 세상에서 잘 살 수 있을까? 천지간에 마땅히 존재해야 할 조화로운 관계가 무너진 것이 자명한 마당에, 현자는 무엇을 해야 하는가?

공자의 답은 냉정하고 비체계적이고 온건했다. 선인은 일상적으로 마주치게 되는 모든 생활환경에서 도덕적 가치를 추구해야 한다고 그는 말했다. 또한 될 수 있는 대로 고대의 의례를 배우고 지켜야 하고, 되도록 선량하고 현명하고 용감해야 한다. 윗사람을 공경하고 지위가 낮은 자의 복종을 구해야 한다. 관직을 맡게 되었을 때 현명하고 공정한 정사를 베풀 수 있도록 철저히 준비해야 하지만, 부당하게 권력을 얻기 위해 공자가 모범을 보이며 가르쳐준 군자의 법도를 어기고 자기의 기품을 떨어뜨리지 말아야 한다. 그런 권력은 덕과 배치되는데, 공자에 의하면 덕은 언제나 인생의 최고 목표이다.

공자는 귀족이 반드시 세습되는 것이라고 믿지 않았다. 오히려 출신이 미천해도 심성이 곧은 젊은이라면 적절한 교육을 통해 군자가 될 수 있다는 게 그의 생각이었다. 교육이란 타고난 재능을 계발할 수 있는 기회를 제공함으로써 야망을 가진 유능한 인재에게 사회의 정점에 오를 수 있다는 희망을 심어주는 것이었다. 이런 교육사상은 주대 초기의 세습적인 귀족주의를 부정하는 것으로, 공자를 따르는 전통적인 중국의 현저하고 중요한 측면이 되었다.

공자는 영혼의 영역에 대한 사색을 단호히 거부했다. 그는 그것의 실체나 힘에 대해 의심하지는 않았으나, 인간의 세계가 그토록 혼란스럽고 무질서한 시절에 하늘과 조령(祖靈)의 신비를 사색의 대상으로 삼는 것은 부적절하다고 생각하여 배척했고, 그 대신 인간적인 여러 양상에 직접 주의를 기울이기로 했다. 신의 성질이나 힘에 대해 공허한 사색을 하는 것보다는 과거의 선인들이 하늘과 조상을 모시던 고래의 의례를 배우는 것이 낫다고 보았던 것이다.

공자의 제자들은 그의 말을 기록하여 존경하는 스승의 지혜를 후세에 전했는데, 아마도 중간에 수정이 가해졌을 것이다. 공자가 후대에 중국 학문의 고전이 된 '오경'(五經)을 편찬했다는 전언은 허구임이 거의 확실하다. 그렇지만 고래의 중국 저작들을 모아 5권의 공인된 전적(典籍)으로 편찬한 작업은 후세에 대단한 의의를 갖게 되었다. 고전연구는 교육받은 사람의 지표가 되었는데, 경전에서 적절한 인용구를 찾아 구사하는 능력이나 순수하고 고전적인 문체로 글을 쓰는 능력은 중국 사대부의 자격이 되었기 때문이다. 일정한 수의 원전(여기에는 공자의 언행을 모아놓은 『논어』 같은 저작도 물론 포함된다)을 집중적으로 연구함으로써 후대의 중국인은 핵심적인 체험을 공유할 수 있었고, 이를 바탕으로 형성된 기본적인 가치관과 태도는 중국 문명의 접합제가 되었다.

예절과 자기통제를 강조한 공자의 가르침은 모든 사람을 만족시키지는 못했다. 너무나 많은 것이 배제되었다. 예컨대 깊이 있는 인간의 열정과 자연의 신비는 엄격하고 냉철한 공자의 세계에는 발붙일 자리가 없었다. 현실의 그런 측면을 진지하게 고찰하는 다른 유파의 사상이 중국인의 지대한 관심을 끌었다. 그 중에서 가장 중요한 것이 도교(道教)였다. 도교는 다소 불가사의한 지식을 중심으로 형성된, 정의내리기 힘든 전통이었다. 도가(道家)는 건강과 장수를 약속하고 인간과 자연의 힘을 초월하는 비상한 능력, 이를테면 공중부양 같은 능력을 부여하는 주술적인 마력과 의례를 강조했다. 도교도 후대에는 불교의 영향을 일부 받아 어느 정도 명확한 교의를 갖추게 되었다. 그러나 공자의 시대에 도가는 그리스의 철학자나 인도의 성자보다는 시베리아의 샤먼이나 아메리카 인디언 부족의 주의(呪醫)에 가까운 존재였다.

그럼에도 불구하고 도가의 존재는 유교를 보완하여 고대 중국의 세계관에 균형감각을 부여했다. 중용과 자기수양은 신비와 주술에 의해 보완되었을 때 비로소 일상적인 인간의 욕구를 만족시키고 힘들고 불안한 시대를 살아가는 사람들의 감정적 동요를 표현할 수 있었다. 상대가 갖고 있지 못한 것을 제공하여 서로를 보완함으로써, 유교와 도교는 상당히 안정적인 사상의 패턴을 만들어냈고, 이 패턴은 많은 변화를 겪고 후대에 오면서 새로운 내용이 추가되기도 했지만 그 근본은 변하지 않고 공자시대부터 20세기 중국에 이르기까지 면면히 이어졌다. 어떤 문화적 전통도 그렇게 오랫동안 지속되면서 그렇게 많은 인간의 생활을 좌우하지는 못했다. 중국이 중국 문화 이외의 고급문화와 비교적 고립되어 있었던 점이 그런 안정성을 보장하는 데 일조했을 것이다. 그러나 중국 문명이 오랫동안 눈부신 성공을 거둘 수 있었던 것은 상식과 무한대의 미묘함을 결합한 중국양식의 고유한 매력 덕분이라고 보아야 할 것이다.

7장
야만세계의 변화, 1700~500 B.C.

서아시아에서 코즈모폴리턴한 문명이 완성되고 인도·그리스·중국에서 세 개의 새로운 고급문화가 출현함에 따라, 야만족 세계에 대한 문명세계의 영향도 한층 다양해졌다. 지구상의 거주 가능한 지역 가운데 멀리 떨어져 있던 곳에서는 우리가 알고 있는 한 그다지 중요한 변화가 일어나지 않았다. 예컨대 오스트레일리아에서는 다른 지역에서 일어난 현상의 영향을 전혀 받지 않은 채 구식 수렵생활이 단조롭게 유지되고 있었다. 아메리카 대륙에서도 극적인 발전이 있었다는 고고학적 증거는 발견되지 않는다. 옥수수와 다른 곡물의 재배가 점차 중요해졌고, 비교적 인구가 밀집된 중심지가 멕시코의 중앙고원과 그 남쪽에 있던 오늘날의 과테말라에 나타나기 시작했다. 남아메리카 대륙의 서해안에서 벌어진 일들은 연대의 문제가 해결되지 않은 탓에 좀 더 막연하다. 그러나 인구가 조밀한 농경사회의 중심으로 발전해가는 과정에서 페루는 멕시코에 뒤처졌던 것으로 보인다.

사하라 사막 이남 아프리카도 나머지 세계로부터 고립되어 있었다. 식용 근채식물과 다른 작물의 재배가 서아프리카에서 제법 발달했을 가능성은 크다. 한편 아프리카 동해안에는 문명세계의 항구에서 온 항해자들이 가끔씩 나타났다. 이집트식 문명은 나일 강을 따라 남하하여 누비아까지 침투했지만, 누비아와 내륙의 오지 사이에 어떤 접촉이 있었는지는 알 수 없다. 사하라 사막 이남 아프리카의 고대사를 개괄적으로 이해하기 위해서는 일단 광범위한 고고학적 조사가 필요하다.

지중해 지방

문명발달의 중심지에 가까운 구세계의 일부에서는 변화의 주요 지표가 비교적 쉽게 발견된다. 예컨대 지중해 서부는 그리스인뿐 아니라 서아시아 문명을 대표하던 페니키아인과 에트루리아인이 성공적으로 식민지를 개척한 무대였다. 가장 성공적인 페니키아인의 식민지는 북아프리카의 카르타고로, 기원전 800년이 되기 얼마 전에 건설되었다. 다른 페니키아 식민지도 북아프리카 해안을 수놓았으며, 시칠리아의 남부와 서부도 페니키아인이 차지했다. 동방에서 온 두 번째 문명인인 에트루리아인은 기원전 800년경 지중해 서부에 출현하여 중부 및 북부 이탈리아에 일련의 도시를 건설했는데, 이들의 기원은 고대사의 영원한 수수께끼 중 하나이다. 이들 서아시아식 문명의 전진기지는 동부 시칠리아와 남부 이탈리아의 수많은 그리스 식민지와 더불어 문명생활의 이점을 지중해 전 연안에 퍼뜨렸다. 그 중심지들로부터 연안도시 생활의 몇몇 측면에 대한 정보와 동경심이 교역로를 따라 내륙으로 서서히 확산되었다.

스텝지대에서 서쪽으로

이처럼 문명권의 영향이 바다를 통해 지리적으로 확대된 것은, 강력한 스텝지대 전사들의 지속적인 팽창에 비하면 그 규모 면에서 새 발의 피에 불과했다. 이미 살펴본 것처럼 카시트인·힉소스인·미케네인·아리아인 등의 스텝지대 전사들이 문명사회를 정복했다. 스텝지대의 다른 전사들은 용맹성을 발휘하며 좀 더 후진적인 지대를 정복했다. 특히 유럽에서는 기원전 2000년 직전부터 스텝지대에서 삼림지대로 향하는 일련의 기나긴 서점(西漸)이 가속화되었다. 이미 기술한 것처럼, 그 최종결과는 야만족 수준의 문화가 유럽 전역에 강요된 것이었다.

기원전 900년경 이후 기마전술이 확산되자, 스텝지대의 여러 민족은 서아시아 문명의 중심지와 과거에 비해 훨씬 밀접한 관계를 맺게 되었다. 기원전 7세기의 스키타이인처럼 공격에 성공하면, 미개한 전사와 유목민은 문명의 사치와 희열을 맛보게 되었다. 이때부터 변경에서의 전쟁과 전광석화 같은 약탈공격이 다반사가 되었다. 이는 스텝지대의 부족민들이 공격력을 증대하기 위해 병력을 좀 더 강력하고 단결력 있는 단위로 조직하는 데 부심했다는 것을 뜻했다. 예컨대 스키타이인은 중앙아시아에서 남부 러시아로 이주한 뒤에(아마도 기원전 700년 직후에) 우크라이나에 부족적 제국을 수립했고, 얼마 지나지 않아 남쪽에서 급부상하고 있던 그리스 세계와 광범위한 교역을 개시했다. 기본적인 패턴은 스키타이인의 곡물을, 에게 해 연안의 도시국가에서 생산된 올리브유 및 포도주와 교환하는 것이었다. 그런 교역의 결과 기원전 500년 무렵 남부 러시아의 스키타이인 귀족은 그리스 사치품의 세련된 맛을 알게 되었다.

그 서쪽에서는 켈트어를 사용하는 여러 부족이 기마의 기동성을 활용하여 서유럽 전반으로 지배권을 확대했다. 켈트인의 확대분산의 중심은 현재의 남부 독일이었다. 이곳은 유라시아 스텝지대 서단의 평지—헝가리의 중앙평원—에서 쫓겨난 부족들이 새로운 삼림지대의 환경에 자신들의 관습을 적응시켜야 했던 지역이다. 가장 큰 문제는 스텝지대 유목민의 표준적인 무기인 활이 삼림지대의 환경에서는 성공적으로 사용될 수 없다는 점이었다. 화살이 나뭇가지에 걸려 굴절되면서 표적을 맞추지 못하는 경우가 많았기 때문이다. 고대 켈트의 전사들은 말 위에서 사용할 수 있게 고안된 양손으로 쥐는 큰 칼을 고안하여 이 문제를 해결했다. 큰 칼로 무장한 켈트인은 프랑스·스페인·브리튼·아일랜드·북부 이탈리아의 선주민들을 정복했다. 또한 그리스·소아시아·중부 이탈리아처럼 멀리 떨어진 지역까지 간헐적으로 공격했다.

스키타이인과 마찬가지로 서유럽의 새로운 주인공은 지중해 문명의 사치품에 관심을 보였고, 상황이 허락하는 대로 그것을 입수했다. 예컨대 스페인에서는 카르타고의 상인과 식민지 개척자가 켈트인과 동맹하여 선주민들을 복속시켰다. 훗날 프랑스가 된 지역에서도 그리스인과 또 다른 켈트계 야만족과의 교역이 기원전 600년경 이후 마실리아(오늘날의 마르세유) 항에서 북쪽으로 뻗어 나가기 시작했다. 교환 패턴은 남부 러시아의 경우와 비슷했다.

스텝지대 출신의 민족들이 유럽을 정복한 결과 생겨난 사회의 군사화 현상은 이후 유럽 발전의 기본조건을 형성했다. 그렇지만 유럽은 선대 거석문화의 성과 중 일부가 파괴되는 대가를 치러야 했다. 해안선을 지키던 사람들이 만만해 보이는 이방인을 적으로 취급하여 약탈하고 살해하던 시절에, 작은 배를 타고 원거리를 항해하는 것은 결코 안전하지 못했다. 한편 거석문화시대의 신관제도는 다소 수정된 형태로 켈트족의 지식층 드루이드 사이에서 대부분 살아남았던 것으로 보인다.

스텝 세계의 동쪽에서 벌어졌던 일은 유럽에서 일어난 사건에 비해 잘 알려져 있지 않다. 이는 중앙아시아에 대한 고고학적 연구가 여전히 불완전한 상태에 있기 때문인데, 자료가 나올 때까지 무작정 기다리는 것보다는 성급한 추론이라도 시도하는 게 낫다고 본다. 승마술과 유목의 기술은 초원을 통해 서서히 동쪽으로 전파되었을 것이다. 스텝지대 내부나 그 인근에 살던 민족이 차례차례 서방의 이웃 민족에게 필요한 기술을 배웠다. 완전한 유목생활의 체제를 갖춘 부족에게도 동진은 최후의 수단이었다. 동쪽으로 향한다는 것은 훌륭한 목초지를 버리고 질이 떨어지는 곳으로 이동하는 것을 의미했다. 유라시아 스텝지대에서 몽골 쪽으로 동진하면, 강수량이 줄어들고 기온이 떨어지기 때문이다.

이런 지리적 사실로 인해, 스텝지대 전체가 유목민 집단으로 채워질 무렵(기원전 400년경 이후)에는 동서의 기상변화도가 규칙적이고 매우 강력한 요인으로 작용했다. 몽골 고원은 환경이 대단히 가혹하여 사람이나 동물이 살아가기 힘든 곳이었다. 헝가리 평원까지 뻗어 있는 스텝지대의 서쪽으로 갈수록 고도가 낮아지고 비를 머금은 대서양의 바람이 지척에서 불기 때문에 온난하고 습윤해진다. 그러다 보니 스텝지대에서 정치적 격변이 일어난 뒤에는 피난민 그리고/또는 정복자가 질 좋은 초지와 온난한 기후가 유혹하는 서쪽으로 향하는 경향이 있었다. 따라서 서진이 수세기 동안 꾸준히 대세를 이루었다. 알타이 산맥에서 출발한 스키타이인은 우크라이나의 스텝지대로 이동했다. 이들을 중앙아시아에서 몰아낸 투르크계의 부족도 얼마 후 스키타이인처럼 서쪽으로 향했다. 자신들의 등 뒤에서 압박해오는 몽골계의 여러 민족에게 자리를 내주어야 했기 때문이다.

스텝지대의 전사는 말떼를 소유하고 어린 시절부터 말을 타는 생활에 익숙해진 가공할 만한 용사였다. 스텝지대의 남쪽에 있던 문명화된 지역을 기습하는 것은 풍부한 보상이 약속된 일이었다. 문명지대의 지배자가 이들의 기습에 대비해 가동하던 수비망에 작은 구멍이라도 생기면, 약탈 기회를 노리고 호시탐탐 남쪽을 정찰하던 유목기마병들이 재빨리 알아차렸다. 몇 차례의 소규모 기습이 성공하면, 단기간에 수천 명의 유목민이 전과를 올린 장수 밑으로 몰려들었다. 따라서 유목민의 습격은 문명사회가 제때에 대응책을 강구하지 못할 경우 눈 깜짝할 사이에 대규모 공격으로 확대될 수 있었다. 서아시아에서 그런 현상이 현저하게 드러난 초기의 예로는, 스키타이인이 기원전 612년 아시리아의 수도 니네베 포위약탈에 참가한 것을 들 수 있다. 그러나 이미 살펴본 것처럼, 메디아인과 페르시아인은 이런 위험에 대처하는 방법을 찾아냈다. 유목민 부족을 고용하여 서아시아의 전선에 배치함으로써 다른 유목민의 침입을 방어하도록 했던 것이다.

스텝지대의 동쪽으로

동아시아에서 기원전 771년에 주(周)의 도읍을 공략한 것도 중앙아시아의 어딘가에 본거지를 둔 유목민 약탈자의 소행일 가능성이 있다. 불행히도 이 에피소드에 관한 중국사의 사료가 너무 없어서, 기마병의 장비를 갖춘 스텝지대의 유목민이 서주를 멸망시킨 주역인지 아닌지 단언할 수 없다.

현대의 일부 학자는 스텝지대의 약탈자가 태평양까지 침입해 현대 중국의 남단에 가까운 해안선에 도달했다고 생각한다. 기원전 700년경에 이 지역에는 주로 항해민에 의한 초기 문명이 발생했다. 이들 '동손' 민족이 남긴 고고학 유물은 유라시아의 서부 스텝지대에서 출토된 고고학 자료와 놀랄 만큼 유사하다. 그러므로 어쩌면 기마전술이 발명된 초기에 소수의 용감한 기마병이 알타이 지역에서 남하해 쓰촨(四川)을 거쳐 해안지방의 동손 민족을 정복했을 수도 있다. 동손인은 해양민족으로 상당한 부를 축적했으므로 약탈의 목표가 될 만했다.

동손족의 항해민이 과연 어디까지 진출했는가는 해결되지 않은 문제이다. 남태평양의 바람과 파도는 1년 중 대부분의 기간에 비교적 잠잠하기 때문에 안심하고 항해할 수 있다. 따라서 작은 배와 부정확한 항해술로도 그 바다를 가로질러 먼 거리를 항해할 수 있었을 것으로 추정된다. 보르네오와 필리핀 남부의 말라야인이 이 초기 항해민들의 후손인 듯하다. 서력기원이 시작되기 얼마 전에, 그들은 인도양의 반대편에 있는 마다가스카르 섬에 이주자의 무리를 보냈다. 이는 그 외딴 섬에서 아직까지 말레이어가 주요 언어로 남아 있는 것에 의해 입증되는 사실이다. 다른 항해민들이 태평양의 중심부까지 침투했을 가능성도 있다. 동손 항해민들의 흔적이 뉴기니에서 발견되었으며, 배 몇 척은 아메리카 대륙의 해안까지 흘러갔을 수도 있다. 어쩌면 이들이 아메리카 인디언에게 주석과 구리를 녹여 청동을 제작하는 방법을 가르쳐주었을지도 모른다.

대양을 뛰어넘은 그런 접촉을 가정하지 않고서는, 초기 멕시코와 페루의 아메리카 인디언 예술과 아시아 본토 동남해안의 예술이 유사하다는 불가사의한 사실을 설명할 수가 없다. 다른 관념, 예컨대 나침반의 네 방위를 색으로 표시하는 아이디어가 태평양의 양안에서 나타났다는 것 또한 고대에 바다를 가로지르는 접촉이 있었음을 시사한다. 반면에 아메리카 인디언 문명의 토대가 된 작물은 구세계에서 유래하지 않았는데, 일부 학자는 소수의 표류선이 고대에 대양을 건너는 데 성공했다 할지라도 아메리카 인디언 문명의 발생에는 크게 기여한 바가 없다고 생각한다. 이 견해에 의하면, 청동 주조기술과 신구 대륙의 연결을 암시하는 유사한 요소는 실은 양 대륙에서 독립적으로 발명된 것이다.

어느 쪽이 진실이든, 아메리카 인디언이 보유한 문화와 기술의 수준이 구세계가 달성한 수준에 미치지 못했다는 사실에는 변함이 없다. 진보의 중심이자 가장 중요한 문명의 소재지는 여전히 유라시아 대륙에 있었다. 그곳에서는 기원전 500년까지 최소한 네 개의 대(大) 문명이 그 모습을 분명히 드러냈다.

요약

기원전 1700년과 기원전 500년 사이에는 훨씬 광범위한 지리적 영역에서 고급문화가 인간의 생활방식에 영향을 미치기 시작했다. 새로운 문명의 중심지가 등장하자, 이에 뒤질세라 야만족의 문화도 스텝지대와 서유럽, 남중국, 북아프리카, 그리고 (거의 알려진 것은 없지만) 남인도처럼 살기 좋은 지역에서 고도로 발달했다. 문명은 지역적 특색을 띠게 되었고, 제법 비옥한 경작지가 있는 곳이라면 어디서나 성립할 수 있었다.

그 다음 2천년, 즉 기원전 500년부터 서기 1500년까지의 역사는 무엇보다도 문명세계의 생활양식이 이웃 야만족의 문화를 압도하고, 늘 성공적으로 팽창한 것은 아니지만 끊임없이 갱신되어가는 과정이다. 그것은 또한 서아시아·인도·유럽·중국이라는 4대 문명의 중심지 사이에 대략적인 균형이 이루어진 과정이기도 하다. 2부에서는 문화적 균형이 성립된 이 시대의 중대한 전환점과 중요한 특징을 살펴보고자 한다.

2부

여러 문명 간의 평형상태:
B.C. 500~A.D. 1500년

기원전 500년과 서기 1500년 사이의 약 2천 년 동안에는, 전세계 문명생활의 중심지 가운데 어느 한곳이 압도적인 우위를 보이지는 못했다. 그 전에는 서아시아가 으뜸을 차지해 이웃과 이웃의 이웃에게 먼 거리를 뛰어넘어 영향을 미쳤다. 서아시아의 주민에게 익숙한 생활양식이 타지역 주민들의 눈에는 자신들이 익히 알고 있는 생활양식에 비해 확실히 우월한 것으로 비쳤기 때문이다. 그러나 인도·그리스·중국 문명이 명확한 형태를 갖추자, 이들 문명권의 주민들은 더 이상 서아시아에 대해 열등감을 느끼지 않았고, 자연히 이국에서 발원한 영향에 무관심해졌다. 변경지대의 야만족은 이제 문명생활의 다양한 모델 가운데 원하는 것을 자유롭게 선택할 수 있게 되었다. 그들은 가끔 한 문명의 요소들을 다른 문명의 요소들과 혼합하기도 했다.

기원전 500년까지 구세계에서 생겨난 네 가지 독립된 문명생활의 양식은 거의 대등한 힘을 지니고 있었다. 그 후 수세기 동안 각 문명 안에서는 성장과 변용이 멈추지 않았다. 지구상에서 문명의 지배를 받는 지역은 점차 확대되는 경향이 있었다. 당연히 각 문명의 중심지 내에서는 다양성이 증대했고, 문명의 중심지들 사이에 고립되어 있던 야만지대는 감소했다. 유라시아 대륙의 한쪽 끝과 다른 쪽 끝 사이의 접촉은 몇 차례의 소강상태에도 불구하고 세기가 지날수록 빈번해지는 추세를 보였다. 따라서 한 문화의 지도자는 다른 문명의 요소들 가운데 자신의 흥미를 끄는 항목을 차용하거나 일단 들여온 후 변용할 수 있었다. 이 문화횡단적 차용은 실제로 독립된 각 문명의 내부에서 혁신이 일어날 수 있었던 원동력이었다. 그렇지만 그런 차용은 언제나 자발적이고 임의적으로 이루어진 것이지 결코 강제적인 것이 아니었다.

B.C.	서유럽	동유럽	서아시아와 북아프리카	유라시아 대륙의 스텝	중국	인도와 동남아시아	기타
	켈트인의 확장	펠로폰네소스 전쟁 아테네 제국 페르시아 제국	크세르크세스		공자	붓다	
400	갈리아의 로마 약탈	헤로도토스 플라톤 아리스토텔레스			전국시대		
300		마케도니아 제국 유클리드 프톨레마이오스 사모스의 아리스타르코스	알렉산드로스의 정복			알렉산드로스의 정복	
200	로마의 이탈리아 통일 한니발 전쟁		셀레우코스 왕조 프톨레마이오스 왕조		진(秦) 시황제의 중국 통일	마우리아 제국 아소카왕	
100	로마 제국	예수 탄생 헬레니즘	파르티아	흉노	쓰마첸(司馬遷)	인도 문명, 동남아시아로 확산	
1AD	루크레티우스 키케로 베르길리우스	율리우스 카이사르 아우구스투스		투르크인의 지배 쿠샨 제국	한(漢) 왕조		
100	클라우디우스 도미티아누스 티카루스	성 바울로 유대인의 반란(제1차) 예루살렘 성전의 파괴 복음서 성립					
200	트라이누스 마르쿠스·아우렐리우스	유대인의 반란(제2차) 그리스 과학 쇠퇴함: 갈레노스와 프톨레마이오스			흉노의 침입	힌두교의 소생 삼진법	
300	플로티누스 내란과 외적의 침입	그리스도교, 공인 종교가 되다		예 아틸라 훈족		고전기의 산스크리트 문학, 실리다사	아메리카 인디언 문명의 고전기가 시작됨
400	로마 약탈 성 아우구스티누스 훈족	게르만인의 침입		유연(柔然)		굽타 왕조	서아프리카의 가나

헬레니즘 / 문명의 확장 / 인더스 문명의 확장 / 불교의 확산

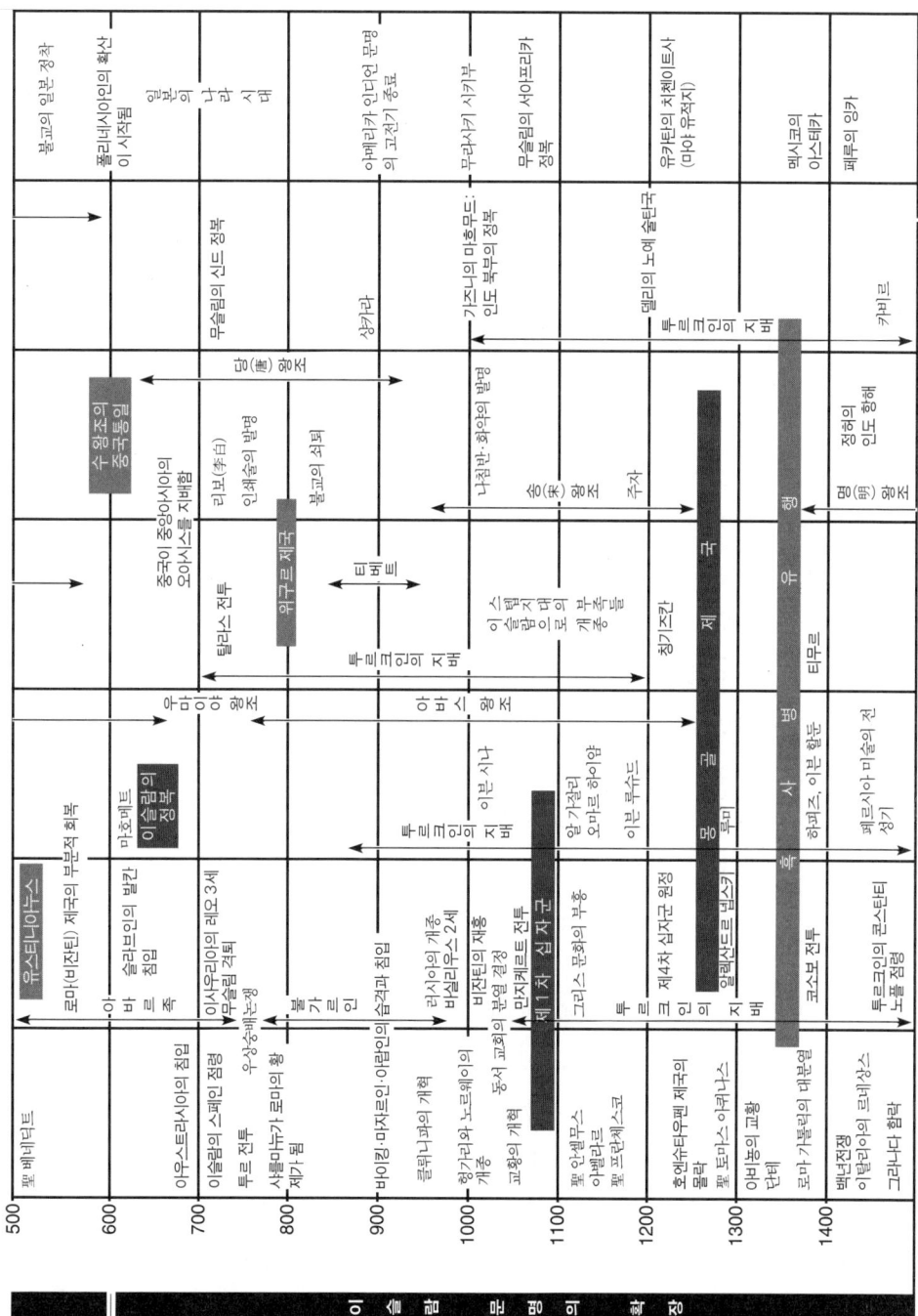

다시 말해서 구세계의 주요 문명은 2천 년 동안 자율성을 유지했다. 4대 문명 사이의 관계는 일종의 평형상태로 볼 수 있다. 어떤 중대한 혼란이 일어나면 그 체계를 지탱하고 있던 다른 부분도 동요했지만, 그 어느 문명도 4각의 균형구도를 근본적으로 흔들어놓을 만한 규모나 힘에는 도달하지 못했다.

그렇지만 문명들 간의 평형상태에 충격을 준 일련의 사건도 있었으며, 그 충격적인 사건들은 이 기간에 펼쳐진 세계사의 중요한 기준점이 된다. 처음에는 그리스 문명, 그 다음에는 인도 문명이 자신의 경계를 넘어 광범위하게 확산되었다. 그렇지만 서아시아의 그리스화는 중국과 일본의 인도화와 마찬가지로 결국에는 표면적이고 일시적인 현상에 불과했던 것으로 밝혀졌다. 양자의 경우, 토착민의 강력한 반발은 초기의 몇 세대에 의해 적극 수용된 이국적 요소를 대부분 제거하는 힘을 발휘했다. 세 번째로는 이슬람의 발흥과 연속적인 팽창에 의해 세계의 균형이 무너지는 듯이 보였다. 이슬람은 일단 서아시아·북아프리카·스페인을 석권하고(632~1000), 다음으로는 인도·동유럽·중앙아시아로 세력을 확장했다(1000~1453). 힌두교의 인도는 결국 정치적 독립을 상실했다(1565). 무슬림인 왕과 영주들은 이슬람 개종자(주로 하층 카스트 출신이었다)의 협력을 얻어 힌두교를 구속하고 억압했는데, 이는 향후 힌두교 발전에 심대한 영향을 미쳤다.

서유럽에서 발생한 네 번째 혼란은 마침내 지구상의 문화적 균형을 무너뜨렸다. 이 과정은 유럽인의 기업가 정신이 남북아메리카를 처음으로 개방시키고 지구상의 거주 가능한 해안선을 탐사하던 서기 1500년 이후에 시작되었다. 그렇지만 진정한 의미에서 서양세계가 나머지 주요 문명에 대해 압도적인 우위를 확립한 것은 1850년 이후였다. 서양의 압도적 우세로 인해 모든 비-서양사회의 지도자들은 어쩔 수 없이 유서 깊은 선조들의 생활방식을 버리고 전통적인 문화적 자율성마저 포기한 채, 서양의 기술을 차용하여 '근대화'를 이룩하기 위해 필사적인 노력을 기울였다.

　세계사의 근·현대에 속하는 이 시기에 대해서는 이 책의 3부와 4부에서 고찰할 것이다. 2부에서는 문명세계의 각 부분이 이전 또는 이후 시대에 비해 확고하게 독자적인 길을 걸으며 다른 곳에서 벌어지는 일에는 거의 주의를 기울이지 않았던, 중간의 시기를 다루고자 한다.

8장
그리스 문명의 개화, 500~336B.C.

기원전 499년, 이오니아 지방의 그리스 도시들은 기원전 546년 키루스 대왕이 리디아의 크로이소스 왕으로부터 소아시아를 빼앗은 이래 별 수 없이 인정해왔던 페르시아의 지배에 반기를 들었다. 5년 뒤에 반란은 진정되었다. 반란을 주도했던 이오니아 연안의 도시 밀레투스는 약탈되었다. 그리스인과 페르시아인 사이의 첫 번째 전쟁에서 승리는 분명히 페르시아인의 것이었다. 그렇지만 다리우스 대왕은 만족할 수 없었다. 그리스의 보잘것 없어 보이는 두 도시 아테네와 에레트리아가 감히 여러 척의 군선을 파견하여 반란을 지원했기 때문이다. 기원전 490년에 이들을 응징하기 위해 파견된 군단은 에레트리아를 점령했으나 아테네는 점령하지 못했다. 분명히 페르시아군은 아테네에서 42km 떨어진 마라톤에 상륙했다. 그들은 내부에 변절자가 생겨 성문을 열어줄 것으로 기대했으나, 이 음모는 실패로 돌아갔다. 아테네군은 다시 승선하고 있던 페르시아군을 습격하여 작은 충돌 끝에 승리했다. 전령은 42km를 달려 페르시아 함대가 도착하기 전에 그 소식을 아테네에 전했다.(이것이 근대 마라톤 경주의 기원이다.) 그 결과, 페르시아 함대가 모습을 드러냈을 때 만반의 준비를 하고 있던 아테네에서 변절자들은 아무런 행동도 취할 수 없었고, 좌절한 침략자들은 에게 해를 건너 되돌아갔다.

이 격돌은 페르시아인이 유럽의 그리스를 정복하려는 중대한 시도의 전주곡이었다. 기원전 480년에 다리우스의 아들이자 후계자인 크세르크세스 왕이 그 목적을 이루기 위해 약 6만에 달하는 야전군을 소집했다. 페르시아인은 매우 꼼꼼하게 준비했다. 작은 배들을 연결해 다르다넬스 해협을 건널 수 있는 다리를 만들었고, 에게 해의 북부 해안 전역에 병참기지를 만들어 군수품을 저장했으며, 외교사절을 파견해 그리스인에게 항복을 권했다. 많은 도시가 더 늦기 전에 페르시아의 평화조건을 수락하기로 결정했고, 권위 있는 델포이의 신탁도 그렇게 권고했다. 그러나 스파르타를 맹주로 느슨한 동맹을 맺고 있던 약 20개 도시가 항복을 거부했다. 스파르타의 지대(支隊)는 북방의 테르모필레에서 페르시아군을 저지하려 했으나 실패했다. 그 후 크세르크세스의 군사가 남하하자 아테네인은 도시를 비울 수밖에 없었고, 페르시아군은 시내를 약탈하고 방화했다.

그렇지만 그리스가 굴복하기 전에는 그런 승리도 결정적인 것이 아니었다. 페르시아군은 폐허가 된 비우호적인 외국 땅에서 식량을 확보하는 데 큰 애를 먹었기 때문이다. 그래서 크세르크세스는 아테네 서쪽의 살라미스 만에 대피하고 있던 그리스 함대를 공격함으로써 일거에 사태를 해결하기로 했다. 살라미스 섬과 본토 사이의 좁은 해협에서 함대 수가 많았던 페르시아군은 배의 방향을 뜻대로 바꿀 수 없었고, 그리스군은 교묘하고 과감한 공격을 퍼부어 일방적인 승리를 거두었다(B.C. 480). 이 패배 후에 크세르크세스는 대부분의 병력과 함께 페르시아로 돌아가기로 결정했다. 이제 그리스에서 전군을 유지할 만큼 충분한 식량을 구하는 것은 아예 불가능했기 때문이다.

이듬해 봄, 병력을 대폭 줄인 페르시아군은 그리스 도시의 연합군과 플라테아에서 격돌했으나, 다시 한번 그리스군이 승리를 거두었다(B.C.

479). 이와 동시에 아테네인은 에게 해를 건너 이오니아로 병력을 파견했다. 아테네 함대가 나타난 것을 본 이오니아의 여러 도시는 용기백배하여 반란을 일으켰다.

페르시아인은 두 번 다시 그리스에 대한 대규모 정벌을 기도하지 못했다. 소규모 교전은 기원전 446년까지 계속되었다. 동맹을 맺은 그리스의 여러 도시는 거의 매년 여름 함대를 파견하여 에게 해 연안의 페르시아 요새를 공격했다. 그리고 함대는 거의 언제나 혁혁한 전공을 세우고 가을에 돌아왔다. 아테네군은 이런 군사행동을 주도했다. 그리스 세계에서 최강 육군을 보유한 도시는 스파르타였지만, 페르시아의 침입으로 인한 직접적인 위협이 줄어들자 적극적인 군사행동에 나서기를 거부했다.

아테네의 해상 군사행동과 그 결과

해상전투가 무기한 연장되자, 아테네 폴리스 내부의 균형도 크게 변했다. 가진 것이 거의 없거나 전혀 없는 시민들은 언제라도 군함의 조수(漕手)로 복무할 수 있었다. 그들은 조수로서 자신의 폴리스에 대한 군역의 의무를 다했는데, 그것은 중장(重裝)보병으로 복무하는 것에 못지않게 중요한 역할이었다. 다시 말해서, 함대는 이전까지 필요한 무구를 장만할 여력이 없어 중장보병대에 참가할 수 없었던 가장 가난한 계층의 시민에게도 중요한 군사적 역할을 맡겼던 것이다. 더욱이 배를 저어준 대가로 받는 급료는, 새로 점령한 도시를 약탈할 때 풍성한 전리품을 손에 넣을 수 있는 기회와 함께, 대다수 아테네 시민의 연간수입 증가에 보탬이 되는 매우 고마운 돈이었다.

페르시아의 대규모 침입 이전에도 아테네는 이미 민주적인 도시였다. 그러나 처음에 가난한 시민의 국정참여권은 불안정했다. 그들의 참정권은 빈민층이 스스로의 힘을 효과적으로 조직화함으로써 얻은 것이 아니라, 상류계급 출신의 정치가들이 하층 시민들 사이에서 자신들의 새로운 지지층을 확보하려고 노력한 결과였다. 그러나 군함에 타서 노를 젓는 일이 여름철의 일상적인 직업이 되자, 빈민계급이 떠맡은 군무는 그들에게 국정 단상에서 발언할 수 있는 권리를 부여했다. 이렇게 해서 민주적인 정체가 처음으로 확고해졌다. 구식 농민-보병은 아테네 정계의 주변부로 밀려났다. 그들은 도시에서 너무 멀리 떨어져 살고 있었기 때문에 민회(民會)에 정기적으로 출석할 수 없었다. 이에 반해 함대가 원정에 나서지 않았을 때, 도시의 빈민들은 정치 외에는 딱히 할 일이 없었다.

아테네가 공격적인 해상전투에 열을 올리자, 얼마 지나지 않아 좀 더 보수적인 그리스의 도시들은 경계심을 품었다. 예컨대 기원전 467년에 낙소스 섬은 대(對)페르시아전에 할당된 군함과 보병대 파견을 거부했다. 아테네인은 이를 배반으로 간주하고 낙소스를 공격하여 그 섬사람들을 진압하고 공물과 세금을 징수했다. 똑같은 방식으로 처리된 동맹도시가 속출했다. 그 결과, 처음에는 페르시아에 대항하는 여러 도시의 자유로운 동맹체로 시작된 것이 아테네 제국으로 변모했다. 이 제국은 전성기에 에게 해 연안 전역에 산재해 있는 크고 작은 도시 50여 개를 지배했다.

아테네의 공적 생활은 민주적인 형식을 취하고 있었으나, 오랫동안 도시의 지도자와 군사 지휘관은 전통적으로 정치상 높은 지위를 차지해야 마땅하다고 주장하던 귀족집안에서 배출되었다. 페리클레스 같은 민주주의자도 예외는 아니었다. 그는 기원전 460년과 기원전 429년 사이에 아테네 정치무대의 제1인자로 군림했으며, 아테네의 가장 위대한 시대를 자신의 이름으로 장식했다. 그가 죽은 뒤 스파르타 및 그 동맹도시를 상대로 한 길고 고통스러운 펠로폰네소스 전쟁(431~404B.C.)이 벌어지는 동안 농민-보병과 토지가 없는 함대 조수의 이해가 첨예하게 대립했고, 그 여파로 유서 깊은 귀족계급의 지배체제가 붕괴되었다. 페리클레스의 뒤를 이은 클레온은 평민 출신으로, 유능하지만 파렴치한 인물이었

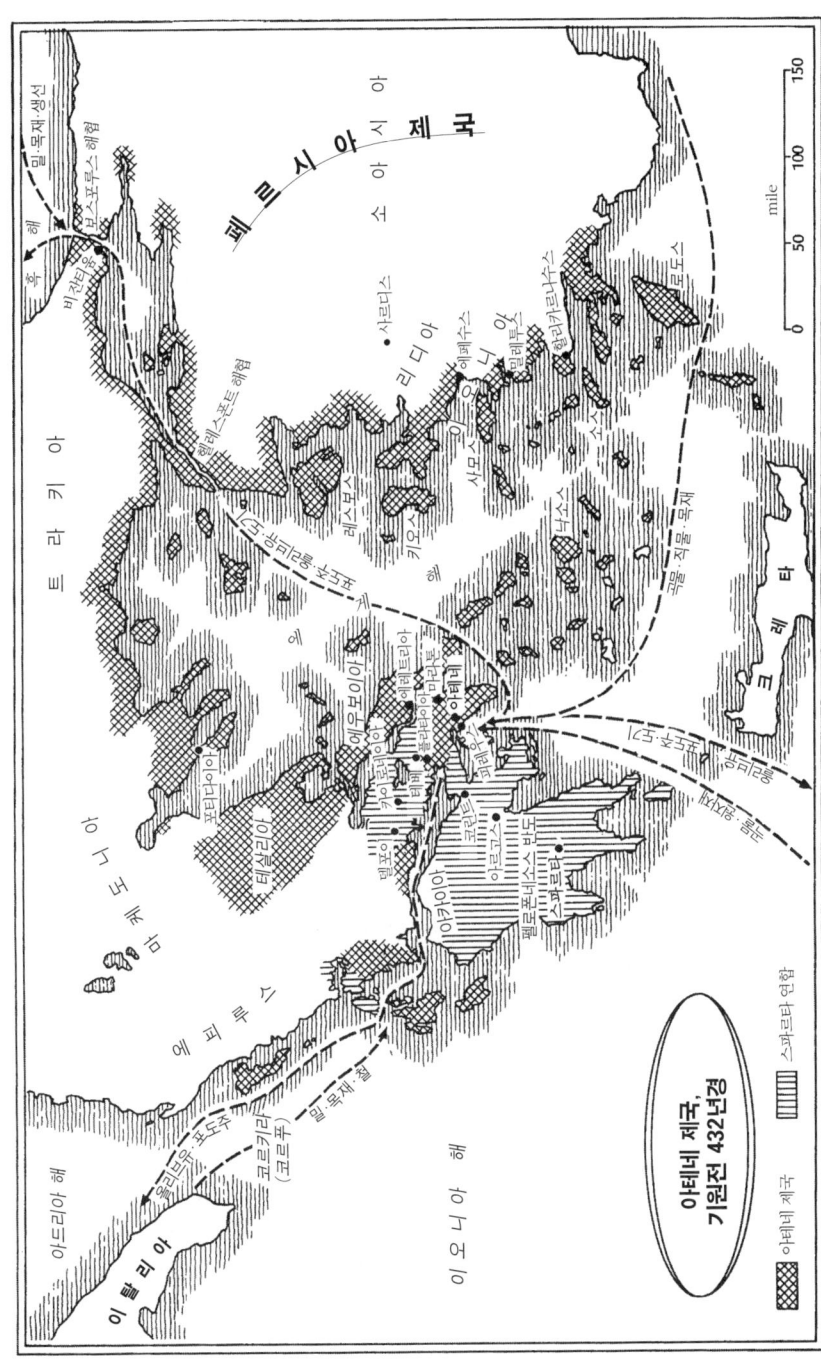

다. 클레온이 전사(B.C. 422)한 뒤에도, 귀족계급의 독점적인 정치 리더십이 완전히 회복되는 일은 없었다.

　더욱 심각한 변화는 폴리스에 대한 충성심의 쇠퇴였다. 이 변화는 그리스 전역에서 감지되었다. 거의 모든 성인 남성에게 농사를 짓고 동료들과 함께 중장보병대에서 싸울 것을 요구하고 허용하던 과거의 단순함이 사라지고, 사회는 상인·직인·농민·병사·수병·노예·외국인·지주·소작인과 같은 복잡한 계층으로 분화되었다. 펠로폰네소스 전쟁이라는 기나긴 고투가 그 과정을 결정적으로 가속화했다. 그리스 전역에서(심지어 아테네 내에서도) 부유한 보수주의자는 스파르타를 지지했고, 민주주의자는 아테네에 공감을 표했다. 외부세력이 개입해 어느 한쪽을 편들 가능성이 상존했던 만큼 변절의 기회와 유혹도 많아졌다. 개인의 이해와 야심을 폴리스 전체의 이익에 종속시켜야 한다는 오래된 이상은 그러한 압력을 견딜 수 없었다. 당파간의 경쟁이 악화되어 무차별적인 협박·암살·추방이 빈발하자, 그리스의 각 도시는 하나둘씩 내부의 결속력을 상실해갔다.

고전시대

　그러나 폴리스 세계가 붕괴되어 이전투구 식의 내전에 돌입하기 전, 다시 말해서 기원전 480~기원전 479년의 크세르크세스로 인한 전화(戰禍)로부터 기원전 431년 펠로폰네소스 전쟁이 발발하기까지 약 50년 동안 그리스 세계, 특히 아테네는 황금시대를 구가했다. 인류사의 그 어떤 시대에도 그토록 찬란한 문화가 특정한 시간과 공간에 집중적으로 완벽하게 달성된 적은 없었다.

　페르시아의 제국적인 위엄에 맞서 경탄할 만한 승리를 거둔 뒤, 그리스인은 자기 자신과 스스로의 생활방식에 크나큰 자신감을 갖게 되었다.

특히 아테네인은 더 이상 동방세계의 화려한 외관과 신비로운 지혜에 압도되지 않았고, 자기의 힘을 확신했으며, 자기 내부의 그리고 자신을 둘러싼 세계를 탐구하는 데 열중했다. 아테네인 이외의 그리스인도 어느 정도 그런 태도를 공유했다. 그들은 스스로의 능력으로 사상과 행동을, 양자가 서로를 강화하고 촉진하는 방향으로 결합시킬 수 있다고 생각하게 되었다. 아테네가 전쟁에서 승리하고 해외활동에서 계속 성공을 거두고 있던 시점에, 아테네의 제도가 훌륭하고 우월하다는 점을 과연 누가 의심할 수 있었겠는가? 그리고 갑자기 지중해 동부의 총아로 떠오른 아테네 시에 집중되던 새로운 경험, 처음 보는 진기한 산물, 새로운 사상에서 배울 것이 많다는 점을 어느 누가 의심할 수 있었겠는가? 아테네인은 자기의 과거를 자랑스러워했고, 현재에 최선을 다했으며, 미래의 새로운 어떤 것을 열심히 탐구했다. 무모할 정도로 자신감이 넘치던 그들은 그리스 문화의 거의 모든 분야―연극·철학·역사·수사학·건축·조각―에 고전적인 표현을 부여했다.

연극

술의 신 디오니소스를 찬양하는 '산양(山羊)의 노래'는 가면을 쓴 합창단에 의해 그리스의 여러 도시에서 울려 퍼졌지만, 오직 아테네에서만 이 조야한 원형이 비극으로 발전했다. 기원전 5세기에는 음악·무대·의상·무용 등이 훨씬 세련되게 바뀌었다. 디오니소스 대축제에서 최고의 공연을 놓고 경쟁을 벌이는 것이 관례처럼 되자, 합창단은 전에 비해 더 많은 시간을 연습해야 했다. 선창자와 합창단이 번갈아가며 부르던 노래가 비극적인 대화로 발전했다. 당시에는 2명의 배우가 동시에 무대에 올랐는데, 나중에는 3명으로 늘어났다. 이에 따라 합창단은 관심의 초점에서 밀려나 극중의 연기를 부연 설명하고 내용을 암시하고 분위기를 조성하는 이차적인 역할을 하게 되었고, 배우들이 극을 이끌어가는 주역이 되었다.

고대 아테네의 비극공연은 일종의 장엄한 구경거리였다. 축제는 여전히 공적인 종교의식으로 간주되었기 때문에, 모든 남성 시민은 자유롭게 참여할 수 있었다. 비극을 상연하는 데 드는 비용은, 상을 놓고 경연한다는 것 자체를 뿌듯하게 생각하던 부자들이 부담했다. 가장 아둔한 시민도 춤과 노래, 언어의 리듬에 감응할 수 있었다. 대사는 합창단에 의해 노래로 불렸고, 배우가 이야기하는 말도 시의 운율에 따르고 있었기 때문이다. 그런데 그리스 연극의 이런 측면은 거의 모두 유실되었다. 지금까지 남아 있는 것이라곤 몇몇 연극의 대본과 다른 작품의 무수한 단편(斷片)뿐이다. 그렇지만 그 불완전한 유물은 한편으로는 그 시적인 위대함 때문에, 또 한편으로는 그것이 표현하는 사상 때문에 여전히 경탄을 자아낸다. 이 경탄은 시간을 초월하는 진정한 감동이다. 고대 아테네의 비극시인들은 자신들에게 계승된 전통적인 제전을 이용하여 인간생활의 근본적인 문제를 파고드는 이야기를 만들어냈다. 그렇게 함으로써, 그들은 어떤 의미에서 만인의 공감을 불러일으키는, 영원히 생명을 잃지 않는 주제를 다룰 수 있었다.

세 명의 위대한 시인, 아이스킬로스(525~456B.C.), 소포클레스(495~405B.C.), 에우리피데스(B.C. 484 또는 480~406B.C.)가 오래된 '산양의 노래'를 변용하는 그 놀라운 작업을 해냈다. 그들은 아득한 옛날부터 전해 내려오는 공동의 자산인 인간과 신들에 관한 이야기, 즉 우리는 신화라고 부르지만 그리스인은 고대의 역사라고 생각했던 것에서 제재(題材)를 선택했다. 그러나 비극시인들은 전통적인 이야기의 세부를 마음대로 바꾸어도 된다고 생각했던 것 같다. 물론 그렇게 하는 것이 자신들의 목적에 부합한다고 판단될 경우에 한해서 말이다. 그들은 신들과 인간의 관계, 운명과 자유의지의 관계, 사적 의무와 공적 의무의 관계—이런 주제들은 그들이 다룬 것의 일부에 지나지 않는다—등을 해명할 때, 자신의 통찰력과 상상력을 유감없이 발휘했다.

세 명의 위대한 비극작가가 모두 전통적인 형식과 제한에 충실했지만, 에우리피데스에 이르러 비극이 진지한 도덕적·신학적 문제를 탐구하는 유용한 도구로서의 성격을 상실하기 시작했다는 것은 깊이 생각해보지 않아도 알 수 있다. 나이가 많은 두 시인 아이스킬로스와 소포클레스는 전통적인 신앙을 대부분의 관객과 공유하고 있었다. 그들이 전통적인 도덕 및 종교사상에 가한 변화·수정·미묘함·의문은 오래된 관점의 전체적인 구조와 타당성을 훼손한 것이 아니라, 신랄하고 세련된 표현을 통해 그것을 확대하고 재확인했다. 에우리피데스는 달랐다. 그는 그들보다 훨씬 후대에 속하며, 그가 자라날 무렵에는 지적인 아테네 청년들 사이에서 전통적인 고정관념이 이미 불식되고 있었다. 그렇지만 공적인 입장에서 에우리피데스는 사회통념에 순응하든가 혹은 순응하는 척해야 했다. 그렇게 하지 않았다면, 종교의식의 신성함을 모독했다는 비난에 직면했을 것이다. 그는 거의 냉소적인 태도로 인습적인 신앙의 몇 가지 수법을 끌어들여 자신의 문제를 해결했다. 이 방법은 줄거리를 풀어나가거나 상황을 수습하는 데 일조했는데, 에우리피데스가 제시한 극적 상황은 인간의 드라마적인 차원에서 인생의 난제에 대해 신과 신탁이 제시하는 그럴 듯하고 안이한 해답과 은연중에 모순되도록 설정되었다.

확실히 아테네의 지적 엘리트는 대다수의 시민이 자명하다고 생각하는 관념을 더 이상 공유하지 않았다. 에우리피데스 같은 인간은 디오니소스 같은 신의 실존과 힘을 믿지 않았지만, 비극시인으로서 어쩔 수 없이 그 신의 축제를 찬양해야 했다! 그러므로 그의 사후에 비극의 전통을 잇는 위대한 시인이 아테네에 나타나지 않았다는 것은 놀랄 일이 아니다. 대신에 고전적 비극을 재연하는 것이 이내 관례로 굳어졌다. 참신한 극의 창작은 희극에 한정되었다. 희극작가들은 인간의 조건에 관한 근원적인 문제를 제기하는 작업, 다시 말해서 기원전 5세기 내내 비극작가들이 열심히 노력해 자신들의 능력을 입증했던 작업을 생략하고도 기지와 긴장감, 인간성의 약점을 탐구할 수 있었다.

철학

비극작가들이 떠난 자리를 철학자들이 인수했다. 이는 플라톤의 저작 대부분이 대화형식을 취하고 있다는 사실에 의해 입증된다. 철학적 대화의 커다란 이점은 케케묵은 인습에 순응할 필요도 없고, 아테네 폴리스의 전체 시민에게 호소할 의무도 없다는 점이었다. 성찰을 좋아하고 시간적 여유가 있는 사람 가운데 고전 그리스어에 정통하고 사물의 본성에 관심을 가진 자는 플라톤의 책을 읽을 수 있었다. 그런 사람은 플라톤의 의견에 찬성할 수도 있고 반대할 수도 있으며, 반복해서 읽을 수도 있고, 쓸데없는 이야기라고 내팽개칠 수도 있다. 그러나 저자나 독자 모두 군중의 동의에 기대거나, 전통적인 종교의식을 관장하는 관리들의 승인에 목맬 필요가 없었다. 극작가들은 이 모든 관계에 속박되어 있었다. 따라서 아테네의 시민과 첨단을 걷는 사상가 사이의 보편적이고 기본적인 공통점이 적어졌을 때, 비로소 철학적 대화라는 좀 더 사적이고 개인적인 수단을 통해 인간의 본질과 인간이 우주에서 차지하는 위치에 대한 깊이 있는 탐구가 이루어질 수 있었다.

아테네는 그리스 사상의 초기 중심지가 아니었다. 그러나 아테네가 에게 해의 여왕이 되자, 이방인과 함께 철학자들이 몰려들었다. 아테네 사람들은 기질적으로 의심이 많은 편이었다. 그래서 예컨대 유명한 철학자이자 페리클레스의 친구였던 아낙사고라스는, 태양은 신이 아니라 작열하는 돌덩이에 불과하다고 주장했다 하여 신성모독으로 추방되었다.

이들과는 또 다른 현자들의 집단인 소피스트들은 아테네에서 환대를 받았다. 그들의 직업은 청년들에게 변론술을 가르치는 것이었다. 물론 연설을 잘하는 것은 아테네와 같은 민주적인 도시에서 정치가로서 경력을 쌓는 데 반드시 필요했다. 민회에 모인 시민들을 설득하지 않고서는 어떤 중요한 일도 할 수 없었기 때문이다. 그런데 말과 연설에 대해 생각하고 이야기하던 스승과 제자들은 이내 언어와 논의에도 법칙이 있으며 그 자체가 분석의 대상이라는 사실을 깨닫게 되었다. 이는 실로 가슴 설레는 발견이었다. 일부 소피스트는 인간이 논리의 법칙과 언어에 의한 논리의 구체화에 통달하고 지력(知力)을 십분 발휘하면 우주의 모든 신비를 풀 수 있을 것이라고 믿었던 것 같다.

소피스트는 관습에 불과한 것을 불신했다. 이런 태도는 폴리스의 공동체 이념을 붕괴시킬 위험을 안고 있었다. 법률이 도시와 도시, 국가와 국가마다 극히 비논리적으로 다른 것인 이상, 논리적으로 냉정하게 따져볼 때 폴리스의 법 자체에 무슨 결속력이 있겠는가? 과감하고 용기 있는 젊은이라면 인습의 굴레를 벗어던지고 언어라는 논리적 도구를 정확히 조작할 때 발견되는 사물의 본성에 기초해서 행동해야 마땅하지 않을까? 더구나 그 대담한 젊은이가 속한 당파나 계급이 제도상의 과정을 통해 정치권력을 장악할 가능성이 희박할 경우에는 더욱 그랬다. 따라서 공적 생활을 규제하는 법의 틀에 대한 소피스트의 첨예한 도전에 매료된 것은 주로 부유한 계층의 청년들이었다. 소피스트의 가르침은 그 청년들이 폴리스에 대한 충성심을 철회하는 것을 정당화해주었다. 그들은 아테네의 대중 민주주의 정치가가 자신들에게 부과한 여러 가지 요구를 갈수록 부담스러워하고 있었다. 이런 풍조는 특히 스파르타와의 기나긴 파멸적 전쟁 기간(431~404B.C.)에 강하게 나타났다.

같은 시기에 수수께끼 같은 또 한 사람이 소피스트가 제기한 도덕적·철학적 문제와 씨름했다. 소크라테스(B.C. 399년 사망)는 아테네 토박이로 폴리스의 부름이 있을 때는 병사와 불레(500인회) 회원으로 자신의 임무를 다했으나, 아테네의 법과 정치가 정말 올바르고 현명하고 선하다고 생각지는 않았다. 소크라테스는 공공장소에서 사람들과 논쟁을 하며 시간을 보냈다. 아테네 시민들은 소크라테스의 집요하고 예리한 질문공세에 자신의 의견과 신념이 얼마나 어리석은 것인가를 깨닫고 충격에 빠졌다.

소크라테스는 저작을 남기지 않았다. 그가 우리에게 알려진 것은 주로 플라톤의 대화편을 통해서인데, 거기에서 그는 항상 질문자의 역할을 맡고 있다. 플라톤이 보여주는 소크라테스의 초상은 플라톤 자신의 견해와 기호에 맞게 수정된 것일지도 모른다. 희극작가 아리스토파네스(B.C. 385년 사망)와 역사가 크세노폰(B.C. 354년 사망)도 소크라테스의 초상을 문자로 남겼는데, 플라톤이 묘사한 주인공과는 별로 비슷하지 않다. 그러나 모호한 점이 많긴 해도 소크라테스가 그의 제자 플라톤과 마찬가지로 과격한 보수주의자였다는 사실은 분명하다. 실제로 그는 소피스트의 언어적·논리적 분석도구를 사용하여 현재 눈앞에 존재하는 단순한 인습의 배후에 있는 보편적인 진리나 실체를 발견함으로써 전통적인 가치·위계·규범을 변호하고자 했다. 과연 소크라테스가 그런 보편적 진리를 발견했다고 스스로 만족했는지는 분명치 않다. 그렇지만 기원전 399년에 일군의 민주주의 정치가들이 젊은이들을 타락시킨 죄와 아테네의 신에 대한 불경죄로 그를 재판에 회부했을 때, 그는 자기의 생활태도를 포기하기보다는 죽음을 택했다. 그는 인간이 만든 법률, 즉 아테네인이 그에게 유죄판결을 내리고 그를 처형한 근거가 되었던 법과 충돌할 위험을 무릅쓰고 시종일관 정의가 지시하는 바에 따라 행동했다고 주장했다.

소크라테스가 아테네의 법률에 따라 독배를 마시고 사망했을 때, 플라톤(427~347B.C.)은 청년이었다. 소크라테스의 이야기를 경청하기 위해 그의 주위에 몰려든 많은 아테네 청년과 마찬가지로, 플라톤은 귀족 출신이었고, 심지어 초기 아테네 왕의 후손임을 자처했다. 아마도 이 때문이었는지, 플라톤에게 중요한 문제는 언제나 정치문제였다. 어떻게 하면

만사를 바로잡아 훌륭한 인간이 통치하고 정의가 퍼져 나가게 할 것인가? 그러나 진정한 개혁은 진정한 지식을 필요로 했다. 그것 없이는 어떤 자의 의견이 다른 자의 의견보다 낫다고 말할 수 없었고, 아테네를 사분오열시키고 있던 치열한 당쟁에서 벗어날 수 없었다. 이런 종류의 지식을 추구하기 위해 그는 일생을 바쳤다. 그렇게 함으로써 그는 초기 그리스 사상의 거의 모든 구성요소를 종합했고, 이후의 서양철학에 수많은 어휘와 핵심적인 문제를 유산으로 남겼다. 예컨대 영혼과 육체의 관계, 지식과 사상의 관계, 이데아와 실재의 관계, 그리고 진선미의 본질에 대한 소박하지만 반드시 필요한 문제 등이다.

플라톤은 진리와 정의에 기초한 이상적인 국가를 묘사한 두 개의 대화편을 썼다. 그러나 자신의 이상을 실행에 옮기려 했을 때, 그는 완전한 실패를 맛보았다. 이 일은 시칠리아 섬의 시라쿠사에서 있었다. 플라톤을 초빙한 정치가가 그 도시의 젊은 참주에게 플라톤이 일러준 학습방법을 지키게 할 수 없었던 것이다. 만년의 플라톤은 정치적 지도력을 발휘하지 못한 아쉬움을 조금이나마 달래기 위해 지적인 활동과 저술에 몰두한 것으로 보인다. 그는 정치지도가 자신의 당연한 권리라고 여겼지만, 엄격하고 인기 없던 그의 주장 탓에 그가 아테네처럼 민주적인 도시에서 지도자가 된다는 것은 불가능했다. 그가 창설한 아카데메이아는 철학·수학·과학 등을 연구하는 중심이 되었다. 아카데메이아는 900년 이상 번영했는데, 근대의 어떤 대학도 그보다 오랜 역사를 갖지는 못했다. 그 기간에 아테네는 고전세계에서 고등교육의 중심지 역할을 했다.

아리스토텔레스(384~322B.C.)는 자신의 학교 리케이온을 설립하기 전까지 오랫동안 아카데메이아의 일원이었다. 그가 직업적 사상가의 삶을 살게 된 것은 지극히 당연했다. 태양 아래 그 어떤 문제도―사실 그 위의 어떤 문제도―아리스토텔레스의 관심 밖에 있는 것은 없었다. 그는 포괄적으로 엄밀한 논리를 전개하는 철학을 만들어냈다. 그의 철학은 모든 중요한 문제에 대한 온건하고 상식적인 답을 제공했고, 제자들의 손에 의해 완성되어야 할 미해결 문제는 믿기 어려울 정도로 조금밖에 남기지 않았다.

아리스토텔레스의 시대 이후에는 그리스의 도시들이 진정한 의미의 독립을 상실했고, 정치적 활기도 그리스인의 생활에서 빠져 나갔다. 철학은 점차 그리스 세계의 부유한 식자층의 요구에 맞게 인생의 지침으로 변질되어 갔다. 철학의 주요 임무가 상류층 인사들의 적절한 행동규범을 정의하는 것이 되자, 정말로 충격적인 신사상과 신지식은 금기시되었다. 이런 변화와 함께 간절하게 진리를 추구하던 초창기의 열정—소피스트의 열렬한 야심, 소크라테스와 플라톤이 일생을 걸었던 확고한 진리를 향한 집요한 탐구, 아리스토텔레스의 지력을 자극했던 새로운 지식에 대한 식을 줄 모르는 지식욕—은 사라졌다. 그리스 철학의 위대한 시대는 이렇게 막을 내렸다. 그렇지만 철학자들이 표현한 사상의 총체, 그리고 세계의 본질과 인간의 사고·신앙·지식의 본질에 대해 그들이 제기한 갖가지 문제들은 세대를 거듭해도 사람들의 뇌리에서 떠나지 않았고, 복잡한 진리에 대한 정교한 체계는 이들에게 영감을 주었다. 그런 체계는 전대(前代)의 사상가나 그리스 철학의 전통을 모르는 자에게는 도저히 찾아볼 수 없는 것이었다. 그러므로 이오니아의 철학자들이 기원전 6세기에 착수한, 그리고 기원전 5세기와 기원전 4세기에 아테네에서 왕성하게 확대되고 심화된, 인간의 이성에 의거하여 세계를 파악하려는 대담한 시도는 결코 헛된 것이 아니었다. 하지만 아리스토텔레스의 사후, 이성의 힘에 대한 신념이 결국 퇴색했다는 사실은 부인할 수 없다.

과학·수사학·역사

그리스 과학의 발전은 마케도니아의 정복(B.C. 338)에 의해 그리스의 위대한 시대가 끝나고 나서 도래했다. 그렇지만 기하학과 기하학적 천문학은 플라톤과 다른 철학자들의 진지한 관심의 대상이었다. 아리스토텔레스는 대단히 설득력 있게 물리학을 체계화했다. 비슷한 시기에 코스의 히포크라테스(약 460~370B.C.)는 유력한 의학의 학파를 열었는데, 이 학파는 주의 깊은 관찰과 진찰을 중시하고, 질병을 서아시아에서 보통 생각했듯이 악령에 사로잡혔기 때문이 아니라 몸속에 있는 체액의 균형이 무너진 결과로 해석했다.

수사학은 그리스의 교육에서 상당히 높은 지위를 차지했다. 숙련된 대중연설은 민주제 국가에서 정치활동을 하는 데 필수적인 덕목이었고, 실질적인 정치적 유용성이 사라진 뒤에도 계속 높은 평가를 받았다. 연설 기술의 연구와 실천은 정오(正誤)의 기준을 만들어냈고, 결국 우아하고 세련된 연설은 연설자가 중요한 말을 하는지 아닌지와 무관하게 그 자체가 찬탄의 대상이 되었다. 수사학이 정중한 교양의 하나로 변질된 것은 폴리스의 주권이 상실된 뒤였다. 그 전까지는(그리고 그 후로도 가끔은) 시민집회에서 중요한 문제가 처리되었기 때문에, 연설자에게 수사학은 피해 갈 수 없는 긴급한 과제였다.

독립된 학문으로서의 역사는 할리카르나수스의 헤로도토스(B.C. 425년경 사망)의 탐구에 의해 창시되었다. 헤로도토스는 페르시아 전쟁에 대한 매력적이고 풍부한 기록을 남겼는데, 그 목적은 그 자신의 말에 의하면 그리스인과 야만족 모두에게 "마땅히 돌아가야 할 영광"을 바치기 위해서였다. 그는 그 전쟁을 자유와 노예상태의 투쟁으로 묘사했는데, 그리스의 놀라운 승리는 자유롭고 자치적인 공동체가 왕의 의지 앞에 모든 인간이 굴복해야 하는 최강의 왕정국가보다 우월하다는 증거라고 확신했다. 헤로도토스의 이야기에서 영웅은 아테네였다. 그러나 그는 인간은 신들의 아래에 있으며, 스스로의 힘으로는 통제할 수 없는 운명에 처해 있다는 사실을 언제나 자각하고 있었다. 교만과 허세는 신의 징벌을 부른다―이는 헤로도토스의 저작에 반복적으로 나타나는 명제이며, 크세르크세스의 원정이 실패한 이유를 설명하는 데 사용되기도 했다.

투키디데스(B.C. 400년경 사망)는 그리스의 두 번째 위대한 역사가로, 변론술과 합리주의가 전성기를 누리던 시대에 아테네에서 성장했다. 그는 헤로도토스처럼 신이 인간사에 직접 개입한다고 믿지는 않았다. 투키디데스는 국가란 인체와 같은 것으로, 각 부분이 균형을 잃으면 전체에 영향을 주어 병에 걸리게 된다고 생각했다. 그의 주제는 기원전 431년에 시작된 아테네와 스파르타 간의 기나긴 골육상쟁이었다. 도시간의 전쟁에다 폴리스 내부의 투쟁까지 보탠 그 전쟁의 우여곡절은 그에게 그리스 도시의 공공생활에 내재된 결함을 꼼꼼히 관찰할 수 있는 기회를 주었다.

투키디데스가 처음부터 전쟁의 수동적인 관찰자였던 것은 아니다. 기원전 424년에 아테네 시민은 그를 장군으로 선출했다. 하지만 나중에 그가 중대한 군사적 패배를 막지 못했다고 해서 그를 추방했다. 이때부터 투키디데스는 공공생활에 적극 참여하지 않았다. 대신에 그는 서로 싸우는 양측의 주장과 행동이 정확히 어떤 것인가를 발견하는 일에 착수했다. 이는 국가의 여러 가지 결함을 치료하기 위해서는 반드시 정확한 진단이 전제되어야 한다고 생각했기 때문이다.

투키디데스는 냉정하고 침착한 관찰자가 되지 못했다. 또한 도덕적 교훈이나 인간사가 초자연적인 숙명에 따른다는 신념을 완전히 배제하지도 못했다. 종말에 가까워진 아테네가 단말마의 고통에 빠져들 무렵, 아테네인 투키디데스는 한 도시가 과거의 성공만 믿고 오만불손함이 극에 달해 정의를 저버린 결과 헤아리기 힘든 신으로부터 벌을 받는 모습을 목격하고 있다는 느낌을 떨쳐버리기 힘들다고 생각했던 것 같다. 자기가 다루는 테마가 이 고래의 법칙에 합치한다고 보게 된 투키디데스는 서서히 필법을 바꾸어, 자체의 위대함 속에 숨어 있는 결함으로 인해 파멸을 맞게 되는 비극적 영웅의 역할을 아테네에 부여했다. 이런 식으로 그는 산문의 형식을 통해 비극시인의 전통을 당대의 역사에 적용했다. 그런 점에서 헤로도토스는 서사시의 전통을 계승했다고 말할 수 있다. 그의 역사는 유럽과 아시아의 최근의 충돌을 묘사한 것인데, 그 초기의 충돌 가운데 하나는 호메로스가 『일리아스』에 기록한 바 있다.

아테네의 몰락이라는 광경을 눈앞에 놓고 세부 사실에 대한 정확성, 깊이 있는 분석, 치열하지만 통제된 정열을 결합함으로써 투키디데스는 자신의 자랑스러운 주장에 걸맞게 "당대의 일등상을 노린 논문이 아니라 영원한 유산"을 남겼다.

건축과 조각

고전시대의 그리스에서 축조된 기념비적 건물은 신전과는 거의 완전히 다른 공공건물이었다. 전통적인 형식이 있었기 때문에, 건축가의 임무는 정밀한 비율을 계산하고 세부를 완벽하게 마감하는 것에 한정되었다. 그러나 원주(圓柱)의 윤곽이나 원주를 세울 바닥을 완만한 곡선으로 처리하는 것과 같은 일에도 세심한 주의를 기울였고, 이렇게 신경을 써서 완성한 건조물은 그렇지 않은 경우와 달리 시각적인 정확성과 세련미를 갖추게 되었다.

기원전 5세기와 기원전 4세기의 조각 가운데 원형을 간직한 작품이 많이 남아 있기 때문에, 우리는 그리스 조각가들이 높은 기술적 수준에 도달해 있었다는 점을 두 눈으로 확인할 수 있다. 후세의 비평가들은 피디아스(B.C. 431년경 사망)를 가장 위대한 조각가로 치켜세우지만, 확실히 그의 손으로 만들었다고 인정할 수 있는 작품은 하나도 남아 있지 않다. 그는 파르테논을 조각으로 장식할 계획을 세웠고, 그 중 일부는 실제로 직접 만들었을 수도 있다. 그의 대표작은 아테네에 있는 아테나 신상과 올림피아에 있는 제우스 신상으로, 둘 다 상아와 황금으로 마감되었다. 귀중하기 짝이 없는 이 두 작품은 완전히 사라졌다. 그러나 남아 있는 문학적 묘사에 따르면, 피디아스는 두 위대한 신상에 초월적인 위엄과 평온한 아름다움을 부여해 사람들이 올림포스의 신들을 진지하게 받아들이지 않게 된 후대에까지 깊은 인상을 남겼다고 한다. 비극시인 소포클레스나 역사가 헤로도토스와 마찬가지로, 피디아스는 여전히 타당성을 유지하고 있던 고래의 신앙과 경신(敬神) 사상을 좀 더 정확하고 충실하게 표현할 필요가 있었던 그런 시대의 인물이었다. 다른 사람들이 말로 해낸 일을 피디아스는 황금과 상아로 해냈다. 그것은 오래된 개념들을 수정하고 확장하며 자신이 살던 세련된 시대의 풍조에 조화시키는 작업이었다.

후대의 조각가들 역시 탁월한 솜씨를 발휘했지만, 차분한 자신감과 내적 조화라는 면에서 피디아스에 필적할 인물은 없었다. 구경꾼을 놀라게 할 목적에서 작가의 자의식을 드러내고 외적 효과를 강조하는 스타일이 생겨났다. 프락시텔레스(B.C. 320년경 사망)의 유명한 헤르메스 상처럼 후대에 만들어진 신상은 피디아스의 위엄을 완전히 결여하고 있다. 이상화된 인간상의 우아함과 아름다움은 프락시텔레스도 얼마든지 표현할 수 있었다. 그렇지만 그의 헤르메스 상은 위대하지도 감동적이지도 않아 보인다. 그것은 세계의 지배자라기보다는 상상력의 유희가 낳은 귀여운 장난감에 가깝다.

지금까지 살펴본 모든 활동분야에서, 아테네인의 확신과 자신감은 페르시아 전쟁 직후의 몇 년 동안 하늘을 찌르다가 차츰 다양하고 분열적이고 복잡한 외관을 띠어갔다. 분열은 불화를 초래했고 때로는 각성을 촉구하기도 했다. 그러나 한때 그렇게 넘쳐 흐르던 활력은 금방 소진되지 않았고, 그리스의 문화형식은 최초의 개화기인 아테네의 위대한 시대가 막을 내린 뒤에도 수세기 동안 다른 민족에게 영향을 미쳤다.

펠로폰네소스 전쟁 후의 사회변화

　　　　　　그리스의 정치적·사회적 진보는 그런 문화적 변용을 강화했고 심지어 촉발했다. 펠로폰네소스 전쟁이 끝난 뒤(B.C. 404), 부자와 빈자 간의 말없는 적대감이 대부분의 그리스 도시에서 만성화되었다. 서로에 대한 불신과 공포가 계급들을 갈라놓았다. 특별한 상황이 아니면 시민들이 군사행동에 직접 참가하지 않게 되자, 중장보병대에서 공동의 임무를 수행하는 가운데 형성되었던 과거의 심리적 연대감이 사라졌다.

　아테네의 지배는 스파르타의 패권에 자리를 내주었다. '그리스인의 해방'을 위해 싸웠다는 주장에도 불구하고, 스파르타인은 적어도 아테네인 못지않게 가혹한 주인임이 밝혀졌고, 아테네의 힘은 이내 부활했다. 그러나 처음으로 전장에서 스파르타를 격파한 것(B.C. 371)은 테베 시였고, 그 후 잠시 동안 테베가 그리스를 지배했다. 여전히 야만적이던 마케도니아 왕국의 간섭은 그리스 정치의 중심부를 더욱 공고하게 결속시키는 계기가 되었다. 그러나 카이로네아 전투(B.C. 338)에서 마케도니아의 군사적 우세가 두말할 나위 없이 증명된 뒤에도, 그리스인은 자신이 속한 도시의 자주성과 정치적 독립성에 대한 끈질긴 열망을 버리지 못했다. 그래서 마케도니아의 힘이 조금이라도 약해진 듯 보이면 그리스인은 해방에 대한 희망으로 부풀어 올랐는데, 해방이라고 해봐야 실제로는 굉장히 미약했던 마케도니아의 속박에서 벗어나는 것에 불과했다.

　그렇지만 기원전 338년 이후 경제적·군사적 조직의 규모가 변함에 따라, 각 도시국가는 더 이상 진정한 주권을 행사하지 못했다. 잘 훈련된 중장보병대는 여전히 필수불가결한 존재였지만, 용병을 쓰는 것이 최상의 방책이었다. 구식 시민군은 따지고 보면 중장보병대 구성원 사이의 신뢰감에 바탕을 두었던 것인데, 펠로폰네소스 전쟁 와중에 도처에서 불거진 당파 싸움으로 인해 살벌한 분위기가 조성되었고, 시민들은 더 이상 서로를 완전히 신뢰하지 않았다. 그 결과 대부분의 시민군은 맡은 바 역할을 제대로 수행할 수 없었다. 직업적인 군대가 시민군을 보완하기 시작했고, 얼마 뒤에는 아예 시민을 대체했다. 이런 현상은 특히 몇 년 동안 작전이 계속되는 먼 곳으로 원정을 떠나는 경우에 두드러졌다. 스스로를 부양할 만큼의 충분한 토지나, 수입을 올리는 그 밖의 재산을 가지고 있던 시민들은 그냥 집에 머물러 있기를 좋아했고, 그들의 선조들이 자유로운 인간과 책임감 있는 시민의 유일한 임무라고 믿었던 고되고 영웅적인 역할을 포기해버렸다.

이런 풍조와 함께 사람들의 관심은 점차 생활의 사적인 면으로 쏠리게 되었고, 그리스인의 상상력과 감정을 온통 사로잡았던 정치는 그 압도적인 매력을 상실하게 되었다. 그리스 세계에는 빈민, 시민권이 없는 시민, 토지 없는 사람, 피난민, 외국인, 노예 등의 수가 증가했다. 공적인 일에 발언권을 가지고 있던 시민들도 그 특권이 갈수록 겉치레로 전락하고 있다고 느꼈다. 시민의 정치참여가 허용된 곳에서도, 개별 도시는 자신의 운명을 스스로 결정할 수 없었다. 이 문제에 관해서는, 그리스 전체가 군사적·외교적 장기판 위에 놓인 하나의 말이 되었다고 말할 수 있다. 그 말을 움직이는 것은 직업적인 육해군 부대를 지휘하며, 개별 도시는 엄두도 못 낼 정도의 방대한 재원을 소유하고 있는 정부였다.

기원전 338년 마케도니아의 정복에 의해 개별 폴리스의 주권이 완전히 상실되자, 그리스의 문명과 문화는 처음의 활력을 대부분 잃어버렸다. 오직 엘리트만이 플라톤이 완성한 철학의 정수를 향유하거나 프락시텔레스의 조각에 표현된 미묘한 불신의 뉘앙스를 이해할 수 있었다. 미천하고 교육을 받지 못했으며 가난에 찌든 다수의 사람들은 하나의 길을 걸어갔고, 좋은 집안에서 태어난 부유한 자들은 또 다른 길을 걸어갔다. 잠시나마 그들을 하나로 묶어주었던 폴리스의 단결은 생명력을 잃고 기억 속에서만 희미하게 살아남았다.

그러나 그리스 문명은 여전히 전도양양했다. 비록 내부적으로는 쇠퇴하고 있었지만, 지리적 팽창의 힘은 막 그 형체를 드러내기 시작했기 때문이다. 그리스 문명이 애초에 달성한 위대함은 지구상의 먼 지방에 살고 있던 사람들이나 훨씬 후대에 살고 있는 사람들이 아테네의 황금시대가 남긴 유산에 대해 계속해서 특별한 감흥을 느꼈고 여전히 느끼고 있다는 데서 여실히 입증된다. 이후 유럽에서 면면히 이어진 사상과 감성의 원류를 처음으로 가장 명료하게 표현한 것은 몇몇 그리스인의 눈부신 업적이었다.

그런 혁신적인 문물은 당시에도 주목받았다. 따라서 다음 장에서는 주변의 민족들이 어떻게 그리스의 성취에 반응했는지, 그리고 그 반응이 어떻게 헬레니즘 양식의 문명을 광범위한 지역에 확대해갔는지 살펴보고자 한다.

9장
헬레니즘 문명의 확산, B.C. 500~A.D. 200

이미 살펴본 것처럼(190~95쪽 참조), 그리스 문명의 여러 성과는 상인들에 의해 지중해 세계에서 미개의 오지라 할 수 있는 스키타이, 북부 이탈리아, 갈리아 등에 전해져 야만족 족장들의 관심을 끌었다. 에게 해 중심부에 비교적 가까이 있던 마케도니아 왕국은 그리스적인 생활양식에 흠뻑 물들어 있었는데, 이는 그리스 문명 심장부의 정복을 알리는 전주곡이었다. 그 전후사정은 꽤 시사적이다. 마케도니아 같은 변경국가들도 문명의 주변부에 위치해 있다는 지리적 이점을 이용하여 영토를 확장하고 군사력을 키우고 문명세계의 효율적인 방식으로 스스로를 조직화했을 때는 문명의 오래된 중심지에 가까운 약소 경쟁국들을 정복할 수 있었기 때문이다.

마케도니아의 정복

마케도니아의 왕들은 자신의 궁정을 그리스풍을 익히는 학교로 만들었다. 예컨대 비극작가 에우리피데스는 마케도니아의 왕궁에 귀빈으로 초빙되어 잠시 머물렀고, 아리스토텔레스는 알렉산드로스 대왕의 가정교사였다. 마케도니아의 왕들이 그리스 문명을 진정으로 동경했다는 것은 의심의 여지없는 사실이다. 그러나 그들의 그리스화(Hellenization)* 정책에는 부가적인 이점이 있었다. 궁정에 온 젊은 마케도니아 귀족은 자연히 그리스풍의 취미에 빠져들었다. 그러나 오로지 궁정에서 국왕에게 봉사하고 있는 동안에만 자신이 좋아하는 생활을 할 수 있었다. 마케도니아의 농촌지역에는 자유롭고 완강한 농민들이 살고 있었는데, 그 우두머리는 그들을 전장으로 끌고 갈 수는 있었으나 그들에게 무거운 세금을 부과할 수는 없었다. 따라서 오지의 귀족은 사적으로 그리스의 수입품을 구입하는 데 필요한 현금을 마련할 길이 없었다. 그렇지만 왕가는 광산과 정복지 해변의 도시에서 나온 현금으로 문명화된 생활방식을 영위하는 데 필요한 사치품을 구입할 여유가 있었고, 그것을 공로가 있는 부하들에게 나눠줄 수도 있었다. 이런 식으로 마케도니아의 왕들은 충성스럽고 순종적이지만 당당하고 기개 있는 일군의 장수와 신하를 만들어냈다.

왕 직속의 장수들이 마케도니아의 농민에게 그리스식 중장보병대의 전술을 가르치자, 매우 유능한 군대가 탄생했다. 마케도니아의 병사들은 수가 많고 용감하고 강인했으며, 자신의 상관에게 복종하는 습관이 있었다. 그 상관들, 즉 마케도니아의 지방귀족들은 그때까지 자신들의 발목을 잡고 있던 격렬한 분쟁을 중단하고 처음으로 왕의 명령에 따랐다. 마케도니아의 왕 필리포스(359~336B.C. 재위)는 자국 내의 새로운 세력관계를 충분히 활용한 최초의 인물이었다. 그는 일리리아와 트라키아 같은

---

* 용어상의 혼란을 피하기 위해 몇 가지 일러두고자 한다. 영어의 'Greek'(그리스인)라는 단어는 로마인의 언어에서 유래한 것으로, 고대 그리스인은 로마인을 만나기 전까지는 그 말을 모르고 있었다. 고대 그리스인이 자기들 전체를 언급할 때는 'Hellenes'란 단어를 사용했다. 따라서 영어의 'Hellenic'은 '고대 그리스인의' 또는 '고대 그리스인에 속하는' 등의 의미를 가지며, 'Hellenism'(헬레니즘)은 주로 그들의 문명을 줄여서 표현하는 데 사용되었다. 하지만 'Hellenization'(그리스화)은 '몇 가지 점에서 고대 그리스인과 비슷해지는 것'을 뜻하고, 'Hellenistic'(헬레니즘적)은 '그리스인과 유사하지만 완전히 일치하지는 않는' 상태를 뜻한다.

미개한 인접지방을 정복한 뒤 그리스로 향했다. 그의 군대는 가는 곳마다 승리를 거두었는데, 이는 장차 그의 아들 알렉산드로스(336~323B.C. 재위)가 이끄는 마케도니아군이 거둘 훨씬 더 화려한 승리를 예고하는 것이었다.

알렉산드로스의 전력(戰歷)은 헬레니즘을 동방으로 보급하는 것이었다. 그의 군대는 기원전 334년에 페르시아로 향했고, 어디를 가든 의식적으로 그리스풍을 퍼뜨렸다. 기원전 330년 페르시아의 마지막 군주 다리우스 3세가 자기 부하의 손에 죽은 뒤, 알렉산드로스는 살해된 왕의 정당한 후계자이자 복수자임을 자임했다. 그렇지만 그렇다고 해서 그리스의 모델에 따라 도시를 건설하고 그리스적인 영웅상을 체현하는 자신의 역할을 포기하지는 않았다. 알렉산드로스는 전세계를 정복하겠다는 야망을 품고 있었다. 그러나 페르시아 제국의 동단까지 평정하고 인도의 북서부에 침입한 뒤, 피로에 지친 그의 군대는 갠지스 강 유역으로 진격하기를 거부함으로써 그를 몹시 실망시켰다. 이후 인더스 강을 따라 그 강어귀까지 도달한 다음 다시 육로를 통해 바빌론까지 진군하는 고단한 여정을 거쳐 귀환했지만, 승리밖에 모르던 마케도니아의 왕은 갑자기 열병을 앓다 사망했다(B.C. 323).

군대를 통솔하여 거대한 정복사업에 나선 지 채 12년도 지나지 않아 찾아온 그의 예기치 못한 죽음은 부하 장수들 사이의 내분에 불을 지폈다. 정식 후계자이며 유복자인 그의 아들은 최초의 희생자 가운데 한 명이었다. 거의 반세기에 가까운 전쟁상태가 종료된 뒤에야 3개의 안정된 왕국, 즉 이집트의 프톨레마이오스 왕국, 아시아의 셀레우코스 왕국, 마케도니아의 안티고노스 왕국이 출현했는데, 그 왕들은 모두 마케도니아 장군들의 후예였다. 처음에는 이집트의 프톨레마이오스 왕조가 가장 강했다. 프톨레마이오스는 해상에서는 안티고노스와 에게 해의 패권을 다투었고, 육상에서는 팔레스타인 및 시리아의 귀속을 둘러싸고 셀레우코스와 싸웠다.

그리스인의 이민

프톨레마이오스 제국과 셀레우코스 제국은 모두 그리스인 이민에 크게 의존하고 있었다. 수천 명의 그리스인이 대거 고향을 떠나 타향에서 행운을 찾아보려는 희망을 품은 채 알렉산드로스의 발자취를 따라 몰려들었다. 정부의 행정관이 된 사람도 있었고, 군대에 들어간 사람도 있었으며, 특수한 군사식민지에서 농민으로 정착한 사람도 있었다. 그러나 대부분은 도시주민이 되어 정부를 위해 일하거나 상업이나 잡다한 자유직에 종사했다. 상인·의사·건축가·서기·징세청부인·직업운동선수·배우 등 직업의 수는 수백 가지였다.

대대적인 이민현상은 그리스 경제의 징후인 동시에 그 원인이었다. 알렉산드로스가 원정을 개시한 지 한 세기 만에 그리스에는 버려진 농경지와 텅 빈 마을이 속출했다. 농사를 짓던 시민들은 점차 땅을 포기했고, 노예와 외국인이 그 자리를 차지했다. 어떻게 보면 이런 변화는 그리스 사회가 서아시아에서 이미 오래전에 나타났던 패턴에 따라 움직이게 되었다는 것을 뜻했다. 그리스 문화의 첫 번째 개화기에 널리 확산된 농민과 도시민 사이의 밀접한 연대의식은 사라졌다. 도시의 상류계급(대부분 지주로서 농촌지역에서 지대를 받았다)과 일반 농민 사이에는 너무 깊어서 도저히 메울 수 없는 사회적·심리적 간극이 생겼다. 도시빈민과 부유하고 교육수준이 높은 상류계급 사이에도 그에 못지않게 큰 간극이 생겼다. 후자는 날이 갈수록 경제적·정치적 무대를 지배하게 되었다.

사회의 양극화는 서아시아에서는 오래전에 발생한 현상이었다. 그것은 실제로 문명의 대가였다. 왜냐하면 생산수단과 수송수단에 기술적인 제약이 가해지던 시대에는, 누군가가 고급문화를 체득하고 발전시키기 위해 한가한 시간을 가져야 한다면 다른 누군가는 전혀 자유시간을 가질 수 없었기 때문이다. 고전시대 자체도 사실은 그런 숙명에서 벗어나지 못했다. 아테네는 그 위대한 시대에 에게 해와 흑해 연안의 약소 도시들 위에 군림한 약탈자였다. 아테네 시민들은 일치단결하여 자신들의 이익을 극대화했고, 그 부와 여가를 개인적으로 소비하기보다는 전시성 공공사업에 사용했다. 그러나 먼 곳에서 행해지는 집단적인 착취행위라고 해서 지주가 지척에서 소작농에게 가하는 압박보다 덜 가혹하리라는 법은 없다. 그리고 종복과 마름, 교사, 기타 전문적인 서비스를 제공하는 사람들을 주변에 거느린 교양 있는 지주들의 집단이, 평등한 시민으로 구성된 제국주의적인 도시공동체에 비해 반드시 비인간적이거나 비문화적인 것도 아니다. 아테네 시민이 평등을 누릴 수 있었던 것은 공물과 약탈품, 그리고 예속민에게 정의의 법을 시행한다는 명목으로 거둬들인 각종 수입이 끊임없이 유입되었기 때문이라고 해도 과언이 아니다.

그리스의 고급문화가 소작료와 정부에서 주는 봉급을 주 수입원으로 삼고 있던 도시의 상류계급에 의해 향유됨에 따라, 그리스 문화는 이전에 비해 훨씬 쉽게 수출될 수 있었다. 아테네와 스파르타 같은 도시가 출현하기 위해서는 아주 특별한 상황이 요구되었다. 그러나 충분한 현금수입을 확보하고 있는 지주라면 누구나 그리스식 교육을 받고 그리스식 풍습을 익힘으로써, 자신이 속한 공동체의 구조를 완전히 뜯어고치지 않고도 명실상부한 그리스인이 될 수 있었다.

그러므로 그리스인의 서아시아 진출이 본격화되자, 본국에서 갈수록 도시적이고 상류계급적인 성격을 띠고 있던 그리스 문명은 오랫동안 각지의 사회를 지배하고 있던 지주와 기타 자산가들에게 쉽게 퍼져 나갔다. 이들은 알몸으로 경기를 하는 운동선수와 춤추는 소녀, 철학과 시를 포함한 그리스의 생활양식에 완전히 매료되었다. 그리스인은 대체로 적절한 그리스식 교육을 받고 그리스의 풍습을 익힌 신참자를 기꺼이 자기

집단에 받아들였다. 평범한 사람들조차 그리스어를 배우는 것이 편하고 필요하다는 점을 알게 되었는데, 그리스어는 알렉산드로스가 승리를 거둔 지 2~3세기 만에 아람어를 제치고 지중해 동부 전역에서 지배적인 언어가 되었다.

종교적 변화

처음에는 모든 것이 일방통행인 것처럼 보였다. 서아시아의 주민들이 그리스인으로부터 예술과 풍습을 차용한 데 반해, 정복자들은 피치자들의 생활에서 동경하거나 모방할 만한 것을 찾아내지 못했다. 그렇지만 그리 오래지 않아 문화적 차용은 양방향으로 이루어지게 되었다. 특히 도시의 하층계급은 서아시아의 종교가 제시하는 세계관이 전통적인 그리스 종교의 가르침에 비해 훨씬 만족스럽다고 생각하게 되었다. 이제 누구도 올림포스의 신들을 진지하게 받아들이지 않았다. 올림포스의 신들에 대한 숭배는 공식 제전과 도시적 규모의 행사와 불가분의 관계를 맺고 있었다. 반면에 지중해 세계의 대도시에 거주하던 가난하고 미천한 사람들에게는 자신이 고통을 느낄 때 위안을 줄 수 있고, 좀 더 나은 미래에 대한 희망, 즉 현세가 아니라면 내세에서라도 더 잘 살 수 있다는 희망을 심어줄 수 있는 종교가 필요했다.

교육받은 신사들은 여전히 철학자들의 신중한 주장을 좋아했다. 철학자들은 세부적인 면에서는 중요한 차이를 보였지만, 지혜로운 인간은 모름지기 극단적인 것을 피하고 매사에 지나친 우려를 삼가며 외적인 것에 대한 집착을 버려 개인의 평정심과 자제력을 유지해야 한다고 생각하는 점에서는 일치했다. 인생에 정말로 심각한 위기가 닥치지 않는 한, 그러한 가르침은 공적인 일이 다른 지방에 살고 있는 군주와 인정사정없는 신하들의 손에 달려 있던 시대에 사적인 생활을 영위하는 방법으로는 더

할 나위 없이 훌륭한 것이었다. 그러나 재난이 닥쳤을 때, 철학의 위안은 너무 초연하고 냉담해서 현실적인 힘을 발휘할 수 없었다. 동지중해의 헬레니즘적 신사들에게 재난이란 로마의 병사와 행정관들이 자신들의 정원을 유린하고 자신들이 감당할 수 없는 무거운 세금과 뇌물, 배상금을 강요하는 것을 뜻했다. 이런 상황에서는 상류계급에 속한 사람들도 좀 더 개인적이고 정서적으로 감동을 주는 신앙이 필요하다고 느꼈다.

몇 가지 종교가 그리스적 요소와 서아시아적 요소를 결합하여 그 요구에 부응했다. 소수의 그리스인은 활기차고 열정적인 확신이 넘치는 유대교에 매료되었다. 그러나 경건한 유대인이 그리스의 풍습에 대해 품고 있던 혐오감―특히 경기장에서의 알몸 노출은 유대인의 신경에 몹시 거슬렸다―으로 인해, 두 문화 사이의 타협점을 모색하기란 여간 까다로운 일이 아니었다. 다른 신앙, 예컨대 미트라(고대 페르시아의 신화에 나오는 빛의 신)와 사라피스(고대 이집트와 그리스의 태양신)에 대한 신앙은 융통성이 있어서, 서아시아의 사상과 제식을 그리스의 그것과 밀접하게 결합시킬 수 있었다. 따라서 세계를 유신론적으로 해석하려는 전반적인 경향은, 로마의 정복에 의해 동지중해 세계의 정치적 질서가 철저하게 개편되기 전에 이미 그리스인들 사이에 만연해 있었다.

헬레니즘의 과학과 예술

서아시아 문화와 그리스 문화가 생산적으로 교류한 두 번째 사례는 천문학 분야였다. 수세기 동안 바빌로니아의 관찰자들은 일식이나 월식과 같은 현상을 정확하게 관측한 기록을 축적했고, 망상의 구(球)를 이용하여 천상에 있는 물체의 위치를 정하는 유효한 방법을 개발했다. 그것을 발견한 그리스인은 천체의 기하학적 모형을 만들어서 바빌로니아인이 수집한 자료를 해명하는 작업에 착수했다. 사모스의 아리스타르코스(B.C. 230년경 사망)는 지구가 태양 주위를 공전한다는 설을 내놓았으나, 천체의 시차(視差)가 너무 작아 당시의 관측기구로는 관찰될 수 없었기 때문에 인정을 받지 못했다. 대신에 니케아의 히파르코스(B.C. 126년경 사망)가 고안한 체계가 그 후 수세기 동안 정설이 되었다. 그는 항성과 행성이 지구를 중심으로 상이한 속도로 회전하는 투명한 원형의 궤도에 끼어 있다고 가정했다. 또 행성의 규칙적인 역행운동을 설명하기 위해, 작은 천구가 지구를 축으로 원을 그리며 돌고 있는 큰 천구의 표면상 한 지점을 중심으로 회전한다고 가정했다. 따라서 관찰된 운동은 때로는 서로를 강화하기도 하고 때로는 정반대 방향으로 움직이기도 하는 독립된 운동의 합이었다. 이 가설의 이점은 관측기술이 진보하여 새로운 현상이 발견될 경우 또 다른 천구를 만들어서 그 직경과 속도, 회전축을 발견된 현상에 적용할 수 있다는 것이었다.

코페르니쿠스의 천문학이 상식이 된 오늘날에는 옛 사람들이 천체운동에 대한 기하학적 설명을 그토록 열광적으로 수용했다는 점을 이해하기 어렵다. 또한 복잡한 설명체계 자체가 신뢰를 떨어뜨리는 요인으로 보인다. 그러나 당시에 그리고 수세기 동안 모든 사람을 감명시켰던 것은 실제로 행성의 운동을 예측하게 해주었던 천체설의 수학적 엄밀성이었다. 하늘에 떠 있는 별들이 미래의 어느 시점에 어디에 나타날 것인지(또는 과거에는 어디에 있었는지)를 결정하는 능력은 그 설명체계가 전적으로 옳다는 확실한 증거로 생각되었던 것이다.

그리스의 천문학은 점성술에 적용됨으로써 더욱 확고한 기반을 다졌다. 점성술의 근본사상은 천상에서 벌어진 사건이 지상에서 벌어질 사건을 점치게 해준다는 것이었다. 그리스의 수학과 바빌로니아의 관측기록이 손을 잡자, 과거든 미래든 특정 시점에 행성의 상대적인 위치가 어디인지를 계산하는 일이 가능해졌다. 이런 기술을 바탕으로, 지구상에서 무슨 일이 일어날지를 예측할 수 있으리라 생각되었다. 인간이 태어나는 순간의 행성의 위치가 그 인간의 일생에 영향을 준다는 가정에 입각한 간단한 계산이 한 개인의 미래를 좌우하는 열쇠가 되었다. 이것이 수학적 소양을 갖추지 못한 일반인에게는 엄청난 감명을 주었던 것 같다. 결과적으로 점성술이란 새로운 학문은 이집트의 알렉산드리아에서 처음 시작된 이래 오랫동안 대단한 인기를 누렸다. 역으로 천궁도(天宮圖)를 정확히 조작할 수 있는 사람이 필요했기 때문에, 수학적 천문학도 후대까지 명맥을 유지할 수 있었다. 로마 시대에는 서기 2세기의 천문학자 프톨레마이오스가 그리스의 수학적 천문학을 『알마게스트』라는 아라비아어 제목으로 알려진 한 권의 책에 요약했다. 얼마 후 갈레노스(A.D. 200년경에 사망)는 과거에 유클리드(B.C. 300년경에 활약)가 기하학 분야에서 업적을 남긴 것처럼, 그리스 의학을 집대성하여 후세에 전했다.

헬레니즘 문화의 다른 분야도 그리스의 전통을 다양화했지만, 눈에 띌 만큼 새로운 길을 열지는 못했다. 예컨대 조각과 건축, 도시계획과 축성술 등은 답보상태였다. 문학은 박식함을 과시하는 인용구가 많아져 학구적으로 변했거나, 어리석은 양치기 소녀나 비슷한 부류를 등장시켜 기교를 부리는 식으로 변질되었다. 역사는 수사학의 한 분야로 전락했고, 수사학자는 사상보다는 미사여구를 중시했다. 그런 세련미와 기교는 물론 식자층에게만 매력이 있었다. 가난한 서민은 무언극(mine)에서 문학과 유사한 표현방식을 발견했다. 이것은 아테네 희극의 외설적인 전통을 간직하고 있던 일종의 통속극이었다.

로마의 발흥

새롭고 정치적으로 중요한 요소가 동지중해 세계의 잡다한 민족과 문화의 혼합체에 추가되었다. 로마는 처음에 마케도니아와 그리스(B.C.146), 그 다음에는 셀레우코스 왕조의 아시아(B.C. 64), 마지막으로 이집트를 정복했다(B.C. 30). 로마는 중부 이탈리아에 위치한 라틴계 도시들의 동맹을 이끄는 맹주로 그 정치적 경력을 시작했다. 에트루리아의 왕이 지배하던 초기는 귀족에 의한 공화정의 수립과 함께 끝났다(B.C. 509). 이 공화정은 처음에는 그리스와 에트루리아 문명의 타락상에 대한 반발에서, 소박한 라틴적 생활방식을 견지하려는 경향을 강하게 나타냈다. 한 세기 이상 로마인은 인근 부족과 전쟁을 치르면서 서서히 영토를 확대했다. 그러나 일군의 갈리아인이 침입하여 로마를 약탈하고 수도를 거의 함락했을 때(B.C. 390)처럼 때로는 퇴보를 겪기도 했다. 그 직후 급속한 팽창이 시작되어, 기원전 265년에는 아펜니노 산맥 이남의 이탈리아 전역이 로마의 리더십 아래 통일되었다.

로마의 성공은 수가 많고 강건한 농민의 힘에 얼마간 의존했다. 그들을 훈련시키고 지도한 완고한 귀족계급은 좀 더 문명화된 이웃을 타락시킨 사치와 부에 대해 오랫동안 깊은 불신감을 갖고 있었다. 더구나 이탈리아의 토착민들은 부족과 구역으로 느슨하게 조직되어 있었고, 확실한 근거지가 될 만한 도시가 없는 경우도 있었다. 로마는 그런 부족에 대해 자신의 군사적·정치적 리더십을 확립해 나가는 과정에서, 지방의 주권을 지키려는 집요한 움직임에 부딪힌 적이 전혀 없었다. 이는 특히 부족들이 이전부터 자신들의 정치조직을 연방적인 관계로 묶는 데 익숙해 있었기 때문이다. 따라서 큰 혼란 없이 이탈리아를 하나의 도시정부 아래 통일하는 것이 가능했다. 이에 반해 자기들끼리 끊임없이 싸움을 벌이던 그리스인은 개별 도시에 대한 충성심을 더 큰 정치적 통일체에 대한 안정적인 귀속과 결합시키지 못했다.

로마의 흥기는 북아프리카의 제국도시 카르타고와의 충돌을 초래했다. 그리스인과 카르타고인이 수세기 동안 싸움을 벌였던 시칠리아 섬이 분쟁의 도화선이었다. 카르타고인을 무찌를 능력을 갖추기 전에, 로마인은 함대를 건설하여 최초로 해상의 강자가 되어야만 했다. 기원전 241년에 카르타고인은 시칠리아에서 쫓겨났다. 시칠리아 섬은 로마의 첫 번째 속주가 되어, 특별히 임명된 행정관의 통치를 받았으며 로마에 세금을 내야 했다.

기원전 218년과 기원전 201년 사이에 로마는 훨씬 힘든 두 번째 시험에 직면하게 되었다. 카르타고의 명장 한니발이 스페인에서 이탈리아를 향해 군대를 진격시켰다. 한니발을 물리치려는 로마인의 시도는 모조리 실패했다. 칸나이에서 참패를 당한(B.C. 216) 로마군은 정면충돌을 피하기로 결정했으나 군대를 그대로 전장에 남겨 두어 한니발의 일거수일투족을 미행하게 했다. 카르타고인은 자신들에게 예속된 이탈리아의 도시와 부족들이 로마에 반기를 들고 봉기할 것으로 기대했다. 소수의 도시는 실제로 한니발을 해방자로 환영했으나, 이탈리아에 있던 로마의 피치자와 동맹세력은 대부분 카르타고인 주인보다는 로마인 주인을 택했다. 결국 12년 동안 이탈리아에 머무르면서 전장에서는 한번도 패한 바 없던 한니발도 해로를 통해 귀환할 수밖에 없었다. 로마가 파견한 원정군이 북아프리카의 원주민 부족들을 선동해 카르타고의 지배에 반기를 들게 함으로써 상황을 역전시켰기 때문이다. 북아프리카의 자마에서 로마군은 아프리카 동맹세력의 지원을 받아 최종전에서 승리했다(B.C. 202). 로마는 카르타고에 굴욕적인 강화를 요구했고, 카르타고로부터 스페인에 대한 지배권을 넘겨받았다. 그 후 로마는 서지중해에서 무적의 지배자로 군림했다.

기나긴 전쟁으로 이탈리아의 여러 곳이 황폐해졌다. 로마의 힘을 뒷받침하던 순박한 농민이 특히 심한 타격을 입었다. 그 결과, 도시의 제도적 발전이 그 방향을 바꾸었다. 카르타고와 전쟁을 벌일 때까지 로마의 정부는 2개의 상이한 민회에서 선출된 집정관들에 의해 다스려졌고, 입법 기능은 제3의 집회가 담당했다. 이런 엉성한 체계를 관장하던 곳이 원로원이었고, 원로원은 정치에 진정한 연속성을 부여한 단체였다. 집정관은 모든 중요한 사안에 대해 원로원의 자문을 구했고, 원로원의 권고를 무시하는 경우는 드물었다. 오래된 귀족집안들이 원로원을 지배했지만, 요직인 집정관에 선출되어 능력을 발휘한 '신인'도 원로원에 가세했다. 이에 따라 한니발 전쟁 발발 이전 시대에는 평민(라틴어로는 플레브스)의 정치적 힘이 점점 커지고 있었다.

카르타고와의 전쟁은 로마의 사회와 경제는 물론이고 정치구조까지 변화시켰다. 평민의 지도자들은 전쟁 초기에 한니발의 손에 패배를 맛보았고, 로마는 오래된 귀족집안 출신의 장군들에 의해 되살아났다. 이것이 평민의 지도력을 실추시키는 계기가 되었다. 또한 평민 정치가는 전쟁이 끝난 뒤에 소농이 토지를 버리는 사태가 속출하자 정치적 지지세력을 잃었다. 대신에 장군들이 가장 중요한 정치지도자 집단으로 부상했다. 그들의 권력은 점차 지휘관에 대한 병사들의 개인적 충성에 의존하게 되었다. 그래도 얼마 동안은 원로원이 큰 힘을 갖고 있었다. 원로원의 승인이 있어야만, 군사를 일으키고 전쟁을 수행하는 법적 권리를 가진 장군(라틴어로는 임페라토르)으로 임명될 수 있었기 때문이다. 이들의 정치적 경력은 원로원의 환심을 사서 군대의 지휘권을 장악하고 그런 다음 병사들의 호감을 얻어 본국에 있는 집정관과 원로원이 장군의 출세에 필요한 제반 조치를 취하지 않을 수 없게 만드는 개인적 능력에 의해 좌우되었다. 지휘관, 병사, 그리고 때때로 원로원은 군대를 본국에서 멀리 떨어진 전장에 묶어두는 데 관심을 보였다. 따라서 로마가 별 다른 구실도 없이 자주 전쟁을 벌이기 시작한 것은 해외의 위험 때문이라기보다는 내치의 어려움 때문이었다.

공화정의 붕괴

로마는 지체 없이 동방과의 전쟁에 돌입했다. 그러나 반세기 동안 원로원은 동지중해의 헬레니즘 세계의 어떤 부분에 대해서도 직접적인 정치적 지배권을 행사하려 하지 않았다. 이 정책은 이미 로마와의 전투에서 세 차례나 패배한 마케도니아가 로마의 속주가 되고 그리스가 마침내 이민족의 정복에 의해 '해방'된 기원전 146년에 포기되었다. 로마의 행정관·병사·징세관은 급속하게 헬레니즘 문명의 세련미와 사치 풍조에 물들었다. 약탈을 통해 얻은 새로운 부와 더불어 신종 취미가 로마에 유입되었다. 이와 동시에 로마 사회는 거의 3세기 전에 펠로폰네소스 전쟁의 결과 그리스 각지에 발생한 위기와 유사한, 파멸적인 빈부격차를 겪었다.

갈수록 직업화되고 있던 병사들을 지휘하던 장군들 간의 내란으로 인해 로마 국가에는 군사독재가 고착되었다. 갈리아의 정복자이자 로마 하층계급의 수호자이던 율리우스 카이사르(B.C. 44년 사망)는 결코 짧지 않은 기간에 법을 초월하는 권력을 장악하고 행사한 최초의 인물이었다. 그가 로마 정부를 재편하겠다는 의도를 밝히자, 원로원의 동료들이 격렬하게 반대했다. 이들은 카이사르를 독재자이자 찬탈자로 간주하고 원로원의 계단에서 암살했다. 그러나 공화정을 재건하려던 그들의 행위는 로마를 또 한 차례의 내란으로 몰아넣었다. 그 혼란 속에서 카이사르의 양자인 아우구스투스가 승리자로 부상했다(B.C. 30).

지중해 세계에 대한 확고한 지배권을 획득한 아우구스투스는 자신이 제거한 적들의 슬로건을 차용하여 기원전 27년에 "공화정을 재건했다"고 주장했다. 그는 공화정의 형식을 부활시켰고, 일부 속주의 통치를 원로원에 위임했다. 그러나 아우구스투스는 신중하게 군통수권을 내놓지 않았고, 막후에서 각종 선거를 교묘하게 조종하고 원로원의 심의사항에도 제약을 가했다. 그럼에도 불구하고 공화정부의 형식이 완전히 말뿐인 것은 아니었다. 황제(황제를 뜻하는 영어의 emperor는 라틴어 임페라토르에서 유래했다)가 원로원이 특별히 민감한 반응을 보이는 부분을 자극하지 않으려고 애썼기 때문이다.

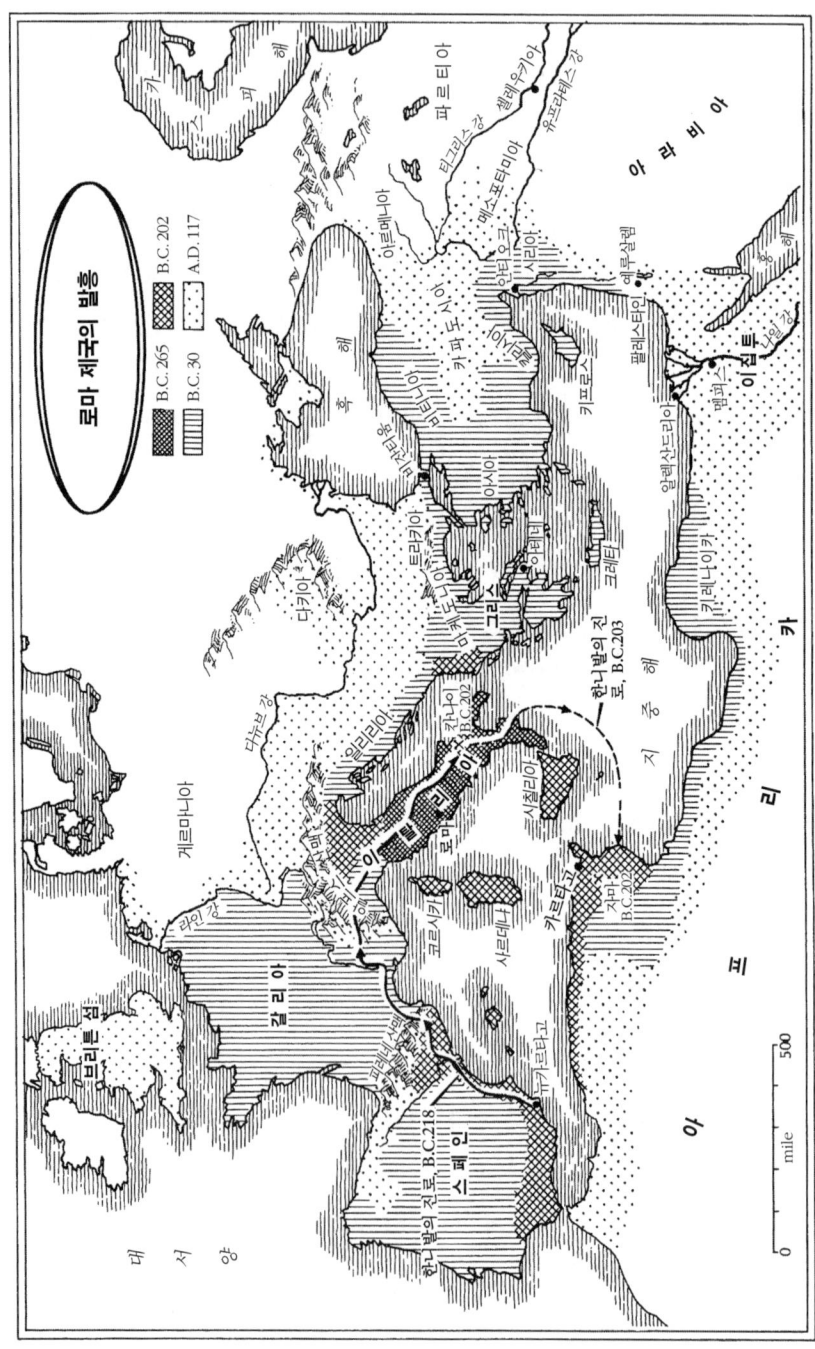

공화정의 외양을 유지하려는 노력은 황제의 자리를 다음 황제에게 계승하는 문제와 상충했다. 세습제는 자유로운 선거에 의해 정치지도자를 선출해야 한다는 공화정의 원리를 모욕하는 것이었다. 그렇지만 황제가 자신의 후계자를 지명하는 관습이 별 탈 없이 유지된 것은 모든 사람이 내란의 재발을 두려워했기 때문이다. 덕분에 아우구스투스의 승리 이후 200년 이상이나, 로마 세계는 대내적으로 평화를 유지했다. 예외적인 해는 서기 69년으로, 그 다사다난했던 한 해 동안 다른 군단 소속의 병사들이 적어도 3명을 황제로 선포했고, 제위 경쟁자들은 제국의 심장부에서 격렬하게 싸움을 벌였다. 한편 변경에서의 전쟁도 계속되었다. 예를 들어 아우구스투스는 제국의 국경을 라인 강과 다뉴브 강까지 확대했고, 클라우디우스 황제(A.D. 41~54년 재위)는 브리튼 원정을 개시했으며, 도미티아누스(A.D. 81~96년 재위)는 라인 강 상류와 다뉴브 강 사이에 있던 게르만 일부를 점령했고, 트라야누스(A.D. 98~117년 재위)는 다키아(오늘날의 헝가리와 루마니아)와 메소포타미아를 정복했다. 팔레스타인에서 일어난 두 번의 유대인 반란(A.D. 66~70, A.D. 132~135)에 개입하고, 동방의 파르티아인, 북방의 게르만인과도 여러 차례 전쟁을 치르느라 로마의 군대는 쉴 틈이 없었다. 그렇지만 이런 고투는 사상 유례없이 평화와 질서를 만끽하고 있던 제국의 내부에는 별다른 영향을 미치지 않았다.

로마 제국의 헬레니즘

이 장기간의 평화기에 로마 제국은 헬레니즘 문명이 서진하여 이탈리아·갈리아·스페인으로 이식되는 현상을 목격했다. 분명히 그리스어가 아니라 라틴어가 그 지방의 지배적인 언어가 되었다. 그렇지만 서방의 속주에 뿌리를 내린 것은 라틴 의상을 입은 헬레니즘 문화였다. 조각가들은 동시대 헬레니즘 세계의 동업자들과 동일한 기술을 사용하여 작업했다. 그러나 사실주의적인 초상에 중점을 두는 로마인의 취향이 로마의 조각에 독자성을 부여했다. 마찬가지로 문학 분야에서도 루크레티우스(B.C. 55년 사망), 키케로(B.C. 43년 사망), 베르길리우스(B.C. 19년 사망)—가장 걸출한 세 명만 언급했다—가 라틴어를 그리스의 철학·수사학·시의 정수를 표현할 수 있는 언어로 발전시켰다. 그렇지만 라틴어가 그리스어로 둔갑할 수는 없는 법이었다. 따라서 라틴 문학과 라틴 사상은 그리스의 원전을 충실히 모방하거나 그리스의 실례에서 영감을 얻은 경우에도 변함없이 독특한 색깔을 간직했다.

제국 행정의 틀 내에서, 로마의 속주는 일련의 도시국가로 편성되었다. 각각의 도시국가는 한때 그리스와 초기 로마의 생활을 규제했던 공공기관, 건물, 행정수단을 지역 특성에 맞게 변용했다. 기나긴 로마의 평화기에, 속주의 도시들은 각 지방 지주들의 지배를 받게 되었다. 이들이 문명의 혜택을 받아 세련될 수 있었던 것은, 토지를 경작하고 그들에게 지대를 바치는 주변 농민의 희생으로 얻은 대가였다. 그들이 일견 고상한 듯하면서도 무기력하고 문화적으로 나약한 것은 당연한 결과였다. 주민 중의 극히 일부만이 고도로 발달한 지중해 세계의 그리스-로마 문화를 알고 있거나 그것에 관심을 보였다. 그리고 그 운 좋은 작은 안전은 일면식도 없는 황제에 대한 변경 주둔군 병사들의 복종심에 달려 있었다. 이런 상황 속에서 그렇게 오랫동안 평화가 유지되었고, 비무장 지주계급의 특권적 지위가 서기 193년까지 위협받지 않았다는 것은 매우 놀라운 일이다. 193년 이후에는 내란과 야만족의 침입으로 제국은 다시 한 번 폐허가 되었다.

처음부터 로마 제국의 정치는 지방제도에 거의 손을 대지 않았다. 하지만 옛 관할의 경계선을 넘나드는 거래의 중요성이 커지자, 그런 일을 규제할 새로운 법제도가 필요해졌다. 로마의 집정관들은 솔선수범해 모든 장소에서 만인에게 적용될 수 있는 법리(法理)를 발전시켰다. 카라칼라 황제가 납세자의 수를 늘리기 위해 모든 자유민은 로마의 시민이라고 선포하자(A.D. 212), 수세기에 걸쳐 다듬어진 로마의 법은 제국의 영토 내에서 보편적으로 시행되게 되었다.

이 법체계의 중심 관념은 인간관계가 계약—자유롭게 체결되며 법정에서 강제되는—에 의해 규제되어야 한다는 것이었다. 두 번째 기본 관념은 모든 형태의 재산은 한 명의 명확한 소유자에게 귀속되어야 하고, 그 소유자는 자기의 재산과 관련해서 계약을 체결할 권리를 가진다는 것이었다. 이것은 분명히 상업을 촉진했고, 개인이 계약관계에 따라 부와 지위의 부침을 경험하게 되는 방향으로 사회를 움직였다. 세 번째 원리는 정치적 주권자가 자기의 의지에 따라 법을 새로 만들 수 있다는 것이었다. 이는 시대의 흐름과 함께 법체계 전체가 새로운 요구와 상황에 맞게 계속 발전할 수 있음을 의미했다.

로마법의 효율성과 유연성은 로마의 평화가 붕괴된 서기 193년을 전후하여 제국을 생명력 있는 사회경제체계로 유지하는 데 분명히 일조했다. 그 후 다양한 형태의 지방적 관습법이 유럽의 여러 지역에서 법적 효력을 갖기도 했지만, 로마법이 잊힌 적은 없으며 필요할 때마다 그 원리는 부활될 가능성이 있었고 실제로 부활되기도 했다. 후대에 상업의 부흥에도 큰 몫을 한 로마법은 로마 제국이 현대에 남긴 영속적인 유산 가운데 하나이다.

그리스도교

서력기원의 첫 두 세기 동안 표면상 헬레니즘 문명으로 장식된 로마적 생활의 이면에서 거대한 변화가 진행되고 있었다. 로마인이 역사의 무대에 등장하기 전에 시작된 서아시아 문화와 그리스 문화의 교류는 점점 가속화되었다. 로마 정부는 급속히 팽창하던 관료제, 세리, 법체계, 우편 서비스, 상비군을 운용하기 위해 고대 서아시아의 제왕적 통치양식에서 많은 것을 차용했다. 더욱 중요한 것은 종교상의 변화였다. 그 두 세기 동안에 유대적 요소와 그리스적 요소를 새롭고 더욱 설득력 있는 가르침과 결합시킨 신앙인 그리스도교가 장차 수천 년간 사람들의 마음과 감정을 형성하게 되는 운명적인 힘을 창조했다. 그렇지만 서기 200년까지만 해도 그리스도교는 경쟁상대였던, 세상의 고난에서 벗어나게 해준다고 설파하던 '비교'(秘敎)와 마찬가지로 교세가 미약했다. 그도 그럴 것이 처음에는 주로 도시의 가난하고 미천한 사람들이 그리스도교의 복음에서 위안을 얻었기 때문이다.

복음서가 그리스어로 표현되어 있고 죄와 속죄에 대한 성 바울로(A.D. 54년경 사망)의 말들이 그리스적 색채를 띠고 있었지만, 그리스도교는 기본적으로 세계와 인간의 본질에 대한 서아시아의 견해를 재확인한 것이었다. 초기 그리스도 교도의 하느님과 구원에 대한 관심, 그리고 세계의 급속한 종언에 대한 강렬한 기대는 유대교에 뿌리를 두고 있었다. 새로운 신앙의 이런 요소가 신종교의 두드러진 그리스적인 면이나 삼위일체 신학의 추상적 복합성보다 훨씬 큰 감화력을 발휘했다.

그리스도교의 원류에 대해 이런 식으로 분석한다고 해서, 복음서와 「사도행전」에서 그토록 평이하게 이야기하는 사건들이 새롭고 굉장히 호소력 있는 무엇인가를 만들어냈다는 사실을 경시하려는 것은 아니다. 분명히 예수와 그 제자들은 하느님이 곧 나타나셔서 그 권세로 사악한 세상을 바로잡을 것으로 기대했다. 그런데 예루살렘의 로마 당국이 예수를 체포해 십자가에 못 박았을 때(A.D. 30년경), 그 기대는 헛된 것으로 밝혀지는 듯했다. 하지만 얼마 후 절망에 빠진 사도들이 '다락방'에 모였을 때, 돌연 가슴에 온기를 불어넣는 주(主)의 존재를 다시 느낄 수 있었다. 이는 십자가상에서 예수가 죽은 것은 끝이 아니라 시작이라는 절대적인 증거로 간주되었다. 새로운 희망에 부푼 추종자들은 그가 영광 속에 재림하여 오랫동안 학수고대하던 심판의 날을 시작할 것이라고 결론지었다. 그들의 친구이자 주인 예수는 오래전부터 예언된 바 있는 메시아임이 분명한 것 같았다. 그는 자신의 가르침에 귀 기울이는 자를 구원하기 위해 하느님이 보내신 분으로, 곧 불 구름을 타고 나타나 산 자와 죽은 자를 심판하신다는 것이었다.

그런 놀라운 소식이 조용히 묻힐 리는 없었다. 사도들은 흥분을 가라앉히지 못하고 이야기를 들어주던 모든 사람에게 지금까지 무슨 일이 일어났고 앞으로 어떤 일이 벌어질지 열심히 설명했다. 이 열광적인 소수의 전도자를 중심으로 역사적인 그리스도교의 방대한 조직이 서서히 형성되었다. 이는 붓다와 공자를 비롯한 위대한 인류의 교사들이 촉발한 전면적인 변모와 궤를 같이 하는, 세계를 뒤흔든 놀라운 과정이었다.

하지만 한 가지 중요한 점에서, 그리스도교의 역사적 궤적은 다른 위대한 종교와 달랐다. 유식하고 존경받던 유대인들은 처음부터 예수가 메시아라는 생각을 받아들이지 않았고, 몇몇 유대인만이 새 복음을 수용했다. 그러나 성 바울로와 여타 추종자들은 그리스화된 시리아와 소아시아의 여러 도시에 살고 있던 이교도 사이에서 열성적인 신도들을 찾아냈다. 구세주를 기다렸으나 유대교의 의례적 규정을 받아들일 엄두가 나지 않던 사람들은 그리스도교의 메시지가 완벽하게 납득할 만한 것이라고 생각했다. 그런 개종자들은 유대교의 계율에 따를 필요가 없다는 결정이 일찌감치 내려졌다. 그리스도('기름 부음을 받은 자'를 뜻하는 그리스어로, 히브리어의 '메시아'에 해당한다)에 대한 신앙과 그리스도교 공동체의 일원으로 새로운 생활을 하는 것으로 충분했다. 그 결과, 예루살렘의 유대인 그리스도 교도가 서기 66~70년에 일어난 유대인 반란기간 중에 각지로 뿔뿔이 흩어진 이래, 그리스어를 사용하는 동지중해 도시의 그리스도교 공동체는 유대교와의 연을 완전히 끊었다. 세계의 대(大) 종교 가운데 요람기에 그런 환경의 격변을 경험한 예는 없었다. 그리스의 사상과 종교적 유산은 유대인의 그것과 완전히 딴판이었고, 이교에서 개종한 자는 필연적으로 과거의 사고방식을 지니고 있었다.

특히 신의 특징과 인간의 특징을 한 개인 안에 통합하는 것은 그리스인에게 굉장히 익숙한 관념이었다. 예수 그리스도가 인간인 동시에 하느님의 아들이라는, 따라서 신성하다는 관념은 사상과 언어가 그리스적인 개종자에게 강력한 호소력을 지녔다. 그래서 그리스도라는 존재의 신성(神性)이 더욱 중시되는 경향이 있었다. 마찬가지로 그리스 특유의 논리적인 사고방식은 성부·성자·성령의 관계를 명확히 정의할 것을 요구했다. 성령은 예수가 십자가에 못 박힌 뒤에 예루살렘의 사도들에게 나타났던 것처럼, 때때로 그리스도 교도들의 집회에 나타나 그들을 고무시켰기 때문이다. 그 요구로부터 정묘(精妙)한 삼위일체설이 탄생했다. 그러나 교리의 추상적인 정의가 굉장히 중요한 문제가 되기 전에, 그리스도 교도는 예수가 지상에서 어떻게 살았는지 알 수 있는 신뢰할 만한 기록이 필요하다고 느꼈다. 이에 따라 4대 복음서가 서기 70~100년에 집필되었는데, 각 복음서는 예수 그리스도의 언행에 대해 다소 엇갈리는 회상을 기록한 것이다. 그 직후 성 바울로의 편지, 권고 또는 예언을 담은 그 밖의 텍스트들이 추가되어 신약이 성립되었다. 일주일에 한번씩 모여 성전(聖典)과 유대교의 경전을 강독하는 것은, 찬송 및 예수와 제자들의 최후의 만찬을 기억하는 성찬식과 함께, 팽창일로에 있던 그리스도 교도 공동체의 신앙을 유지했다.

이 집단의 구성원들이 특히 병에 걸렸거나 곤란한 일을 당했을 때 서로 기꺼이 도와주던 것도 초대교회(初代敎會)를 지지한 유력한 요소였다. 로마의 지배자들은 세계의 급속한 종언과 로마의 전복을 설파하던 비밀결사 같은 단체를 불신의 눈으로 바라보았지만, 그리스도교 교회는 의연하게 도시의 빈민과 낙오자 중에서 개종자를 만들어냈다.

그리스도교의 성장은 그리스의 이교적 활력이 전반적으로 쇠퇴하면서 헬레니즘이 마침내 팽창력을 상실하고 있다는 징후였다. 하지만 이 무렵에 아시아와 유럽의 여러 민족은 자신들이 가치 있다고 판단한 헬레니즘 문명의 요소들을 변용하고 차용하여 자기 것으로 만든 상태였다. 이런 문명 변용의 메아리는 인도는 물론이고 멀리 중국까지 퍼져 나갔다. 그 과정은 다음 장에서 헬레니즘 전성기 때의 인도 문명과 중국 문명의 발전, 그리고 문명사회의 성취가 야만족 세계 전체에 불러일으킨 반향을 고찰하면서 함께 검토할 것이다.

10장
아시아, B.C. 500~A.D. 200

헬레니즘 문명이 성장하여 그 발상지인 에게 해 바깥으로 고상한 생활양식을 퍼뜨리는 동안, 구세계의 다른 문명들도 멈춰 있지는 않았다. 마케도니아와 로마의 정복사업은 헬레니즘 세계와 로마 세계의 경계를 뛰어넘어 다른 지방에 영향을 미쳤는데, 특히 인도의 경우 그 영향이 뚜렷했다. 동시에 몽골에서는 최초의 강력한 유목민 연합체가 형성되어 스텝지대를 횡단하는 대대적인 민족이동을 촉발했다. 그 결과 유라시아의 모든 문명화된 민족과 다수의 반(半)문명화된 민족 사이에 유례없이 친밀하고 지속적인 교류가 이루어졌다. 모든 주요 문명의 중심지는 문화적인 면에서 기본적으로 보수적인 경향을 띠고 있었지만, 유라시아 대륙 전체를 횡단하는 새로운 접촉의 증가는 중요한 교통로가 교차하는 지역의 여러 민족을 자극하여 비상한 창의성을 발휘하게 해주었다. 그것은 특히 종교 분야에서 두드러졌다.

인도의 마우리아 제국

알렉산드로스가 군대를 이끌고 인더스 강 유역으로 진입

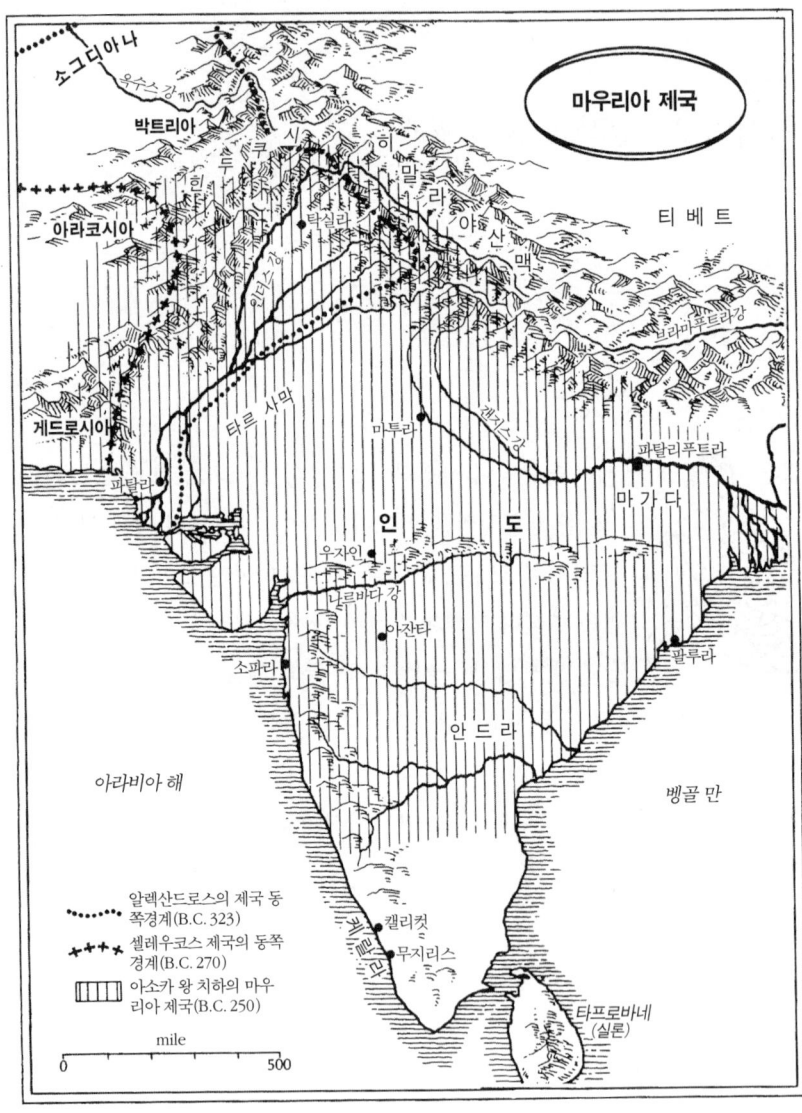

했을 때(B.C. 327), 갠지스 지방의 대부분은 이미 단일한 마가다 왕국으로 통일되어 있었다. 마케도니아가 인도 북서부에 침입하여 지방의 수비망과 동맹을 파괴한 덕에, 마가다의 왕 찬드라굽타 마우리아(약 321~

297B.C. 재위)는 인더스 지방을 자신의 영토에 추가할 수 있었다. 그의 손자 아소카(약 274~236B.C. 재위)의 시대에는 인도의 중부와 남부(최남단 제외)까지 마우리아 제국에 병합되었다.

이 방대한 왕국은 페르시아와 헬레니즘의 모델에서 많은 것을 배웠다. 마우리아 시대의 조각은 힌두쿠시 산맥 너머에서 유입된 직인들에 의해 제작된 것 같다. 찬드라굽타의 왕궁은 페르세폴리스에 있는 페르시아의 왕궁과 흡사해 보인다. 아소카가 제국 곳곳에 세운, 조칙(詔勅)을 새긴 유명한 석주는 비시툰의 암벽에 새겨져 있는 다리우스 왕의 비문을 모방한 듯하다. 마우리아 왕조의 세계제국이라는 개념 자체도 페르시아와 마케도니아의 전례에서 따온 것일지 모른다.

그렇지만 젊어서 전쟁과 정복에 빠져 지낸 후 아소카는 경건한 불자가 되어 여생을 영적 세계를 탐구하는 데 바쳤다. 그는 제국의 각지와 해외에 포교사절을 파견했다. 또한 붓다의 사리를 보관하는 몇 개의 사찰을 지었다. 한동안은 불교가 인도 전역을 휩쓸 것처럼 보였다. 그러나 예불, 성지순례, 보시를 동반한 공식적인 불교 장려책도 불교의 본래 약점을 극복할 수는 없었다. 그렇게 다양한 노력을 기울였건만, 불교가 오직 승려에게만 완벽한 인생의 지침을 제공할 수 있다는 사실에는 변함이 없었다. 평범하게 살아가는 일반인은 여전히 생일·결혼·죽음이나 기타 인생의 중요한 순간에는 브라만이 집행하는 의식에 매달릴 수밖에 없었다.

아소카 왕이 죽은 직후, 그의 제국은 서로 싸우는 다수의 소왕국으로 분열되었다. 새로운 침입자들—그리스인·샤카인·쿠샨인·파르티아인—이 중앙아시아의 산길을 넘어 몰려왔다. 이들의 침입은 스텝지대의 전투에서 패해 쫓겨난 집단의 이동과 관계가 있었는데, 이런 상황을 촉발한 것은 갓 통일된 중국과 투르크어를 사용하는 내·외 몽골의 유목민 사이의 충돌이었다.

중국의 통일

스텝지대의 여러 민족 사이에서 발생한 광범위한 대변동은 중국의 통일에 의해 개시되었다. 통일을 달성한 인물은 진(秦)나라의 왕이었다. 기원전 221년 스텝지대의 야만족을 상대로 한 장기간의 전투에 단련되어 있던 그의 군대는 중국 내의 모든 경쟁자를 물리쳤고, 그는 새로운 왕조인 진의 첫 황제, 즉 시황제(始皇帝)로 칭했다. 그는 철두철미하게 행정개혁을 단행했다. 전국을 군과 현으로 분할했는데, 그 경계는 오늘날까지 유지되고 있다. 문자의 서체도 통일하여 널리 보급했다. 이로써 그 이전에 쓰인 책은 해독하기가 어려워졌다. 또한 그는 유목민의 침입을 막기 위해 만리장성을 건설했고, 외적이 국경을 위협하거나 지방에 반란이 일어나면 군대를 급파할 수 있도록 도로망과 역참을 효율적으로 정비했다.

전제군주이자 정복자였던 이 위대한 인물은 가차 없이 각 지방의 전통을 파괴했고, 자기의 권력에 걸림돌이 되는 것은 모조리 배척했다. 무엇보다도 천자는 전통적인 예(禮)의 규범에 따라 통치해야 한다고 규정한 유교의 교의는 눈엣가시 같은 존재였다. 그래서 시황제는 유교를 금했고, 유교서적은 각 1부씩만 궁정 서고에 보관토록 하고 나머지는 모조리 불태워버리라고 명했다. 이 칙령 때문에 후대의 유가는 그에 대한 증오심을 거두지 않았다. 당시 더욱 중대한 문제는 국가사업에 인력을 대량으로 징발한 것으로, 이는 많은 백성의 원성을 샀다. 그가 기원전 210년에 사망했을 때, 그의 뒤를 이은 아들은 부친의 권력을 유지할 능력이 없었다. 다시 내란이 일어났고 기원전 202년에 이르러 끝이 났다. 그 해에 한(漢)왕조의 창시자는 중국 전역에 대한 지배권을 확립했다. 한 차례의 짧은 찬탈기간(A.D. 9~22)을 제외하고, 그의 후손들은 서기 220년까지 천자의 직무를 수행했다.

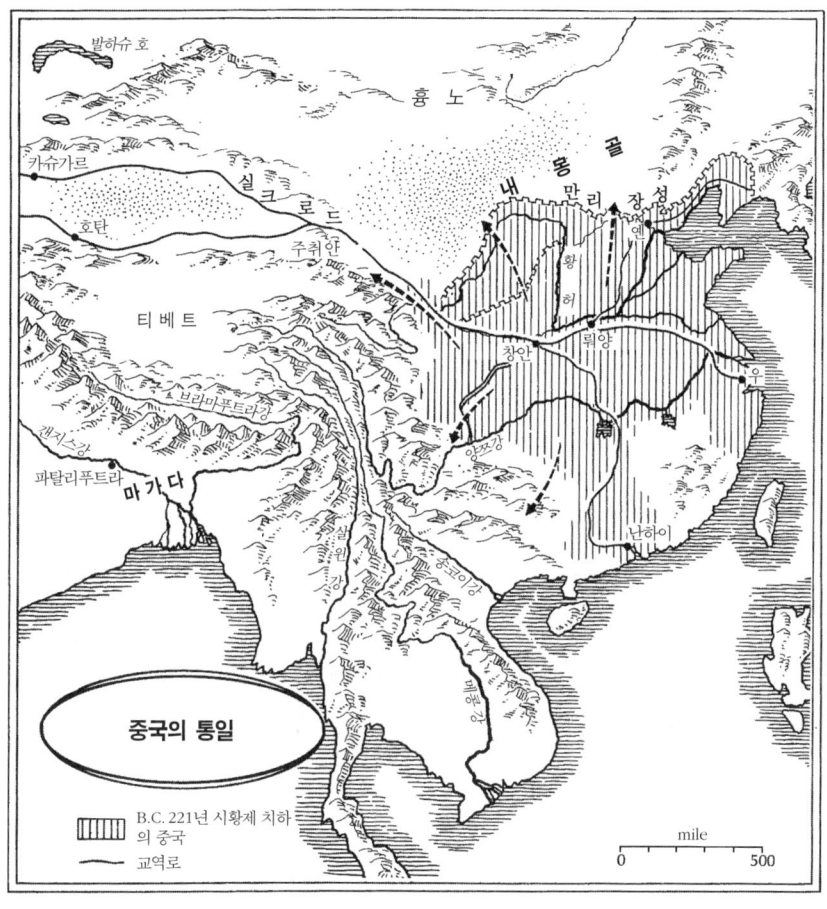

중국의 통일

B.C. 221년 시황제 치하의 중국
교역로

 한의 초기 황제들은 중국 사회의 유력한 구성분자이던 지주계급과 손을 잡았다. 지주 가문의 자식들은 유교적 성격이 강한 교육을 받았고, 황제의 관료조직에 등용되었다. 이로써 관리와 지주 사이에 대단히 조화로운 관계가 형성되었다. 그들은 합심하여 농민과 다른 하층계급을 적절한 사회적 위치에 묶어두었다. 중국 사회가 그런 방향으로 안정화되었다는 하나의 징표는, 전국시대(戰國時代)의 두드러진 특징이었던 사상논쟁이 쇠퇴했다는 점이다. 이를테면 시황제는 국가의 권리가 모든 것에 우선한다고 주장하던 법가에 공감했지만, 한대의 황제들은 공자의 가르침을 공식 정치이념으로 받아들였다. 경쟁적인 학설들이 잠잠해진 것은 사상적으로 논박되었기 때문이라기보다는 국가의 공식 승인을 얻지 못했기 때문이었다. 하지만 이로 인해 중국 제국의 식자층은 현저한 사상적 획일성을 드러내게 되었다.

중앙아시아의 여러 정권

이상에서 언급한 중국사회의 안정화가 완성되기 훨씬 전에, 통일중국의 막강한 군사력은 외부를 향해 발휘되었다. 시황제는 통일 직후에 공세를 취해 여러 부족을 내몽골에서 쫓아냈다. 그들은 고비사막을 건너 외몽골의 인적 없는 스텝지대로 달아났다. 이 도망자들을 중심으로 스텝지대의 야만족 연합체가 형성되었다. 중국인이 흉노(匈奴)라고 부르던 그 연합체는 급속히 강성해져 통일대국 중국과 힘을 겨룰 만한 수준에 도달했다. 예컨대 한의 초대 황제는 흉노와의 일전에서 거의 목숨을 잃을 뻔했다(B.C. 200). 아찔한 경험을 한 그는 흉노와 화약을 맺고, 연합체의 수장에게 공물을 보냈으며 내몽골에 대한 그들의 옛 지배권을 인정했다.

그 후 흉노는 스텝지대를 횡단하여 서방으로 지배력을 확장하기 시작했다. 이 과정에서 그들은 페르시아어를 사용하는 여러 민족을 그들의 거주지에서 추방했는데, 이 민족들은 남서쪽으로 이동하여 그리스의 영향권에 있던 박트리아 왕국을 무너뜨렸다. 흥미롭지만 별로 알려지지 않은 이 왕국은 쇠망해가던 셀레우코스 제국과 마우리아 제국의 중간지대에서 흥기했고, 그리스어를 사용하는 다른 왕국들보다 훨씬 동쪽에 위치해 있었다. 그렇지만 여러 민족이 계속해서 히말라야 산맥을 넘어 인도 서북부에 침입하던 혼란기가 지나자, 중앙아시아와 서아시아의 오아시스 및 스텝지대는 좀 더 안정된 질서를 회복했다. 기원전 102년에는 중국 군대가 서진하여 멀리 시르다리야 강까지 천자의 종주권을 확립했다. 얼마 후(정확한 연대에 대해서는 의견이 분분하다), 쿠샨의 왕이 지배하는 제법 강력한 군주국이 이전에 박트리아 왕국이 있던 곳 — 지금의 아프가니스탄에서 산악지대를 지나 오늘날의 파키스탄까지 걸쳐 있던 지역 — 에 세워졌다. 쿠샨인은 흉노가 중국의 서역에서 쫓아낸 페르시아 부족민의 후손이었다. 더 서쪽에서는 새로 스텝지대에 나타난 페르시아계의 파르티아인이 기원전 171년부터 서기 226년까지 존속한 안정적인 제국을 건설했다.

전술과 교역에서의 변화

중앙아시아의 문명화된 정부들이 안정될 수 있었던 것은 기마부대의 전술에 큰 진보가 있었기 때문이다. 기원전 100년 이전에, 파르티아인은 말에게 특별히 재배한 알팔파를 사료로 먹이면 그때까지 스텝지대에 흔하던 털 많은 조랑말보다 훨씬 크고 강하고 아름다운 품종의 말을 얻을 수 있다는 것을 발견했다. 그런 말은 훨씬 무거운 무구를 감당할 수 있었다. 이것은 기병과 말이 완전무장을 하면 스텝지대의 적병이 발사하는 화살의 위력을 반감시킬 수 있다는 의미에서 중요했다. 그렇게 중무장한 기병은 사실 스텝지대의 기마병과 대등하게 화살을 교환할 수 있었고, 적의 화살통이 비면 그들을 전장에서 몰아내고 필사적인 퇴각도 방해할 수 있었다. 하지만 중무장한 기마병이 경무장한 적의 말을 따라잡기는 힘들었다. 그 결과 문명세계의 중무장 기마병과 스텝지대 유목민의 경무장 기마병 사이에는 일종의 대치상태가 형성되었다. 어느 쪽도 상대방의 세력권 안에서는 승리할 수 없었다. 대형 말은 황량한 스텝지대의 빈약한 잡초만 먹어서는 충분한 영양을 섭취할 수 없었고,

농경지대에서는 비무장 유목민이 중무장한 신식 기마병에게 승리할 수 없었다.

알팔파를 재배할 관개지가 부족할 때는 건초와 곡물을 사료로 써도 무방한 큰 품종의 말을 유지할 수 있는 농경공동체는 유목민의 습격을 막아낼 가능성이 있었다. 그러나 문제는 막대한 비용이었다. 말과 무구, 그리고 신병기를 효과적으로 사용할 수 있는 훈련받은 직업적 병사를 두려면 만만찮은 비용이 들었다. 또 다른 어려움은 개별 병사에게 신병기를 구입하고 유지하기에 충분한 수입을 보장해주기 위해서 지방제도를 바꿔야 한다는 것이었다. 이는 보통 한 마을이나 여러 마을을 완전무장한 한 명의 전사에게 복종하도록 해야 함을 뜻했다. 그러나 농촌지역에서 가공할 만한 힘을 가진 전사계급이 출현하자, 그들의 묵계나 협력 없이는 중앙정부의 의지가 관철될 수 없었다. 군주와 농민, 도시주민은 모두 그런 사회적 변화를 싫어했기 때문에, 문명사회는 이란과 중앙아시아처럼 스텝지대로부터의 부단한 습격에 노출된 곳을 제외하곤 신식 중무장 기마병에 의존하는 전쟁기술을 즉각 받아들이지 않았다.

그럼에도 불구하고 중앙아시아에서 스텝지대의 유목민에 대한 방어선이 구축되자, 문명사회의 정부와 상인은 서로 협력하여 안정적인 교역로를 만들어냈다. 잘 정비되고 치안이 유지되며 무거운 통행세가 부과되는 대상로(隊商路)가 중국과 로마를 연결했던 것이다. 대상들은 '실크로드'를 따라 서방으로 가서 중국의 비단을 로마 제국의 시리아까지 운반했고, 돌아오는 길에는 금속, 유리, 상당량의 화폐와 같은 다양한 상품을 싣고 왔다.

거의 같은 시기에, 그리스어를 사용하면서 홍해를 근거지로 삼아 활약하던 선장들이 인도양의 규칙적인 계절풍을 이용하여 아덴 해협에서 대양을 횡단하여 남인도에 도달하는 방법을 찾아냈다. 벵골 만을 건너 인도의 동해안과 말레이를 연결하는 유사한 항해도 시도되었다. 크라 지협

(地峽)의 짧은 거리를 육로로 횡단하면 동남아시아 연안에서 활동하던 중국의 선박과 접촉할 수 있었다. 따라서 서력기원이 시작되기 직전에는 말레이 반도를 가로지르는 지협 구간만 제외하면, 해상교역로가 로마와 중국을 연결하게 되었다.

수백, 아니 어쩌면 수천에 달하는 사람—낙타 몰이꾼, 항해자, 호위병, 상인, 짐꾼 등의 보통사람—이 그 교역로를 오가며 먹고살았다. 그들은 문자기록에는 별다른 자취를 남기지 않았다. 그렇지만 야영지의 모닥불 주변에서 또는 항구의 선술집에서 사람들이 주고받은 이야기는 아시아 전역의 저잣거리를 통해 멀리 시리아에서 중국까지, 그리고 남인도에서 아랄 해까지, 그때까지 알려진 세계 각지에 대한 정보와 오보를 퍼뜨렸음에 틀림없다.

학문과 예술의 발전

구세계의 4대 문명 가운데 중국과 인도, 서아시아 사이의 빈번한 교류와 여행으로 인해 근본적인 변화를 겪은 곳은 한 군데도 없었다. 이미 살펴본 바와 같이 그리스풍의 생활양식은 서아시아 사회의 상류층에 침투했고, 미개한 유럽과 교류하여 지중해 전역을 문명화했으며, 갓 출현한 그리스도교에도 명확한 각인을 남겼다. 그러나 구세계의 다른 문명과의 접촉은 그리스-로마 신사의 생활에 비단옷을 입는 사치 이상의 의미를 추가하지는 못했다.

다른 곳에서도 사정은 마찬가지였다. 예컨대 중국의 주류 문화도 나머지 문명세계와의 접촉에 의해 중대한 영향을 받지는 않았다. 유학의 경전에 심취한 학자와 관리는 교역에 종사하는 하층 사람들의 어리석은 생각 따위는 안중에도 없었다. 이는 로마의 학자나 관리에게 그리스도교 같은 새로운 미신이나 권위가 실추된 올림포스의 신들이 하등의 문제가 되지 않았던 것과 마찬가지다. 인도의 상류층인 브라만의 생활에 대해서는 많은 것이 알려져 있지 않지만, 그들도 그리스·인도·서아시아의 문명이 가장 활발하게 교환되던 항구나 대상의 숙소에서 흘러나온 소문이나 잡담에 별 흥미를 느끼지는 않았을 것이다.

다시 말해서 구세계의 문명은 기존에 걷던 길을 계속해서 걸어갔다. 중국에서는 공자의 죽음(B.C. 479)에서 시황제의 최종 승리(B.C. 221)까지의 기간에 왕성한 창조력이 발현되었다. 다양한 경쟁 학파가 나타나 유가와 도가의 아성에 도전했다. 그러나 한 왕조가 중국에 평화를 정착시킨 뒤, 여러 사상은 위축되거나 유교에 흡수되었다. 이 과정에서 공자가 원래 다루지 않았던 많은 것이 제자들의 학문적 전통에 스며들었다. 그 통상적인 방법은 유교경전을 우의(寓意)나 언어도치(倒置)로 취급함으로써 모든 종류의 새로운 개념을 그 안에서 읽어내는 것이었다. 우의나 언어도치가 내포한 진리는 학식과 재능을 겸비해 그 의미를 완전히 판독할 수 있는 학자만이 이해할 수 있었다. 후대의 사람들이 그리스도교의 성서를 다루던 것과 같은 방식으로, 무수히 많은 새로운 개념이 무리 없이 유교의 틀 안에 통합되었다.

중국의 학문은 문예의 독자적인 형식으로서의 역사가 창시됨으로써 더욱 발전하였다. 위대한 선구자 쓰마첸(司馬遷, 145~87B.C.)은 태고부터 자신이 살고 있던 당대에 이르기까지, 자신이 알고 있는 과거의 모든 기록을 여러 권의 책으로 편찬했다. 중국사를 집필한 그의 중심사상은, 모든 왕조는 하늘의 선택을 받은 대단히 후덕한 지배자에 의해 시작된 다음 차츰 원래의 덕을 잃어가다가 결국 인내심을 상실한 하늘이 부족하기 짝이 없는 최후의 지배자에 대한 위임을 철회함으로써 막을 내린다는 것이었다. 그는 중국의 과거에 대한 사료를 설득력 있게 그 도식에 끼워 맞추었기 때문에, 그의 저서는 이후 모든 중국 역사서의 귀감이 되었다.

인도의 문학적·지적 발전에 관해서는 알려진 바가 많지 않다. 성직자의 세력 신장, 우아한 궁정생활, 수도승의 고행은 굽타 시대(A.D. 320~535년경)에 고전문화의 수준에 도달하게 되는데, 아마 이때부터 성숙해지고 있었을 것이다. 그러나 모든 연대가 불확실하므로, 인도의 사상과 문학에 대한 논의는 다음 장으로 넘기는 게 좋을 것 같다.

  페르시아 지역의 사정은 애가 탈 정도로 불명료하다. 이란과 메소포타미아에서 셀레우코스 왕조의 지배가 파르티아 왕조에 의해 대체된 사건(B.C. 171)은 적어도 초기에는 근본적인 문화적 영향을 미치지 못한 것으로 보인다. 파르티아의 군주들은 셀레우코스의 왕들과 마찬가지로 주요 세수를 그리스화된 메소포타미아의 도시들로부터 얻었고, 대체로 헬레니즘에 호의적이었다. 하지만 조로아스터 신앙이 남아 있던 농촌지역에서는 순수한 페르시아풍의 생활양식이 지속되었다. 이는 서기 226년에 새로운 페르시아 제국인 사산조가 수립되었을 때 정치적으로 분명히 표출되었다.

  미술은 새로운 시각적 체험에 노출된 상황을 그대로 반영했는데, 이는 문학이 다른 학문전통과 접촉했을 때 보여준 반응에 비해 훨씬 민감한 것이었다. 미술작품은 외국인이나 문외한이 어떤 반응을 보이기 전에 굳이 번역될 필요가 없었기 때문이다. 이와 대조적으로 학문적인 문화는 소양이 없는 자에게는 전혀 이해될 수 없었다. 이는 인도의 예술가가 그리스의 조각을 접하고 자극을 받아 단기간에 독자적인 조각양식을 완성했던 예에서 잘 드러난다. 가장 오래된 인도의 조각은 아소카 왕의 시대로 거슬러 올라간다. 그 후 채 두 세기가 지나기 전에 풍부하고 성숙한 양식이 발전했는데, 대표적인 예는 산치에 있는 거대한 불탑에 새겨진 정교한 조각이다. 미술사가들은 인도의 미술가가 그리스인에게 얼마나 많은 빚을 지고 있는지에 대해 아직도 논쟁 중이다. 그렇지만 인도의 조각에 전반적으로 나타나는 자연주의적 성격, 지중해 지방 특유의 장식적 요소, 인도의 석공이 (적어도 알렉산드리아에서 수입된 조잡한 모조품을 통해서라도) 그리스 조각을 실물로 접할 기회가 충분히 있었다는 사실 등은 두 가지 조각의 전통이 실제로 접촉했음을 시사한다.

힌두쿠시 산맥 양쪽에서는, 그리스 조각의 형식을 이용하여 불교의 신들을 구체적인 조상(彫像)으로 표현하는 하나의 잡종적 미술양식이 개화했다. 불교의 포교사들은 이 미술을 중앙아시아 전역에 전파했고, 이 장에서 다루고 있는 시기가 끝날 무렵에는 그것을 중국까지 전했다. 이 미술양식이 동쪽으로 전해지면서, 그리스의 관습이 잘못 해석되었고 그 정신도 변질되었다. 원래 아폴론의 자연주의적인 초상으로 시작된 조각이 내세에 대한 열망을 환기시키는 양식화된 조각으로 탈바꿈했다. 그리스의 감화를 받은 불교미술이 본격적으로 중국에 영향을 미친 것은 서기 220년 한 왕조가 멸망한 뒤였다. 그것은 중국 미술에 깊이 스며들어 그 때까지의 양식을 크게 변화시켰다. 이처럼 간접적으로, 그리스의 미술양식은 아시아 대륙을 횡단하여 전파되었고, 그 과정에서 원래의 의미와 상징이 변용되었다.

새로운 세계종교

하지만 미술양식의 전파는 구세계의 독자적인 문명들 사이에 지속적인 교류의 물꼬가 트이면서 생긴 가장 중요한 문화적 결과는 아니었다. 오히려 다른 문화권에 속한 사람들이 시장에서 만나 잡담을 나누던 지역에서, 정처 없는 떠돌이와 상처 받은 영혼들의 공동체가 생겨났고, 그들은 일종의 종교적 개혁에 의해 암담한 세상을 견딜 만한 것으로 만들어보고자 노력했다. 그들이 이룩한 근원적인 개혁은 그 후 전 시대에 걸쳐 다른 지역에서 살아가던 수백만 명의 마음을 사로잡았다.

세 가지 종교가 특히 유력했다. 각 종교는 인도의 남부, 인도의 북서부, 그리스어를 사용하는 로마 제국의 각지에서 일어났다. 그리스도교는 물론 그리스어를 쓰는 동지중해 도시주민들의 위대한 종교적 창조였다. 거의 같은 시기에 신앙의 형태를 재정립한 힌두교가 인도 남부에서 출현했고, 대승불교는 인도 북서부에서 흥했다. 세 지역은 모두 활발한 원격지 무역의 중심지였고, 뿌리 없는 사람들이 모여든 신흥 대도시의 소재지였다. 또한 복잡하게 중첩된 각양각색의 오래된 종교적·문화적 전통이 예민한 개인을 자극함으로써 새로운 영적 체험과 신비감, 정교한 의례, 참신한 논리에 힘입은 개인이 자기의 신앙을 수정할 수 있는 그런 지대에 속해 있었다.

초기의 그리스도교에 대해서는 이미 이야기했다. 그리고 유대의 전통과 그리스의 전통이 혼합된 것이 새 종교의 초기 국면을 결정한 요인이라는 점도 지적했다.

아리아·드라비다·그리스-로마의 영향이 중첩된 남인도의 환경에서, 힌두교는 서력기원이 시작된 뒤 몇 세기 동안 차츰 명확한 성격을 띠어갔다. 이 변화가 더디게 진행된 것은, 한 명의 예언자나 설교자가 신중하게 또는 의식적으로 인도의 전통적인 신앙을 뜯어고친 것이 아니었기 때문이다. 오히려 의례에 창의성을 더하는 과정을 통해, 상이한 인도의 카스트에 의해 숭배되는 무수한 신들에 관한 다종다양한 신화가 대립적이지만 상호 보완적인 시바와 비슈누라는 두 신으로 점차 압축되었다. 신자들의 믿음에 의하면, 그 두 신은 특정 신자의 이해력과 감화력에 따라 갖가지 상이한 모습으로 인간 앞에 나타난다고 한다. 따라서 거의 모든 원시신앙과 지방의 특수한 신앙이 용이하게 비슈누 신 및 시바 신에 대한 신앙과 결합될 수 있었다. 지방의 신들이 사람들의 숭배를 받고 있다는 사실 자체가 그 신들이 두 주요 신의 화신임을 보여준다는 것이었다.

그런 교의는 힌두교에 질서와 체계를 부여했다. 지방의 신앙이 힌두교의 두 최고 신 중 하나에 대한 숭배의 형태로 간주되자, 신자들은 그때까지 특정한 화신의 모습으로만 알고 있던 신에 대해 좀 더 세련된 의식을 행하게 되었다.

　새로워진 힌두교의 중요한 특징은 다음과 같은 점이다. 비슈누와 시바를 숭배하는 신자들은 두 신을 구세주라고 믿었다. 두 신은 그들을 현세의 고통에서 구하여 완전한 지복(至福)의 경지로 끌어올려 줄 능력과 의지를 갖고 있었다. 윤회전생의 사상은 여전히 힌두교의 중심에 있었다. 소박한 사람들은 경건한 행동과 신에 대한 헌납이 상층 카스트로의 재생을 보증해준다고 믿었다. 한편 식자들은 우파니샤드에 근거하여 지고의 실재―비슈누와 시바도 그것의 외현(外現)일 따름이다―로 자기를 멸각하는 것이 수행의 최종목표라고 주장했다. 이와 같이 고도의 형이상학과 비속한 미신을 결합시킴으로써, 힌두교는 모든 사람에게 무엇인가를 제공했다. 그 조합은 매우 강력했으며, 결국에는 불교를 고국에서 몰아내고 그 자리를 대신 차지했다.

　하지만 그런 운명이 불자들에게 닥치기 전에 인도인·그리스인·페르시아인·스텝지대의 민족이 모여서 뒤섞여 사는 인도 서북부에서 불교는 괄목할 만한 발전을 이룩했다. 이 종교적 발전은 아마도 쿠샨 제국이 인도의 서북 변경을 지배하던 시대(B.C. 1세기~A.D. 2세기)에 일어났을 것이다. 쿠샨 왕조의 가장 위대한 통치자로 꼽히는 카니시카 왕은 새로운 신앙의 중요한 이론적 선구자들을 후원했다 하여 후대의 불교전설에서 명성을 얻었다. 이번에도 개혁의 중심은 신성함을 갖추었지만 인간의 모습을 하고 있는 구세주의 존재, 즉 보살에 대한 믿음이었다. 보살은 성자의 경지에 이르러 열반에 들 자격을 갖추었지만, 중생을 제도하기 위해 그 특권을 포기한 영혼이었다. 이 구세주는 기도나 예불의 효력이 미칠 수 있는 초천상적 낙토에 살면서 일종의 영적 교감에 의해 고뇌하는 인간에게 구원의 손길을 내미는 존재였다.

　이런 사상의 주창자들은 자신들의 교의를 큰 길 또는 큰 수레(마하야나)라는 뜻의 '대승(大乘)'이라 칭하고, 그것을 작은 길 또는 작은 수레

(히나야나)를 뜻하는 '소승'(小乘)과 구별했다. 이런 발전에 의해 불교는 그 개조가 설파한(것으로 추측되는) 자기해탈의 이상과 형이상학적 염세주의에서 벗어나게 되었다. 신자들은 올바른 염불을 하거나 자신이 선택한 보살에게 도움을 청하는 의식을 행함으로써, 스스로 보살이 되어(아마도 무수한 전생〔轉生〕을 겪은 뒤에) 사후에 지복의 생을 누릴 수 있다는 희망을 가지게 되었다. 그 사후의 삶은 기본적으로 그리스도교가 약속한 것과 크게 다르지 않았다.

그리스도교와 대승불교, 새로운 형태의 힌두교 사이의 이런 유사성은 아마도 시대정신에서 기인한 듯하다. 서아시아의 교역 및 행정의 큰 중심지에 어쩔 수 없이 살게 된 사람들, 머나먼 타향에서 이방인들 틈에 끼어 살게 된 많은 사람들은 구원의 약속을 환영했을 것으로 상상할 수 있다. 미트라 숭배나 이시스(고대 이집트의 여신)와 대모신(大母神, 고대 소아시아와 그리스-로마의 여신)에 대한 신앙처럼 영향력이 다소 떨어지는 종교들도 그랬지만, 그리스도교와 대승불교, 힌두교 역시 지극히 다양한 배경을 가진 사람들에게 실망과 고난을 극복할 수 있는 용기를 주었다. 이 모든 종교는 현재의 부정이 영광 속에서 영구히 바로잡힐 미래에 대한 희망을 강조했기 때문이다. 더욱이 이들 종교는 특정 지역이나 공동체에 얽매이지 않았다. 바빌론 유수 후의 유대교와 마찬가지로, 소수의 신도가 모이기만 하면 구원에 대한 희망이 불타올랐다. 그런 최후의 지복은 논외로 치더라도, 종교단체의 일원이라는 의식도 고통과 고독을 위로해주는 데 적지 않은 힘을 발휘했다. 따라서 세 종교는 도시생활의 요청에 제대로 부응했던 셈인데, 유대교를 제외하면 그런 역할을 한 신앙은 일찍이 없었다. 부정과 고난은 문명생활과 떼려야 뗄 수 없는 관계에 있었으므로, 이런 신앙이 출현하지 않았다면 문명이 그토록 오랫동안 생명을 유지하기는 힘들었을 것이라고 해도 과언이 아닐 것이다.

질병과 제국

구세계를 넘나든 교류의 증대는 아주 색다른 결과를 초래했다. 한 사회에서 다른 사회로 이동한 것은 상품과 사상, 기술만이 아니었다. 병원균도 먼 곳까지 전달될 수 있는 성질을 지니고 있었다. 교류가 증대됨에 따라, 그때까지 유라시아와 아프리카의 특정 지역에 국한되어 있던 각종 질병이 새로운 지역으로 전파되었을 것이다. 어떤 질병에 처음 노출된 지역의 주민에게, 병원균은 높은 치사율을 보였다. 중국과 로마의 기록은 서기 1세기와 2세기에 일련의 역병이 창궐했다고 전하고 있다. 실제로 로마 제국의 많은 부분이 인구감소로 신음하기 시작했고, 인력부족은 서기 200년 이후 로마 정부 당국을 괴롭힌 고질적인 문제였다. 따라서 유라시아 대륙 전역과 아프리카 대륙의 대부분을 가로지르는 밀접한 교류에서 유래한 전염병이 로마 제국과 한(漢) 제국을 붕괴시킨 중요한 요인이라고 생각하는 것이 터무니없는 공상만은 아닐 것이다. 물론 야만족의 습격과 내부의 사회적 갈등 같은 다른 요인도 중요한 역할을 했다.

그렇지만 로마의 평화와 한 제국의 통치제도가 회복 불가능할 정도로 붕괴해버린 뒤에도, 서력기원의 첫 수세기에 걸쳐 탄생한 3대 세계종교—그리스도교, 대승불교, 면모를 일신한 힌두교—는 발전을 거듭했고, 그 후에 도래한 혼란의 시대에도 고도의 문화활동을 흡수했다. 고대가 달성한 모든 것 가운데, 오늘날까지 활력을 잃지 않고 살아남은 것은 종교밖에 없다.

11장
인도 문명의 번영과 확대, A.D. 200~600

서기 200년에 이르자, 헬레니즘은 그 매력을 상실했다. 그리스의 철학자들이 로마의 신사들에게 권한 정중하고 침착하고 온건한 생활방식은 더 이상 시대의 요구에 부응하지 못하는 것으로 보였다. 특히 장기간의 로마의 평화가 서기 193년에 급격한 파탄에 직면하고, 잠시 소강국면에 접어들었다가 다시 서기 235~284년에 기나긴 일련의 내란, 야만족의 침입, 황위계승을 둘러싼 투쟁으로 처참하게 붕괴되자, 헬레니즘은 자연히 빛이 바랬다. 같은 시기에 유교의 나라 중국도 비슷한 재난을 겪고 있었다. 한 왕조의 마지막 수십 년은 내란과 야만족의 침입으로 어지러웠고, 서기 220년에 왕조가 결정적으로 붕괴하자 서로 패권을 다투는 여러 소국이 생겨날 수밖에 없는 정치적·군사적 난맥상이 다시 드러났다.

하지만 문명세계의 중앙부에서는 양상이 사뭇 달랐다. 카스피 해에서 힌두쿠시 산맥까지, 페르시아의 영주들은 스텝지대 기마병의 습격에 대비하여 물샐틈없는 방어망을 구축하고 있었다. 그들의 말은 컸고 무구는 튼튼했으며 활은 강력했다. 또한 지대를 바치며 자신들을 먹여 살리는 농민들을 보호하기 위해 명령만 떨어지면 즉시 전장으로 달려갈 만반의 준비를 하고 있었다. 그들은 서아시아와 인도 문명의 중심지를 지키는 효과적인 방어자였다. 침략을 기도하는 집단은 당시 가공할 만한 전력을 갖춘 전사들이 기다리고 있는 철통같은 방어선을 돌파해야만 했다. 그런 돌파를 시도한 무리는 적었으며, 그것을 반복한 무리는 더더욱 적었다.

그 든든한 방벽 뒤에서, 인도 문명과 부흥한 페르시아 문명은 한층 더 세련되고 우아해졌고 종교적으로도 더 고상해졌다. 특히 인도는 그 후의 세대들이 '고전시대'라고 상기하는 황금시대를 맞았다. 사산조 페르시아의 문화적 성취에 대해서는 알려진 것이 훨씬 적다. 조로아스터교와 여타 이단적 종교에 반감을 갖고 있던 무슬림과 그리스도 교도가 남긴 기록이 사산조 페르시아의 문학사와 종교사에 대한 일천한 지식의 근간을 이룬다. 그리고 당대의 미술작품 중 현존하는 것은 훼손상태가 심하다. 그렇지만 사산조 페르시아가 로마와 중앙아시아에 미친 영향은 인도가 동남아시아와 중국의 극동부에 미친 영향에 결코 뒤지지 않는다. 그러므로 서기 200년에서 600년까지의 역사를 두 개의 '세력권'으로 나누고, 시대적으로 겹치긴 하지만 인도와 사산조 페르시아의 문화적 성취와 영향을 별도의 장에서 논하는 것이 타당하다고 생각한다. 이 장에서는 우선 인도 문명의 번영과 확장을 서술하고, 다음 장에서 사산조 페르시아의 성과를 다루기로 하겠다.

굽타 제국

서기 320년, 갠지스 강 하류지방의 찬드라-굽타*라는 정력적인 인도의 왕이 특별한 의식을 거행하면서 스스로 '세계의 통치자'라고 칭했다. 이름값을 하기 위해, 그는 일련의 정복사업에 착수했다. 그로부터 한 세기도 지나지 않아, 그의 후계자들은 벵골 만에서 아라비아 해

---

* 이 이름은 약 650년 전에 살았던 마우리아 제국의 건설자와 동일하다. 두 사람을 구별하기 위해, 첫 번째 찬드라굽타의 이름은 한 단어로 붙여 쓰고 두 번째 인물은 하이픈을 넣어주는 것이 관례이다.

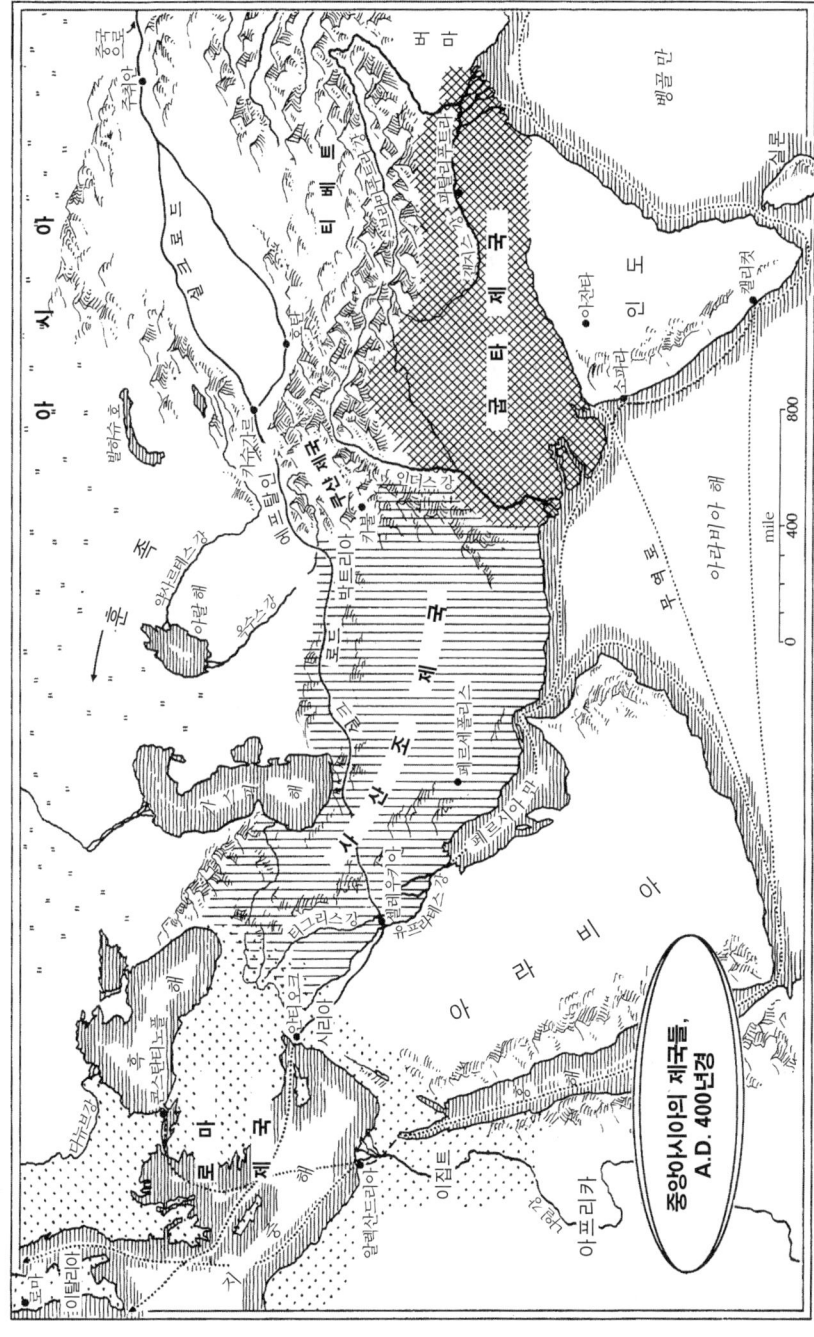

에 이르는 북인도 전역을 자신들의 종주권 아래 두었다. 이렇게 수립된 굽타 제국은 서기 535년경까지 지속되었다. 그 기간에 전쟁이나 중대한 정치적 사건은 인도에서 거의 일어나지 않았다. 서기 455년 북방 산악지대로부터 단 한 차례의 침략이 있었다는 기록이 남아 있을 뿐이다. 굽타 제국의 단합은 그 습격에 의해 파괴된 뒤 완전히 회복되지 않았지만, 이어진 사회적 혼란과 무관하게 문화적 창조력은 계속 발휘되었다. 인도 내에서는 기사도적 관습과 종교적 금령이 전쟁의 파괴성을 상당히 희석시켰던 것 같다. 이런 상황 속에서 인도 문명이 개화했고, 굽타 시대는 이후 힌두 교도와 외국인 모두에게 인도사의 정점으로 평가받게 되었다.

방대한 영토를 차지하고 있었음에도 불구하고, 굽타 제국의 지배자들은 산스크리트 문학의 유산에 별다른 흔적을 남기지 않았다. 따라서 현재 우리가 갖고 있는 지식은 대개 중국인과 실론인을 비롯한 불교도 순례자들이 남긴 기록에서 얻은 것이다. 인도사의 절정기인 이 시대의 정치·군사·지리·연대에 관한 정확한 사실은 그보다 훨씬 침체된 시대에 관한 사실만큼이나 알려진 바가 거의 없다. 정치적 정보의 부재 자체는 굽타 왕조가 발흥하기 전 거의 천 년 동안이나 인도의 사회와 문화가 뚜렷한 비정치적 경향을 보였다는 것을 명확하게 말해준다.

굽타 제국의 군주들은 어쩌면 전통적인 인도의 가치관을 완전히 체득하고 있었기 때문에, 정치와 국정에 뜻을 두는 것을 부질없는 일로 생각했을 수도 있다. 그래서 예컨대 굽타의 정복자들은 패배한 지배자들(또는 그들의 가까운 친척들)에게 예전의 영토를 그대로 다스리게 하는 정책을 폈던 것으로 보인다. 이들 제왕(諸王)의 궁정에는 관리가 파견되어 주재하면서 하루하루 적당히 굽타의 이해관계를 대변할 수 있었고, 굽타의 군주들은 국가적 행사에서 의례적인 경의를 받는 것만으로도 충분히 만족했다.

굽타의 역대 왕들은 활력을 되찾은 힌두교를 비호했다. 그리고 그 종교정책의 일환으로, 단순 통치자에게 아주 제한적인 권한만을 부여하는 힌두교의 법 관념을 받아들였다. 힌두교의 교의는 베다를 최고의 권위로 삼았고, 베다의 주석서인 브라마나를 다음으로 쳤으며, 성자들의 모범을 세 번째로 인정했고, 개인적인 의지, 즉 왕이나 정부 당국의 포고를 최하의 권위로 간주했다.

이런 견해는 굽타 시대에 편찬된 법전인 『다르마샤스트라』(일명 마누 법전)에 표현되어 있는데, 이 법전은 이후 힌두 교도의 생활 일체를 규정하게 되었다. 예를 들면 『다르마샤스트라』는 각기 다른 카스트에 속한 사람이 지극히 다양한 상황에 처했을 때 어떻게 행동해야만 하는가를 구체적으로 설명함으로써 카스트 제도를 명확히 규정했다. 현세에서 카스트의 의무를 충실히 이행하면 내세에서 높은 단계의 존재로 전생(轉生)할 수 있는 길이 열린다는 주장이었다. 또 윤회전생하면서 도덕적 행위를 꾸준히 실천하면, 마침내 영혼은 하나가 모두요 모두가 하나인 실재의 왕국으로 영원히 올라갈 수 있다고 설파했다. 그러나 그 전에 모든 사람은 자신이 속한 카스트의 전통에 순종하고, 자신이 태어난 집단의 제의와 관습을 준수할 도덕적 의무를 진다는 것이었다. 그것이 아무리 조야하고 단순하고 이성적으로 납득할 수 없는 것이라 할지라도.

따라서 종교와 법, 신비철학과 유치한 미신이 혼연일체를 이루어 서로가 서로를 강화했고, 적어도 굽타 시대의 공적·정치적 생활에 대해 우리가 알고 있는 한, 국사(國事) 또한 그 같은 구도에 꼭 들어맞았던 것으로 보인다.

산스크리트 학문

이 시대의 문화를 꽃피우는 장이 될 만한 힘을 발휘한 곳은 세 군데였다. 궁정은 미술가, 작가, 음악가, 점성술사, 천문학자, 의사,

그 밖의 전문가를 후원했다. 사원도 궁정에 대항하여 문화활동의 중심으로 기능했다. 시바와 비슈누, 또는 이들 두 신의 화신(아바타르)을 신답게 화려하게 모시기 위해서는 인간인 왕이 위엄을 유지하는 데 필요했던 것과 동일한 종류의 문화적 활동이 불가결했기 때문이다. 궁정과 사원에 이은 문화의 세 번째 장은 학교였다. 고대의 학교제도는 산스크리트의 구전문학에 체현된 방대한 양의 민간전승을 한 세대에서 다음 세대로 물려주는 역할을 했다.

학교에서는 후덕한 스승과, 스승 주변에 모여들어 그가 전해주는 고래의 예지를 암기하던 제자들 사이의 관계가 중심이 되었다. 베다와 다른 성전을 정확한 음조와 문법에 각별한 주의를 기울이며 암기하는 것이 교육의 근본이었다. 원전에 대한 주석과 그 주석에 대한 주석이 장기간에 걸쳐 방대하게 축적되어 아무리 기억력이 뛰어난 자라도 도저히 소화할 수 없는 지경에 이르자, 학자들이 전문분야별로 산스크리트 학문의 연구를 분담하게 되었다.

학교제도의 위세와 실용적 중요성은 굽타 시대에 산스크리트가 부활한 것만 봐도 잘 알 수 있다. 붓다의 시대에 산스크리트는 브라만이 종교의식에서 암송하던 학문적 언어가 되었지만, 대중적으로는 잊힌 언어였다. 초기의 불경은 당시에 사용되던 통속어의 문어체로 쓰여 있었다. 그것은 산스크리트에서 파생되었음에는 틀림없지만, 프랑스어와 스페인어와 라틴어의 관계만큼 차이가 있었다. 마찬가지로 마우리아 왕조 역시 행정면에서 다수의 방언을 사용했다. 하지만 굽타 시대에 사정이 변했다. 산스크리트는 문어로서 되살아났고, 세련의 극치를 보여주는 저작이 새롭게 산출되었다.

산스크리트가 화려하게 부활한 이유 중 하나로는 다양한 방언 사이의 차이를 메우기가 갈수록 어려워지던 당시의 사정을 들 수 있다. 일상적으로 사용되는 통속어의 지역차가 커짐에 따라, 누구나 이해할 수 있는 공통어의 필요성은 방언의 차이가 비교적 미미해 간단히 극복될 수 있었던 아소카의 시대에 비해 한층 절실해졌다.

그러나 산스크리트의 소생을 유발한 최대 요인은 학교제도였다. 지식을 갈구하는 사람은 누구나 학교에서 산스크리트를 배울 수 있었다. 동일한 언어를 사용하고 동일한 지적 파장을 지닌 학생집단이 세대별로 형성되었다. 굽타 시대에 이런 학문집단은 사실상 모든 분야의 문화활동에서 사회적 주도권을 장악했다. 그리하여 이전 시대에 영혼에 쓸데없는 부담을 준다는 이유로 산스크리트 학습을 배척했던 불교도들을 몰아냈다. 불교가 궁극적으로 인도에서 실패한 몇 가지 이유는 이미 4장에서 논한 바 있다. 앞선 3~4세기 동안에 그리스와 이란 문화권에서 도래한 외국의 영향에 대해 브라만 계급의 산스크리트 학자들이 정력적으로 반응했다는 사실은, 갈수록 풍족해지고 고립화되어 은거하고 있던 승려들의 명성을 박탈할 수 있었던 또 하나의 요인이었다.

산스크리트 학문의 지평이 넓어진 것은 그리스의 영향이 의심의 여지 없이 각인되어 있던 천문학과 의학에서 분명하게 나타났다. 그렇지만 천체운행에 관한 그리스적 관념과 천궁도를 조작할 수 있는 수학적 기술을 습득했다고 해서, 산스크리트 학문이 외국의 틀에 갇혀 생명력을 상실했던 것은 아니다. 오히려 인간의 지혜가 만들어낸 가장 위대한 발명 중 하나인 십진법 체계가 서기 270년에 인도에서 생겨났다. 오늘날 우리가 '아라비아식'이라고 부르지만, 정작 아라비아인은 정당하게 그 공을 인도인에게 돌린 이 계산법은 알파벳 표기법과 함께 인류의 창의성을 발휘하게 해준 일등공신이라고 해도 과언이 아니다. 십진법이 발명되자, 사람들은 비교적 쉽고 빠르게 계산할 수 있었다. 그 덕분에 시장의 제반 업무와 이론수학자의 깊이 있는 작업도 눈에 띄게 촉진되었다. 그러나 완전무결한 십진법의 전파는 더디게 진행되었다. 오랫동안 그것은 전문가들의 수학적 장난감에 머물러 있었고, 전문가 자신도 과거의 계산법을 계속 사용했다.

십진법은 10세기가 되어서야 아라비아인에 의해 일상적인 계산에 사용되었고, 그로부터 2세기가 지난 뒤에야 라틴계 그리스도교 세계에 전해졌다.

산스크리트 문학

산스크리트 학문의 진수는 자연과학이 아니라 문학과 언어학이다. 고대의 난해하고 신성한 언어에 대한 집착은 문법학의 발달로 이어졌다. 파니니가 쓴 산스크리트 문법서는 그 분야의 고전이 되었지만, 그의 생몰연대는 확실하지 않다.

마찬가지로 인도의 2대 서사시가 성립된 과정도 불명확하다. 수세기 동안 구전되면서 다듬어졌기 때문에, 현대의 학자들이 분석할 수 있는 확실한 자취가 남아 있지 않다. 그렇지만 『마하바라타』와 『라마야나』가 굽타 시대에 현재의 형태를 갖추게 되었다는 것은 분명하다. 『마하바라타』는 방대한 장시(長詩)이며, 성서 전체의 약 3.5배에 해당하는 분량이다. 이 시의 내용은 무척 다채로운데, 주종을 이루는 것은 전차귀족의 동맹들 사이에 벌어진 영웅적인 전쟁이야기로, 그 연원은 고대 아리아 시대에 음유시인이 부르던 노래들로 거슬러 올라간다. 그 노래들을 암송하는 것은 언제부턴가 브라만이 집행하던 종교의식의 일부가 되었다. 승려들은 전승문학의 피비린내 나는 폭력사태에 온갖 종류의 종교적 설교와 교훈적 이야기를 섞어 넣는 것이 타당하다고 보았다. 만약에 그리스도교의 신부들이 호메로스를 재해석해 『일리아스』를 그리스도교 설교서에 활용했다면, 비슷한 효과를 얻었을 것이다. 게다가 민담과 동화가 때때로 서사의 맥을 끊기도 한다. 또 이야기 속의 이야기가 수백 쪽에 달해 주제의 흐름을 끊어버릴 때도 있다. 『마하바라타』에 비해 『라마야나』는 좀 더 짧고 훨씬 짜임새가 있다. 그것은 영웅 라마와 그의 아내 시타에 대한 이야기로, 시련과 고난 때문에 헤어져야 했던 두 사람이 수차례의 모험 끝에 재회하는 것으로 끝난다.

『마하바라타』와 『라마야나』는 둘 다 인도에서 대단한 인기를 끌었고, 지금도 변함없는 인기를 누리고 있다. 무수한 일화는 후세의 문학에 풍부한 소재의 광맥을 제공했다. 이는 그리스의 극작가들이 호메로스와 헤시오도스에서 이야깃거리를 구한 것이나 셰익스피어가 자신의 많은 작품에 이탈리아와 그리스-로마의 작가들을 활용한 것과 마찬가지다. 이런 식으로 이후 인도의 문학적 전통이 창조되었다. 두 편의 서사시는 문학적 준거의 틀과 담론의 세계를 형성하여, 오늘날까지 영향을 주고 있다.

『마하바라타』나 『라마야나』의 작자는 미상이다. 분명한 것은 이 2대 서사시가 장기간에 걸쳐 변화를 거듭하여 굽타 시대에 최종적인 형태로 완성되었다는 사실이다. 산스크리트 희곡의 경우는 사정이 전혀 다르다. 오늘날까지 남아 있는 희곡은 보통 작자의 이름이 붙어 있고, 모든 정황을 고려할 때 왕궁에서 상연할 목적으로 한 사람에 의해 창작되었던 것이 분명하다. 그리스 연극의 무대용어가 일부 사용되었다는 것은, 그리스의 모델이 산스크리트 연극에 제법 중요한 의미를 지니고 있었다는 사실을 입증한다. 그러나 산스크리트 극에는 나름의 관행이 있고, 인도의 극작가는 보통 2대 서사시에서 줄거리를 취했기 때문에 그리스의 영향이 어느 정도였는가 하는 것은 지금도 논의되고 있는 문제이다.

칼리다사(A.D. 400~455년경)는 누구나 인정하는 산스크리트 문학의 거장으로, 그의 희곡은 고전의 반열에 올라 있다. 그의 서사시와 서정시는 세련된 감수성을 보여주지만, 다소 자의식이 강하고 작위적인 탓에 20세기 서양인의 취향에는 맞지 않는다. 칼리다사의 작품에 엿보이는 그런 측면은 후대의 다른 궁정작가들에 의한 거듭된 윤문에서 기인한 듯한데, 복잡한 표현과 지나친 기교 때문에 의미를 파악하기 어려운 지경에까지 이르렀다.

굽타 시대의 미술

보존상의 여러 사고로 인해 굽타 시대의 조형미술에 정당한 평가를 내리기는 아주 어렵다. 무슬림의 정복자들은 우상숭배의 중심지라는 이유를 내세워 북인도의 사원들을 조직적으로 파괴했다. 따라서 굽타 세력권의 중심인 북부지방에는 힌두 미술의 특징을 간직한 유물이 거의 남아 있지 않다. 남부에서 출토된 소수의 조각은 굽타 시대의 것으로 추정되지만, 다소 조잡하고 예술적인 면에서도 만족스럽지 못하다. 힌두교의 무수한 신은 비슈누 신과 시바 신이 차례로 모습을 바꾼 화신이기 때문에, 예술가들은 변환성(變幻性)이 본질인 신들에게 구체적인 시각적 형태를 부여하는 데 어려움을 겪었음에 틀림없다. 훼손되지 않고 남아 있는 유적을 근거로 판단하건대, 그 문제는 굽타 시대에 제대로 해결되지 않았다.

한편 불교미술은 이후의 어떤 시대도 따라갈 수 없을 만큼 완성의 극치에 도달했다. 유명한 아잔타 석굴의 벽화는 굽타 문화의 모든 분야에 공통으로 나타나는 우아하고 호화로운 세련미를 반영하고 있다. 현존하는 소수의 불교조각도 아잔타 벽화와 마찬가지로 원숙한 솜씨를 보여주는데, 다소 퇴폐적인 분위기를 풍긴다.

종교는 인도의 다른 문화활동과 불가분의 관계에 있었다. 법전, 2대 서사시, 기념비적 사원, 제식용 조상, 기타 조형예술작품, 그리고 복원 불가능한 음악과 무용은 인간과 초자연적 존재와의 관계를 다루었고 제각기 고유한 방식으로 인간의 체험이 다다를 수 있는 극한을 규정하는 데 일조했다는 의미에서 모두 힌두교의 일부였다. 하지만 힌두교의 교의가 최종적으로 완성된 것은 굽타 시대가 끝나고 몇 세기가 지난 뒤에 활동했던 상카라(A.D. 788~850년경)에 의해서였다. 그는 일원론적이고 초월론적인 철학을 제창했는데, 후대에 힌두교의 옹호자들은 언제나 그의 철학을 무기로 삼아 인도의 전통신앙에 대한 무슬림과 그리스도 교도들의 비판을 공격했다.

굽타 시대에 다종다양한 문화적 분야에서 이룩한 완벽성은 힌두 문화와 산스크리트 문화에 영속성을 부여했지만, 근본적으로 다르거나 전혀 새로운 것을 추가하지는 않았다. 최고의 완성도와 균형에 도달하는 유일한 길은 대(大)혁신을 피하는 것이 아닐까 생각한다. 이것을 굽타 시대의 작가와 학자들은 충실하게 해냈다. 그들은 선인들이 정해놓은 틀 안에 기꺼이 머무르면서 자신들이 계승한 것을 갈고 닦고 개선함으로써 후대인이 범접할 수 없는 완벽함을 구현했다.

인도 문명의 동점(東漸)

굽타의 황금시대는 인도 국경을 벗어나 멀리 떨어진 곳까지 영향을 미쳤다. 인도 문화의 주요 전달자는 헬레니즘을 서아시아에 또는 그리스-로마 문명을 갈리아에 전파했던 병사가 아니라 상인과 포교사들이었다. 인도 문명은 동남아시아의 여러 지역에 접해 있었는데, 이곳에는 인도 문명에 대적할 만한 기성 문화가 없었다. 이런 상황에서 대(大)인도가 성립되었다. 서기 100~600년경에 버마·수마트라·자바·말라야·시암·베트남 등의 소국과 궁정은 최선을 다해 인도 문명의 많은 부분을 수용하려고 노력했다.

산악지대의 북쪽에서 인도의 상인과 포교사들은 전혀 다른 상황에 직면했다. 중국·페르시아·그리스-로마의 주민은 인도 문명의 몇 가지 측면, 특히 인도의 성자가 오랫동안 발전시킨 신비로운 고행에 저항할 수 없는 매력을 느끼면서도, 자신의 과거를 전적으로 포기할 생각은 없었다. 따라서 문명세계의 다른 지역에서는 인도 문화의 제한된 분야만이

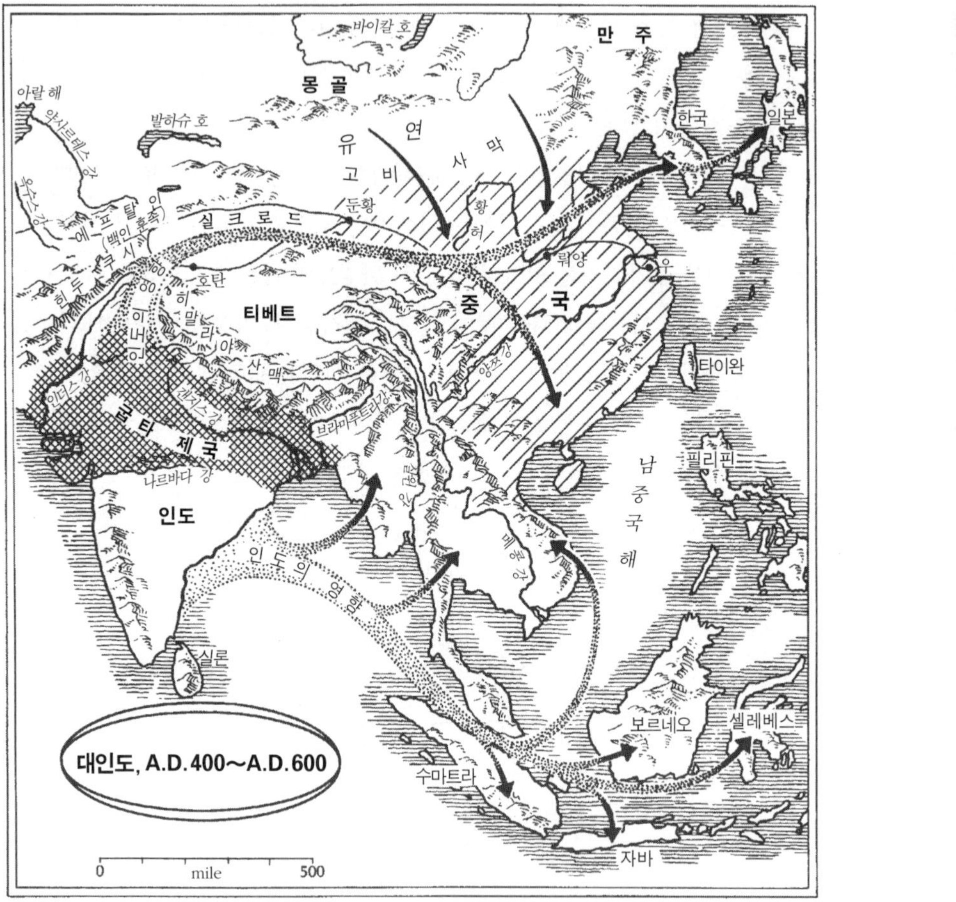

뿌리를 내리고 꽃을 피웠다. 이에 반해 인도가 동남아시아에 미친 영향은 각지의 야만적 잔재와 시골마을의 단순함에 의해서만 약화되는 정도였다.

동남아시아의 전설은 인도의 생활양식이 벵골 만에서 남중국해에 이르는 해안과 강가에 산재해 있던 평화로운 마을공동체에 어떻게 침투했는지 알려준다. 전형적인 이야기는 인도에서 온 상인이 지역 족장의 집에 장가를 들어, 그 유리한 지위를 이용하여 점차 주변 마을에 문화적·정치적 지도력을 행사하다가, 결국에는 작은 나라를 만들었다는 것이다. 그런 소국의 왕권은 토지의 비옥함을, 왕 개인의 능력과 그 상징인 제의용 석상―'링가'라 불리는 남근상(男根像)―과 결부시키는 주술신앙에 크게 의존했다. 왕과 남근상을 격조 있게 모시기 위해 설계된 신전과 궁전은 그런 관념을 충분히 표상했다. 처음에 지방 지배자들은 인도의 궁정생활과 그 부속품을 되도록 호화스럽고 정확하게 재현하려고 노력했다. 심지어 신상과 다른 제례용 도구를 인도에서 수입하기도 했다. 하지만 서기 600년 직전부터 후대의 장엄한 건축과 조각을 예고해주는 독자적인 양식이 발달하여, 동남아시아의 궁정이 인도 문명의 영향으로부터 독립했음을 보여주었다.

동남아시아 주민의 대부분은 인도에서 유입된 새로운 양식의 궁정생활과 건축으로부터 별다른 영향을 받지 않았으리라는 점을 강조할 필요가 있다. 마을사람들이 예전과 달라졌다고 느낀 것은 노역이 늘어나고 세금이 무거워졌다는 사실 정도였을 것이다. 그러나 로마 시대의 갈리아와 브리튼 섬의 마을주민에 대해서도 같은 말을 할 수 있다. 그들은 그리스화된 지배층의 문화에 아무런 관심도 없었을 것이다. 인도 문명의 동남아시아 진출은 헬레니즘의 서진보다는 지리적인 면에서 훨씬 광범위했고, 더 많은 사람에게 영향을 미쳤다고 말할 수 있다. 동남아시아에 대한 인도의 영향은 오늘날까지도 그 흔적을 남기고 있기 때문이다.

동아시아로의 불교 전래

불교도는 인도 문명이 동남아시아로 침투하던 초기단계에 중요한 역할을 했지만, 대부분의 지역에서 우세를 보인 것은 힌두교의 종교사상과 제식이었다. 이는 아마도 불교보다 힌두교가 지방의 종교적 전통을 포용하는 힘이 더 강했기 때문일 것이다. 그러나 산악지대의 북쪽에서는 힌두교가 눈에 띄는 성과를 거두지 못했다. 반면에 불교는 서기 200~600년에 거대한 파도처럼 중국을 덮쳤고 한국과 일본까지 휩쓸었다.

중국이 불교를 수용한 것은 유교적 전통 및 가치관과의 결별을 의미했다. 실제로 인도의 불교는 유교와는 전혀 다른 종교였다. 불교는 현세로부터의 해탈을 추구하고 속세와의 모든 인연을 끊어버리고 고행하라고 가르친 반면, 유교는 가족과 정치적 의무를 중시하며 냉정하고 현세적인 중용의 도를 가르쳤기 때문이다. 아마도 이런 불교의 이질성이 중국인의 마음을 사로잡았던 것 같다. 한 왕조가 중국 전역에 대한 지배권을 상실하기 시작했고 내란의 참상에 야만족의 침입이라는 새로운 국면이 더해졌던 시대에는, 유교의 성인이 권면하는 중용과 예(禮)는 중국인의 귀에 참으로 공허하게 들렸을 것이다. 이는 동시대에 그리스 철학이 로마인에게 아무런 위안이 되지 못했던 것과 같은 이치다. 그런 시대에는 상처받은 영혼을 위한 강력한 처방이 필요했다. 로마인은 그 해답을 그리스도교에서 찾았고, 중국인은 불교에서 찾았다. 그렇지만 불교가 중국인 사이에서 많은 신도를 확보했다 할지라도, 오래된 유교를 신봉하는 사람들은 결코 사라지지 않았고, 적어도 그 교의를 곧이곧대로 받아들인다면 일상의 생활과 정치적 규율을 전복시킬 것처럼 보이는 이 불교라는 종교에 대한 불신감을 철회하지도 않았다.

붓다에 대한 정확한 지식과 진정한 상(像)을 구하려는 열정에서, 여러 명의 중국인 순례자가 인도를 여행하고 붓다가 살았던 곳을 방문했다. 그들 중 일부는 방대한 양의 불경을 가지고 돌아와 체계적인 한역(漢譯) 작업에 착수했다. 그러나 서기 600년경, 불교의 교리를 습득하려던 최초의 열정적 단계는 사실상 끝났다.

중국의 불교도는 인도의 불교도를 분열시켰던 종파 간의 차이에 그다지 주의를 기울이지 않았고, 인도의 승려들이 지적 에너지를 쏟아 부었던 복잡한 형이상학적 사색에도 흥미를 느끼지 못했다. 하지만 신비로운 깨달음과, 속세를 버리고 뜻을 같이 하는 사람과 공동체를 이루어 마음의 평화를 추구하며 수행하는 방식은 종래의 유교와 도교가 답하지 못했던 요청에 답을 주었다. 그리하여 중국의 불교는 기본적으로 인도 불교의 쇠락과는 무관하게 독자적인 방향으로 발전하기 시작했다.

불교의 영향으로 중국에는 독특한 신종 미술이 생겨났다. 그리스적 요소와 인도적 요소가 중앙아시아에서 혼합되어 당당하고 인상적인 양식을 만들어낸 것은 앞에서 살펴본 바 있다. 중국에서 불교미술은 빠른 속도로 중국의 풍토에 적응했고, 서기 600년에 이르자 어느 모로 봐도 중국적인 유력한 미술양식이 발달했다. 불교가 전래되기 전, 중국 미술은 대체로 장식성과 기하학적 구도를 중시했다. 불교미술은 근본적인 사실에 입각한 보살―인간의 모습을 한 인류의 구세주―의 초상을 소개함으로써, 양식화된 묘사에 치중하던 중국 미술을 한층 풍성하게 해주었다. 게다가 불교의 벽화와 조각은 종종 어떤 이야기를 전달했기 때문에, 예술가는 자신이 묘사하는 인물들 간의 공간적 관계나 다른 관계를 표현할 필요가 있었다. 불교미술의 이런 측면은 중국 미술의 전통을 훨씬 다채롭게 해주었고, 대부분의 중국인이 불교를 배척한 뒤에도 그 중요성은 퇴색하지 않았다.

불교가 한국과 일본에 미친 영향은 한층 더 근원적인 것이었다. 두 나라에는 독자적인 강력한 문화가 존재하지 않았다. 순수한 의미의 중국(전통적으로 한족이 지배하던 지역)이 열심히 불교를 흡수하고 있던 시기에, 두 나라는 중국의 영향권 주변에 머물러 있었다. 따라서 한국의 왕과 신하들의 마음을 사로잡았던 것은 불교의 옷을 입은 중국 문명이었고, 당시 삼국으로 분열되어 있던 한국의 왕들은 서기 372~528년에 불교를 국교로 삼았다. 더 멀리 떨어져 있던 일본은 중국 문명의 최신 양식을 한국처럼 기민하게 수용하지는 않았다. 그렇지만 552년에 해가 뜨는 나라를 방문한 불교 사절단*은 대단한 성과를 거두었다. 그때부터 일본열도는 당당한 중국 주위에 밀집해 있던 문명국(과 반문명국)의 일원이 되었다.

인도 문명이 서방에 미친 영향

인도가 문명세계 안의 페르시아와 로마에 미친 영향은, 동아시아와 중앙아시아에 미친 그것에 비해 훨씬 불명확하다. 실제로 인도가 유럽과 서아시아에 중요한 충격을 주었는지에 대해서는 학자들의 의견도 제각각이다. 무엇보다 문제는 기록이 없다는 것이다. 이란과 로마 세계의 그리스도교와 다른 종교의 고행자들이 인도로부터 어떤 식으로든 중요한 영향을 받았다 하더라도, 그들은 그렇다는 말을 전하지 않았고, 사안의 성질상 기록이 어딘가에 존재할 것이라고 기대하기도 어렵다. 분명히 인도와 알렉산드리아를 오갔던 평범한 사람들은 인도의 고행자들이 가졌다는 놀라운 능력에 대해 이야기를 나눌 기회가 충분히 있었을 것이다. 사실 우리는 적어도 인도의 성자 한 명이 지중해 세계에 도달했다는 것을 알고 있다. 그가 아테네의 군중이 보는 앞에서 분신함으로써 사람들을 경악시켰다는 기록이 남아 있기 때문이다. 그러나 환영을 보면 그것을 하느님과의 조우라고 해석하는 그리스도교의 수사(修士)들은 인도의 우상숭배자들이 동일한 행위를 수세기 전에 했다는 사실을 알지도 못했고 인정하지도 않았다. 그럼에도 불구하고 그리스도교의 고행과 인도 현자들의 헌신적 행위는 세부적인 면에서 놀라우리만치 유사하며, 초기 이집트와 시리아의 승려들이 열렬히 추구하던 성스러움의 이상형과 훨씬 오래된 고대 인도의 고행과 속세로부터의 은둔도 전반적으로 유사하다. 초기 그리스도교의 수사 몇 명이 인도에서 행해지던 고행에

---

* 백제 성왕 때 일본에 불교를 전해준 노리사치계(怒唎斯致契) 일행을 말한다—옮긴이.

관한 이야기를 들었거나 그것을 개인적으로 연구하여 어떻게 성자가 될 수 있는지에 대한 유익한 교훈을 얻었을 가능성은 크지만, 이를 증명할 방법은 없다.

한때 이교적인 그리스 합리주의의 자부심이자 정수였던 철학 분야에서도, 플로티노스(A.D. 270년 사망)가 도입한 새로운 문제와 신비학설은 우파니샤드 학자들이 오래전부터 익히 알고 있던 사상과 유사했다. 최소한 플로티노스와 그의 동시대인들은 인도의 철학이 존재한다는 것, 그리고 그것이 그리스의 전통에 못지않게 심오하고 방대하다는 것을 의식하고 있었다.

서양인은 언제나 자신의 과거에 불분명하고 제한적인 방식으로 영향을 미친 문화적 움직임의 크기를 과소평가하려는 경향을 보인다. 그러므로 인도 문명이 동남아시아 각국과 중국·한국·일본의 생활양식에 가한 충격은 인류의 절반 이상을 끌어안고 있던 문명권을 공통의 색으로 물들였다는 사실을 명심해야 한다. 또한 아시아에 중국인·일본인·한국인·몽골인·티베트인·버마인·캄보디아인·실론인을 묶어주는 공통의 문화적 전통이 존재한다면, 그것은 고대의 인도 문명, 특히 그 종교적 발현에서 받은 감화의 결과인 것이다.

헬레니즘의 성과도 이만큼 위대하지는 않았다.

12장
야만족의 침입과 문명세계의 대응, A.D. 200~600

인도의 종교적 열정과 궁정풍의 우아함이 동남아시아와 동아시아에서 사람들의 마음을 사로잡고 있는 동안, 북방에서는 스텝지대의 야만족과 유라시아의 문명사회 사이의 경계선 전역에서 전사들의 거친 함성과 창칼 부딪치는 소리가 울려 퍼졌다. 중국과 유럽에서 문명세계의 방어선은 밀려드는 야만족의 습격에 번번이 뚫렸다. 그러나 그 기나긴 경계선의 중심에 있던 이란인은 스텝지대 민족의 침입을 효과적으로 봉쇄했다. 중국은 침입자들을 흡수하여 약 350년의 분열과 무질서 끝에 다시 제국을 통일할 수 있었다(A.D. 589). 이에 반해 로마 제국은 서기 378~511년의 기간에 야만족의 대대적인 침략을 당한 뒤 다시는 부흥하지 못했다.*

이란인의 운명은 정말 기막혔다. 스텝지대 야만족의 침입을 오랫동안 성공적으로 막아냈고 콘스탄티노플의 로마인을 상대로 악전고투를 벌이

---

* 그러나 허구는 계속되었다. 예컨대 서유럽에서는 마지막 '로마' 황제가 1806년에 퇴위했는데, 그는 현실에 맞게 '오스트리아의 황제'라는 칭호를 채택했다. 발칸에서는 그리스어를 사용하는 로마 황제들이 콘스탄티노플(이스탄불)의 '신(新)로마'에서 1204년까지 제위를 이어갔다. 서기 565년 이후, 이 로마 황제들은 보통 비잔틴 황제라고 불렸으나, 본인들은 스스로를 로마 황제라고 생각했다. 마지막으로 그 칭호를 주장하던 자가 사라진 것은 오스만 제국이 콘스탄티노플을 함락한 1453년이었다.

면서 패하지 않았던 사산조 페르시아 제국은 뜻밖에도 남쪽에서 밀고 들어온 아랍인 침략자에게 무너졌다. 정복자들은 최근에 이슬람교로 개종했는데, 이 새로운 신학적 무기는 적어도 그들이 보유하고 있던 평범한 기마병·활·창에 뒤지지 않는 위력을 발휘했다. 그렇지만 이란인은 문화적 정체성을 상실하고 이슬람 세계에 흡수되기 전에 스텝지대의 여러 민족과 좀 더 문명화된 인접국들을 상대로 군사적 승리를 거두었고, 이에 자극받은 서방의 로마인과 동방의 중앙아시아 오아시스 지대의 민족들은 서양의 역사가들이 오래전부터 '중세'라고 부르게 된 시대로 접어들 무렵에 이란인으로부터 많은 것을 배웠다.

서기 200~600년에 문명세계의 북방은 2개의 뚜렷한 세력에 의해 지배되었다. 스텝지대의 야만족은 끊임없이 공격을 감행했고, 이란인처럼 야만족의 습격을 방어하는 효과적인 방법을 알고 있던 민족에게 반격을 받았다. 다양한 사건의 경과를 자세히 살펴보면, 문명세계와 야만족이 대치하고 있던 경계선상의 각지에서 어떻게 일진일퇴가 거듭되었는지 알 수 있다.

훈족과 서부 스텝지대

유라시아 대륙 스텝지대의 유목민들은 뚜껑을 꽉 닫지 않은 병 안에서 떠다니는 무수한 미립자에 비유할 수 있다. 어느 한 부분에 가해진 압력은 순식간에 전체로 파급된다. 모든 유목민 집단은 자신들이 독점하던 목초지에서 추방되면 아예 사라지거나, 무력으로 인근 집단의 목초지를 재빨리 빼앗았다. 그래서 목초지 관할권에 어떤 중대한 혼란이 생기면, 그 여파가 몇 계절 만에 초원의 한 쪽 끝에서 다른 쪽 끝까지 파급되었다. 한 집단이 인근 집단을 밀어내는 반복적인 과정에서 최종적으로 쫓겨난 최약체 집단은 사멸하거나, 스텝지대의 북쪽과 서쪽에 위치한 살기 힘든 삼림지대로 도망치거나, 문명세계의 방위선을 뚫고 남하하여 농경민의 지배자가 되었다.

우리는 이미 기원전 200년 직전에 흉노 연합체가 흥기한 사건이 그런 대이동의 도화선이 되었음을 살펴본 바 있다(254쪽 참조). 서기 350년 직후에 유사한 연합체가 다시 한번 외몽골에서 결성되었다. 중국인은 이 연합체를 유연(柔然)이라 불렀다. 이 군사연합체는 전성기에 만주에서 발하슈 호에 이르는 광대한 지역을 지배했다. 유연의 세력이 스텝지대의 서쪽으로 뻗어가자, 다른 민족과 부족은 뿔뿔이 흩어져 도주했다.

그런 집단 중 하나가 유럽의 역사에 등장하는 훈족이다. 이들은 서기 372년에 남부 러시아에 나타났고, 그 지역을 한 세기 이상 지배하던 동고트족을 몰아냈다. 인접한 서고트족은 훈족이 두려워서 로마 제국 영내로 피난했다. 그 떠돌이 전사집단은 로마 정부와 불화를 빚기도 하고 동맹을 맺기도 하면서 변경에서 살아갔다. 서기 410년 로마 시를 약탈한 뒤에, 서고트족은 서쪽으로 이동하여 스페인으로 들어갔다. 그들은 그 땅에 서고트 왕국을 세웠는데, 이 왕국은 711년까지 존속했다. 약탈을 일삼던 게르만인의 여러 부족이 서고트족의 전철을 밟았고, 다른 부족들은 무시무시한 훈족에게 항복했다.

한편 훈족은 헝가리 평원에 총사령부를 설치하고, 여기를 근거지로 삼아 남쪽으로는 발칸, 서쪽으로는 이탈리아와 갈리아를 습격했다. 그렇지만 서기 453년 훈족 최후의 위대한 사령관 아틸라가 사망하자, 훈족 연합체는 그것이 형성되던 기간보다 훨씬 짧은 기간에 와해되었다. 서로 후계자가 되겠다는 제후들의 다툼에 더하여 복속해 있던 일부 민족의 반란까지 일어나자, 광대한 지역을 지배했던 제국이 순식간에 붕괴해버렸다.

훈 제국은 전복되었으나 서유럽의 질서는 회복되지 않았다. 훈족에게 복속해 있던 일부 게르만 민족이 남쪽과 서쪽으로 도주하여 로마 제국의 영내에 파고들었고, 북아프리카·갈리아·이탈리아에 각각 반달 왕국·부르고뉴 왕국·동고트 왕국을 세웠다. 이와 동시에 그들과는 성질이 전혀 다르고 훨씬 영속적인 게르만 민족이 브리튼과 라인란트에 진출했다. 게르만어를 사용하는 그 농경민들은 그때까지 로마인(대부분이 켈트계였다)이 드문드문 살고 있던 비옥한 경지를 새로 점령했다. 이 농경사회는 오랫동안 지속되었다. 반면에 게르만어를 사용하는 떠돌이 전사들의 집단이 건설한 국가들은 중국 북부와 이란 동부에 출현했던 유사한 야만족 국가들과 마찬가지로 오래가지 못했다.

동방의 스텝지대 민족들

훈족의 돌연한 출현에 의해 서유럽이 민족이동과 정치적 격변의 소용돌이에 휘말린 것에 견줄 만한 사건으로는, 거의 같은 시기에 에프탈족(때로는 헤프탈 훈족 또는 백인 훈족이라고도 불린다)이 폭발적인 세를 과시하며 이란 동부에 침입함에 따라 유사한 혼란이 야기된 것을 들 수 있다. 이란 동부의 본거지로부터, 에프탈족은 인도 북서부를 공격했고 결국에는 자신만의 약탈적 제국을 건설했다. 이 제국은 과거의 쿠샨 제국과 마찬가지로 산악지대의 양쪽에 걸쳐 있었다. 에프탈족이 인도에 초래한 혼란에 의해 굽타 시대와 굽타 왕조는 막을 내렸다. 그러나 이 침입자는 유럽의 훈족과 마찬가지로 활과 말로 정복한 땅 위에 안정된 정부를 수립할 능력이 없었다. 인도에서 에프탈족의 지배권은 고질적인 내전에 의해 서기 549년에 붕괴되었다. 산악지대의 북측에 있던 에프탈족도 비슷한 시기에 결국 멸망했다(A.D. 554).

야만족 국가의 근본적인 약점은 어디서나 동일했다. 그 통치자들은 양립할 수 없는 두 가지 일을 병행하고자 했다. 승리한 수령과 그 부하들은 한편으로는 약탈을 일삼던 과거를 청산하지 못하고 전통적인 생활방식과 풍습을 유지하려고 했다. 다른 한편으로는 새로운 신민들의 금품을 착취하고 노역을 강요함으로써 문명생활의 사치와 쾌락을 향유하고자 했다. 그러나 정복자들이 문명화되면 될수록, 이전의 부족적·전투집단적 전통은 희박해져갔다. 안락한 생활과 악덕은 한 두 세대 만에 야만족 특유의 활력과 효율적인 호전성을 어김없이 잠식해버렸다.

문명세계의 민족들은 대체로 야만족 지배자들을 혐오했다. 기회가 오면, 그들은 오래된 전통과 이상을 지키겠다고 약속하는 해방영웅을 환영했다. 중국인과 페르시아인은 그런 수단으로 일거에 전세를 역전시키는 데 성공한 대표적인 민족이다. 서기 552년에 유연 연합체는 돌궐(突厥)의 도움을 받은 중국군사에게 괴멸되었다. 돌궐은 지체 없이 스텝지대에 유연에 뒤지지 않는 막강한 힘을 갖춘 대제국을 건설했다. 그렇지만 왕가 내부에서 제위를 둘러싼 분쟁이 일어나, 돌궐의 새 제국은 572년에 동서로 분열되었다. 동서 돌궐은 서로를 증오했을 뿐 아니라, 각기 내분으로 만신창이가 되었다.

이리하여 스텝지대로부터의 위협과 압박이 약화되자, 중국의 신흥 제국 수(隋)는 북중국에 남아 있던 나머지 야만족 국가들을 몰아내고 589년에 중국을 다시 통일했다. 이리하여 인접한 야만족에 대한 중국의 군사적·문화적 우월성이 재확립되었다.

페르시아의 동부 변경지대에서 일어난 사건들도 유사한 과정을 거쳤다. 사산조 페르시아의 왕들은 554년에 돌궐과 연합하여 에프탈족을 타도했다. 572년에 돌궐 연합체가 동서로 분열되자, 이 틈을 타 사산조 페르시아는 제국의 국경을 다시 한번 아무다리야(옥수스) 강까지 확대하여 동부 변경지대를 페르시아 땅에 추가했다.

로마 제국의 약화

하지만 로마인은 그렇게 성공적이지 못했다. 내란과 야만족의 침입에 의한 최초의 장기적이고 심각한 위기(A.D. 235~284)를 겪는 동안, 로마 제국정부는 노골적인 군사독재정권으로 변했다. 관리들이 툭하면 난폭하고 포학한 행위를 일삼는 그런 정권은 별로 인기가 없었다. 더욱이 병사들의 의중도 종잡을 수 없었다. 병사들의 반란으로 제위에 옹립된 장군도 어떤 이유에서든 그에게 권력을 부여한 군대를 만족시키지 못할 거라고 판명날 경우 뜻하지 않게 자리에서 쫓겨났다. '원로원과 로마 시민'에 의한 선거라는 껍데기뿐인 형식이 남아 있었지만, 그것은 군대의 공공연한 찬탈행위를 승인하는 요식행위에 불과했다.

콘스탄티누스 황제(A.D. 306~337년 재위)는 두 가지 중요한 면에서 로마의 정치를 바꿔놓았다. 그는 비잔티움에 새 수도를 건설하고 도시명을 콘스탄티노플로 고쳤으며, 그리스도교를 국교로 정해 보호했다. 새 수도는 교역과 안보에 유리한 위치에 있었다. 넓게 펼쳐져 있는 흑해와 에게 해의 연안지방에서 식량을 조달하기가 비교적 용이했다. 덕분에 로마 제국(때로는 비잔틴 제국이라고도 불린다)은 1204년까지 순탄하게 존속될 수 있었다.

그리스도교 역시 콘스탄티누스 황제 시대 이후 로마 제국정부의 중요한 버팀목이 되었다. 그리스도교 사제들은 대부분 황제와 협력하고자 하는 열의를 보였고, 콘스탄티누스와 그의 후계자들을 하느님이 선택한 제국의 지배자로 간주했다. 이 단순하지만 설득력 있는 사상은 무력을 사용한 노골적인 찬탈을 정당화해주는 역할을 했다. 테오도시우스 황제(A.D. 395년 사망)는 옥좌와 제단의 이 동맹을 논리적으로 밀고 나가 다른 신앙을 모두 금지하고 로마를 공식적으로 그리스도교의 나라로 만들었다.

그렇지만 이런 조치는 또 다른 심각한 문제를 야기했다. 그리스도 교도들이 교의를 둘러싸고 합의에 이르지 못했던 것이다. 군인황제와 정치적 사제는 그런 문제를 처리하기가 곤란하다는 점을 깨닫게 되었다. 그 시대에는 신학상의 이론적인 문제가 누구에게나 정치운동의 슬로건이

12장 야만족의 침입과 문명세계의 대응, A.D. 200~600   289

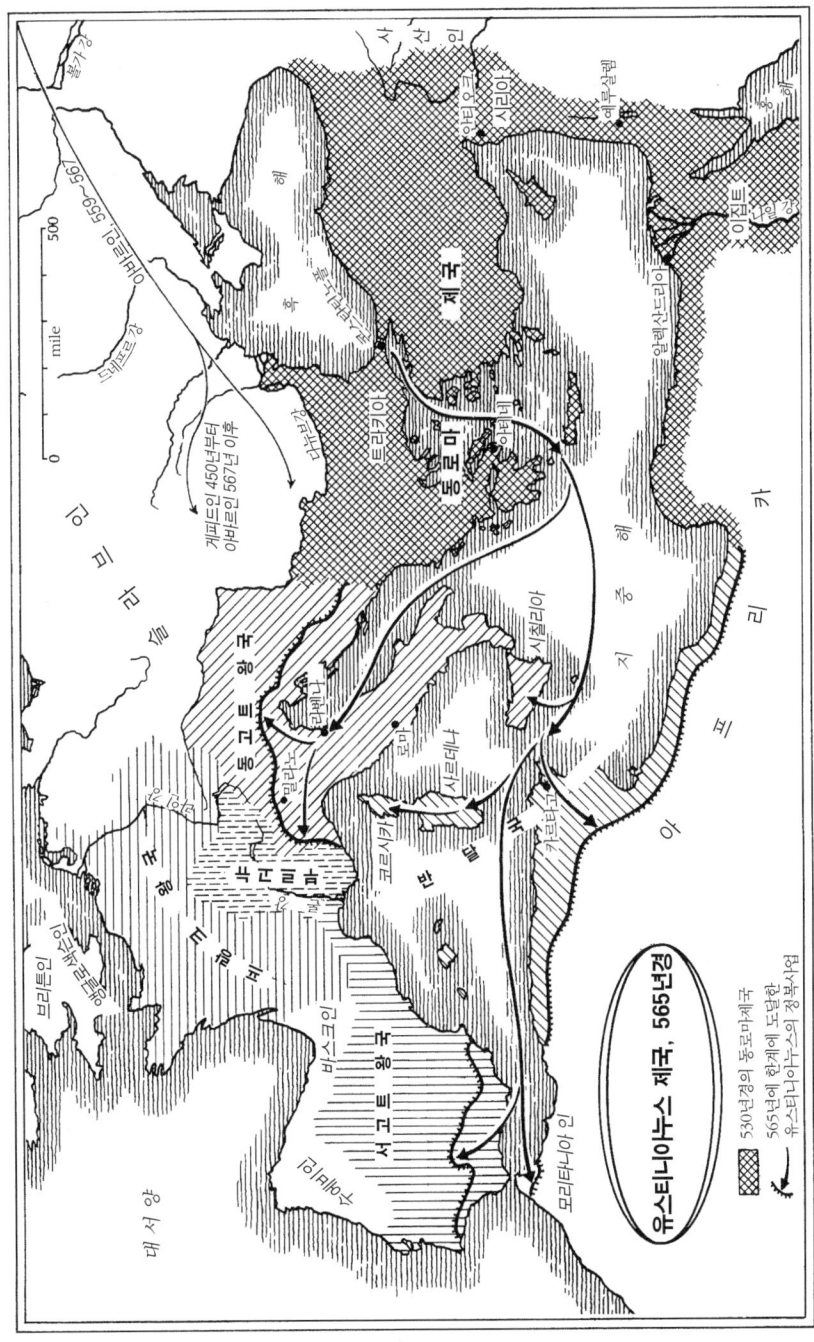

되어, 제도화된 권위에 반대하는 온갖 종류의 불만분자들을 순식간에 끌어들였다.

서유럽의 게르만 왕국들도 대부분 유사한 문제에 직면했다. 게르만인의 왕들은 거의 다 아리우스파*라고 불리는 변형된 그리스도교를 받아들였다. 따라서 로마 신민들의 눈에는 그들이 사악한 이단으로 보였다. 유스티니아누스 황제(A.D. 527~565)는 게르만 왕들의 군사력을 타도할 수 있다면, 각지의 주민 대다수가 자신의 편이 될 것이라고 생각했다. 그래서 로마 제국의 통일을 재현하겠다는 희망을 품고 서지중해 일대에 대한 일련의 군사행동을 개시했다. 그는 부분적으로만 성공을 거두었다. 그리고 그가 북아프리카·스페인·이탈리아에서 쟁취한 영토는 그의 사후에 새로운 침입자가 로마의 국경을 공격했을 때 일순간에 날아가 버리고 말았다.

야만족에 대한 중국과 이란의 대응

중국인·이란인·로마인이 6세기에 각각 통일과 안보를 재확립하는 데 어느 정도 성공했는가 하는 것은 각국의 정치적·군사적 제도가 야만족의 도전에 대처하는 데 얼마나 유효했는지 가늠해보는 척도가 된다.

중국은 자국의 전통적인 국가제도가 한 왕조가 흉노라는 야만족의 위협에 대처하던 시대에 이미 형성되어 있었기 때문에 여러 모로 유리했다. 따라서 수의 황제들과 그 뒤를 이은 당(唐, A.D. 618~907)의 황제들은 돌궐 연합체에 대항하는 효과적인 변경수비군을 부활할 때 과거의 제국정부가 남긴 선례에 충실히 따를 수 있었다. 외교교섭, 조공, 야만족

---

* 예수의 본질을 신과 인간의 중간적 존재로 보는 그리스도교의 일파—옮긴이.

12장 야만족의 침입과 문명세계의 대응, A.D. 200~600   291

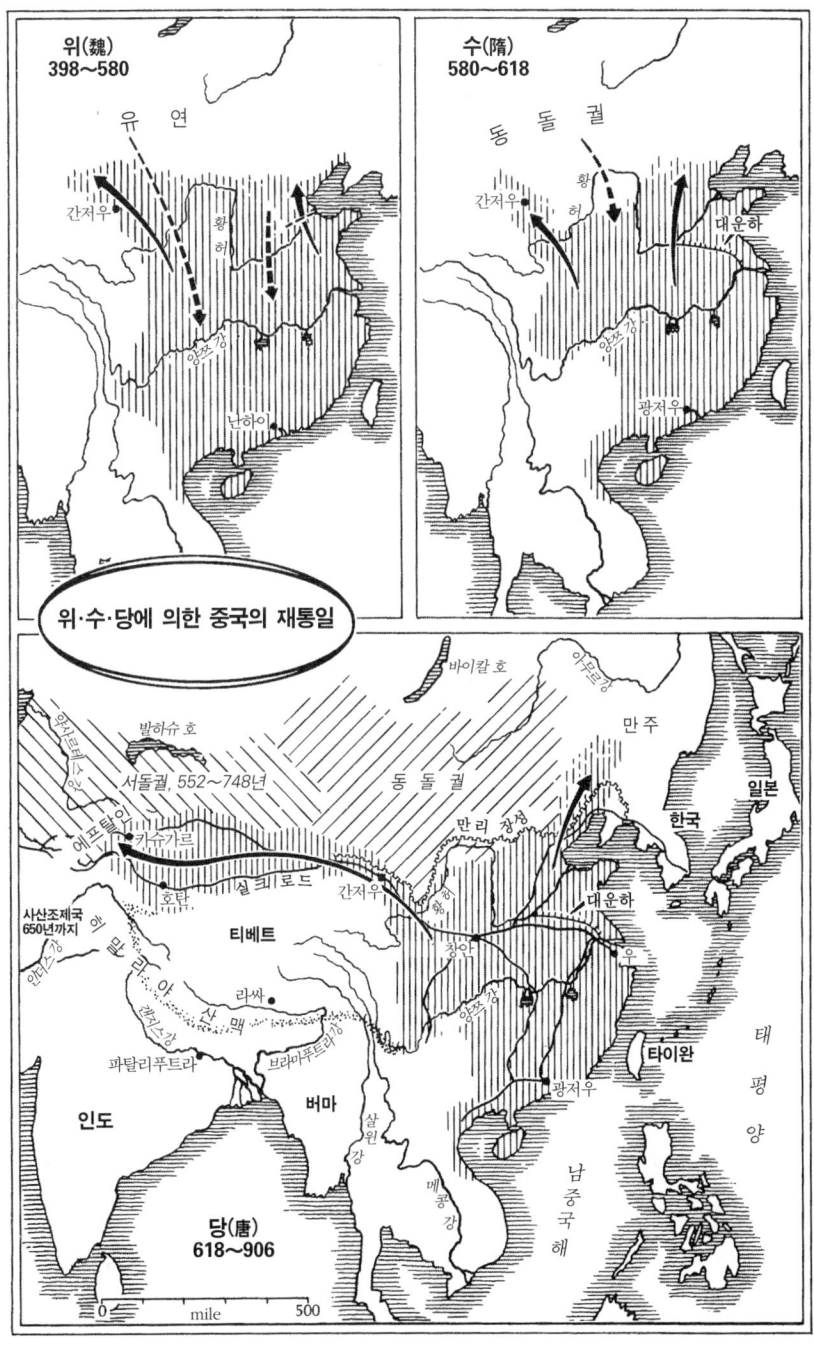

용병으로 구성된 변경수비군 지휘관에 한인(漢人)을 임명하는 방법 등이 활용되었다. 재건된 방위선 덕분에 수 왕조는 효율적이고 냉혹한 관료제적 지배체제를 수립할 수 있었는데, 이 지배체제의 최대 위업은 양쯔 강과 황허를 연결하는 운하를 완성한 것이었다. 이 운하는 곧 제국경제의 대동맥이 되었다. 비옥한 남부지방에서 생산된 농산물이 운하를 통해 북쪽에 있던 제국의 수도로 운반될 수 있었기에, 막대한 물자를 소비하는 관료와 병사들이 수도에 머물 수 있었다. 대운하(大運河)라 불리는 이 수로가 개통된 뒤, 양쯔 강 유역 전체에 대한 통제가 엄격해지고 제국의 중심지에 대량의 물자를 집중시킬 수 있었다. 따라서 재통일된 이 제국은 한대(漢代)보다 더 강력했고, 과거에 비해 군사적·평화적 사업에 더 많은 인원과 물자를 동원할 수 있었다. 재통일된 중국의 조직화된 힘 덕분에 야만족의 침략에 대한 공포도 빠르게 사라졌다.

이란인은 좀 더 복잡한 문제를 안고 있었다. 그들은 중국인과는 달리 황제의 중앙권력을 강화하는 데 필요한 새로운 재원을 찾을 수 없었다. 물론 중무장 기마병의 전법은 익히 알고 있었다. 스텝지대로부터의 습격에 대비한 효과적이고 영속적인 방위수단은 적절한 무구를 갖추고 잘 훈련된 기마병을 국경 근처에 충분히 배치하는 것이었는데, 이를 뒷받침할 수 있는 사회조직을 만들어내는 것이 문제였던 것이다. 파르티아 제국의 군주는 군인지주 계급, 즉 중무장 기마병으로서의 무구를 자력으로 갖추고 자신의 영지를 침입자의 파괴에서 보호하기 위해 언제나 경계를 늦추지 않는 영주계급의 성장을 묵인(또는 장려)했다. 그러나 통상적으로 이란의 영주에 대해 효율적인 중앙권력이라 할 만한 것을 행사하지는 못했다. 파르티아 왕국 정부는 현금 수입원인 도시를 비호했던 것으로 보인다. 그러나 이란과 메소포타미아의 도시에서 거둔 현금으로는 국경지대의 강력한 신하들을 억제할 중무장 기마병 중심의 상비군을 유지할 수 없었다. 따라서 스텝지대에 대처하는 유력한 변경수비대를 둔 대가는 각지에서 반란과 불복종이 빈발하는 혼란상태였고, 파르티아 중앙정부의 위신은 갈수록 땅에 떨어졌다.

사산 제국

서기 226년에 그런 반란자 중 한 명인 아르다시르가 파르티아 정부를 무너뜨렸다. 아르다시르를 배출한 사산가는 651년까지 페르시아와 메소포타미아의 왕으로 군림했다. 그 수세기 동안 사산조의 권력은 여러 차례의 극적인 위기를 겪었고, 모든 왕이 동일한 정책을 펴지도 않았다. 그렇지만 아르다시르(A.D. 226~240년 재위)가 정한 각종 원칙은 오랫동안 고수되었다. 이 사산조의 창시자는 권력기반을 이란의 영주계급에 두었다. 그는 페르시아 제국의 위대한 과거라는 의식을 함양하려고 노력했으며, 특히 재편된 조로아스터교를 지지했고 또 그것의 지지를 받았다. 페르시아 제국의 위대함과 조로아스터교의 신앙을 환기시키는 정책은 지방의 영주들을 감화시켜 적어도 위기의 순간에는 사산조의 군주들을 지지하게 하는 효과를 발휘했다. 이런 까닭에 중앙의 권력은 활력이 넘쳤고, 로마 제국에게는 무서운 경쟁상대였다.

조로아스터교의 교의는 아르다시르를 배출한 귀족집안과 신관의 집안에서 대를 이어 전해지던 각 지방의 전통에 근거했다. 그러나 그것은 신전에 따라 크게 달랐다. 그래서 사산조의 군주들은 조로아스터교의 경전인『아베스타』의 규범적 정전을 편찬하라고 명했다. 나아가서 그리스인과 인도인의 저작에서 필요한 부분을 취해 조로아스터교의 유산을 풍요롭게 하라는 칙령을 내렸다. 그러나 그 경전이 통일성과 완전성을 갖추게 되었음에도 불구하고, 개혁된 신앙은 사산조의 도시에서는 뿌리를 내리지 못했다. 하지만 영주들은 꽤 만족했던 것으로 보인다. 반란과 찬탈, 국왕의 암살처럼 로마에서 일상화된 사건들이 페르시아에서는 비교적 드물었기 때문이다. 다시 말해서 옥좌와 제단의 동맹은 사산조 페르시아에서 효과를 발휘했던 것 같다. 이는 콘스탄티누스가 로마 영내에서 유사한 동맹을 실현한 것보다 한 세기 앞서는 것이다.

사산조의 실험에서 정말로 중요한 점은 교의의 세부적인 면을 수정했다는 것이 아니다. 그것은 이슬람의 정복에 의해 페르시아의 문화적 독자성이 상실된 뒤에는 무의미해졌다. 중요한 것은 국교와 조직화된 성직자 집단에 의해 원용되던 초자연적 제재라는 관념이 군인지주계급과 중앙의 왕권 사이의 상반된 이해를 효과적으로 조정해주었다는 사실이다. 따라서 다수의 중무장 기마병으로 구성된 공포의 전사계급이 끊임없는 내전을 통해 문명사회를 혼란에 빠뜨리는 위협을 가하지 않고, 야만족의 습격으로부터 국토를 방어하는 데 전념케 하는 분위기가 조성될 수 있었다. 문명세계의 어떤 곳에서도 새로운 형태의 제도를 창출하는 데 그처럼 성공적이지 못했다. 그래서 사산조가 보여준 이 모범은 비잔틴 제국에, 그리고 비잔틴을 통해 서유럽에 강력한 영향을 미쳤다.

사산조의 종교

그럼에도 불구하고 왕, 영주, 조로아스터 성직자 사이의 동맹은 그 대가를 치러야 했다. 파르티아 지배자들에게 힘을 실어주었던 도시는 많든 적든 사산조의 구도에서 배제되었다. 아마도 이 때문에 사산조 시대 메소포타미아에서는 종교적 열정이 비정상적으로 드높았다. 가장 위대한 인물은 예언자 마니(A.D. 215~273년경)였다. 사산조 창시자의 아들이자 후계자였던 샤푸르 1세(A.D. 240~271년 재위)는 마니에게 호의적이었던 것으로 보인다. 아마도 그는 아버지가 물려준 농촌풍의 당당한 조로아스터교와, 주로 도시주민의 호응을 얻은 마니의 새로운 신앙이 균형을 유지하게 하려 했던 것 같다.

마니는 자의식이 강한 예언자였다. 그는 모든 기성 종교가 세월의 흐름 속에서 타락했는데, 그것을 신성한 메시지로 정화하겠다고 천명했다. 또 신성한 메시지는 예수·붓다·조로아스터와 같은 다양한 인물의 입을 통해 전달되었지만 기본적으로는 어디서나 동일하다고 주장했다. 자신의 계시가 비슷하게 타락하는 것을 막기 위해, 마니는 자기의 메시지를 직접 글로 기록했고, 그 경전을 부주의하게 베끼는 것을 엄금했다. 그 결과 마니교 경전은 어느 시대에나 희귀했고, 현대의 학자들이 현존하는 단편과 석의(釋義)—그마저도 때로는 적대관계에 있던 다른 종교의 신봉자들이 남긴 것이다—를 통해 마니교의 원전을 재구성하는 것은 아예 불가능하다. 오기(誤記)를 두려워했던 마니의 의도가 엉뚱한 결과를 낳은 것이다. 예배당을 세우고 전도를 기획할 때 그가 보여준 극도의 엄밀함도 같은 결과를 빚었다. 모든 종류의 잘못된 해석과 통속화를 예견하고 엄금함으로써, 마니는 결국 자신의 교의가 특별한 교육과 훈련을 받은 엘리트의 전유물이 되는 상황을 자초했다.

이런 한계에도 불구하고, 마니는 살아 있는 동안 메소포타미아와 동방과 서방의 다른 도시 중심지에서 널리 수용되었다. 그렇지만 고국의 조로아스터교 성직자들은 조로아스터가 원래 전수해준 진리를 왜곡했다고 자신들을 비난하는 예언자에게 적의를 품고 있었다. 따라서 서기 271년에 샤푸르 1세가 죽자, 마니는 조로아스터교 정통파의 분노의 표적이 되었다. 결국 그는 노년을 감옥에서 보냈고, 신도들은 심한 박해를 받았다. 이런 상황에서도 마니교는 살아남았지만, 그 교도들은 사산조의 적으로 간주되었다.

그로부터 300년 후, 더욱 혁명적인 성향의 새로운 신앙이 페르시아에서 마즈다크라는 예언자에 의해 전도되었다. 철저한 평등주의가 마즈다크의 중심사상이라 생각되는데, 자세한 것은 알 수 없다. 격앙된 적대자들은 마즈다크 교도가 재산과 부인의 공유를 주장한다고 비난하면서 맹공을 퍼부었다고 한다. 한동안 마즈다크교는 왕실의 보호를 받았다. 그러나 호스로 1세(A.D. 531~579년 재위)가 즉위하자, 강경한 탄압책이 채택되었고 결국 이 종파는 사라졌다.

이처럼 이란과 메소포타미아의 종교운동은 보편적인 신앙으로 확립되지 못했다. 대신에 이슬람이 이란에 침입하여, 사산조 세계에 도시민의 요구에 부응하는 동시에 농촌주민의 마음을 사로잡을 수 있는 종교를 제공했다. 이 때문에 사산조의 종교생활과 문화생활 전반에 대해서는 그리 많은 것이 알려져 있지 않다. 그렇지만 뒤늦은 출발에도 불구하고 마니교가 로마 제국에서 그리스도교에 맞선 가장 강력한 경쟁자였다는 사실과, 멀리 떨어져 있던 중국의 국경과 중앙아시아의 오아시스 지대가 사산조 문화의 전초기지였다는 사실을 생각해보면, 사산조 문명의 힘과 활력을 잘 이해할 수 있다.

미술도 사산조 문명의 중요성을 잘 보여주는 예이다. 비잔틴 건축의 일부 특징은 사산조 페르시아에서 유래한 것으로 보인다. 그러나 불행히도 잔존하는 부서진 벽돌조각만 가지고는 왕궁이 실제로 어떤 모습을 하고 있었을지 상상하기가 어렵다. 그 외관은 특별히 인상적이지 않았을 수도 있으나, 돔 형태의 높은 천장이 있고 유약을 바른 벽돌이 햇빛을 받아 밝게 빛나던 내부의 모습은 분명히 장관이었을 것이다.

비잔틴 제국

로마인이 페르시아 모델에서 차용한 것은 비단 건축만이 아니었다. 디오클레티아누스 황제(A.D. 284~305년 재위)는 왕권의 존엄을 상징하는 왕관과 홀(笏), 그리고 궁정의 각종 의식을 의도적으로 차용하여 신비로운 분위기를 자아냄으로써 수많은 선대 황제들에게 닥쳤던 처참한 암살을 방지하고자 했다. 더 중요한 것은 콘스탄티누스 황제 시대 이후 로마인도 중무장 기마병을 제국 야전군의 주축으로 삼았다는 사실이다. 이 전법말고 다른 전법으로는 페르시아의 공격에 맞서 싸우면서 동시에 야만족의 침입을 저지한다는 것이 불가능했다.

하지만 로마인은 자신의 사회구조를 사산조의 '봉건적' 스타일로 바꿀 생각은 없었다. 수세기에 걸쳐 조금씩 성장한 법적 원칙과 관례의 정교한 체계는 도시 중심의 사회·정치 질서에 근본적인 변화를 가하는 것을 허락하지 않았다. 따라서 유스티니아누스(A.D. 527~565)에 의한 로마법의 성문화는 단순히 행정적 편의를 위한 것이 아니었다. 그것은 명확하게 로마적이고 근본적으로 도시 중심적인 고대와의 연속성을 재확인하는 의미를 갖고 있었다.

군사방위라는 시급한 문제를 해결하기 위해, 비잔틴의 황제들은 상비군을 유지하고자 노력했고 그것을 가급적 자기 주변에 두려고 했다. 상비군의 임무는 명령만 내리면 위기에 처한 국경지대나 반란이 일어난 지방으로 달려가 황제의 의지를 실현하는 것이었다. 그러나 고가의 무기와 갑옷, 투구를 갖춘 기마병의 대부대를 유지하기에는 세수가 부족했다. 그래서 예컨대 유스티니아누스는 서지중해의 잃어버린 속주를 회복하려고 시도했을 때, 관행대로 총사령관 벨리사리우스가 개인적으로 5천 명의 중무장 기마병을 모집하도록 허가하고, 전리품과 약탈품으로 그들의 봉급을 충당하려고 했다. 따라서 벨리사리우스가 이탈리아에서 벌인 장기적인 군사행동(A.D. 535~549)은 오랜 기간의 무자비한 약탈을 동반했다. 그것은 이전에 있었던 어떤 야만족의 침입보다도 그 지방 주민에게 치명적인 타격을 주었다.

국가의 주력부대가 황제 주변에 머물러 있을 때는, 국경지대가 심각할 정도로 취약해지는 사태를 피할 수 없었다. 이를테면 다뉴브 강 맞은편에서 온 소규모 습격대는 여러 차례 말썽을 부렸으나 아무런 군사적 저항을 받지 않았다. 황제의 호위대가 일일이 약탈자의 소집단을 쫓아내기 위해 콘스탄티노플을 떠날 수는 없었기 때문이다. 그 결과, 발칸의 오지는 그런 소집단에게 속수무책으로 당했다. 성벽을 쌓은 소수의 연안도시만이 안전을 유지했다. 로마의 국경수비는 사산조의 철통같은 방위체계와는 천양지차였다.

변경지대가 야만족의 급습과 침입에 노출되어 있었던 것은 어떤 의미에서 도시주민이 자신의 사회적 우위를 유지하기 위해 치러야 했던 대가였다. 무장한 지방귀족이 나타나 그 우월성에 도전하는, 사산조가 수립될 당시 이란과 메소포타미아에서 벌어졌던 그런 일은 로마 제국에서 일어나지 않았다. 콘스탄티노플의 황제와 주민들은 기동력을 갖춘 소수의 상비군으로 국가의 심장부만 지킬 수 있으면, 제국 내의 인적이 드문 오지는 경우에 따라 내줄 수도 있다고 생각했다. 그 상비군은 기술적으로는 페르시아식으로 무장했지만, 토지를 지급하는 봉건적 방식이 아니라 세금과 전리품에 의해 유지되었다.

이단과 정통

그리스도교가 지닌 도시적인 성격과, 몇 가지 기본적인 교리상의 민주적인 성격은 도시 중심적인 후기 로마 사회와 초기 비잔틴 사회의 특징을 반영하고 유지했다. 이는 사산조 페르시아의 귀족주의적인 조로아스터교가 군사적으로 훨씬 성공적인 이란의 체제 내에서 농촌지방의 우월성을 강조한 것과 마찬가지였다. 따라서 비잔틴인은 사산조의 군사 모델을 그대로 모방하는 것을 거부하고, 바다를 중심으로 하는 비잔틴 제국과 페르시아 같은 순수한 내륙국은 사회정치적인 면에서 차이가 있다고 주장했다. 그리스도교의 발전과 교회조직 및 교리의 확립도 양대 제국의 차이를 보여주었다.

콘스탄티누스가 그리스도교를 공인하기 전에도, 알렉산드리아의 교부

(教父)들은 그리스도교의 교리를 수미일관하게 구성하기 위해 노력했다. 위대한 선구자 오리게네스(A.D. 254년경 사망)는 최고의 실재에 관해 이야기할 때 부득이 그리스 철학의 용어에 의존했다. 이때부터 그리스도교 교리의 문제에 관한 논의는 철학적이고 때로는 극도로 난해한 그리스어로 표현되었다. 서기 312년에 공식적인 박해가 중단되기가 무섭게, 그리스도 교도 사이에서는 일련의 격렬한 논쟁이 벌어지기 시작했다. 북아프리카의 도나투스파와 이집트의 아리우스파가 콘스탄티누스의 개인적인 관심을 끌었다. 황제의 충고도 서로 싸우는 신학자들을 화해시키지 못하자, 황제는 서기 325년 니케아에서 그리스도교 최초의 종교회의를 소집했다. 여기에서 삼위일체의 부(父)와 자(子)의 관계에 관한 아리우스의 설은 이단으로 선고되었고, 간명한 신조가 정통으로 승인되었다. 하지만 아리우스파의 그리스도 교도를 납득시키지는 못했다. 또 다른 이단설을 처리하기 위해 여러 차례 공의회가 열렸으나, 정통설을 더욱 더 엄밀하게 규정하고 논점에 관해 다른 생각을 가진 사람들을 교회에서 추방하는 데 그쳤을 뿐이다.

그리스도 교도 사이에서 발생한 중대하고 지속적인 교리상의 분파는 뿌리 깊은 민족적·문화적 구분과 합치하는 경향을 보였다. 이집트의 콥트 교회와 서아시아의 시리아 교회는 콘스탄티노플의 통제에 대해 신학적 불복종을 선언했을 뿐 아니라, 세속적·민족적 적의를 드러냈다. 불만이 얼마나 컸는지, 아랍인 무슬림이 이집트와 시리아에 쳐들어왔을 때 이들 침략자를 이단의 탄압을 종식시키는 해방자로 환영하기도 했다.

그리스어를 사용하는 그리스도 교도와 라틴어를 사용하는 그리스도 교도의 관계는 좀 더 복잡했다. 로마는 교황, 즉 로마의 주교가 있던 곳이었다. 전승에 따르면, 처음 로마 교회를 세운 이는 사도 베드로였다. 그래서 역대 교황은 자신이 성 베드로의 후계자라고 생각했고, 베드로가 그리스도에 의해 특별히 사도의 장(長)에 지명되었다는 것을 근거로 전체 그리스도 교회에 대한 우월성을 주장했다. 그리스도교 세계의 다른 주요 교구를 관할하던 주교들은 교황의 주장에 반대하여, 중요한 문제는 모든 주교가 모인 회의에서 결정되어야 한다고 강조했다. 칼케돈 공의회(A.D. 451)가 교황 레오 1세의 삼위일체설에 관한 신조를 채택했을 때(그리하여 이집트와 시리아에 널리 퍼져 있던 '그리스도 단성론'을 금지했을 때), 교회정치에 관한 두 이론의 직접적인 충돌은 연기되었으나 해결되지는 않았다.

교리와 교회의 종규(宗規)에 대한 논의는 논쟁적이고 해설적인 저작들을 양산하게 되었다. 이와 함께 성서에 관한 다수의 주석서와 과감하게 사변적인 신학을 시도한 몇 권의 저서도 나왔다. 이 방대한 문헌들은 대부분 그리스어로 쓰였고, 정통과 이단에 대한 정의를 총망라했다. 라틴 세계에서는 교부들의 역할이 달랐다. 그들은 이단을 논박하는 것보다는, 그리스도교의 진실과 기본적인 자료를 라틴 독자들이 이용할 수 있게 하는 작업에 더 많은 관심을 기울였다. 예컨대 성 히에로니무스(A.D. 420년 사망)는 성서 전체를 라틴어로 번역했다. 이것이 이른바 『불가타 성서』이며, 후대의 라틴계 그리스도 교도에게 정전이 되었다. 동시대인인 히포의 성 아우구스티누스(A.D. 430년 사망)는 설교집, 성서의 주석, 호교(護敎)적인 저작을 줄줄이 내놓았다. 그의 대저(大著) 『신국』(神國)은 천지창조에서 심판의 날에 이르는 보편적인 그리스도교의 역사를 묘사하여, 이후 서유럽의 세계관에 토대를 제공했다. 또 그의 『고백록』은 자신이 그리스도교로 개종하게 되는 과정을 생생하게 그린 자서전으로, 시간과 영원의 본질에 대한 심오한 철학적 성찰로 끝난다. 아우구스티누스의 저작 전체는 후대의 라틴계 그리스도 교도들에게 신앙에 대한 세련된 철학적 진술을 선사했고, 그것에 명료하게 플라톤적 색채를 첨가했다.

게르만 민족의 침입과 그에 따른 혼란(A.D. 378~511)이 서방 라틴 세계의 도시 중심지들을 파괴하자, 수도원이 그리스도교의 신앙·교육·문화의 가장 활발한 중심지가 되었다. 최초기의 그리스도교 수도사들은 이집트와 시리아의 사막에 가서 자신만의 방식으로 신성을 추구했다. 교회의 관리자들은 일부 수도사의 극단적인 행동을 규제하고 통제할 필요가 있다고 느꼈다. 교회를 반분하고 있던 그리스어권에서는, 성 바실리우스(A.D. 379년 사망)가 수도사의 행동규범을 정해 후대에 깊은 영향을 미쳤다. 라틴 세계의 수도원 생활은 누르시아의 성 베네딕트(A.D. 529년경 활약)에 의해 후대까지 지속된 독특한 성격을 부여받았다. 그는 몬테카시노의 수도원장으로 일한 경험에 바탕을 두고 수도사의 일상생활을 규제하는 '규율'을 만들었다. 바실리우스와 베네딕트의 규율에서는 기도와 예배가 중심이었다. 노동과 독서, 기타 활동은 모두 (적어도 원칙적으로는) 하느님 숭배에 종속되었다. 폭력적이고 야만적인 시대에, 하느님을 섬기는 데 전념하던 수도사들의 공동체는 소란스러운 세계 속에 고요하게 떠 있는 작은 섬이었다. 특히 서방 라틴 세계에서, 수도원은 종종 암흑시대라 불리는 중세에 최소한의 지적 문화를 간직하고 있던 주요 기관이 되었다.

제국의 서부, 즉 라틴어를 사용하던 여러 주에서 제국의 통치력이 약화됨에 따라, 교회는 불가피하게 세속적 권력에 대해 상당히 독립적인 태도를 취하게 되었다. 세속의 권력은 어떻게 포장을 하더라도 파괴를 좋아하는 약탈자로밖에 보이지 않았다. 프랑크의 왕 클로비스가 서기 496년에 정통파 그리스도교로 개종한 일은 표면적으로는 최강의 게르만 왕국을 교황의 영향권 안으로 끌어들인 것처럼 보였다. 그러나 클로비스와 그 후계자들의 행동은 그리스도교의 계율에 그리 얽매이지 않았다. 유스티니아누스의 기나긴 정복전쟁이 이탈리아에 안겨준 궁핍과 정치적 혼란은 교황이 로마의 외부 지역에 행사할 수 있는 권위를 현저히 약화시켰다. 이와 대조적으로 콘스탄티노플의 총대주교가 관리하던 동방교회는 제국정부와 밀접한 관계를 유지하고 있었다. 그리스 교회는 정부의 오른팔 역할을 하는 경우가 많았지만, 총대주교가 대담하게 황제의 칙령을 이단적이라고 단언하며 반대의 뜻을 강하게 나타내는 경우도 있었다.

그리스·라틴·시리아·콥트 교회로 극심하게 분열된 그리스도교의 세계가 이슬람의 공격에 저항한다는 것은 분명히 무리였다. 특히 남쪽에서 아랍인 정복자가 몰려온 것과 같은 시기에 북쪽에서 스텝지대의 교란에 의해 연쇄적 이동을 시작한 유목민족이 취약한 국경지대에 대한 공격을 재개하자, 그리스도교 세계는 그야말로 사면초가에 빠졌다.

이슬람의 폭발적인 발전에 의해 세계의 평형상태가 변화한 것은 다음 장에서 다룰 주제이다.

13장
이슬람의 발흥

서기 636년 아랍의 군대는 시리아와 팔레스타인에 주둔해 있던 로마(비잔틴)군을 물리치고 이 두 지방에서 로마의 세력을 영원히 제거했다. 얼마 후 다른 아랍 원정군이 메소포타미아(A.D. 641)와 이집트(A.D. 642)를 평정했고, 651년에 이르자 이란 역시 위와 같은 일련의 승리에 의해 형성된 새로운 이슬람 제국에 병합되었다. 예언자 마호메트(A.D. 632년 사망)가 내린 새로운 종교적 계시의 힘이 놀라운 연전연승의 원천이었다. 더욱 괄목할 만한 것은 마호메트가 부여한 종교적 확신에 고무된 조야한 아랍의 정복자와 그 후예가 서아시아에서 문명이 발생한 이래 전승되고 있던 다종다양하고 때로는 모순되는 요소들을 융합해서, 새롭고 독특하게 이슬람적인 하나의 문명을 만들어냈다는 사실이다.

마호메트의 생애

마호메트의 시대에 아라비아는 다수의 호전적인 부족으로 나뉘어 있었다. 일부는 유목생활을 했고, 일부는 오아시스의 농경지대나 상업도시에 정주했다. 당시 유대교와 그리스도교가 어느 정도 아라비아에 침투해 있었으나, 마호메트의 출생지 메카에서는 토착종교가 건재하고 있었다. 젊은 시절, 마호메트는 대상을 따라 팔레스타인 주변의 도시들을 여행했다. 그러다가 그의 나이 마흔 즈음에 신들림 상태에 빠져서 목소리를 듣는 경험이 시작되었다. 그는 그것이 천사 가브리엘이 방문하여 알라의 뜻에 복종하라고 자신에게 명령하는 목소리라는 것을 즉시 알아차렸다. 이 경험에 자극을 받아, 마호메트는 알라가 유일하고 전지전능한 신이고, 심판의 날이 임박했으며, 알라의 뜻에 완전히 복종해야 한다고 설파하기 시작했다. 그는 자신의 가르침을 알라에 대한 '절대귀의'를 의미하는 '이슬람'이라는 한 단어로 요약했다. 하루 다섯 번의 기도, 희사(喜捨), 일생에 적어도 한 번은 메카를 순례할 것, 술과 돼지고기를 먹지 말 것, 매년 한 달은 해가 떠서 질 때까지 단식할 것 등이 마호메트가 신자들에게 내린 주요 계율이었다. 예언자가 밝힌 바에 따르면, 알라에게 복종하면 그 보상으로 사후에 천국에 들어갈 수 있다. 반면에 우상숭배자와 다른 사악한 자는 지옥에서 영원히 불의 고통을 당하게 된다. '최후의 날'에 육체가 부활한다는 것도 마호메트가 크게 강조한 점이다.

애초에 그는 유대인과 그리스도 교도도 자신의 가르침을 하느님의 뜻을 최종적으로 가장 완벽하게 나타낸 것으로 인정하리라고 생각했다. 왜냐하면 마호메트는 알라가 아브라함·모세·예수와 그 밖의 모든 히브리 예언자에게 말을 했던 신과 같은 신이라고 믿었기 때문이다. 알라가 스스로 모순되는 말을 했을 리는 없으므로, 마호메트 자신의 계시와 오래된 종교들의 교리 간의 차이는 진정한 신의 가르침을 보존하지 못한 인간의 잘못 탓이라고 간단히 설명했다.

소수의 메카 주민은 마호메트의 경고를 받아들였으나, 대다수는 마호메트가 우상숭배라고 비난한 기존의 신앙을 버리지 않았다. 622년에 마호메트는 메카에서 메디나로 피신했다. 분쟁이 끊이지 않던 그 오아시스

13장 이슬람의 발흥 305

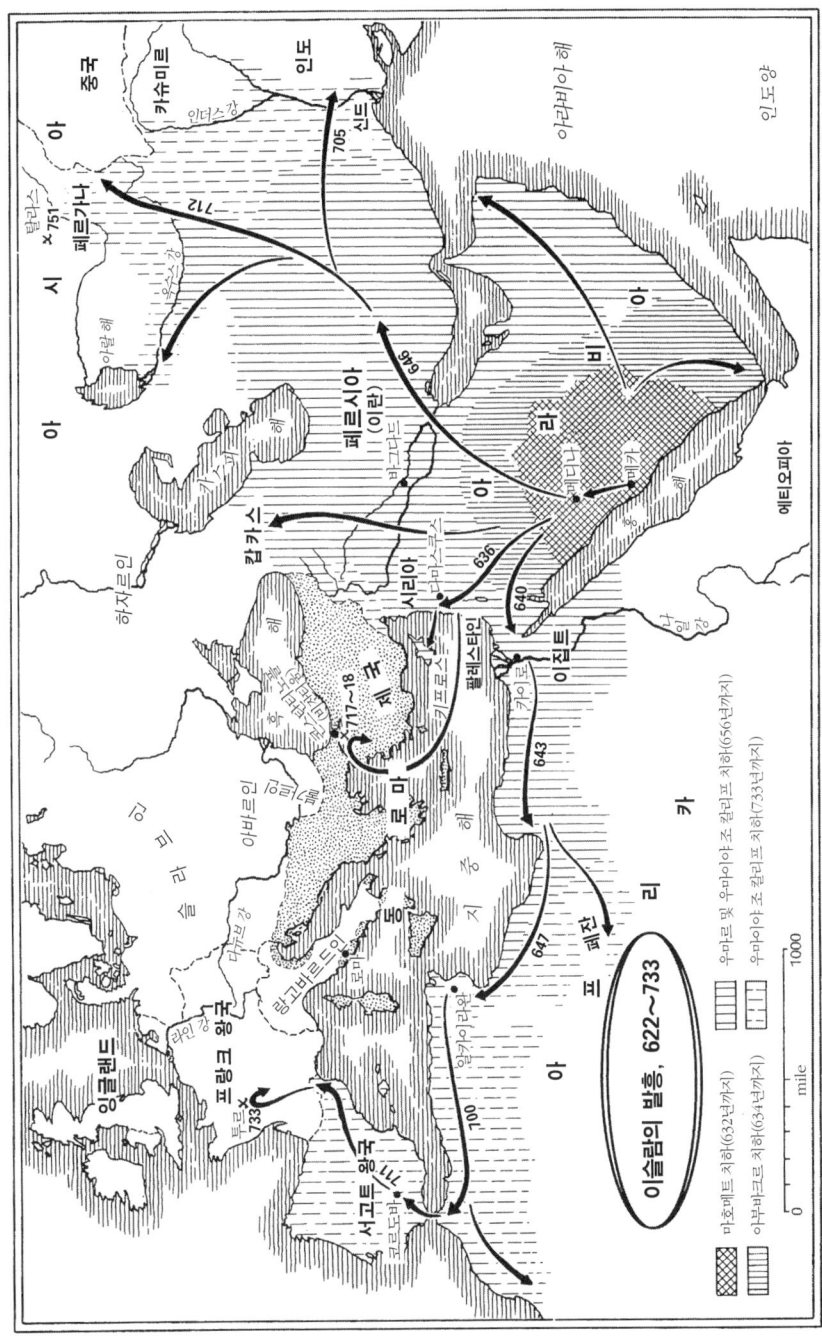

도시의 한 부족이 제3자에게 분쟁조정을 의뢰하고자 그를 초빙했던 것이다. 이때부터 마호메트는 정치지도자이자 입법자가 되었다. 메디나에서 마호메트는 처음으로 유대인과 충돌했다. 유대인들은 그의 권위를 받아들이지 않았다. 그래서 마호메트는 그들을 추방하고, 그들의 땅을 빼앗아 자신을 따르는 신도들에게 나누어주었다. 얼마 후에는 유대인이 살고 있던 다른 오아시스를 정복했는데, 이번에는 주민들의 토지소유를 인정하고 그 대가로 인두세를 징수하기로 했다. 이런 초기의 충돌은 구속력 있는 선례가 되어, 이후 무슬림 지배자와 유대인(나중에는 그리스도 교도) 피지배자와의 관계를 결정했기 때문에 대단히 중요한 의미를 지녔다.

메디나에서는 마호메트의 가르침을 받아들여 개종하는 자의 수가 꾸준히 증가했다. 그 결과 신도들의 공동체는 이내 오아시스 도시 메디나의 협소한 경계 내에서 생계를 유지하기가 어려워졌다. 확실한 해결책은 메카 대상을 습격하는 것이었다. 최초의 습격은 성공적이었다. 곧바로 이어진 다른 습격들도 계속 성공을 거두자 마침내 메카가 저항을 포기했다. 마호메트는 승리자가 되어 메카에 귀환했고, 그 후 일부는 전쟁에 의해, 그러나 대부분은 외교와 담판을 통해 아라비아 전역을 이슬람의 깃발 아래 통일하기에 이르렀다.

통일을 이룬 지 얼마 뒤에 마호메트는 사망했고(A.D. 632), 그에게는 뒤를 이을 아들이 없었다. 그의 오랜 친구이자 동지였던 아부바크르가 이슬람 공동체를 지도할 칼리프(후계자라는 뜻)로 선정되었다. 그는 이내 각지의 족장들이 이탈하는 곤란한 상황에 직면했다. 그들은 마호메트에게 복종을 맹세했다고 해서 무슬림 공동체에 순종할 의무는 없다고 생각했다. 그러나 싸움이 벌어지자, 마호메트의 핵심 개종자들이 보여준 믿음과 열정은 다시 적을 압도했고, 족장들은 결속을 다짐하고 새로운 신앙의 깃발을 따라가게 되었다. 이 위기를 넘기자마자 아부바크르는 사망했고(A.D. 634), 지도자의 임무는 우마르(A.D. 634~644년의 칼리프)에게 넘어갔다. 우마르는 경건하고 헌신적일 뿐 아니라 탁월한 군사지도자이자 행정가였다.

아랍의 정복과 우마이야 왕조

아라비아 전역의 통일은 아랍인에 의한 놀라운 정복사업의 서막이었다. 소아시아를 제외한 고대 서아시아 전역, 인더스 하류의 사막지대(A.D. 715), 북아프리카, 심지어 스페인(A.D. 711~715)까지 무슬림의 지배 아래 들어갔다. 이 일련의 승리는 군사기술의 변화에 의한 것이 아니었다. 아랍군은 수가 아주 많지도 않았고 장비가 특별히 우수하지도 않았지만, 하느님이 자신들과 함께 한다는 확신, 전사(戰死)는 천국에서의 지복생활을 보장해준다는 신념, 우마르의 적절한 지도는 아랍군을 무적의 승자로 만들기에 충분했다.

하지만 715년 이후에는 손쉬운 승리를 보기 힘들어졌다. 비잔티움 성(城)은 장기간의 거센 포위공격을 견뎌냈다(717~718). 이 중대한 좌절과 때를 같이하여 중앙아시아에서도 일련의 소규모 전투에서 패배했다. 투르크군은 715년에 무슬림을 이란 동부에서 몰아냈다. 얼마 후에는 프랑크군이 갈리아 중앙부의 투르에서 벌어진 전투(일명 푸아티에 전투)에서 무슬림 원정군을 격퇴했다(732).

이런 패전은 초기에 분출하던 종교적 열정과 확신이 식어가던 불가피한 사정과 함께 무슬림 공동체 내부에 심각한 문제를 야기했다. 최초의 1~2세대 동안에는 아랍의 전사들이 피정복민으로부터 어느 정도 고립되어 있었다. 우마르는 특별 주둔도시를 만들어서 아랍인이 부족장의 지휘 아래 살도록 했다. 각 전사에게는 로마와 페르시아에서 물려받은 관료적 방식에 의해 주민들로부터 거둔 세금으로 봉급을 주었다. 이 제도는 처음에는 순조롭게 운용되었다. 그리고 이슬람 공동체의 지도가 초기 2~3

인의 지도자에 비해 능력이 떨어지는 자들의 손에 넘어간 뒤에도 효력이 남아 있었다.

최초의 시련은 644년 우마르가 암살되었을 때 찾아왔다. 우마이야 집안의 가장이 칼리프의 자리를 승계했고, 그 직위는 750년까지 그 집안에서 세습되었다. 우마이야 왕조는 시리아의 다마스쿠스를 수도로 정했다. 이 왕조의 권력은 전혀 별개의 세 가지 역할 간의 미묘한 균형을 유지하는 데 달려 있었다. 칼리프는 우선 대립하고 있던 아랍 부족과 족장들 사이의 관계를 원만하게 조정해야 했다. 또한 로마와 페르시아의 선임자들로부터 물려받은 관료기구를 잘 운용하여 주민들로부터 세금을 징수할 필요가 있었다. 마지막으로 칼리프는 무슬림 공동체의 종교적 수장으로서의 임무를 다해야 했다.

이 세 가지 가운데 우마이야 왕조의 칼리프가 충족시키지 못한 것은 세 번째 역할이었다. 알라의 뜻을 알고 그것을 묵묵히 실행하려는 진지하고 경건한 사람들은 우마이야 왕조의 겉만 번지르르한 정치에 만족하지 못했다. 군사적 성공이 계속되는 한, 그런 불만은 정치적으로 힘을 얻을 수 없었다. 그러나 이슬람 세계가 처음으로 참패를 당한 715년 이후에는, 하느님의 선택을 받은, 정말로 칼리프다운 칼리프를 요구하는 종교적 불복종이 심각한 문제가 되었다.

방대한 규모의 인구를 이끄는 위정자로서도 우마이야 왕조는 갈수록 곤경에 처했다. 수많은 그리스도 교도와 조로아스터 교도, 다른 종교의 신자가 이슬람의 신학적 간결성, 법적 엄정성, 현실적인 성공에 감화되어 개종했다. 원칙적으로는 그런 개종자를 신앙공동체에 기꺼이 받아들여야 했다. 그러나 개종이 세금 면제를 의미하게 되었을 때(처음에는 세금을 면제받기 위해 개종하는 자가 많았다), 종교적 성공은 곧 경제적 위기를 의미하게 되었다. 더욱이 무슬림 공동체는 여전히 부족으로 조직되어 있었는데, 부족들은 다수의 이방인을 동포로 받아들일 수 없었고 또 그럴 마음도 없었다. 아랍인은 새로운 개종자들을 경멸의 눈으로 바라보았고, 마호메트의 계율에 나와 있는 명확한 규정에도 불구하고 그들을 완전히 평등한 이슬람 공동체의 일원으로 대우하지 않았다.

이 모든 긴장은 후계자 분쟁이 내란으로 비화된 744년에 정점에 달했다. 내란은 우마이야 왕조의 멸망과 함께 끝났다.(우마이야 왕조의 후손이 권력을 장악한 스페인은 예외였다.) 승리자인 아바스 집안이 수도를 메소포타미아의 바그다드로 정하자, 아랍 주둔군의 특권적 지위도 사라졌다. 아바스 왕조의 군사적 지주는 페르시아인 개종자들이었다. 그러므로 아바스 왕조의 정책이 처음부터 사산조 페르시아의 선례에서 많은 것을 취했다는 점은 그리 놀랄 일도 아니다. 이전에 중요한 존재였던 아랍의 부족집단들은 해체되었다. 부족으로 구성된 주둔군의 전사는 우마이야 시대와는 달리 이제 자신의 족장을 통해 봉급을 받는 일은 없어졌기 때문이다. 오래전부터 유목생활을 하고 있던 본래의 아라비아 지방에는 부족적 연대가 변함없이 살아 있었다. 그러나 제국 내의 정착지에서 아랍인은 일반 주민과 뒤섞여 있었다. 보통은 지주였지만, 다른 특권적 지위에 오른 자도 있었다. 이들은 얼마 지나지 않아 자신의 부족적 정체성과 규율을 망각했다. 그들을 대신하여 구제국의 모델을 답습한 관료조직이 행정 전반을 관장했고, 칼리프의 군대도 점차 이란인과 투르크인을 비롯한 용병이 주축을 이루게 되었다.

아주 오래된 제국의 선례로 복귀한 조치는 이슬람교로 개종한 비(非)아랍인의 요구에 부응하는 것이었다. 이제 개종자들은 아랍인과 마찬가지로 먼 곳에 있는 범접할 수 없는 칼리프의 신민이었다. 그러나 이런 변화는 하느님의 뜻을 철저하게 지상에서 실현하고자 하는 경건한 무슬림을 만족시킬 수 없었다. 이 난제를 해결하기 위해 아바스 왕조의 정치가들이 채택한 정책은 이후 모든 이슬람 사회에 근본적인 영향을 미칠 정도로 중요성을 갖는다. 예전처럼 종교적 권위를 군사적·정치적 리더십과 결합하는 대신, 아바스 왕조는 종교적으로 중요한 모든 문제에 대한 입법권을 울라마라고 총칭되는 이슬람교 신학에 정통한 전문가 집단에게 넘기는 데 암묵적으로 동의했다.

무슬림의 경전과 율법

울라마는 자생적인 집단이었다. 신앙심이 두터운 사람은 어떻게 행동할 것인가의 문제에 직면했을 때 하느님의 뜻이 무엇인지 알고 싶어 했다. 그것을 아는 방법은 예언자 마호메트의 언행에서 선례를 찾아보는 것이었다. 그러나 그의 언행을 이해하기 어려운 보통사람은 그것에 정통한 전문가에게 물어보아야 했다. 예언자와 함께 생활했던 첫 세대가 모두 사망하자, 체계적인 연구가 필요해졌다. 마호메트의 생애에 대한 상세한 연구가 최초로 이루어진 곳은 당연히 메디나였다. 마호메트가 죽은 지 몇 년 뒤에, 그가 생전에 계시를 받아 내뱉었던 말들이 수집되어 세심하게 편찬되었다. 그 결과 탄생한 성전이 코란이며, 코란은 오늘날까지 무슬림에게 종교적 권위의 궁극적인 보고가 되고 있다.

코란이 직접적인 지침을 내려주지 않는 여타의 많은 문제도 어떤 식으로든 처리되어야 했다. 그런 문제에 답하기 위해, 이슬람학에 정통한 전문가들은 우선 사실이든 허구이든 마호메트와 행동을 같이 했던 동지들의 입에서 나온 마호메트의 일상적인 언행에 대한 각종 보고에 의지했다. 이것으로도 부족할 때는, 마호메트와 밀접한 관계에 있었던 사람들의 행동을 보조수단으로 이용했다. 이런 '열전'(列傳)에 의해서도 적절한 해답을 구할 수 없는 경우에, 울라마는 유추에 의해 문제점을 처리하는 것을 인정했다. 유추에 의해서도 납득할 수 있는 지침을 얻지 못한 경우에는, 최종적으로 신자들의 합의에 의존했다. 개인의 판단이 아무리 허점투성이라 해도, 공동체의 모든 구성원이 오류를 범하도록 알라가 내버

려둘 리는 없다는 논리에서였다.

이런 방법들을 이용하여 이슬람의 식자층은 신속하게 정교한 율법체계를 만들어냈고, 그것에 알라의 뜻이 담겨 있다고 믿었다. 그 신성한 율법은 물론 불변이었다. 알라가 변하지 않았기 때문이다. 특별한 상황에서 인간이 어떻게 행동하기를 알라가 원하는지 의문의 여지없이 명백히 밝히는 데 모든 노력이 경주되었기 때문에, 이슬람의 율법은 굉장히 상세하고 구체적이었다. 그 결과, 반박될 수도 변경될 수도 없었던 이 율법은 후대의 무슬림 사회에 무거운 부담을 주게 되었다.

하지만 아바스 왕조 치하에서 이 신성한 율법은 새로 주조된 금화처럼 빛을 발했다. 인간에 대한 알라의 뜻이 거기에 확실히 나타나 있다고 생각되었고, 신자들은 자신의 행동이 그 명확한 규정에 합치되게 모든 노력을 기울일 의무가 있었다. 이를 실천하는 것은 그다지 어렵지 않았다. 코란, 전승, 율법의 세세한 부분에 대해 정확한 지식을 갖고 있다는 이유로 존경받는 학자들이 주요 도시의 저잣거리에 앉아서, 사람들이 물어보는 양심의 문제에 관해 판단을 내려주었기 때문이다. 따라서 개인과 개인의 생활에 영향을 주는 정부 업무의 많은 부분이 그 종교 전문가들의 입법행위로 이관되었다. 신실한 무슬림은 정말로 중요한 모든 문제가 가장 공정하고 가장 현명한 사람의 손에 의해 처리된다는 것을 실감할 수 있었다. 이들에 비해, 중앙정부를 움직이고 세금을 징수하고 국경을 방위하고 호화로운 궁정생활을 향유하는 자들은 그리 중요하지 않았다.

완벽하게 성스러운 공동체의 이상, 예언자 마호메트의 훌륭한 후계자에 의해 통솔되며 신명을 바쳐 알라에게만 복종하는 초기의 그 이상을, 대다수 무슬림은 망설임 끝에 포기했다. 하지만 전부 그런 것은 아니었다. 일부 완고한 이상주의자는 원래의 이상을 고집하다가 이단자가 되었다. 이들 중 다수는 예언자 마호메트의 사위 알리의 후손만이 무슬림의 공동체를 이끌 자격이 있다고 주장했다. 알리의 직계가 12대에서 끊어지자, 혹자는 예언자의 진정한 후계자가 치유할 수 없을 정도로 사악한 세계에서 잠시 손을 뗐지만 장래에 다시 나타나 진리를 왜곡하고 알라의 명령을 배신한 자들에게 혹독한 분노의 복수를 할 것이라고 주장했다. 극단적인 파벌 싸움으로 다수의 분파가 생겨났다. 일부는 아바스 왕조는 물론이고 타협의 여지가 없는 자신들의 이상에 미치지 못하는 모든 기성 체제를 철저하게 부정하는 혁명적인 태도로 일관했다. 이런 집단은 시아파로 불린다. 이에 반해 아바스 왕조의 정책에 의해 결정된 틀 안에서 살아가기를 원하는 대다수는 수니파라고 불린다.

수니파와 시아파의 항쟁은 이슬람의 전 역사를 통해 지금까지 이어지고 있다. 마찬가지로 세속 정부의 직권을 제한했던 아바스 왕조의 절충안도 이후 모든 이슬람 국가의 정책에 영향을 주었다.

율법의 자율적 운용에서 필연적으로 파생된 중요한 결과는, 울라마가 무슬림의 생활을 인도하는 것과 마찬가지로 다른 종교집단의 지도자들 역시 자기네 신자들의 모든 개인적·종교적 문제를 지도하고 규제해주기를 무슬림 정치당국이 기대하게 되었다는 것이다. 이에 따라 그리스도교나 유대교 공동체에 폭넓은 자율성이 보장되었다.

이슬람 율법의 두 번째 중요한 함의는, 개인은 이슬람교를 전폭적으로 수용하거나 완전히 거부하거나 둘 중 하나를 선택해야 한다는 것이었다. 애매한 태도를 취하는 것은 불가능했다. 마호메트가 알라의 유일한, 최후의 권위 있는 예언자이고 신성한 율법은 그 일자일획이 인간에 대한 알라의 뜻을 참되게 표현한 것이거나 그렇지 않으면 그런 설명은 새빨간 거짓말인 것이다. 논리적으로나 현실적으로나 중간지점은 존재하지 않았다. 요컨대 이슬람교는 선발주자인 유대교와 그리스도교가 보여준 교리상의 불관용성을 공유하되 그것을 훨씬 더 철저하게 관철시켰다.

이슬람교에 표현된 종교적 갈망은 얼마 지나지 않아 서아시아와 북아프리카에서 수백만에 달하는 사람의 일상생활에 깊이 각인되었다. 아랍어는 모든 종교적 담론에 꼭 필요한 수단이 되었고, 그것을 배우는 것은 신에 대한 경배의 일부였다. 그 결과, 이슬람교의 확산과 함께 급속한 언어교체가 진행되었다. 아랍어는 그리스어 그리고/또는 아람어를 제치고 서아시아 여러 민족의 일상어가 되었다. 하지만 페르시아어는 비록 일시적으로 문학에 이용되지 못한 적은 있으나 이란에서 계속 통용되었다.

아랍의 궁정생활과 문화

부족과 개인의 용맹성을 시로 기록하는 것은 이슬람 이전의 아라비아에서 문화의 중요한 일부였다. 마호메트는 계시를 받아 발화한 자신의 시에 대항하는 그런 시를 탐탁지 않게 여겼다. 그렇지만 아랍의 전사는 예언자의 경고에도 불구하고 시와 운문에 대한 취미를 버리지 않았다. 그런 시에 표현된 전사의 이상은 초기 몇 세대의 아랍인이 새로운 신민들로부터 징수한 세금으로 생활하게 되었을 때 경험한 안락함과 한가함 덕분에 고착화되었다. 그래서 귀족적 생활의 우아한 스타일이 아랍의 전사들 사이에서 확산되었는데, 이는 경건한 무슬림의 이상에 정면으로 배치되는 것이었다. 예컨대 음주는 마호메트의 금지에도 불구하고 귀족다운 행동의 일부가 되었다. 좀 더 일반적으로 말하자면, 세상의 감각적 환락을 소중하게 여기고 세련된 예절을 갖추고 자부심·증오·애정 따위의 감정을 섬세하게 표현하려는 취향은, 알라에 대한 완전한 복종을 경건하게 실천하려는 노력과는 전혀 어울리지 않는 것이었다. 정치적 지위가 높은 사람들의 집단, 특히 칼리프 자신의 궁정에서나 그런 세속적이고 여유롭고 본질적으로 귀족적인 생활방식이 한껏 개화할 수 있었다.

또 하나 과거로부터 물려받은 것이 신앙활동에 열성을 다하는 이슬람교의 경건한 기수들 앞에 떡하니 버티고 있었다. 그리스인이 집요하게 계발한 사색적인 마음의 습관은 좀처럼 근절되지 않았다. 물론 종교문제에 관한 한, 울라마는 사변적인 신학상의 의문에 빠져들기를 거부함으로써 단호하게 그리고 대체로 성공적으로 유혹을 견뎌냈다.

그렇지만 무슬림, 또는 적어도 그들 가운데 부유한 자들은 두 가지 전문적인 서비스가 없이는 살 수 없었다. 그것은 바로 미래를 예측하는 점성술사와 질병을 치료하는 의사의 서비스였다. 점성술과 의학은 물론 그리스 사상에 깊이 젖어 있었다. 따라서 무슬림은 그런 기술을 배우는 과정에서 불가피하게 자신들의 학문에 그리스의 유산을 상당히 받아들이게 되었다. 그리고 일단 이슬람의 정신이 사물에 대해 추론하기 시작하자, 그것을 멈추기란 여간 곤란한 일이 아니었다. 이윽고 의학이나 점성술에 직접 관련이 없는 문제에 대해서도 호기심이 발동했다. 아바스 왕조의 몇몇 칼리프는 학문의 적극적인 후원자가 되어, 과학과 철학에 관한 그리스인과 인도인의 저작을 체계적으로 번역하게 했다. 이런 식으로 그리스의 지식과 인도의 학문(예컨대 십진법)이 아라비아로 전해져서, 소수의 정신(廷臣)과 전문가의 호기심을 자극했다.

십진법에 의한 쉽고 정확한 수학적 계산은 아라비아의 수학자들을 자극했고, 이들은 산술적 과정과 관계를 대수학(代數學)—이를 뜻하는 영어 algebra는 아라비아어에서 유래했다—으로 일반화했다. 이에 따라 수에 대한 수학적 이해가 기하학적인 그리스인의 사고방식에서 벗어나 새로운 방향으로 발전했다.

연금술을 향한 과학적 호기심도 결실을 보았다. 연금술사가 습득한 기본사상의 다수와 기술의 일부는 중국의 도가에서 유래한 것으로 보인다. 그러나 아랍인은 열정적으로 화금석(化金石) 탐구에 몰두했고, 비(卑)금속을 금으로 바꾸기 위해 오랫동안 각고의 노력을 기울였다. 이 과정에서 증류·가열·분해를 위한 장치와 물질의 상태를 변화시키는 방법이 발명되고 개선되었다. 그리고 화학반응이 일어나는 방식에 대해 근본적으로 그릇된 관념을 가지고 있었음에도 불구하고, 몇 가지 화학적 합성물을 만드는 데 성공했다. 아랍인의 업적이 그리스인의 성취로 알려진 것을 능가한 또 하나의 분야는 수학적 광학(光學)이었다. 이는 무슬림이 수학적 곡선에 일치하게 렌즈를 갈면서 획득한 기술의 개가였다. 그러나 이런 각종 개량도 의학의 갈레노스나 천문학의 프톨레마이오스 같은 창시자들의 권위를 흔들어 놓을 만한 수준에 이르지는 못했다. 수학을 제외하면, 아랍의 과학은 기본적으로 언제나 그리스의 충실한 제자이며, 세부적인 면에서만 그 권위로부터 이탈했을 뿐이다.

아바스 제국

아바스 왕조 치하에서는, 그리스의 합리주의와 과학의 전통, 이슬람 이전 아라비아의 부족민이 중시하던 귀족적 전사의 이상, 그리고 경건한 무슬림의 신의(神意)에 부응하려는 철저한 노력이 제국의 관료조직과 페르시아의 원형을 모방한 군사제도에 의해 보호받고 있었다. 이러한 혼합물이 탄생시킨 풍부하고 복잡한 문명은 당시 유럽에서는 유례를 찾아볼 수 없었고, 동쪽으로 멀리 떨어져 있던 중국의 당나라하고만 그 화려함을 견줄 수 있었다.

약점은 두 가지였다. 국내적으로는, 시아파 집단의 불만이 이슬람 사회 내부의 민족적 차이 및 경제적 격차와 맞물려 끊임없는 반란으로 표출되었다. 서기 800년 이후 그런 사회적·종교적 불만이 하나의 원동력이 되어 여러 소국이 분리·독립하자 제국의 구조가 허물어지기 시작했다. 두 번째로, 북방 국경지대에서 아바스 제국은 스텝지대로부터 가해지는 줄기찬 압력에 오랫동안 대항할 여력이 없었다. 그 결과, 스텝지대에서 침투한 투르크인 전사와 용병이 수도 바그다드에서조차 점점 정치적 지배권을 장악해갔다. 그러나 그들은 1258년까지 아바스 집안의 인물을 칼리프 자리에 앉혀둠으로써 실질적인 권력의 찬탈을 위장했다. 하지만 그보다 훨씬 전에도 각 지방의 반란과 궁정 내의 쿠데타에 의해, 제국의 심장부라 할 수 있는 메소포타미아와 시리아에서도 중앙정부의 지배권은 현저히 약화된 상태였다.

그 후 스텝지대의 투르크 부족민이 포용되고 초기 이슬람교가 용납하지 않던 신비적 신앙형태의 탐구가 점차 확대되자, 이슬람교 내에 새로운 조류가 생겨났고, 이에 따라 무슬림 세계는 현저히 다른 성격을 띠게 되었다. 서기 1000년이라는 해는 그러한 변용이 시작된 시기와 대체로 일치하고, 무슬림과 그들의 이웃인 힌두 교도 및 그리스도 교도의 관계에 중대한 변화가 일어난 연대와도 일치한다. 그러나 이런 문제를 좀 더 깊이 검토하기 전에, 다시 시대를 거슬러 올라가 다른 문명세계의 민족이 이슬람의 발흥과, 이슬람 정복자들이 고대 서아시아라는 구세계의 교차로에 성공적으로 건설한 새로운 양식의 문명에 대해 어떤 반응을 보였는지 살펴보기로 하자.

14장
중국·인도·유럽, A.D. 600~1000

이슬람은 급속히 법적으로 규제되는 일관된 생활양식이 되었기 때문에, 이웃나라들은 이슬람교를 수용하거나 전면적으로 거부해야 하는 선택의 기로에 섰다. 이제 문명세계는 명확한 경계를 지닌 여러 부분으로 나뉘게 되었는데, 이는 교조적인 종교가 문명생활의 중심을 차지하지 못했던 이전 시대에는 볼 수 없었던 현상이다. 그럼에도 불구하고 문화적 경계선을 뛰어넘는 상호 자극은 중요했지만 어디까지나 부정적인 의미에서였다. 이슬람에 저항하기 위해, 힌두교권과 그리스도교권은 자신들의 고유한 특성을 그 어느 때보다 단호하게 정의했다.

서기 600~1000년의 두 번째 일반적 특징은 기존 문명지대의 남과 북에 존재하던 광대한 변경지대에 반(半)문명화된 생활양식이 확대되었다는 것이다. 예컨대 극서에서는 1000년에 이르자 켈트·게르만·슬라브 부족들이 그리스도교권의 경계 안으로 들어왔다. 그들은 그리스도교를 접하면서 적어도 초보 수준의 고급문화와 문명사회의 질서를 누리게 되었다. 동유럽과 중앙아시아에서는 투르크 부족이 같은 시기에 문명의 주변부에 진입했다. 가장 잘 조직된 투르크인의 국가들은 문명화된 이웃에서 이미 확립되어 있던 종교를 받아들이지 않고, 유대교(하자르의 경우)

나 마니교(위구르의 경우)를 택했다. 그래서 그들은 더 큰 정신적·문화적 독립성을 간직할 수 있었다.

　스텝지대의 투르크 부족민은 여전히 목축·전쟁·대상무역에 의존해 생활하고 있었기 때문에, 기본적으로 농경민이던 문명세계의 동시대인으로부터 종교적·문화적으로 독립할 수 있었다. 하지만 더 서쪽에서는 야만사회와 문명사회 사이에 그런 경계가 없었다. 농경기술의 크나큰 발전에 의해, 게르만인과 다른 야만족은 북유럽 평원의 삼림을 경지로 바꿔놓았다. 그 결과, 스텝지대에서 지리적·사회적 한계에 직면했던 문명은 이제 더욱 완전한 형태로 서구의 삼림지대에 침투할 수 있었다. 변화의 핵심은 게르만 농경민이 새로운 형태의 묵직한 볏쟁기*를 발명한 것이었다. 이 쟁기는 저습한 토지에서 물을 빼내는 데도 유용했고, 북유럽의 대부분을 덮고 있는 두툼한 점토질 토양을 갈아엎을 수 있을 만큼 강력했다. 이에 따라 지중해와 서아시아의 농경민이 사용하던 종래의 가벼운 긁개 쟁기를 무용지물로 만들었던 저지의 삼림을 처음으로 개간할 수 있게 되었다. 스텝지대에서는 그것에 견줄 만한 기술적 변화가 일어나지 않았던 탓에 생활조건이 변하지 않았다. 따라서 문명생활의 여러 측면이 투르크계의 부족 사이에서 수용되면서 북쪽으로 확대되던 현상에 비해, 그 서쪽에 살고 있던 게르만 민족과 슬라브 민족을 향해 문명이 북상하던 현상은 훨씬 근본적인 변화를 동반했다고 말할 수 있다.

　동아시아의 사정은 또 달랐다. 수세기 전에 중국인이 개발한 노동집약적인 경작법에 의해 경지가 계속 확대되고 있었다. 무명의 개척자들이 도랑을 파고 둑을 쌓고 무수한 작은 개천의 물을 끌어와 새로 만든 논에 댔다. 기술적 혁신은 없었고, 엄청난 인력의 소모가 있었을 뿐이다. 그리고 중국인이 양쯔 강 유역과 그 이남을 서서히 양질의 경지로 바꿔 나가

---

* moldboard plow. 흙을 파는 넓은 날인 보습, 고랑을 뒤엎는 볏, 그리고 보습 뒤쪽 옆면에는 갈아엎을 때 생기는 측면 압력을 흡수하는 판이 달린 개량 쟁기―옮긴이.

고 있는 동안, 중국 문명의 동북쪽 주변부에 위치한 한국인과 일본인은 각고의 노력 끝에 국토의 경작지를 중국 수준으로 끌어올림으로써 동아시아에서 농경문명이 보급된 지역을 지리적으로 크게 확대했다.

동시대의 위구르인과 마찬가지로, 한국인과 일본인은 고유한 언어를 고수하고 자신이 접촉하고 있는 문명의 중심지에서 지배적인 위치를 차지하고 있던 종교와는 다른 종교를 채택함으로써, 중국에 맞서 독자적인 문화적 개성을 유지하고 있었다. 한국인은 불교를 국교로 정했고, 중국인이 845년에 그 신앙을 금지한 뒤에는 더욱 강하게 불교에 집착했다. 반면에 일본은 중국에서 지리적으로 멀리 떨어져 있었기 때문에, 중국의 문화권에 완전히 흡수될 위험을 느끼지는 않았다. 따라서 서기 600~1000년에 일본인은 불교와 유교는 물론이고 수입할 수 있는 중국 문화의 모든 요소를 기꺼이 받아들였다. 이처럼 외국문물에 열광적으로 반응하는 현상은 일본사의 특징으로 꼽힐 정도로 후대에도 여러 차례 나타났다. 이를테면 나라(奈良) 시대(A.D. 645~784)에 일본의 천황들은 신속하고도 체계적으로 당나라 궁전의 축소판 모형을 만들어냈다. 일본식 궁정생활의 세련된 감수성은 서기 1000년이 조금 지나 완성된 여성작가 무라사키 시키부(紫式部)의 섬세한 연애소설 『겐지 이야기』(源氏物語)에 매력적으로 묘사되어 있다. 그러나 정말로 일본의 문화적 독립성을 키운 것은 각 지방의 영주들이 유지하던 훨씬 조야한 생활방식이었다. 영주들의 정치적·군사적 권력이 커지자 조정의 권한이 축소되었는데, 이는 1000년 이후 현저해진 일본 사회의 특징으로, 향후 일본의 문화가 독자성을 갖고 발전할 수 있는 토대가 되었다.

문명세계의 남쪽에서는 같은 기간에 일련의 민족과 국가가 문명적이라 말할 수 있는 생활수준에 도달했다. 윈난(雲南)은 과거의 안남(安南, 현재의 베트남)처럼 중국의 문화적 위성국이 되었다. 티베트는 중국과 인도의 중간에 위치한 지리적 입장을 이용하여, 쌍방으로부터 문화적 요소를 취하여 결합했다. 종교는 인도에서, 문화의 세속적 측면은 주로 중국에서 들여왔으나, 언제나 강력한 지방적 특성을 유지했다. 예컨대 티베트의 종교는 토착종교인 '본'(Bon)교의 제의와 불교의 요소들을 혼합하여 라마교를 만들어냈다. 히말라야 남측에서는 벵골과 카슈미르가 인도 문화의 중요한 전초기지가 되었다. 그 두 지방에서는 강력한 지방국가들이 출현하여 인도 북부의 평야지대를 지배했지만, 갠지스 강 유역과 인더스 강 유역을 아우르는 새로운 대제국을 건설하지는 못했다. 아라비아가 돌연 서아시아로 침입했던 일은 이미 살펴보았다. 홍해 건너편으로는 동아프리카의 에티오피아와 누비아, 서아프리카의 가나에서 지방국가들이 생겨나, 여러 면에서 문명의 화려함을 과시했다. 에티오피아와 누비아는 로마와 콘스탄티노플에서 이단 선고를 받은 단성론파의 그리스도교를 받아들였고, 가나는 토착 신앙을 유지했다.

600년 이후 문명세계의 북측과 남측 전역에서 문명화된 생활양식이 광범위한 지역으로 확대되고 각 지역에서 이질적인 문화적 요소의 혼성과 합성이 다수 발생하는 현상은, 기원전 2000년경에 문명이 천수지대에서 존속 가능한 형태를 갖추었을 때 메소포타미아 주변에서 갖가지 문화적 분파와 변종이 발달하던 현상을 확대된 규모로 재현했다. 두 경우 모두, 문명의 성취에 내재된 매력이 그 팽창의 중요한 동인이었음은 말할 필요도 없다. 또한 두 경우 모두, 교역은 물론이고 약탈과 공물의 형태로 문명세계에서 각종 물품이 대량으로 유입되자, 각지의 야만적인 수장·왕·두목·군주는 자신이 지배하던 민족을 문명의 유혹에 노출시키기 시작했다. 600년 이후 구세계의 다종다양한 문명사회는 이전보다 훨씬 많은 문물을 수출할 수 있게 되었다. 그도 그럴 것이 유럽의 역사에서 전통적으로 '암흑시대'라 불리는 시대에 각지의 문명사회 내에서는 경제적·기술적 수준이 현저하게 진보했기 때문이다.

문명사회가 점차 성장하여 어느 정도 높은 수준에 도달했는지 정당하게 판단하기 위해 각 문명을 차례대로 살펴보기로 하자.

중국

수 왕조에 의해 589년에 중국이 재통일된 지 얼마 지나지 않아 짧은 기간의 내란을 거쳐 당 왕조가 지배권을 장악했다(618~917). 당조 다음에는 장기간의 정치적 혼란 후에 송(宋) 왕조(960~1279)로 이어졌다. 실제로 중국의 정치는 전형적인 왕조의 도식과 동떨어진 면이 많다. 지금 문제가 되고 있는 사백 년(600~1000) 간만 놓고 보더라도, 강력한 중앙정부의 힘은 755년까지만 발휘되었고, 그 후로는 제권의 쇠퇴기, 지방 제후들 간의 무력투쟁기, 중앙아시아의 위구르가 지도하는 강력한 투르크인의 연합체에 종속된 시기가 이어졌다. 840년에 위구르가 멸망했지만, 다른 야만족 정복자가 출현해 당 왕조의 마지막 수십 년 동안 북중국을 직접 지배했다. 송 왕조도 그 야만족 지배자를 동북지방에서 축출하는 데 실패했다.

그렇지만 755년 이후에 나타난 중앙권력의 쇠퇴가 중국의 경제적 발전에 심각한 장해가 되지는 않았다. 특히 남부에서는 수백 만 농민의 노동에 의해 논이 서서히 강가에서 구릉지대로 확대되어, 잘 정리된 비옥한 논이 빽빽하게 들어섰다. 그런 만큼 미곡이 풍부해져서 직인·지주·관리를 비롯해 크게 늘어난 도시주민을 먹여 살릴 수 있었다. 유교는 상인을 사회의 기생자로 간주했기 때문에 교역은 주로 외국인, 특히 위구르인과 아랍인이 도맡아했다. 따라서 국제무역과 국내 각 지방간의 교역이 상당히 성장했음에도 불구하고, 도시의 각 계급은 토지를 소유한 사대부의 전통적인 우월성에 도전하지 못했다. 중국인 직인의, 그리고 중국인 상인과 외국인 상인의 재능과 기술은 주로 지주-관료 계급의 취향을 만족시키는 방향으로 사용되었다. 이 계급의 구성원들은 고전 한학(漢學)

을 배우고, 사대부에게 어울리는 시서화와 예절을 익히는 데 전념했다.

사대부의 이상은 당조와 초기 송조 시대에 현저하게 세련되었다. 예컨대 중국 조형미술의 꽃이 된 회화는 이 시대에 고전적 형식을 갖추었다. 그렇지만 이 시대의 것이라고 단정할 수 있는 작품은 남아 있지 않다. 시도 리보(李白, 705~762)와 두푸(杜甫, 712~770)라는 두 시인의 작품에 의해 고전적인 형식을 완성했다. 이들이 창시한 시형(詩型)은 속요(俗謠)와 단가(短歌)의 운율을 세련되게 만든 것으로 후대의 시인들이 지켜야 할 규범이 되었다. 리보 시의 특징인 신선함과 자전적인 풍자는 그의 시작법보다 모방하기가 어려운데, 감식안을 가진 사람들은 리보가 중국 서정시의 선구자일 뿐 아니라 가장 위대한 시인이라는 점에 동의한다.

불교는 당조 초기에 거의 공인되었으나, 845년 이후 대대적인 탄압을 받았다. 경건한 불자들이 시주한 불교사원의 토지를 몰수하려는 황제의 욕망이 탄압을 초래한 것으로 보인다. 그러나 진짜 요인은 유학자들이 불교에 대해 품고 있던 불신감 또는 적의였다. 유학자들의 눈에는 자신들이 올바른 생활의 기본이라고 믿는 모든 의무와 책무를 이 외래 신앙은 깡그리 무시하라고 가르치는 것처럼 보였다. 8세기의 박해 이후 중국의 불교는 비교적 신분이 낮은 사람들 사이에서만 살아남았다.

그렇지만 불교는 중국문화에 크게 기여했다. 예컨대 유학자들은 유추와 상징적 해석에 의거해 오래된 원전 속에서 새로운 의미를 읽어내는 법을 불교에서 배웠다. 더욱이 유교정전으로 인정되는 고전적 저작에서 그들이 발견한 새로운 의미는 형이상학적이고 우주론적인 문제에 관한 것이었는데, 중국인이 처음으로 그런 문제에 관심을 돌리게 된 것은 불교의 가르침 덕분이었다. 한편 도교 신봉자들은 불교에 대적하기 위해, 그 교의의 여러 요소뿐 아니라 사찰조직과 교육제도까지 차용했다. 따라서 공식적으로는 패배했다고 하더라도, 불교는 크나큰 유산을 남겼다고 말할 수 있다. 이 사실을 잘 보여주는 예는, 후세 중국의 화가들이 세속적이고 유교적인 주제를 표현하기 위해 불교미술에서 물려받은 재현기술과 서사(敍事)적인 기법을 사용한 것이다.

고도로 발달된 철학적 방법으로 고전을 정밀하게 재해석하려는 학풍을 신유학이라고 부른다. 그것이 완성된 것은 지금 우리가 다루고 있는 시대 이후의 일이지만, 이 학파의 태동은 1000년 전으로 거슬러 올라간다. 송 왕조 초기 통치자들의 정책은 순수하게 중국적이라고 생각되는 것을 적극 보호하고, 이국적이라 느껴지는 것을 의식적으로 배제하는 것이었다. 따라서 관료사회에서는 신유학이 득세했다. 사대부에 의한 사회지배는 그 문화정책과 나란히 진행되었다. 이런 요인들이 복합적으로 작용하여 중국역사에 균일성을 부여했는데, 그것은 파란만장했던 서아시아와 유럽의 역사 발전과정과 극명하게 대비된다.

중국의 안정에 기여한 또 하나의 요인은 유능한 인재를 제국의 관료조직에 충원하는 과거제도였다. 과거는 송대에 관직에 오르는 정식 통로가 되었다. 과거 응시생들은 필기시험에서 유교경전에 해박하다는 것을 입증해 보여야 했다. 시험성적이 뛰어난 자는 관료에 임용될 자격을 얻었고, 장차 정부의 최고위직까지 승진할 수 있다는 희망을 가질 수 있었다. 과거 준비를 위해서는 다년간 공부를 해야 했고, 과거 급제자들은 당연히 고전 강독에 의해 함양된 공통의 사고방식과 가치관을 갖고 있었다. 따라서 제국의 관료들은 대단히 균질적인 집단이 되었고, 그 선발방식은 관료의 우수한 능력을 보장했다.

출신이 보잘것없다고 해서 출세하는 데 지장이 있었던 것은 아니다. 찢어지게 가난한 집안에서 태어난 총명한 청년이 고관이 되는 경우도 종종 있었다. 때로는 마을 전체가 단결하여 과거를 준비하는 유망한 청년을 도와주기도 했다. 그가 성공하면 마을은 고위 관료의 보호를 받을 수 있었기 때문에, 마을사람들은 기꺼이 희생을 감수했다. 결과적으로 과거제도는 중국에 의미심장한 사회적 유동성을 보장했다. 관직은 부와 명예를 안겨주었다. 그러나 가장 부유한 집안의 아들도 높은 사회적 지위를 유지하고 자신이 물려받은 재산을 보호하기 위해서는 고위직에 올라야 했다. 과거제도는 관료의 권위에 복종해야 하는 사람들이 그 권위를 정당한 것으로 인정하게 하는 데도 일조했을 것이다. 명령을 내리는 자는 스스로의 힘으로 그렇게 할 수 있는 권리를 획득했기 때문이다.

인도

이슬람은 군사적으로 직접 중국에 도전하지는 않았다. 중앙아시아에서 소규모 전투가 몇 차례 있었지만, 751년 탈라스 전투에서 변경의 오아시스 도시를 무슬림 전사에게 내준 것은 그다지 중대한 일이 아니었다. 이 패전 직후에 제국의 중심부에서 큰 혼란이 일어나, 당조(唐朝)의 권위가 실추되었다. 얼마 후에는 마니교를 신봉하는 위구르가 무슬림 세계와 중국의 중간지점을 차지해 효과적인 완충역할을 했다. 인도에는 그런 완충지대가 없었다. 무슬림은 715년에 인도 북서부의 신드 지방을 정복했고, 그 직후 인도양 항로에 대한 지배권도 장악했다. 이렇게 해서 적어도 원칙상 힌두교를 혐오스러운 사교로 간주하는 마호메트의 신도들은 인도를, 과거 인도의 문화적 지배를 받았던 동남아시아의 국가들로부터 고립시켰다.

인도 카스트 제도의 특성상 정치적·군사적으로 취약할 수밖에 없는 사회체제에서 살고 있던 힌두 교도가 무슬림을 무력으로 격퇴한다는 것은 도저히 불가능했다. 힌두 교도들은 무슬림들이 적시하는 힌두교의 전통을 평화적으로 고수하려 했다. 소수의 인도 철학자는 우파니샤드의 지적 전통을 체계화하는 작업에 착수했다. 이를 토대로 학자들은 힌두교의 제의를 우상숭배로 재단하는 무슬림의 비난에 응수할 수 있었다. 모든 제의의 참된 의미는 보통사람이 순수하고 초월적인 신학적 일원론에

다가갈 수 있게 도와주는 것이라는 게 그들의 설명이었다. 샹카라(788~850년경)가 만들어낸 철학체계는 이후 힌두교의 모범이 되었다. 샹카라는 가장 조야한 전통적인 제의조차도 평범한 지적 능력을 가진 사람으로 하여금 모든 감각적 경험의 배후에 존재하는 절대자의 인식에 도달할 수 있게 해준다고 주장했다. 착실한 힌두 교도로서, 그는 심지어 이슬람교의 제의도 마호메트만큼 진리를 깊이 통찰할 수 없는 사람들에게는 가치를 지닌다고 논했다.

이런 교묘한 방법으로 무슬림 교사들에게 반격을 가하는 것은 어디까지나 신학적 논쟁의 장에 속했다. 현실의 일상생활에서 외국인에 대한 인도인의 반감은 깊어만 갔다. 만당(晚唐)과 송대의 문화와 마찬가지로, 인도의 통속문화는 이국적이라 느껴지는 것은 덮어놓고 배제하고 고유한 것이라 생각되는 것은 무조건 보호하고 인정했다. 이 과정을 통해 인도인의 생활에서 비밀스럽거나 미개한 것들이 처음으로 문자로 기록되었다. 특히 탄트라교로 총칭되는 다종다양한 밀교가 일반에 공개되어 대폭적으로 재편되었다. 탄트라의 신봉자들은 주문을 외움으로써 성자와 고행자가 지니고 있다고 여기는 초자연적 힘을 얻으려고 했다. 따라서 탄트라교는 신성함에 이르는 지름길로, 평범한 사람이 금욕적 극기의 고통과 시련을 겪지 않고도 고행승의 목표를 달성할 수 있게 해주었다. 이 달콤한 유혹은 널리 받아들여졌고, 모든 형식의 고행을 무의미하게 만들었다.

소수의 집단이 함께 주술을 행하는 경우도 있었지만, 탄트라교는 주로 사적인 수행이었다. 공적인 차원에서는, 과거와 같이 힌두교의 신을 모시는 제식이 사원에서 행해졌고 때로는 화려한 축제가 곁들여졌다. 어떤 면에서 그런 의례는 더욱 발전했다고 볼 수도 있다. 굽타 시대에는 궁정이 작가와 예술가를 후원하고 수용했다. 굽타 제국의 평화가 붕괴된 뒤에는, 궁정에 비할 만한 문화의 중심지가 새로 생겨나지 않았다. 이때부터 각지의 사원이 최고의 지위에 올랐다. 이런 변화로 인해 힌두 문명의 세속적이고 지적인 측면은 타격을 입었다. 특히 수학은 굽타 시대에 밝은 미래를 약속하며 출발했지만, 사원 중심의 고급문화에서 아무런 구실도 하지 못한 채 잊히고 말았다. 칼리다사의 시와 같은 궁정시를 대체한 것은, 신과 신도 사이의 사랑을 생생하고 매우 관능적인 언어로 찬미한 작자미상의 성가였다. 성가합창과 무용은 수많은 관중의 감정을 극도로 흥분시켰다. 수백만 인도인은 그런 의식을 통해 일상사의 배후에 있는 성스러운 존재와의 영적 교감을 체험했다. 이리하여 힌두교는 사람들의 감정에 깊이 뿌리를 내렸고, 이슬람교(나중에는 그리스도교) 전도사의 설교에 맞서는 굳건한 방벽이 되었다.

이 시대 인도인의 사회적·경제적 생활에 대한 자료는 매우 부족하다. 심지어 인도의 국토가 어떤 정치적 단위로 분할되어 있었는지에 대해서도 알려진 바가 별로 없다. 하지만 전반적으로 높은 수준의 사회적 활동이 계속되고 있었던 것은 분명하다. 그리고 벵골이나 히말라야 계곡의 카슈미르 같은 변경지역에서, 인도 사회는 지리적으로 크게 팽창했다. 그 지역의 밀림과 늪지대, 구릉과 삼림을 경작지로 변모시켜 갔던 것이다. 따라서 인더스 강 유역의 국경지방을 이슬람 세력에게 빼앗겼음에도 불구하고, 인도 사회는 팽창을 거듭했다. 하지만 이런 지속적인 성공도 무슬림의 위협에 대한 인도인의 부정적인 반응을 상쇄할 수는 없었다. 내면의 세계에만 몰입하여 외부의 자극을 거부하고 아무런 의심도 없이 인도적인 것에만 집착함으로써, 인도인은 결과적으로 굽타 시대의 활발한 발전과 풍부한 성과의 일부를 포기하거나 경시하게 되었던 것이다.

유럽

유럽인도 지금 우리가 다루고 있는 시대가 끝날 때까지 시종일관 수세에 몰려 있었다. 그러나 유럽인의 방어는 군사적인 면이 일차적이었고, 지적이고 감정적인 면은 부차적이었다. 따라서 인도와는 대조적으로 정치가 그 밖의 모든 인간관계보다 우선시되었다. 고전기의 그리스인이 처음으로 강력하게 천명했던 정치의 우월성은 유럽의 '암흑시대'에 호전적인 야만족을 상대로 악전고투하던 그리스도 교도에 의해 재확인되었다.

이 시대 유럽을 어지럽힌 정치사는 세 차례에 걸친 야만족 침입의 파도로 구분해 살펴보는 것이 편리하다. 그 사이사이에는 두 번의 짧은 안정기가 끼어 있었다. 최초의 침입은 12장에서 이미 다루었다. 훈족의 중앙아시아 침입이 민족의 이동을 촉발하여, 고트·부르고뉴·반달·프랑크·앵글로색슨과 기타 게르만 민족이 서기 378~450년경에 로마의 영내로 진입했다. 클로비스(511년 사망)의 후손이 갈리아 지역의 프랑크 왕국을 통일하고, 유스티니아누스 황제(565년 사망)가 북아프리카와 이탈리아, 스페인의 일부에 대한 로마 제국의 통치를 다시 시도함에 따라, 야만족 진출의 첫 번째 파도가 휩쓸고 지나간 뒤 문명화된(프랑크인의 경우 반쯤 문명화된) 통치에 의한 위태로운 안정기가 시작되었다.

두 번째 파도는 유스티니아누스가 사망한 직후에 밀려들었다. 아바르족이라 불리는 새로운 유목민 집단이 남부 러시아로부터 서진하여 헝가리 평원으로 몰려왔다. 그들은 과거의 아틸라처럼 새로운 본거지를 중심으로 남쪽과 서쪽에 펼쳐진 광범위한 농경지대를 습격했다. 아바르족의 세력이 거의 절정에 달했던 717~718년에 이슬람군은 콘스탄티노플을 포위했다. 그렇지만 보스포루스 해협에 인접한 콘스탄티누스의 요새는 무사했다. 이사우리아 왕조의 새 황제 레오 3세(717~741년 재위)는 권력을 장악하자 비잔틴의 군사제도를 재편하고 강화했다. 그 방법은 토지를 대량으로 병사들에게 나누어주고 그 대가로 변경지대의 방위를 맡기는 것이었다. 이 정책은 소아시아에서 즉시 효과를 발휘해 아랍군을 물리쳤고, 토로스 산맥을 경계로 아랍군을 영구히 저지할 수 있었다. 하지만 유럽에서는 레오와 그 후계자들이 슬라브인의 대대적인 침투를 막는 데 실패했다. 슬라브인은 서서히 발칸 반도 북부와 중부를 주로 슬라브어를 사용하는 지역으로 변화시켰다. 이와 유사한 방식으로, 568년 이후 게르만 민족의 일파인 랑고바르드족은 이탈리아 내륙 전체에서 비잔틴 세력을 축출했다.

비잔틴이 소아시아에서 지배력을 회복하고(718년 이후) 두 개의 야만 국가―다뉴브 강 하류의 불가리아 제국(679년 이후)과 유럽 극서의 카롤링거 제국(687년 이후)―가 확립되자, 다시 일종의 안정기가 유럽에 찾아왔다. 불가리아 왕국은 투르크식 전투조직에 슬라브의 인력을 편입시켜 막강한 전투력을 갖추고, 비잔틴 제국의 주요 경쟁상대가 되었다. 한편, 문명화된 정치와 행정의 특징이 발칸 반도의 슬라브인에게 침투하여, 불가리아 국왕이 그리스도교로 개종(865)하기 전부터 비잔틴식 문명이 대량으로 유입되었다.

프랑크 왕국에서도 일련의 유사한 사태가 벌어졌다. 프랑크 왕국은 클로비스 시대에 정식으로 그리스도교를 받아들였다(496). 그의 후손들(메로빙거 왕조)은 격렬한 분쟁에 빠져들었지만, 갈리아 지방에는 오래된 로마식 생활의 흔적이 조금은 남아 있었다. 그 후 687년에 헤리스탈의 피핀이 분열된 클로비스의 왕국 쌍방에 대한 사실상의 지배권을 행사했다. 피핀은 프랑크 왕국 영내의 동쪽에 있던 순수하게 게르만적인 지방(아우스트라시아) 출신으로, 무능한 메로빙거 왕조의 궁재(宮宰, 왕실의 살림을 맡는 관직)였다. 피핀은 로마화된 갈리아 지방의 새로운 영토를 대량으로 자신의 부하와 지지자들에게 나누어주었다. 752년에 피핀가의 지배력은 그의 손자(역시 피핀이다)가 프랑크 왕국의 왕이 됨으로써 정식으로 승인되었다. 다음 세대인 샤를마뉴의 시대에 신생 카롤링거 왕조의 힘은 절정에 달했다. 샤를마뉴는 스칸디나비아와 잉글랜드를 제외한 게르만과

14장 중국·인도·유럽, A.D. 600~1000 329

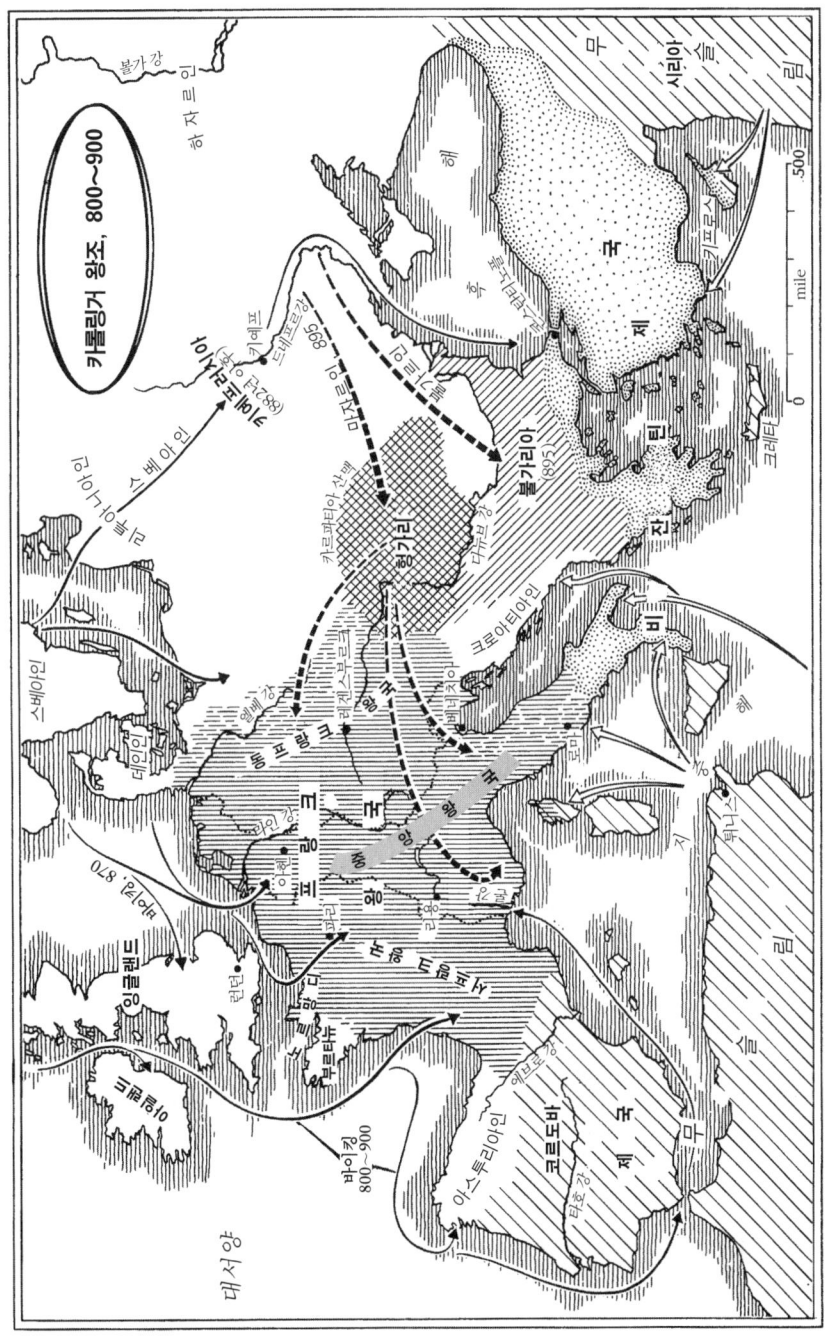

로마의 유럽 전역을 평정했다. 그는 색슨인과 이교를 믿는 다른 게르만 부족들을 그리스도교로 개종시켜 주력부대로 삼았다. 또 헝가리에 있던 아바르족의 취락을 파괴했고, 슬라브인이 거주하던 중유럽의 변경에 대해 미약하나마 지배력을 행사했다. 그의 힘을 인정한 교황은 800년에 샤를마뉴를 로마의 황제로 임명하고 관을 씌워주었고, 몇 년 뒤에는 비잔틴 제국의 황제도 교황의 조치를 승인했다. 이로써 공식적으로 서로마 제국이 동로마(비잔틴) 제국과 공존하는 판도가 형성되었다.

비잔틴과 프랑크의 협력관계는 친밀함과는 거리가 멀었다. 서로에 대한 정치적 불신은 그리스도교의 예배에서 성상(聖像)의 적절한 역할이 무엇인지를 둘러싼 끊임없는 종교적 갈등에 의해 한층 커졌다. 이사우리아 왕조의 황제 레오 3세는 717~718년의 콘스탄티노플 포위공격을 정면 돌파함으로써 이 도시를 무슬림으로부터 구해낸 뒤, 그리스도교 교회에서 성상숭배 악습을 일소하기로 하고 성상파괴를 지시했다. 이는 어쩌면 우상숭배라는 무슬림의 비난에 답한 것일 수도 있다. 또한 무슬림과 야만족의 손에 군사적인 패배를 당하는 것은 하느님이 우상숭배적인 예배를 불쾌하게 여기기 때문이라고 믿고 있던 그리스도 교도가 많았던 것도 사실이다. 그러나 로마의 교황과 콘스탄티노플의 종교 지도자 다수는 레오 황제의 성상파괴주의에 반대했다. 양측 모두 상대방을 이단이라고 비난했다. 비잔틴 황제와의 다툼으로 교황은 난처한 입장에 빠졌다. 로마는 공식적으로 여전히 비잔틴의 통제 아래 있었으나, 랑고바르드인은 계속해서 이탈리아에 대한 지배권을 확대하면서 로마까지 위협했다. 이런 상황에서 교황 스테파누스 2세는 피핀이 왕위에 오른 지 얼마 후인 754년에 프랑크 왕국의 궁정을 방문하여, 군대를 이끌고 이탈리아에 와서 교황권을 보호해달라고 요청했다. 피핀은 그 요청에 응했고, 랑고바르드인을 물리친 뒤 중부 이탈리아의 대상(帶狀) 영지를 교황에게 인계했다. 이렇게 해서 만들어진 교황의 나라는 1870년까지 존속했고, 교황과 카롤링거가의 동맹은 카롤링거 왕조가 사라질 때까지 유지되었다.

결국 비잔틴의 황제들은 콘스탄티노플 백성의 뜻에 굴복하여 교회에 성상을 부활시켰다(843). 이로써 공식적으로는 교황과 콘스탄티노플의 지배자가 서로 으르렁댈 근거는 사라졌다. 그러나 실제로는 그리스도교권의 동부와 서부 사이의 간극은 계속 벌어졌다. 발칸 내륙에 슬라브인이 침투해서 유스티니아누스(565년 사망) 시대 이후 라틴어는 콘스탄티노플의 거리에서 종적을 감췄다. 그보다 훨씬 전에 서방에서는 그리스어가 잊혀졌는데, 라틴어에 대한 지식은 소수의 수도원과 사원에 부속된 학교에서 간신히 명맥을 유지했다. 일반어는 급속히 고전적인 형태에서 벗어나 중세와 근대의 게르만어계와 로맨스어계의 다양한 언어로 발달했다.

그러므로 마지막 세 번째 야만족의 침입을 받은 것은 문화적·정치적으로 분열된 그리스도교권이었다. 다시 한번 남러시아에서 도주한 새로운 전투집단이 헝가리 평원에 침입하여, 그곳을 기점으로 사방을 약탈하기 시작했다. 이번 침입자들은 마자르인 또는 헝가리인이라고 불렸다. 이들은 896년에 카르파티아 산맥의 좁은 통로를 넘어 왔다. 얼마 후 북아프리카의 이슬람 국가들이 비잔틴 해군을 거의 전멸시킴으로써, 지중해 지방의 세력균형을 뒤흔들어 놓았다. 또한 지중해 북부 해안 전역을 겨냥한 해적의 대규모 습격이 잇따랐다. 같은 시기에 이와 유사하지만 훨씬 무자비한 약탈이 스칸디나비아를 본거지로 삼고 있던 바이킹 해적떼에 의해 개시되었다.

서유럽과 그 인접국가들 사이의 관계가 근본적으로 역전된 것은 1000년경이었다. 이를 잘 보여주는 사례로는, 이탈리아 해군이 성장하여 지중해에서 무슬림과 대등하게 싸울 수 있게 된 것과 러시아(989), 헝가리(1000), 스칸디나비아의 세 왕국 덴마크·스웨덴·노르웨이(831~1000)가 그리스도교로 개종한 것을 들 수 있다. 개종은 예외 없이 야망이 큰 왕들이 출현하여 그리스도교를 환영했음을 의미했다. 그들은 그리스도교가 규율이 없는 부하들을 길들이고 여전히 거친 신민들에게 읽고 쓰는 법이나 체계적인 신앙과 같은 문명생활의 필수적인 요소를 보급하는 데 도움이 될 것으로 기대했다.

봉건제의 시작

북방 야만족이 자발적으로 개종하고 고분고분해진 것은, 적어도 부분적으로는 유럽의 사회제도가 마자르·바이킹·아랍의 공격을 받으면서도 예전에 비해 훨씬 효과적인 힘을 발휘하기 시작했다는 사실에서 기인했던 것 같다. 동방의 비잔틴 제국은 오래전에 페르시아인이 개척한 방식을 몸에 익혀 스스로를 변용시켜 나갔다. 봉건제도가 발달하여, 토지를 소유한 왕후가 자신이 거느리고 있는 중무장 기마병을 국경지대에 배치해 이웃의 습격으로부터 땅을 지킬 태세를 갖추고 있었다. 이런 변화에 내포된 위험은 현실로 나타났다. 비잔틴의 가장 위대한 정복자 바실리우스 2세(976~1025년 재위)는 마침내 불가리아 왕국을 제압하는 데 성공하여 제국의 국경을 다뉴브 강과 유프라테스 강 상류까지 확장했으나, 봉건호족의 반란으로 두 번이나 제위를 잃을 뻔했다. 더구나 지방에 출현한 강력한 전사 겸 지주의 존재는 사회 전반에 걸친 도시의 우월성을 위협했다. 이 사실은 비잔틴의 제해권이 쇠퇴하여 지중해에서 아랍인의 습격이 봇물을 이룬 것과도 무관치 않았을 것이다.

서방에서는 중앙의 권력이 붕괴되었다. 샤를마뉴의 제국은 바이킹과 마자르의 습격으로부터 자신을 방어할 능력이 없는 것으로 드러났다. 대신에 군사적·정치적 지배권은 중무장 기마병 또는 기사로 무장한 지방 영주와 병사의 집단으로 넘어갔다. 그러나 서유럽의 기사는 한 가지 중요한 점에서 다른 지역의 중무장 기마병과 달랐다. 값비싼 무구가 서유

14장 중국·인도·유럽, A.D. 600~1000   333

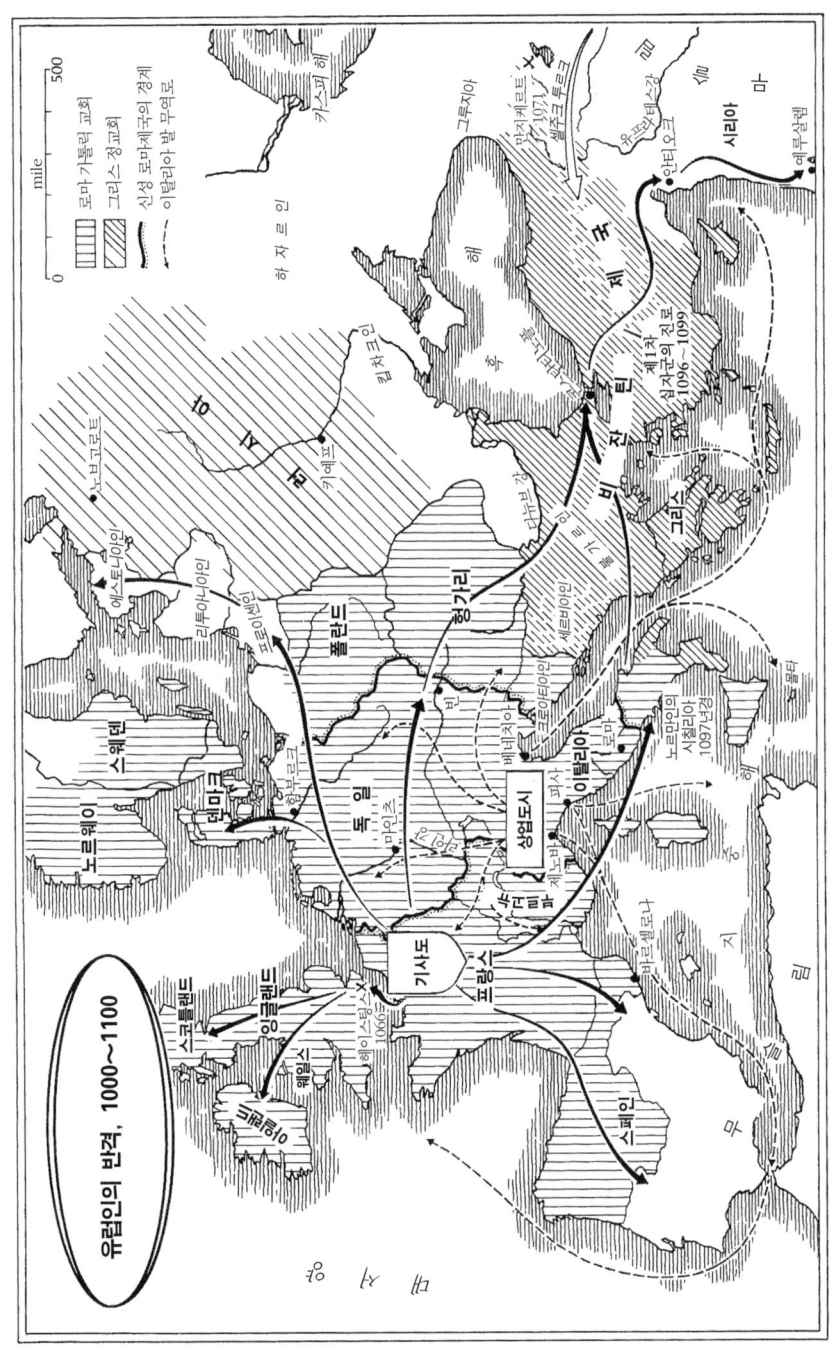

럽에 처음 유입되었을 때부터, 즉 카를 마르텔(714~741년 재위)의 시대부터 프랑크의 기사는 근본적으로 새로운 전술을 채택했다. 페르시아나 비잔틴의 선배들처럼 대치하고 있는 적군을 향해 말 위에서 화살을 쏘는 것이 아니라, 활 대신 무거운 창을 사용했다. 적을 향해 전속력으로 돌진할 때, 그들은 말과 기수의 운동량 전부를 창끝에 집중시켜 엄청난 힘을 발휘함으로써 적군의 대형을 쉽게 돌파할 수 있었다.

이 발명에는 등자(鐙子)가 필수불가결한 존재였다. 온몸이 앞으로 쏠린 상태에서 창끝이 적의 갑옷에 부딪치는 격돌의 순간에 두 발을 걸칠 등자가 없다면, 기수는 그 충격을 이겨내지 못하고 치욕스럽게 낙마하고 말 것이다. 불행히도 등자의 기원과 보급에 대해서는 분명하게 밝혀진 바가 없다. 그러나 8세기 초에 프랑크인이 등자, 장갑(裝甲), 대형 품종의 말, 무거운 창을 갖추고 일대일 대결에서는 천하무적인 새로운 유형의 전사를 탄생시켰다는 것은 확실해 보인다. 그들의 수가 소수에 불과하다면, 유행의 첨단을 걷는 기사도 야만족의 습격을 중단시킬 수는 없었을 것이다. 그러나 각 지방의 방위는 시급한 문제였다. 그래서 어떤 경우에는 국왕 또는 공작과 백작 같은 공적인 권위자의 법적 수여에 의해, 어떤 경우에는 강탈이나 비공식적인 조치에 의해, 더 많은 농경지가 기사들을 양성하기 위해 할당되었다. 그 결과 1000년이 되기 훨씬 전에 서유럽 마을의 대부분은 말과 창, 갑옷으로 무장하고 야수처럼 광포한 직업 전사들의 지배를 받게 되었다. 이렇게 탄생한 기사계급은 서방 그리스도교권의 모든 국경에서 적의 공격을 물리쳤을 뿐 아니라, 얼마 지나지 않아 공세를 취하기 시작했다.

그 밖에도 두 가지 근본적인 변화가 일어나, 서서히 모습을 드러내고 있던 중세 유럽의 사회조직에 더욱 힘을 실어주었다. 하나는 이미 언급한 바 있는 육중한 볏쟁기의 보급이었다. 그 볏쟁기를 이용한 농경이야말로, 유럽을 가공할 만한 존재로 만들기에 부족함이 없는 수의 기사를 유지할 수 있었던 경제적 버팀목이었다. 두 번째는 유럽의 북부 해역에서 교역이 발전한 것이었다. 노략질이 더 이상 용이하지 않게 되었을 때, 해적들은 교역이 더 유리할 수도 있다는 점을 깨달았다. 행상과 선원, 해적의 무리는 교통이 편리하고 안전한 피난처가 있는 적당한 장소를 선택해 반영구적인 근거지로 삼는 게 좋겠다고 생각했다. 이렇게 해서 중세 북서유럽의 도시생활이 생겨날 단초가 마련되었다. 유럽 최초의 도시주민이 자신의 일은 자신이 처리하고 외부에서 들어온 자들로부터 스스로를 방어하는 습관을 몸에 익혔다는 것은 향후 서양문명의 발전에 굉장히 중요한 의미를 갖는다. 그런 습관은 북서유럽의 중산계급에게 다른 문명권의 도시주민한테 찾아볼 수 없는 특이하고 자기주장이 강한 성격을 심어주었다. 세계의 다른 지역에서는 사회적으로 우월한 자에게 복종하고 지주와 관료를 어려워하는 분위기가 지배적이었다.

　기사도, 대형 쟁기, 공격적이고 독립심이 강한 상업인구의 삼박자가 어우러져, 서구에 새롭고 동시대의 다른 문명과 뚜렷이 구분되는 일련의 제도와 기술을 가져다주었다.

　그런 의미에서 유럽사의 '암흑시대'는 실제로는 풍성한 결실을 본 시대였다. 기계력의 새로운 원천은 풍차와 수력 제분소였다. 이것들은 새로 발명된 것은 아니었다. 가장 오래된 풍차는 중앙아시아에서 제작되었던 것으로 짐작된다. 그것을 돌려서 보살에게 기도를 전달했다고 한다. 수력 제분소는 로마의 주민에게 공급할 밀가루를 빻기 위해, 3세기에 로마 인근의 테베레 강에 설치되었다. 그러나 라틴계 그리스도 교도들은 그것들을 수없이 많이 만들고 장치를 개량한 결과, 한때 사람과 동물의 힘을 빌려 하던 작업을 기계력으로 해낼 수 있게 되었다. 또 하나의 중요한 개량은 말의 목사리였다. 그것 덕분에 말은 자기 숨통을 조이지 않고도 전력을 다해 무거운 짐을 끌 수 있었다. 말의 목사리, 그리고 딱딱한 표면 위에서 말의 발굽이 갈라지지 않게 보호해주는 편자 덕분에 유럽의 농민은 말을 농사에 이용할 수 있었다. 이전까지 말은 단지 군사적 목적에만 사용되었다. 말은 또 다른 견인용 동물인 소보다 2배 정도 빨리 움직이기 때문에, 말을 쟁기질과 다른 작업에 이용하면 한 사람이 같은 시간에 2배의 일을 마무리할 수 있었다.

학문의 쇠퇴

그렇지만 또 다른 의미에서 중세는 암흑시대라는 말을 들을 만하다. 유럽 대륙에서는 사람들이 서로 싸우기에 바빠서, 문학이나 예술에 에너지를 쏟을 겨를이 없었다. 하지만 아일랜드와 브리튼에서는 괄목할 만한 문화적 힘이 분출되었는데, 여건만 허락되었다면 아마도 독자적이고 문명화된 생활양식으로 발전했을 것이다. 이 역사의 첫 번째 획기적인 사건은 성 패트릭(461년 사망)에 의해 아일랜드가 그리스도교로 개종한 일이었다. 그 후 일군의 아일랜드 수도원에서, 구전으로 가르치던 이교의 전설이 라틴과 그리스의 문자 및 학문에 의해 풍부해졌다. 선교사들이 배를 타고 스코틀랜드와 잉글랜드로 건너갔고, 거기에서 다시 대륙을 방문한 자들은 각지의 게르만인을 개종시키는 데 두드러진 역할을 했다. 그리고 가는 곳마다 당시 갈리아나 게르마니아가 갖고 있던 것보다 훨씬 수준 높은 지식문화를 보급했다. 잉글랜드 교회사에 관한 위대한 저서를 남긴 비드(735년 사망)는 그 학문의 전통을 화려하게 꽃피운 대표적인 인물이다. 그가 생전에 저술에 몰두했던 수도원은 바이킹에 의해 파괴되었다. 아일랜드와 잉글랜드에 있던 학문의 중심지도 같은 운명에 처했기 때문에, 900년 무렵에는 거의 아무것도 남아 있지 않았다. 아일랜드는 나머지 켈트계의 유럽과 함께, 유럽 세계에서 주변적이고 낙후된 구성원의 지위로 추락했다.

요약

　　무슬림과 야만족의 압력에 대한 중국·인도·유럽의 반응을 비교해보면, 유럽에서 가장 근원적인 변화가 일어났던 것이 분명하다. 중국은 기본적인 면에서 혼란을 겪지 않았고, 예전과 다름없이 자기 길을 걸어갔다. 한때 불교가 전성기를 누린 뒤, 다시 활력을 되찾고 풍부해진 유교의 전통으로 회귀했다. 인도는 외부의 영향을 많이 받았으나, 토착종교의 전통 안에 틀어박히는 반응을 보였다. 이에 반해 유럽은 적에게 반격을 가했고, 그렇게 함으로써 가장 기본적인 제도를 변용하고 기술을 향상시켜 향후 더 큰 발전을 기약할 수 있는 내실을 다졌다. 하지만 당시에는 어떤 기준을 들이대더라도 이슬람·중국·인도가 유럽 문명의 수준을 능가했다. 서구는 사실상 야만의 늪에 빠져들어, 누더기가 된 그리스의 학문·문학·예술의 파편만 끌어안고 있었다. 이들 분야에서 참신한 창조적 활동은 서기 1000년이 지나서야 나타났다.

15장
투르크와 몽골의 정복에 의한 충격, 1000~1500

스텝지대 유목민과 문명세계의 질긴 인연은 서기 1000년 이전 수세기 동안의 현저한 특징이었다. 이후 500년 동안에는 그것이 일련의 침입과 정복을 낳았고, 투르크와 몽골이 중국·서아시아·인도·동유럽을 지배하게 되었다.

문명세계의 희생자와 피정복자들의 반응은 제각각이었다. 무슬림은 자신의 사회와 문명의 역점과 내적 역학관계를 대폭 변경하여 놀랄 만한 성공을 거두었다. 요컨대 스텝지대 민족의 군사적 에너지를 자신의 것으로 만들었다. 투르크인과 (중요도가 훨씬 떨어지는) 몽골인을 새로 받아들여 세력을 강화한 이슬람은 인도 전역과 동유럽에서 지배적인 신앙이 되었다. 동시에 상인과 전도사들은 마호메트의 종교를 동남아시아, 동아프리카, 서아프리카에 퍼뜨렸고, 심지어 중국의 서역까지 전파했다.

중국인은 몽골 정복자들이 눈앞에 펼쳐 보인 신기한 물건에서 경탄할 만한 점을 발견하지 못했다. 그리고 언제나 이국적이고 야만적이라고밖에 느껴지지 않았던 그 멍에를 기회가 찾아오자 힘을 합쳐 벗어던졌다. 따라서 몽골의 지배(원 왕조, 1260~1368)라는 에피소드는 후세에 이렇다 할 흔적을 거의 남기지 않았다. 이는 몽골의 지배에 대한 반발에서, 명 왕조(1368~1644)가 유서 깊고 정통적인 중국문화의 가치를 일방적으로 강조하다 보니 그렇게 되었다고도 말할 수 있다.

인도인과 정통 그리스도 교도의 대다수는 이슬람화된 투르크인의 통치하에서도 각자의 전통적인 종교를 충실히 지켰다. 그렇지만 각 종교의 수호자들이 자신이 믿고 있는 신학적 진실의 순수성을 보존하려고 노력했음에도 불구하고, 장기간의 지리적 혼합은 경쟁적인 종교공동체들 사이의 상당한 교류를 가져왔다.

투르크인의 침투

문명세계의 반응을 구체적으로 검토하기 전에, 세계적인 여러 사건의 경과부터 살펴보기로 하자. 서기 1000년에 투르크어를 사용하는 여러 부족이 알타이 산맥에서 러시아 남부에 이르는 스텝지대의 중앙부 전역에 살고 있었다. 이란 동부에서는, 무슬림 도시 및 무슬림 농경민과 투르크인 유목민 사이에 광범위한 상호 침투가 이미 이루어졌고, 다수의 투르크 부족은 주로 대수롭지 않게 피상적으로 이슬람교를 받아들였다. 수세기 동안 스텝지대의 유목민을 저지해왔던 이란의 영주들은 850년 또는 900년경부터 세력이 약화되었다. 그 이유는 분명하지 않지만, 그들 중 다수가 도시로 이주하여 그들의 선조들이 알던 것보다 훨씬 풍요로운 문화를 접하고 난 뒤 전쟁이나 난폭한 임무에 염증이 났을지도 모른다. 이들은 그 역할을 투르크인 용병에게 맡겼는데, 이로써 용병들은 이슬람의 중심지인 이란·이라크·시리아를 인질로 잡고 몸값을 받는 셈이 되었다.

그러므로 투르크인 용병과 부족민이 어디서나 이슬람의 정치생활을 지배하기 시작했을 때(약 900년 이후), 그 신참들은 이미 페르시아풍과 아랍풍의 무슬림 문화에 대해 잘 알고 있었다. 그렇지만 투르크인은 고유한 언어를 지켰고, 자기들만의 군사적 동지애를 유지하면서 나머지 이슬람 세계에 대처했다. 그들의 통치는 혼란스러웠는데, 부족에서 이탈한 모험적인 전사가 족장의 불안정한 권력에 도전하기 일쑤였다. 족장의 부하들은 문명화된 환경에서 몇 년을 지내고 나면 이전의 부족적 규율을 망각했다. 이렇게 위태로운 상황에 처해 있던 지배자들 간의 경쟁과 동맹은 보통 오래가지 않았고, 결과적으로 이슬람의 중심지는 어디나 정치적으로 변화무쌍했다.

그렇지만 신참들은 무슬림의 국경을 크게 확장했다. 1000년에 가즈니 왕조의 마흐무드는 대규모 원정을 개시하여, 인도 오지까지 침입했다. 그로부터 3세기 후에는 인도 아대륙의 남부만이 무슬림의 정복을 면했다. 그 남부도 1565년에 비자야나가르 왕국이 술탄 연합군의 공격을 받고 멸망했을 때 운명을 함께 했다. 그리스도교 세계에 대한 투르크인의 승리도 그에 못지않게 혁혁했다. 만지케르트 전투(1071) 후에, 비잔틴은 소아시아 내륙의 지배권을 셀주크 투르크에게 넘겨주었다. 이와 동시에 다른 투르크 부족(킵차크)이 현재의 우크라이나 지방을 차지하여, 비잔티움과 새로이 그리스도교로 개종한 러시아 사이의 연락을 거의 단절시켰다. 투르크인이 가한 막대한 타격은 제1차 십자군(1096~1099)의 결성을 촉진했다. 극적인 승리를 거두긴 했지만, 이 십자군과 이후의 십자군은 투르크의 진출을 저지하지 못했다. 오히려 제4차 십자군이 사실상 콘스탄티노플을 습격하여 성을 점령하고 약탈했을 때(1204), 비잔틴 제국의 약점이 전세계에 알려졌다. 1261년에 다시 그리스인 황제가 콘스탄티노플의 제위에 올라 일시적으로 국력을 회복했으나, 상권을 장악한 이탈리아의 힘과 투르크인의 군사공격을 동시에 저지하기에는 역부족이었다. 오스만 튀르크가 최종적인 승리자가 되었다. 그들은 1354년에 다르다넬스 해협을 건너 갈리폴리 반도를 점령함으로써 유럽에 교두보를 마련했다. 코소보 전투에서 세르비아인을 물리친 1389년 이후, 투르크인은 발칸 반도에서 군사적 우위를 확립했다. 하지만 비잔틴 세력의 마지막 흔적이 지구상에서 완전히 사라진 것은, 1453년 투르크인이 콘스탄티노플을 점령하고 오스만 제국의 수도로 삼았을 때였다.

몽골의 제패

인도와 유럽으로 거대한 파도처럼 밀려들던 투르크인의 진출은 13세기에 몽골에서 발원한 돌발적인 폭풍으로 인해 일시 중단되었다. 대몽골의 시조는 칭기즈칸(1206~1227년 재위)이었다. 어린 시절 적대세력의 박해를 참고 견뎌야 했던 그는 훗날 스텝지대의 여러 부족을 규합하여 방대한 군사연합체를 만들어내는 데 성공했다. 이후 사방으로 공격을 개시해 연전연승했다. 남쪽으로는 중국에 쳐들어갔고, 서쪽으로는 이란과 이라크의 무슬림, 그리고 러시아의 그리스도 교도들을 격파했다. 그가 사망하자 제국은 네 명의 아들들에게 분할되었다. 이들은 칭기즈칸 시대의 대대적인 침략을 좀 더 안정적인 형태의 정치적 지배로 변모시켰다. 한동안은 광대한 제국의 네 부분 사이의 협력이 잘 이루어졌다. 지도권은 몽골의 관습에 따라 칭기즈칸의 막내아들과 그 후손들에게 넘어갔다. 이들은 몽골과 중국을 직접 다스렸고, 사실상 몽골의 전군(全軍)을 통솔하다시피 했다.

칭기즈칸 시대에 몽골 부족민은 토착적인 샤머니즘을 신봉했다. 그들은 적과 포로를 가축 대하듯 다루었다. 즉 그때그때 상황에 따라 보호하거나 죽였다. 그러나 일단 좀 더 문화적인 민족들 사이에 진을 치게 되자, 몽골인은 과거 유목민 정복자의 전철을 밟았다. 빠른 속도로 피정복민의 문명에 물들었던 것이다. 제국의 서부에서 그것은 이슬람교의 수용을 의미했다. 그러나 중국에서는 사정이 달랐다. 몽골의 황제들은 자신의 권력을 지탱하는 몽골 병사들이 한인(漢人)과 동화되는 것을 방치할 수 없었다. 몽골인과 한인을 철저히 분리하기 위해, 그들은 티베트의 라마교를 받아들여 국교로 삼았다. 하지만 그리스도교·이슬람교·샤머니즘 등 각종 신앙도 궁정에서 자취를 감추지 않았다. 한인과 선을 긋는 정책은 한인의 반격이라는 대가를 지불해야 했다. 명 왕조는 칭기즈칸이 침략을 개시한 지 150년 만에 권력을 되찾았다.

결국 몽골의 지배는 중국의 장구한 역사에서 하나의 에피소드에 지나지 않았다. 서아시아와 러시아에서도 사정은 마찬가지였다. 처음에 반-무슬림 정책을 폈던 몽골인은 결국 이슬람교를 받아들였을 뿐 아니라(러시아에서는 1257년, 페르시아에서는 1295년), 스텝지대의 중앙부와 서부에서 이미 지배적인 세력으로 군림하던 투르크인 공동체에 빠르게 동화되었다. 이것말고 다른 결과를 기대할 수는 없었다. 몽골인의 수가 너무 적었고 그들의 문화가 너무 천박했기 때문이다. 14세기와 15세기에 이슬람화된 투르크 전사들은 종종 칭기즈칸의 후예라고 자처하는 수장의 지휘 아래 다시 그리스도교권 및 힌두교 지역을 향해 진격했다. 13세기에 이교도 몽골의 침략을 받아 침체의 늪에 빠졌던 무슬림 세계는 이 무렵에 어느 정도 힘을 회복했다. 하지만 바그다드와, 이라크를 비옥한 땅으로 만들어주었던 관개시설은 재건되지 않았다. 몽골인에 의한 파괴의 여파는 너무나 컸으며, 역대 칼리프가 집정하던 곳은 20세기가 될 때까지 폐허로 남아 있었다.

오스만 제국

투르크인이 공세를 재개하는 과정에 출현한 신흥 국가들 중에서 가장 영속적이고 중요한 나라는 오스만 제국이었다. 오스만은 소아시아의 서북 변경지대에 있던 작은 공국(公國)으로 출발했다. 투르크인 전사들이 오스만의 술탄에게 봉사하기 위해 무슬림 세계 전역에서 몰려들었다. 왜냐하면 그리스도교 영역에 대한 술탄의 습격은 종교적 공적과 영웅적 폭력행위를 동시에 성취할 수 있는, 무슬림 세계 어디에서도 찾아볼 수 없는 절호의 기회였기 때문이다. 이런 상황에서 영토확장은 급속히 진행되었고, 특히 1354년에 투르크인이 해협을 건너 유럽에 최초의 영구적인 본거지를 확립한 뒤에는 더욱 가속화되었다. 당시 술탄은 신하들에게 일반적인 봉건제의 형식에 따라 정복한 땅을 영토로 나누어 주었지만, 그들의 충성과 복종을 받아내는 데 어려움을 겪고 있었다. 이 문제를 해결하기 위해, 오스만 통치자들은 자신이 사적으로 거느리고 있던 병사들을 상비군으로 확대했다. 이것이 저 유명한 예니체리 부대('새로운 부대')였다. 그 구성원들과 지휘관들은 법적으로는 노예로 분류되었다. 특별한 훈련을 받고 선발된 뒤에 술탄의 대리인으로 각 지방에 파견되어, 전쟁에서 적극적으로 술탄에게 봉사하라는 명령을 받고 소집된 지방의 무슬림 지주와 전사들을 지휘하는 자들도 마찬가지였다. 이 특별한 노예 신분의 지휘관들 뒤에는 예니체리 부대와 술탄이 버티고 있었기 때문에, 그들의 명령은 대체로 먹혀 들어갔다. 따라서 오스만 제국은 유능한 상비군인 예니체리와 충성심 강한 투르크인 봉건 부대를 자유자재로 쓸 수 있었다.

술탄이 거느린 노예 신분의 인원은 수천에 달했다. 처음에는 전쟁포로가 필요한 인력의 주요 공급원이었고, 부족할 경우에는 노예상인한테 노예를 구입하기도 했다. 그러나 얼마 지나지 않아 이 충원방법은 문제가 있는 것으로 드러났다. 그래서 투르크의 술탄은 멀리 떨어진 발칸의 그리스도교 마을에서 닥치는 대로 젊은이들을 징발하기로 했다. 그 결과, 발칸 반도의 서부 산악지대에서 농민의 아들로 태어난 세르비아인·그리스인·알바니아인 청년들이 오스만 제국의 군사행정 분야에서 전략상 결정적으로 중요한 역할을 맡게 되었다.

어떤 무슬림 국가도 그토록 비범하고 능률적인 국내조직을 확립하지 못했고, 역사상 어떤 국가도 세계적인 각종 사건에서 오스만 제국처럼 중요한 역할을 하지는 못했다.

이제 투르크 그리고/또는 몽골의 지배에 대한 주요 문명세계의 반응을 좀 더 자세히 살펴보자.

이슬람 : 수피 운동

몽골군이 1258년에 바그다드를 함락하여 칼리프 왕조가 모든 무슬림에 대한 유일한 주권자라는 허구에 종지부를 찍기 훨씬 전부터, 아바스 왕조의 칼리프는 이미 투르크 용병대장의 꼭두각시에 불과했다. 이런 상황하에서 고전적인 이슬람교가 의지했던 원리와 절충적 교설은 신뢰를 상실했다. 교활하고 불경한 자가 권좌에 앉아 후안무치하게 설치는 마당에, 마호메트와 그 동료에게 계시된 알라의 뜻과 명령에 따라 움직이는 사회를 구현해보려는 모든 노력이 무슨 소용이 있단 말인가? 개인의 내면적 문제는 예전과 다름없이 처리되었다. 즉 율법 박사들이 자신들이 열심히 수집하고 연구한 구체적인 전례에 입각하여 난제에 대한 해답을 제시해줌으로써 개인의 행동을 지도했다. 그러나 이런 노력에도 불구하고 커다란 결함이 남아 있었다. 아무리 상상력을 발휘해도, 율법을 더 이상 확대해석하여 무슬림 세계 전역을 뒤덮고 있는 정치적 혼란을 정당화할 수는 없었다.

그토록 논리가 불완전하고 갈수록 상투화되던 신앙으로는, 무슬림의 첫 몇 세기에 불을 지폈던 진정한 신념의 불씨를 소중히 간직할 수가 없었다. 신성함을 추구하던 자들은 점차 신비주의로 기울어졌다. 수피라 불리던 여러 부류의 성자는 신과 합일하는 지복을 추구했다. 그들의 수

행방법은 다양했다. 덕이 높은 수행자 주변에는 그의 가르침을 받으려는 제자들이 모여들었는데, 때로는 그것이 데르비시* 종단으로 성장하여 수 세기 동안 이슬람 세계에 광범위하게 보급되기도 했고, 때로는 흔적도 없이 해체되기도 했다. 그러나 그 조직이 엉성했다 하더라도, 무수히 많은 사람이 신과의 접촉을 개인적으로 경험했다는 사실에는 변함이 없었으며, 신과의 접촉은 수피 운동에 '공인된' 이슬람교가 상실했던 감화력과 생명력을 부여했다.

신앙의 첫 걸음이 신을 접하며 고결하게 살아가는 수피 성자를 존경하고 그의 행동을 모방하는 것이 되자, 이슬람교로의 개종이 비교적 쉬워졌다. 무슬림이 되기 위해 정밀한 율법체계를 수용하고 사생활을 근본적으로 수정할 필요도 없었다. 대신에 수피 신비주의자가 초심자를 무슬림 집단으로 인도하면, 그때부터 각자가 사생활을 율법에 맞게 바꾸는 식이 되었다. 소아시아가 무슬림의 땅이 된 것, 지리적으로 훨씬 광대한 스텝 지대의 서부와 중앙부가 개종을 한 것, 이슬람교의 각 종파가 인도에 실질적으로 침투한 것, 동아프리카와 서아프리카의 많은 부분이 무슬림 세계에 병합된 것, 이슬람의 중심지인 시리아와 이집트에 남아 있던 그리스도 교도가 거의 모두 개종한 것, 이 모든 것이 수피 신비사상가가 마호메트의 교의에 추가한 새로운 힘이 가져온 결과였다.

이전까지 이슬람교는 도시의 종교였다. 사실 율법의 일부 의례규정은 고립된 농촌에 사는 사람이 실행하기는 어려운 것이었다. 그러나 '성자'를 숭배하고 그들의 무덤에 경의를 표하며 황홀경에 도달하는 데르비시의 의례를 참관하는 것이 무슬림 공동체의 일원으로서의 자격을 얻는 첫 걸음이 되자, 소박한 촌부도 세련된 도시주민과 신앙을 공유할 수 있었다. 바꿔 말하면, 이슬람교는 힌두교와 유사한 외양을 띠게 되었고, 오랫

* 수피파의 탁발 수도승—옮긴이.

동안 힌두교의 특징으로 꼽히던 제의의 세세한 절차와 다양성이 이슬람교에 스며들었다. 실제로 서아시아의 신비주의가 인도에서 유래한 흔적을 지니고 있는 한, 수피즘이 거둔 성과는 이슬람교의 인도화라고 말할 수 있을 것이다.

수피즘은 또한 고도로 발달한 이슬람 문화의 구조를 변화시키는 중요한 역할을 했다. 그 최고의 성과는 귀족적이고 궁정적인 초기 이슬람교의 이상에, 육체적 사랑과 구별되는 의미에서의 천상의 사랑이라는 알듯 알듯한 모호함을 가미했다는 것이다. 페르시아의 시는 이처럼 반쯤 종교적이고 반쯤 세속적인 감수성을 표현하는 최고의 수단이 되었다. 세 명의 위대한 시인은 중요한 수피 종단의 창시자 루미(1273년 사망), 사디(1291년 사망), 그리고 하피즈(1390년 사망)이다. 이 세 명과 그들보다는 다소 격이 떨어지는 다른 시인들이 쓴 시들은 문명화된 무슬림에게 하나의 교양이 되었다. 이렇게 해서 페르시아어는 아라비아어를 대신해 무슬림 세계의 주요한 시적 언어가 되었다. 하지만 신성함과 관련된 일에는 여전히 아라비아어가 최고의 언어였고, 투르크어는 전쟁과 행정에 사용되었다.

지적인 분야에 수피즘이 준 영향도 지대했으나, 그 영향이 긍정적인 것이었다고 말하기는 힘들다. 환상 속에서 하느님을 본 사람들은 단순한 인간의 이성에 대해서는 그다지 관심을 보이지 않았다. 각 지방의 왕과 출세한 대장들은 여전히 의사와 점성술사의 서비스를 필요로 했고, 따라서 이런 전문직은 계속 번창했다. 체계화 작업도 이븐 시나(라틴명은 아비세나, 1037년 사망)와 알 비루니(1048년 사망)에 의해 이루어졌다. 이븐 시나는 광범위한 지역에서 사용된 의서 『의학정전』을 썼고, 알 비루니는 신중하게 인도·그리스·이슬람 사상을 종합하여 모든 지식에 통달하고자 했다. 어쩌면 그들의 체계화는 지나치게 성공적이었던 것 같다. 이븐 시나의 책과 같은 포괄적인 전문서가 편찬되어 있는데, 의학자가 더 이상

연구할 게 남아 있었겠는가? 또는 수피즘 신봉자가 사람들로 하여금 신비적 묵상에 의한 실재의 통찰에만 관심을 집중하게 함으로써, 명석한 지성의 소유자들이 외면적 현상의 과학적 탐구에 매력을 느끼지 못하게 되었다고 볼 수도 있다. 이유야 어떻든, 무슬림의 과학은 1200년경 이후 쇠퇴했다.

이성의 기피와 불신을 체계적으로 주장한 인물로는 알 가잘리(1111년 사망)가 있었다. 그는 아리스토텔레스의 논리학을 사용하여 인간의 이성적 추론에 의해 신학적 진리를 발견하는 것은 불가능하다는 점을 논증했다. 그의 저서 『철학의 파괴』는 그 제목이 시사하듯이 진리에 이르는 길로서의 논리의 가치를 노골적으로 부정했다. 그렇지만 신비주의자는 자기의 초이성적 체험에 대해 말하고 쓰는 것을 완전히 포기할 수는 없었다. 그런 논의로부터 신비적 실재의 단계와 본질에 대한 복잡한 분석이 출현했는데, 그 분석은 이성에 의거한 신학적·철학적 체계를 갖추고 있었다. 이런 종류의 수피즘 학문은 1200년경 이후 차츰 고정된 형식을 취하게 되었고, 이는 약 350년 전에 이슬람의 율법이 확고해지던 과정과 유사하다.

이에 따라 무슬림의 마음은 (서로 양립할 수 없는) 이성과 직관이라는 두 개의 거대한 영묘에 갇혀 있는 것과 마찬가지였다. 더할 나위 없이 불운한 점은 이 시기에 서구인은 중세에서 현대까지 이어진 부단한 탐구활동을 개시했다는 것이다. 그래서 놀랄 만큼 역설적인 사태가 발생했다. 아리스토텔레스의 철학에서 크게 자극을 받은 엄밀하고 도전적인 사상가인 스페인의 무슬림 이븐 루시드(라틴명은 아베로에스, 1198년 사망)와 이집트의 유대인 마이모니데스(1204년 사망)가 무슬림 세계에서는 거의 무시되었지만, 파리에서 발달한 스콜라 철학에 지대한 영향을 주었다는 것이다.

요컨대 수피즘은 그리스인으로부터 물려받은 합리주의적 전통, 아랍과 페르시아의 귀족으로부터 물려받은 우아한 전통, 그리고 마호메트로부터 물려받은 성스러운 전통을 융합하여, 아바스 왕조 시대에 달성된 것보다 훨씬 통합적인 하나의 총체를 만들어내는 데 성공했다. 여기에 수피즘의 전도자가 이슬람교를 아바스 제국의 두 배 이상 되는 광대한 지역에 보급했다는 사실을 추가하면, 신비주의의 행로에 흥미를 느끼지 못하는 사람도 수피 운동의 규모와 성과를 어느 정도 이해할 수 있을 것이다.

미술

수피 운동이 한창이던 시기에 인상적이고 독자적인 이슬람풍의 건축과 회화가 융성했다. 무슬림 사이에서는 언제나 건축이 회화보다 중요했다. 종교 자체가 모스크와 다른 공공건물을 필요로 했기 때문이다. 그러나 이슬람교의 중요한 중심시설은 대부분 지금까지 계속 사용되고 있기 때문에, 과거의 건축에 대한 상세한 내용은 알 수 없는 경우가 허다하다. 건물들은 수시로 보수되거나 개축되었고, 때로는 신축건물이 들어설 때 그 자리에 있던 옛 건물의 잔해가 땅속에 파묻혀 고고학자들이 발굴을 할 수 없는 경우도 적지 않다. 그럼에도 불구하고 신중한 연구에 의해 연대와 양식의 변천이 확립되어 있는 카이로 같은 곳을 통해, 지금 우리가 검토하고 있는 다섯 세기 동안에 이슬람의 건축이 규모, 장려함, 직인의 기술, 세부의 정밀성, 예술적 완성도 면에서 발전을 거듭했다는 것을 분명히 알 수 있다. 이슬람의 건축가들은 그리스나 페르시아의 모델을 모방하던 우마이야 왕조 초기의 양식에서 벗어나, '아라베스크'라는 장식적인 곡선이 돋보이는 독자적인 양식을 만들어냈다.

경건한 무슬림은 인물초상이 우상숭배를 초래한다는 이유로 언제나 회화를 천시했다. 그렇지만 페르시아에서 삽화가의 한 유파가 등장하여 주로 위대한 페르시아 시인들의 작품을 삽화로 표현한 세밀화를 선보였다. 밝은 색채, 세부 묘사, 세련된 선이 특징인 이들의 세밀화는 세계에서 가장 기교가 뛰어나고 완성도 높은 작품에 속한다. 최고 걸작들은 모두 작자미상인데, 1400~1600년에 궁전 공방에서 제작되었다. 다른 분야의 미술, 예컨대 양탄자를 만드는 직물공예도 회화에 뒤지지 않는 높은 완성도를 보여주었다. 덕분에 이슬람 지배층의 생활은 화려함에 둘러싸여 있었고, 그런 광경을 처음 본 천박한 유럽인 침입자들은 놀라움과 감탄을 금치 못했다.

인도: 힌두교의 변화

무슬림의 인도 정복은 힌두교에 중대한 영향을 끼쳤다. 물론 정복자들은 힌두 사회구조를 무리하게 왜곡시키지 않고 과거의 정복자들처럼 그것에 적응하고자 했다. 그러나 이슬람교는 광범위한 포교를 목적으로 하는 보편적인 종교로서, 인도의 카스트 제도에 조직적으로 도전했다. 무슬림의 교의는 모든 인간은 전지전능한 알라 앞에 똑같이 미미한 존재이고 알라의 눈에는 똑같이 귀중한 존재라고 설파했다. 따라서 이슬람교를 포교하며 떠돌아다니던 수피의 성자들이 하층 카스트에 속한 도시의 힌두 교도들을 마호메트의 신앙으로 인도하는 데 상당히 성공했다는 것은 그리 놀랄 일도 아니다. 인도 사회의 주변지역, 특히 벵골 동부에서도 인도 문명의 신참들이 자신들을 카스트의 최하층 가까이에 위치시킨 힌두교보다는 평등을 강조하는 이슬람교를 선호하는 경향이 있었다. 더욱이 힌두 교도의 입장에서는 유서 깊은 인도의 다양한 제의를 설명하고 정당화해주는 정교한 철학체계를 갖고 있었음에도 불구하고, 힌두교의 전통적인 신앙형태를 우상숭배로 규정하는 무슬림의 비난을 쉽게 비켜갈 수 없었다.

그래서 인도의 무슬림 공동체는 소수에 불과한 지배자·전사·지주 등의 집단—이들은 문화적으로는 페르시아인이고 인종적으로는 투르크인인 경우가 많았다—과, 압도적인 다수를 차지하는 가난하고 미천한 토착민 집단—이들은 이슬람교에 자신들의 토착 문화유산을 대거 유입시켰다—으로 나뉘었다. 따라서 인도의 이슬람교는 아라비아어를 사용하는 서아시아 무슬림의 이슬람교와 확연하게 달랐다.

무슬림의 지배하에서 힌두교 자체는 크게 세 가지 면에서 변했다. 첫째, 무슬림 침입자들은 힌두교 제의의 중심이 되는 각지의 사원을 약탈하고 파괴했다. 무슬림 지배자들은 대개 우상숭배적인 구조물의 재건을 불허했다. 따라서 오늘날에는 인도 남부에만 한때 전국토를 수놓았던 화려하고 세련된 힌두교 사원이 남아 있다. 파괴된 사원에서 추방된 힌두교의 제의는 한층 더 공적이고 서민적인 성격을 띠게 되었다. 때로는 공공 광장에서 의식이 거행되었고, 도시나 마을의 거리를 행진하는 경우도 있었다. 비슈누와 시바, 또는 다른 힌두 신과 법열(法悅)의 교감을 향유하는 성자는 힌두교의 중심인물이 되었다. 힌두교의 성자가 수피 신비주의자와 마찬가지로 선명하게 하느님을 본 이상, 이슬람교는 인도 땅에서 힌두교에 대해 정서적인 우월성을 누릴 수 없었다. 따라서 이슬람교에 매료된 자들은 일반적으로 인도 사회의 말단에 위치한 사람들이었다.

둘째, 소수의 개인은 직설적인 이슬람교의 지적 도전을 심각하게 받아들였다. 열렬한 감정의 힘으로 힌두의 수많은 신들과 제식을 고수하고 이슬람교의 도전을 애써 외면한다고 해서 해결될 문제가 아니라고 판단했던 것이다. 대담한 사상가들은 힌두교와 이슬람교의 양 체계에서 그릇된 것이라 생각되는 부분을 배제하고 잘못된 부착물 밑에 깔려 있는 공통된 진리의 정수를 추려냄으로써 두 종교를 종합하려고 했다. 가장 유명한 종교개혁가는 카비르(1518년 사망)였다. 젊은 시절 카비르의 제자였던 것으로 추정되는 나나크는 힌두 교도와 무슬림의 전통을 혼합해서

'정화'하고, 그 기반 위에서 시크 교단을 창시했다.

셋째, 굽타 시대에 힌두교를 열광적으로 포장했던 산스크리트는 대체로 폐기되었고, 힌두어와 다른 토착어가 종교적 목적에 사용되었다. 산스크리트는 쇠락하여 소수 학자의 전유물이 되었다. 통속적인 힌두 신앙은 고대 산스크리트의 기반을 거의 상실했다.

이런 변화로 인해 힌두교는 전 인구에 한층 가까이 다가갈 수 있었고, 그러는 동안 궁정과 사원에서는 그 교의나 제식을 정교하게 가다듬으려는 열기가 사그라졌다. 이는 분명히 힌두교의 생명을 연장시켰지만, 힌두 문명에 상당한 타격을 주기도 했다. 비용이 많이 들고 공공성이 강한 문화의 여러 분야가 무슬림에게 넘어갔기 때문이다. 건축의 경우를 예로 들면, 인도는 이슬람 세계의 한 지방으로 전락했다. 그리고 힌두어 문학은 성가나 다른 종교작품에 대응하는 세속적 작품을 만들어내지 못했다. 현재까지 남아 있는 인도의 과거에 관한 자료는 종교적인 것이 대부분을 차지할 정도로 불균형이 심하다.

그리스 정교회권

그리스도교권은 1054년에 라틴(로마 가톨릭)과 그리스(정교)로 공식적·영구적으로 분리되었다. 그 해에 교황과 콘스탄티노플의 총대주교가 서로 상대방을 파문하여, 현재까지 지속되고 있는 분파를 만들어냈다. 분쟁의 발단은 사도신경의 올바른 표현법에 관한 견해 차이였다. 그러나 그리스도교권을 양분하고 있던 두 종파간의 차이는 급격히 확대되었고, 서유럽에 새롭고 활기찬 문명이 발흥할 무렵에는 그 골이 더욱 깊어졌다. 그리스 정교회는 그 문명의 혜택을 받지 못했다. 라틴적 서양은 부·권력·문화·자신감을 키워나갔고, 동방 그리스도교권은 라틴 그리스도교권의 팽창하는 에너지에 희생되었다.

정교회 세계가 소아시아와 러시아 남부를 투르크 침입자에게 빼앗긴 것은 이미 기술한 바 있다(340~42쪽을 보라). 그 두 차례의 장기적인 공격에 대응하고 있는 동안, 서쪽에서도 이중의 공격이 가해졌다. 이탈리아의 상인들은 바다를 통해 들어왔다. 노르만의 기사들은 남부 이탈리아(1071년까지)와 시칠리아(1091년까지)를 비잔틴으로부터 빼앗았고, 그 후 아드리아 해를 건너 육로로 콘스탄티노플을 향해 진군했다. 비잔틴은 외교수완을 발휘해 막강한 '프랑크인'의 진로를 성지로 돌리게 함으로써 서방에서 가하는 첫 번째 공격을 막아낼 수 있었다. 프랑크인은 성지에서 비잔틴의 또 다른 강적 투르크를 상대로 자신들의 잔학성을 마음껏 발휘했다. 그 결과가 1096~1099년의 제1차 십자군 원정이었다. 하지만 그 후 그리스 정교회권은 운이 다했다. 그 불운의 절정은 1204년에 제4차 십자군이 사실상 콘스탄티누스의 도시를 점령하고 단명한 레반트 제국을 건설했을 때였다.

그리스 정교회의 입장에서는, 투르크인 무슬림이 라틴 그리스도 교도보다 차라리 나았다. 라틴인은 정교회측에 정교회의 불후의 진리를 버리고 그리스도교에 대한 자신의 해석을 받아들이라고 강요했다. 이에 반해 무슬림은 다양한 종파의 그리스도 교도들이 자신들에게 익숙한 예배를 계속할 수 있도록 허용했다. 더욱이 정교회의 신학자는 공식적으로 무슬림을 그리스도교의 이단으로 규정했다. 따라서 무슬림의 오류는 라틴 분파에 비해 신학적으로 특별히 더 악의적인 것도 아니었다. 게다가 오스만 제국은 발칸에 처음 나타났을 때, 선임자였던 그리스도 교도 지배자보다 덜 가혹하게 세금을 징수했다. 실제로 투르크인은 율법의 가르침에 따라 피정복민인 그리스도 교도에게 대폭적인 자치를 허용했는데, 이는 그리스도 교도 지배자 밑에서는 누리지 못했던 일이었다. 그러므로 모든 면에서 그리스 정교회 교도는 양자택일을 해야 한다면 당연히 라틴 그리스도 교도보다는 투르크인 무슬림을 선택하는 쪽으로 기울었다. 그 선택권은 1453년에 콘스탄티노플이 투르크인의 손에 넘어갔을 때 소멸되었다. 북쪽에 위치한 러시아의 삼림지대에서도 거의 동일한 요인이 작용했다. 알렉산드르 넵스키(1263년 사망) 같은 지배자는 라틴인의 정복에는 영웅적으로 저항했으나, 그 후 몽골에게는 순순히 항복했다.

하지만 오스만 제국에게 굴복하기 전에, 그리스 정교회 신도들은 정력적으로 그리스 문화의 부흥에 착수했다. 고전기 그리스와 이교시대 로마에 대한 기억이 완전히 잊힌 적은 없었지만, 서기 1000년경 이후 비잔틴의 예술가와 작가는 이교시대의 지나간 영광을 더욱 열성적으로 상기하기 시작했다. 고전을 모방한 예술과, 고대 그리스인이 확립한 모든 양식의 문학작품이 성공 여부를 떠나 양산되었다. 알렉시우스 황제(1081~1118년 재위)의 딸 안나 콤네누스가 쓴 운문 역사서 『알렉시아스』는 그런 노력이 낳은 최고 걸작 중 하나다. 그런 의도적인 노력과는 전혀 성격이 다른 것이 무슬림에 맞서 싸우는 영웅들의 무훈을 찬미하는 변경지대의 조야한 민요로, 작자미상의 대서사시 『디게니스 아크리타스』의 소재가 되었다. 이 작품에 나타나는 정제되지 않은 영웅적인 정신은 다소 작위적인 냄새를 풍기는 비잔틴 상류계급의 작품보다 현대인의 취향에 더 잘 맞는 호소력을 지니고 있다. 1453년에 콘스탄티노플이 오스만 제국에게 정복되자, 온갖 종류의 세속적인 비잔틴 문학은 순식간에 자취를 감추었다. 그러나 그리스 문화부흥의 메아리는 이탈리아에 파급되어, 약 200년 후에 더욱 풍성하게 꽃을 피우는 이탈리아 르네상스의 탄생에 결정적인 기여를 했다.

교회에 관련된 분야에서는, 투르크인이 유럽에서의 입지를 확보한 직후에 그리스 정교회 내에서 흥미로운 변화가 일어났다. 헤시카슴*이라는 신비주의 수도사의 단체가 그때까지 총대주교와 교회의 다른 고위직을

---

* Hesychasm. 신비적 엄숙주의. 끊임없이 기도에 몰입하며 신을 명상함으로써 거룩한 고요함을 추구하는 수도생활의 한 유형—옮긴이.

15장 투르크와 몽골의 정복에 의한 충격, 1000~1500   355

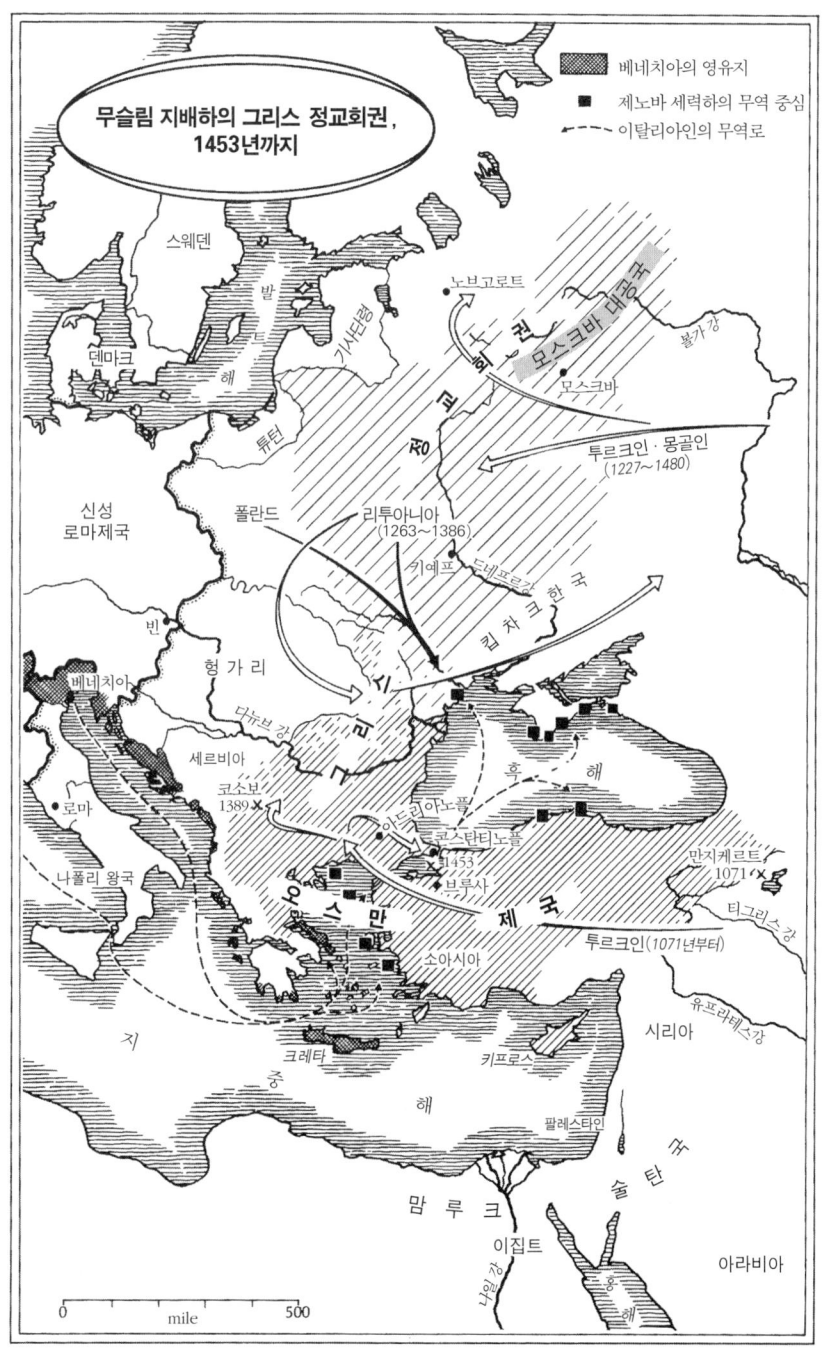

좌지우지하던 '정치가들'을 타도했던 것이다. 이후 주교와 교회의 모든 고위 임명직은 반드시 수도원에 적을 둔 인물들 중에서 선발되었다. 라틴 교회는 그런 관행에 따르지 않았다. 수도사 단체의 승리는 신과의 사적인 교감의 산물로서, 투르크인이 발칸의 내륙을 대부분 지배하던 시기에 그리스 정교회의 공동체에 대중적이고 정서적으로 강력한 정신을 불어넣었다. 그 결과, 소아시아에서 빈번히 일어났고 지브롤터 해협의 유럽 쪽에서도 일어나기 시작했던 이슬람교로의 개종이 거의 중단됨으로써, 발칸 지방에서 그리스도 교도가 확실하게 다수를 점할 수 있었다.

그리스 정교회권의 북방 지파인 러시아는 몽골 지배기(1240~1480)에 더디지만 매우 의미심장한 발전을 보여주었다. 농경은 최초에 주민들이 모여 살았던 강가에서 점차 삼림지대로 확대되었다. 조금씩 광활한 토지가 개간되어 농경에 사용되었다. 이에 따라 척박한 토양과 혹독한 기후에도 불구하고, 비교적 많은 수의 농민이 찢어지게 가난하긴 하지만 자립을 하게 되었다.

정치적으로 몽골인은 징세업무를 처음에는 중앙아시아의 상인조합에, 다음에는 모스크바 대공을 비롯한 토착 제후들에게 위임했다. 멀리 떨어져 있지만 가혹한 승자의 대리인으로, 모스크바 대공은 징세를 관리하는 관료조직을 만들어냈다. 따라서 1480년에 이반 3세가 몽골의 종주권을 거부했을 때, 그는 기존의 행정기구를 가동할 수 있었다. 이렇게 해서 러시아는 유일하게 독립한, 거대한 그리스 정교회 국가가 되었다. 러시아의 성직자는 얼마 후 모스크바가 제3의 로마라는 관념을 발전시켰다. 러시아는 순수하고 오염되지 않은 상태로 남아 있는 정통성을 가진 유일한 나라이기 때문에, 테베레 강변에 있던 최초의 로마를 계승했던 콘스탄티노플의 뒤를 이을 자격이 있다는 것이었다. 이때부터 지금까지 러시아가 지상에서 참된 신앙을 보호하는 특별한 임무를 위해 특별히 선택된 장소라는 관념은 러시아의 공적 생활에 중대한 영향을 미쳐왔다. 1917년에 공산주의 혁명이 일어난 뒤에도 사정은 마찬가지였다.

중국 : 전통의 승리

이미 설명한 것처럼, 중국 문명의 외양은 놀라우리만치 몽골의 지배로부터 거의 영향을 받지 않았다. 신유학은 송대 후기에 그 학파의 가장 위대한 철학자 주시(朱熹, 1130~1200)가 등장했을 때 최고의 발전단계에 도달했다. 그러나 주시와 동료 학자들이 기울인 모든 노력은 공자가 그랬듯이 옛사람에게 충실하려는 것이었다. 따라서 사상·예술·생활양식·정치 등의 분야에서는 개혁이 일어났는지조차 감지하기 어려웠다.

그렇지만 11세기와 12세기의 중국에는 18세기 이후 서유럽을 변용시켰던 경제적 발전에 가까운 변화가 찾아왔다. 예컨대 중국인은 잉글랜드인보다 약 700년 앞선 시기에 석탄을 연료로 사용하여 대규모 제철공업을 일구어냈다. 동시에 지역적 분업이 국내 교역의 확대를 위한 기반을 마련했고, 대부분 중국 남부의 항구에서 출발하는 외양선이 사상 유례없는 규모의 해외통상을 전개하기 시작했다.

물론 유교의 원리는 상인을 기생적인 존재로 간주했다. 따라서 장사를 해서 돈을 번 사람은 땅을 사서 사대부 행세를 하려는 유혹을 느꼈다. 아마도 이런 연유에서, 정말로 규모가 큰 개인 소유의 상공(商工)기업이 중국에 나타나지 않았다. 그래서 원(原)산업혁명이라고 부를 수 있는 단초가 결국에는 오래된 사회유형을 바꾸는 데 실패했다.

경제활동에 대한 정부의 규제는 사회의 대폭적인 변용을 방해한 또 다른 요인이었다. 관료들이 신종 사업을 지지해줄 때도, 관의 개입은 장기적으로 안 좋은 결과를 낳았다. 예컨대 송대에 발달한 제철공업은 정부가 무기 주문을 중단하자 흐지부지되어 버린 것으로 보인다. 정부의 통제가 처음에는 신종 사업을 장려했으나 나중에는 중단시켜버린 더욱 극적인 사례는 해외무역과 탐험의 역사에서 발견된다. 명조(1368~1644) 초기에 장거리 항해는 관의 통제를 받고 있었다. 그 결과는 깜짝 놀랄 만한 것이었다. 1405~1433년에 환관 정허(鄭和)는 인도양으로 원정을 떠났다. 수백 척의 함선으로 구성된 위풍당당한 제국의 함대가 남해상의 전략적인 요지인 멜라카·실론·코지코드 그리고 심지어 페르시아 만 입구에 있는 호르무즈까지 방문하여, 일시적으로 이들 지역 대부분에 중국의 지배권을 확립했다. 그렇지만 얼마 후 명의 황제는 원정 중지를 명했고, 중국의 백성이 항해용 선박을 건조하거나 나라 밖으로 나가는 것을 금했다. 향후 아시아의 상업적·국제정치적 역학관계에 중대한 의미를 갖는 이 결정은 궁정 내 당파투쟁과 어떤 관계가 있었을 것이다. 그러나 근본적인 이유는 그렇게 먼 곳에다 벌여놓은 사업에 국가의 재원을 낭비할 여력이 없었다는 것이다. 언제나 위협적인 몽골의 국경에 인접한 수도 베이징(北京)에 거주하고 있던 명조의 통치자들은 유목민에 대한 방위에 정부가 동원할 수 있는 총력을 기울이기로 했다.

이런 판단에 의해 남해상에서의 적극적인 활동을 포기하자, 중국의 해외식민지는 급속히 붕괴되었다. 해상의 지배권은 일본과 말레이의 해적에게 넘어갔고, 이들은 얼마 지나지 않아 중국 연안의 평화로운 항해를 저해하는 위험요인으로 급부상했다. 때로는 중국의 무수한 하천 수로를 따라 내륙으로 침투해 대운하를 이용한 수송을 방해하기도 했다.

관료들이 상인과 항해자의 사적인 이익을 이렇게 무시할 수 있었다는 사실은, 중국의 관료조직이 경제와 사회문제에 미치는 힘이 컸다는 것을 입증한다. 그 힘을 근본적으로 지탱해준 것은 대다수의 관리를 배출했고 유교의 그늘 아래 오랫동안 이익을 보호받고 있던 지주-신사(紳士)가 새로운 상업적 부가 급속히 증대하고 있던 시대에도 중국 사회 전체에 대한 지배력을 유지했다는 사실이다. 이것은 11세기와 12세기에도 농업에 의한 부가 공업 및 상업에 의한 부보다 더 빠르거나 적어도 같은 속도로 증가했기 때문에 가능했다. 이런 농업 진보의 비결은 1000년경에 보급된 신품종 벼였다. 이 벼는 생육이 빨라 물 공급이 충분한 토지에서는 이모작이 가능했다. 더 중요한 것은 비가 많이 내리는 봄에만 논에 물을 댈 수 있는 구릉지대에서도 이 조생종 벼를 재배할 수 있었다는 사실이다. 이에 따라 중국의 농업생산고는 크게 늘어났는데, 특히 구릉지대가 많아서 이전에는 쌀 생산이 용이하지 않았던 남부 변경에서 생산량 증가가 두드러졌다. 따라서 교역과 상업이 번창했던 만큼 토지를 소유한 신사도 번영을 누렸다. 상인과 직인의 중요성이 증가한 것에 거의 비례해서 신사의 수와 사회적 비중도 커졌다고 볼 수 있다. 그 후 상인의 각별한 보호자이자 후원자였던 몽골인 지배층(마르코 폴로가 목격자이다)이 멸망하고 명조가 들어서서 처음에는 중국의 해외무역을 조직했다가 나중에는 공식적으로 포기해버렸던 것이다.

  신사의 사회적 우위는 큰 혼란을 유발할 가능성이 있는 3대 발명, 즉 화약(중국의 기록에 의하면 1100년경부터 나타남), 인쇄술(756년에 발명됨), 나침판(12세기 초에 최초로 보고됨)의 발명도 정부의 통제하에 단지 기존의 사회질서를 강화하는 데 사용되는 결과를 가져왔다. 예컨대 인쇄술은 유학자의 수만 불려놓았을 뿐, 종교개혁기의 유럽에서 극적으로 전개된 것처럼 정통파에 맞서는 혁신적인 사상을 널리 알리는 데는 사용되지 않았다. 마찬가지로 화약도 지방 군벌의 진압을 이전보다 손쉽게 해주어, 제국정부는 명조가 몽골 세력을 완전히 축출한 이래 (몇 차례의 짧은 쇠퇴기를 제외하고) 1911년까지 전 중국을 효과적으로 다스릴 수 있었다. 아마도 이보다 더 전통적일 수는 없을 것이다.

  요컨대 중국의 문화와 제도는 내적 완결성과 균형을 갖추고 있었기 때문에, 총체적인 사회적 붕괴—20세기 이전에는 중국에서 발생하지 않았다—를 동반하지 않는 한, 어떤 현상도 중국의 학문전통을 고수하는 관료들에게 피상적이고 일시적인 인상 이상의 것을 주지는 못했다. 이런 사실이 부풀려져 19세기 유럽인이 열렬히 받아들였던 불변성의 신화가 탄생했다. 하지만 중국은 영원히 변하지 않는다는 그 신화는 명조 이전의 중국의 실상과, 정부와 공적 문화가 유교의 이상에 꽁꽁 묶여 있을 때조차 중국 사회의 여러 요소가 끊임없이 변하고 있었다는 엄연한 사실을 간과하고 있었다.

16장
중세 유럽과 중세 일본, 1000∼1500

이슬람의 자기변용과 확대는 서기 1000∼1500년에 일어난 가장 극적이고 눈부신 역사적 변화였다. 두 번째 변화는 문명세계의 양단에 위치한 서북 유럽과 일본에서 미래에 더욱 중요한 의미를 갖게 될 새로운 두 문명이 발흥한 것이었다.

일본은 중국이라는, 그리고 서유럽은 비잔틴이라는 유서 깊고 고도로 발달한 인접 문명과 밀접한 관계를 맺고 있었다. 일본과 유럽에서는 문명사회의 다른 민족 사이에서는 찾아볼 수 없을 정도로 현저하게 군사 중심적인 풍조가 사회의 전 계층에 퍼져 있었다. 여기에서 자기보다 더 개화된 인접 문명국에 대한 당당하고 의연한 태도가 생겨났다. 유럽인과 일본인은 자기에게 좋다고 생각하는 것은 이웃으로부터 무엇이든 차용했고, 그러면서도 우월감과 문화적 개성을 잃지 않았다. 그 결과 유례를 찾기 힘든 유연성과 성장능력을 갖추게 된 중세의 유럽과 일본은 1500년 무렵에는 거의 모든 면에서 세계 어느 문명과 비교해도 손색이 없는 문화수준과 문명양식에 도달했다.

중세 유럽

　　1000년 무렵에 서북 유럽의 주민들은 제법 많은 수의 기사계급을 가지고 있었는데, 그들의 장비와 훈련은 일대일 대결에서 세계의 어떤 군사력도 압도할 수 있는 수준이었다. 볏쟁기를 사용하던 장원의 농업은 사회 전체를 충분히 경제적으로 부양할 수 있었다. 장원농업의 또 다른 이점은 사방에 널려 있는 삼림지대를 개간하여 경지를 쉽게 확대할 수 있었다는 것이다. 마지막으로, 기업가 정신으로 무장한 정력적인 도시민과 고대로부터 정밀한 신학이론을 계승한 교회가 경제적·문화적 생활을 조직화하고 진전시킬 만반의 준비를 갖추고 있었다.

　서유럽의 유리해진 입지를 가장 극적으로 증명하는 것은, 라틴 그리스도교권의 경계선이 모든 방향을 향해 지리적으로 확장되었다는 사실이다. 스칸디나비아와 서부 켈트의 변경지대를 유럽이라는 한 덩어리의 사회로 흡수하는 데는 수세기가 걸렸지만, 노르웨이와 아이슬란드가 개종하고(1000), 앵글로 노르만 기사들이 웨일스와 아일랜드에 침입하자(1171), 결말은 명백해졌다. 동방에서는 게르만 기사들이 엘베 강 동쪽의 넓은 대상(帶狀)지대를 정복하고 식민화했다. 다른 민족들은 배를 타고 발트 해 연안을 따라 프로이센·리보니아(현재의 라트비아)·에스토니아를 점령했으나, 러시아의 내부까지 침투해 그곳을 정복하려던 시도는 실패로 돌아갔다(1241~1244). 폴란드와 헝가리는 게르만 기사의 장비를 모방하고 게르만인과 유대인 도시생활자를 받아들여 중요한 수공업과 상업을 맡김으로써 게르만인의 압박에 저항했다. 물론 그런 과정에서 라틴 그리스도교권의 전초기지들은 이전보다 확실하게 서유럽 사회에 통합되었다.

　라틴 그리스도교권의 가장 의미 있는 전선은 남쪽과 동쪽에 있었다. 그곳에는 무슬림과 비잔틴 제국이 인접해 있었는데, 이들은 용맹하고 후

16장 중세 유럽과 중세 일본, 1000~1500 363

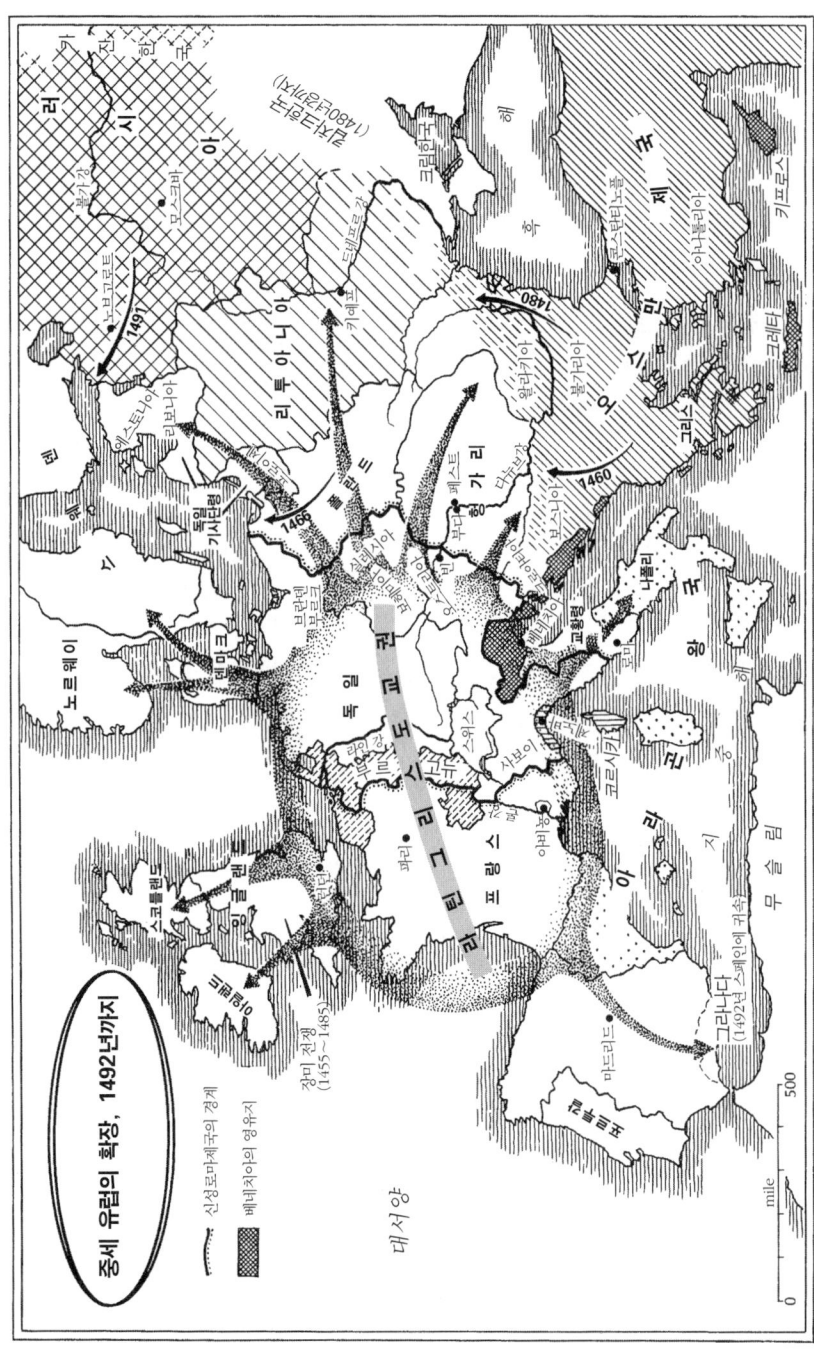

진적인 야만족에 비해 유럽 문명에 기여할 수 있는 무엇인가를 갖고 있었다. 노르만이 남부 이탈리아와 시칠리아를 정복함으로써(1059~1091), 과거 비잔틴의 영토였던 땅이 교황과 '프랑크인'*의 영지가 되었다. 또한 스페인과 포르투갈에서 장기간에 걸쳐 그리스도 교도의 힘이 커짐으로써 무슬림은 서서히 밀려났고, 마침내 지브롤터 해협의 유럽 측에 있던 무어인의 마지막 거점 그라나다가 1492년에 함락되었다. 이런 정복은 십자군 원정이 일궈낸 화려한 성취보다 훨씬 영속적인 것이었다. 십자군은 성지·에게 해·북아프리카·이집트로 진격하여 유럽 최초의 해외제국을 여럿 건설했지만, 이것들은 수세기 동안 부침을 거듭하다가 1797년 베네치아 공화국이 나폴레옹 보나파르트에게 무너진 것을 마지막으로 완전히 사라졌다.

해외로 뻗어가는 지리적 확장과 더불어 내적으로는 대대적인 통합이 이루어졌다. 통합은 생활의 모든 면에서 진행되었고 대단한 성공을 거두었지만, 유럽의 제도와 문화적 패턴을 영속적인 틀에 고정시키는 수준에 이르지는 못했다. 유럽(좀 더 최근에는 서양) 문명의 유별난 가변성은 사실상 그 문명의 가장 두드러진 특징이기도 하다. 끊임없이 변하던 서양은 중세에 처음으로 '고전적'인 것이 될 가능성이 있는 생활양식을 만들어냈으나, 그 직후에 대혼란이 일어나 이 특별한 사회와 문화의 질서가 폐기되고 말았다. 그 후 시련기를 거쳐 다시 '고전적'인 틀이 될 가능성이 있는 생활양식이 출현했지만, 그것도 결국 같은 운명에 처했다. 세계의 어떤 문명도 그처럼 자발적이고 반복적인 변화를 겪지는 않았다. 단 하나의 예외는 앞으로 살펴보게 될 일본이다. 일본 문화사의 돌발적인 전환과 변동은 유럽인이 체험한 것만큼이나 격렬했고 그것보다 좀 더 급격했다. 차이가 있다면, 일본사의 주요 변화는 타자가 만들어놓은 환경에

---

* 비잔틴인과 무슬림은 모든 라틴 그리스도교권의 사람들을 '프랑크인'이라고 불렀다. 이 용어는 자신들을 북쪽 및 서쪽의 이웃과 문화적으로 구별해주는 유용한 지표였다.

대응하는 과정에서 나온 것인 데 비해, 유럽인은 주로 자신이 만든 모순과 기회에 반응했다는 것이다.

대양을 가로지르는 통상이 개시되자, 그때까지 외진 곳에 고립되어 있던 문명세계의 주변부는 해로를 통해 들어오는 외국의 온갖 영향에 대해 전략적으로 문호를 개방했다. 해상무역에 의한 지리적 전환은 유럽과 일본의 역사가 최근에 보여준 불안정성을 설명해주는 하나의 요인이다. 두 문명이 안고 있던 뿌리 깊은 모순이 내적 긴장과 갈등을 초래했다는 것도 유럽과 일본의 역사적 현상을 설명하는 데 일조한다.

유럽의 경제적 통합

삼림을 개간하고 마을을 새로 건설하고 오래된 경지 주변에 새로운 경지를 확대하는 작업은 900년경부터 14세기 중반까지 서북유럽에서 급속히 진행되었다. 이후 유럽 대륙의 적어도 한 부분에서 흑사병이 만연하고(1347~1351), 이와 동시에 시장·소작료·조세에 원인 모를 변화가 일어나 농업의 확대가 중지되거나 심지어 역전되었다. 그 무렵에는 유럽의 경작 가능한 거의 모든 토지가 경작되고 있었다. 농업이 더욱 향상되기 위해서는 새로운 작물, 배수시설, 기타 비용이 많이 드는 혁신이 필요했는데, 이런 일들은 한동안 실현되지 않았다.

도시생활도 전반적으로 비슷한 곡선을 보였다. 유럽의 도시는 1000~1300년경 사이에 매우 급격한 상승세를 보였으나, 그 후 성장이 둔화되거나 아예 중단되었다. 예외적인 곳은 독일의 발트 해 연안과 이탈리아의 중부와 남부와 같은 특수한 지방이었다. 그곳에서는 독일과 프랑크의 기사단에 의해 창설된 발트 해와 레반트 지방의 새로운 '제국들'이 왕성하게 상업을 발전시켜, 1400년 이후까지도 중요한 도시의 발달을 뒷받침할 수 있었다. 그 후부터 중대한 경제적 혁신은 중부 독일과 저지대국가(오늘날의 베네룩스 3국)에 집중되는 경향이 나타났다. 그 지역에서는 광업과 청어 잡이가 점차 덩치를 키우고 있던 자본주의적 기업에 특별한 자극을 주었다.

유럽의 상업에서 두드러진 특징은 미가공 상태의 상품과 서민적인 상품이 대단히 중요했다는 것이다. 모직물·곡물·청어·철과 같이 대량으로 소비되는 물자가 지역간 교역에서 취급되었다. 부자들을 겨냥한 사치품과 고급품은 유럽 상업의 흐름에서 극히 일부를 차지했을 뿐이다. 대부분의 문명세계에서는 운송비가 많이 드는 장거리 교역은 부피에 비해 값이 비싼 물품에 한정되었다. 유럽에서는 내륙 쪽으로 파고든 해안선과 긴 강, 유속이 느린 조류 덕분에 각 지방의 구석진 곳까지 수송이 가능했으므로, 사람들은 저가품을 멀리 떨어져 있는 시장으로 운반할 수 있었다. 안전하게 왕래할 수 있는 도로가 없던 시절에 동물의 등에 짐을 싣고 줄지어 이동해야 했던 육상운송보다 해상운송이 훨씬 저렴했음은 물론이다.

인도와 서아시아에는 유럽처럼 촘촘한 천혜의 수로망이 없었다. 그러나 중국의 운하와 강, 그리고 일본의 들쭉날쭉한 해안선은 서구에 못지않게 수상운송에 적합했다. 그럼에도 불구하고, 앞장에서 살펴본 것처럼 관료와 지주가 지배하는 중국의 사회구조는 해운과 통상의 자유로운 발달에 걸림돌이 되었다. 일본의 경우 1300년이 지나서야 본격적으로 바다에 진출했다. 그러다가 용맹한 해적의 시대를 거친 뒤 17세기 초가 되자 정부는 중국과 마찬가지로 모든 해상활동을 금지했다. 따라서 진취적인 상인계급이 적대적인 관료들의 방해를 받지 않고 지리적으로 유리한 조건 속에서 해상운송의 기술적 가능성을 타진하던 곳은 유럽뿐이었다.

그러므로 1000년경부터 유럽인은 천혜의 수로를 개척하여 일상적인 소비재를 시장에 운반하는 데 특별히 유리한 입장에 있었다. 물론 날씨가 사납고 조류가 거센 서북 유럽의 해역을 안전하게 항해하기 위해서는 조선과 항해술의 발달이 필요했다. 바이킹 시대에는 예컨대 노로 방향을 바꾸는 게 아니라 훨씬 능률적인 선미의 키를 이용하는, 항해상의 획기적인 진전이 이루어졌다. 이때부터 해운이 융성했고, 중세 유럽은 훗날 애덤 스미스가 자신의 저서 『국부론』에서 기술한 경제적 분화의 모든 이점을 누릴 수 있었다. 교역과 상업은 사회의 각계각층에 영향을 미쳤다. 도시주민과 지주뿐 아니라 농민도 자신이 사용할 도구나 다른 생필품을 소상인·직인·소매인으로부터 구입할 수 있었기 때문이다. 다시 말해서, 시장은 토지에 얽매인 아시아의 공동체보다는 유럽 사회의 조직에 더욱 깊숙이 침투할 수 있었다. 이에 따라 유럽의 제조업은 다른 곳에 비해 좀 더 소박한 취향과 저렴한 시장의 요구에 응했다.

정치적 통합

중세의 전 기간을 통해, 혼란스러울 정도로 복잡하게 중첩된 관할 구역을 가진 지배자들이 서로 최고 주권을 다투었다. 로마의 교황과 신성로마 제국의 상속자, 샤를마뉴의 후계자는 제각각 그리스도교권 전체—실제로는 라틴 그리스도교권—에 대한 보편적인 리더십을 주장했다. 국왕, 봉건제후, 지방지주는 말할 것도 없고 도시, 그리고 (유럽의 변경에서는) 심지어 씨족과 자유마을까지 권위, 권리, 의무의 면제, 관할권을 놓고 서로 경쟁했다.

1000~1500년에 유럽의 정치발전은 세 국면으로 구분할 수 있다. 제1기에는 황제(즉 샤를마뉴가 그 칭호를 가로채간 이래 독일의 통치자가 된 자)가 대부분의 독일 주교와 일부 이탈리아 주교의 지지를 얻어 지방의 모든 주권자들을 견제하려고 했다. 실제로는 프랑스·잉글랜드·스페인·스코틀랜드·스칸디나비아·폴란드·헝가리의 왕국이 언제나 멋대로 행동했고, 황제는 이탈리아와 독일을 다스리는 데 주력했다. 1059년에 시작

된 제2기에는 역대 교황이 주도적으로 교회를 정화하고 개혁했다. 무엇보다도 그 개혁은 황제로부터 독일과 이탈리아 일부 지역의 주교를 임명하는 관습적인 권리를 박탈했다. 그로 인해 기나긴 투쟁이 벌어졌고, 교황은 남부 이탈리아의 신생 노르만 왕국과 이탈리아 중부와 북부의 도시들과 연합하여, 분개한 신성로마 제국의 황제들이 대를 이어 시도하던 간헐적인 침략을 막아내는 데 필요한 군사력을 확보하고자 했다. 하지만 1254년에 황제의 권력은 완전히 무너졌고, 교황은 라틴 그리스도교권 전체에 대한 지배권을 주장할 수 있는 유일한 존재가 되었다.

교황의 권위는 얼마 후 프랑스와 잉글랜드의 국왕과 충돌했다. 양국의 왕들은 이전까지는 그리스도교 세계에 대해 독일 황제가 절대적인 주권을 주장하는 것을 방지하기 위해 교황과 주로 느슨한 연합관계를 맺었다. 1303년 프랑스 왕의 심복들이 교황 보니파키우스 8세를 납치했는데도 이들이 신에게도 인간에게도 보복당하지 않았을 때, 새로운 힘의 균형이 극적으로 입증되었다. 그 직후 교황과 서유럽의 왕들은 협정을 맺고, 교황은 주교를 임명할 때 왕과 협의하지 않겠다는 주장을 철회했고, 그 대가로 왕은 교황의 대리인이 영내의 성직자에게 특별세와 부과금을 징수하는 것을 승인했다. 결과적으로 왕과 교황의 협력은 지방 자체의 미약한 관할권이 확대되거나 독립하는 것을 막고, 특히 지방귀족—평신도건 성직자건—의 권리와 권력을 축소하기 위한 방편이었다.

하지만 독일과 이탈리아에서는 양상이 달랐다. 작은 도시국가와 다양한 왕의 관할권이 일종의 주권적인 성격을 획득했다. 1273년, 긴 공위시대 끝에 합스부르크가의 루돌프가 황제로 선출되었다. 이때부터 몇 번을 제외하곤 합스부르크가의 사람이, 제위가 폐지된 1806년까지 계속 신성로마제국 황제의 자리에 올랐다. 그들의 권력은 황제라는 칭호에서보다는 독일 동남부의 오스트리아를 중심으로 한 세습영지에 의존했다.

그렇게 신성로마 제국이 어렵사리 부활한 뒤에, 독일 황제와의 경쟁에서 승리했던 교황은 심각한 좌절을 겪었다. 교황 클레멘스 5세와 그 후계자들은 프랑스 남부의 아비뇽에 교황청을 세워(1307) 프랑스 왕의 친밀한 동맹자가 되었고 때로는 그의 대리인 역할도 했다. 이 상황을 타개하려는 노력이 가져온 결과는 아비뇽과 로마에 교황이 동시에 존재하는 이른바 대립교황 시대였다(1378~1417). 교황권의 통일은 지기스문트 황제(1414~1417년 재위)가 스위스의 도시 콘스탄츠에 주교들을 소집하여 개최한 공의회에서 회복되었다. 이 일련의 사태로 교황의 권위는 크게 실추되었다.

중세 유럽의 문화적 통합으로 눈을 돌리기 전에, 대의정치의 발전에 대해 한마디 하고자 한다. 이 독특한 제도는 두 개의 커다란 뿌리를 갖고 있다. 하나는 교회법으로, 교회법에 따르면 주교는 그들이 속한 가톨릭 교회의 성직자들에 의해 선출되어야 하고, 일반적인 관심사는 지방 단위의 교회회의든 아니면 공의회든 교회 지도자들의 회의에서 결정되어야 한다고 정하고 있었다는 것이다. 특히 14세기에 대립교황들이 가톨릭 교회에 대한 지상권을 주장하자, 종교개혁가들은 신중한 논의를 전개한 끝에 그 문제를 회의에서 결정하자고 주장했다. 일부는 한걸음 더 나아가 모든 정당한 권위는 임명되거나 선출된 대표들을 통해 표명되는, 피치자(被治者)들의 동의로부터 나온다고 말했다. 이런 사고방식은 쉽게 세속정치에도 적용될 수 있었다. 세속정치에서는 통치자와 신하의 전통적인 관계가 의회제도의 두 번째 뿌리를 제공했다. 군주도 때로는, 특히 새로운 중요한 사업에 착수하기 전에는 자신의 신하 및 추종자들과 의논할 필요가 있었다. 원래 그런 의논은 두 가지 중요한 기능을 했다. 군신간의 의견을 조정하거나 신하들 사이의 분쟁을 중재하는 것과, 특정 군사작전의 수행 여부를 심의하는 것이었다. 얼마 후에는 '헌금'의 인가가 추가되었는데, 이는 어떤 공공사업을 위해 군주가 필요로 하는 돈을 지불하는 것이었다.

시대가 경과할수록 헌금의 중요성은 커졌다. 다수의 기사 또는 기사의 봉토를 소유한 자(아직 성년이 되지 않은 사망한 기사의 아들)는 전쟁에 소집되었을 때 자신이 출정하지 않고 다른 사람에게 돈을 주고 대신 나가게 하는 방법을 선호했다. 그래서 때로는 기사의 봉사가 일정액의 군역 대납금을 내는 것으로 대체되었다. 덕분에 왕은 일군의 유급 전사들을 모집해 자신의 주변에 둘 수 있었는데, 그들은 그 성격상 전국에 산재해 있는 영주들을 소집해서 만든 군대보다 왕의 뜻에 훨씬 충실했다.

그런데 금전문제가 군신간의 중대한 협의사항이 되자, 군주들은 도시의 대표를 궁정에 불러들이는 게 더 현명하겠다는 판단을 내렸다. 시민은 가장 풍부한 현금의 원천이었기 때문이다. 도시의 대표는 귀족 영주와 구분되는 '신분'(estate)으로, 별도의 의회를 구성했다. 고위 성직자도 별도의 신분을 구성했는데, 그들은 교황에게 봉사한다는 의미에서 세속의 권위와 특별한 법적 관계를 맺고 있었다. 이런 다소 우발적인 방식으로, 유럽의 주요 왕국에서는 군주나 왕이 영내의 모든 중대사를 대표들과 의논하거나 의논하겠다고 약속하는 것이 관례화되었다. 최대의 관심사는 단연 세금문제였고, 다른 전반적인 사안에 대해서도 협의가 이루어졌다. 대표들은 군주가 자신들의 불만을 해결해주기 전에는 새로운 과세에 대한 승인을 보류할 수 있다는 것을 쉽게 알아차렸다.

이런 대의제도에 의해, 유럽 각국에서는 상충하는 중요한 이해관계의 당사자들이 어느 정도 유효한 목소리를 낼 수 있게 되었다. 농민의 권익은 거의 대변되지 않았고, 도시의 직인도 마찬가지로 배제되었다. 그러나 재산가와 납세자는 자신의 이익에 직결된 공적 문제에 발언권을 행사할 수 있었다.

그러므로 유럽의 정치적 통합은 사회의 가장 활동적인 구성인자를 다른 문명사회에서 찾아볼 수 없는 방식으로 정치과정에 끌어들였다. 그래서 통치자와 지주, 상인 사이에 비교적 밀접한 협력관계가 형성되었다.

예컨대 남중국에서는 명조의 황제가 새로운 외항선의 건조를 금할 수 있었지만, 유럽에서는 어떤 정부도 선주와 선원 같은 대규모 집단의 이익을 함부로 무시할 수 없었다. 공공 행정관들은 다소 주저하긴 했으나 전반적으로 신민의 경제적 이익을 배려하려고 노력했고, 이런 풍조는 유럽의 정치구조에 깊이 뿌리 내렸다. 따라서 유럽의 정치는 유럽의 교역 및 상업과 마찬가지로 상당히 대중적이었고, 새로운 형태의 경제적 사업, 특히 세수 증대가 예상되는 혁신에 대해서는 놀랄 만한 적응력을 발휘했다.

문화적 통합

유럽이 회복 기미를 보인 시점부터 1200년경까지 두 세기가 넘는 기간에, 서양인은 아라비아와 비잔틴의 문화적 전통 중에서 마음에 드는 것을 게걸스럽게 흡수하는 동시에 대담하고 왕성한 창조력을 발휘함으로써 중세의 문화에 생기와 찬란한 광채를 부여했다. 그것에 견줄 수 있는 것은 고대 서아시아의 문화적 모델을 배워서 결국 그것을 초월한 고대 그리스의 문화 정도이다.

스페인과 이탈리아 남부에서는, 학자들이 아라비아어를 라틴어로 번역하는 체계적인 작업에 착수했다. 전문적인 편람과 백과전서적 지식의 방대한 문헌이 이전까지 교회문화 일색이던 라틴 그리스도교권의 유산에 추가되었다. 아리스토텔레스의 저작을 라틴어로 번역한 것은 특히 영향력이 대단했다. 서양인은 아리스토텔레스의 글에서 비록 이교적이긴 하지만 논리정연하고 완벽하고 설득력 있는 우주관을 발견했다. 아리스토텔레스의 학설과 그리스도교의 진리를 조화시키는 작업은, 새로운 아리스토텔레스의 논리학이든 오래된 그리스도교의 신앙이든 자신의 지적 유산을 한 부분도 포기하지 않으려는 사람들에게는 꼭 필요한 것이었는데, 그런 사람의 수는 꽤 많았다.

유럽 문화의 또 다른 차원, 구체적으로는 야만족의 세계에서 물려받은 것, 특히 기사의 생활양식도 그리스도교의 틀에 통합할 필요가 있었다. 10세기의 거칠고 잔인한 폭력은 그리스도교의 사랑·희망·자선과 전혀 무관했기 때문이다.

이런 도전은 무모하게 자신의 모든 것을 내던지는 분위기가 팽배한 가운데 이루어졌다. 예컨대 베크의 성 안셀무스(1109년 사망)와 피에르 아벨라르(1142년 사망)는 인간의 이성을 결연하고 엄밀하게 추구함으로써, 이성과 그리스도교의 교리가 서로를 지지한다는 점을 보여주고자 했다. 따라서 성 안셀무스는 신의 현현이 논리적으로 필연적이라는 것을 증명할 수 있다고 생각했고, 피에르 아벨라르는 교리문제에 관한 그리스도교 저작자들 사이의 대립된 견해를 비판적으로 연구하기 시작했다. 동시에 법률 분야에서는, 수사(修士) 그라티아누스(1140년경)가 교회법의 내적인 불일치와 모순을 조목조목 지적했고, 이르네리우스(1130년경 사망)는 유럽 각 지방의 혼란스러운 관습법을 정비할 실마리를 찾기 위해 로마법을 체계적으로 연구하기 시작했다. 그들에게는 엄두조차 내지 못할 만큼 어려운 일은 없었다.

1000년 이후 서유럽이 급성장한 것은 로마네스크로 알려진 거대한 석조건축양식에 의해서도 입증되었다. 서양의 건축가들은 이전까지 서유럽에서 어느 정도 기반을 다졌던 비잔틴 건축양식을 공공연하게 부정했고, 그때까지 남아 있던 로마의 바실리카와 초대 그리스도교 교회의 구조를 모범으로 삼았다. 예술로 승화된 것에 못지않은 숭고한 확신의 힘으로, 유럽인은 십자군 원정(1096년에 시작됨) 같은 일을 벌이고 기사는 모름지기 약자를 돕고 여성에게 봉사하며 교회를 보호해야 한다는 기사도 정신을 발전시킴으로써 야만적인 폭력을 적어도 부분적으로는 그리스도교의 틀 안에 흡수했다.

1200~1300년에 중세 유럽의 문화는 초기의 활력을 잃지 않고 약진

을 거듭하여 좀 더 복잡하고 혼란스럽긴 하지만 훨씬 다채로운 구조를 발전시켰다. 한편에는 그리스도교 신앙, 교회의 질서, 과거의 권위를 수용하려는 소박한 태도가 있었고, 다른 한편에는 인간의 합리적이고 세속적이고 비판적인 능력이 있어서, 양자 사이에는 긴장이 감돌았다. 그렇지만 이 긴장은 다양하고 의식적인 노력에 의해 잠정적으로 해소되었고, 그 결과 중세문화는 위대한 정점—13세기의 종합—에 이르렀다. 이때 이후 감수성이 예민한 일군의 중요한 서구인은 그 시대를 향수에 젖어 회고해왔다.

신학 분야에서는 성 토마스 아퀴나스(1274년 사망)와 성 알베르투스(1280년 사망)가 신앙과 이성을 결정적으로 조화시켰다. 아퀴나스의『신학대전』은 신앙과 도덕에 관련된 수많은 문제에 대해 권위 있는 의견과 신중하게 추론된 해답을 제시했다. 그의 저서는 얼마 지나지 않아 그리스도교 교리에 대한 반(半)공식적인 진술로 인정받게 되었다. 그는 아리스토텔레스의 논리학과 그 결론 일부를 그리스도교의 진리를 옹호하는 데 능숙하게 이용했다. 그가 수호한 일반원리는 신앙과 이성은 서로 모순되지 않지만 신학적 진리에는 이성의 힘으로는 도달할 수 없는, 따라서 신의 계시를 통해 인간에게 전달되어야만 하는 부분이 있다는 것이었다. 그렇지만 아퀴나스를 비판하는 목소리도 있었다. 그 중에서 가장 영향력 있는 것은 논리적 증명의 기나긴 연결고리를 불신하고, 신비적 체험에 의해 얻어지는 신성한 것의 확실성과, 감각을 통해 경험적으로 확인되는 세속적인 지식의 중요성을 강조했다. 성 보나벤투라(1274년 사망)와 로저 베이컨(1294년 사망) 같은 사상가들은 막연하게 플라톤적인 (그리고 프란체스코적인) 지적 전통을 대표했고, 경쟁관계에 있던 도미니크 수도회의 아퀴나스와 알베르투스의 아리스토텔레스주의에 의식적으로 반대했다.

행동의 영역에서는 종합보다는 다양성과 모순이 뚜렷하게 드러났다.

그러나 대립되는 경향과 이상은 서로 균형을 유지하여, 결과적으로 인간의 충동이 표현되는 범위를 확대시켰다. 그래서 예컨대 그리스도교적 기사도의 맞은편에는 불륜의 사랑과 관능적 쾌락을 추구하는 '낭만적' 이상이 있었다. 또한 직공과 기타 직인집단에 광범위하게 퍼져 있던 이교는, 프란체스코회와 도미니크 수도회 탁발수사들의 경건함과 균형을 이루었다. 수도사와 달리 탁발수사는 속인과 함께 생활하면서 설교하고 병든 자를 돌보고 가난하고 힘없는 자를 도와주는 등의 방법으로 그리스도교의 이상을 몸소 실천했다. 프란체스코회의 창시자인 성 프란체스코(1226년 사망)와 도미니크 수도회의 창시자인 성 도미니크(1221년 사망)는 그런 신성한 그리스도교적 감정의 발산을 지도한 가장 중요한 인물이었다. 그렇지만 문제는 성 프란체스코가 신성함을 너무 강력하게 추구한 나머지 이단으로 몰리기 직전까지 갔다는 것이다. 또한 그의 제자들 가운데 일부는 교황과 교회의 주교들이 그리스도와 사도들의 청빈한 삶(탁발수사들은 원칙적으로 이런 생활을 실천하려 했다)을 본받지 못했다고 비난함으로써, 자신들의 성스러운 창시자가 그어놓았던 선을 넘고 말았다. 길고 지루한 재판 끝에 프란체스코회 '신령파'(神靈派)* 수사들은 열정적인 경건함에도 불구하고(또는 그로 인해) 이단이라는 선고를 받았다.

  13세기의 문학활동은 위와 같은 모든 다양한 사상과 감각의 요소를 일부는 라틴어로, 일부는 토착어로 표현했다. 민담은 종종 반(反)성직자적일 정도로 표현이 거칠었고, 소박하지만 경건한 '기적극'은 성서이야기에 바탕을 두었는데, 양자는 모두 도시생활의 다양성을 반영했다. 반면에 기사도 이야기와 서정시는 귀족들의 취향을 보여주었다. 이 시대 최고의 문학가는 피렌체의 망명객 단테(1321년 사망)였다. 그의 연애시와 정치 관련 저작 『제정론』(帝政論), 그리고 무엇보다도 그리스도교 서사

---

* 철저한 청빈과 금욕을 주장하던 프란체스코회 내부의 극단적인 집단—옮긴이.

시 『신곡』은 어느 누구도 흉내 낼 수 없을 만큼 13세기 유럽의 다면적인 생활을 거의 완전하게 포착한 세계관을 펼쳐보였다.

미술사도 다양화와 변화를 향해 급물살을 타는 양상을 보여준다. 13세기 고딕 양식의 대성당은 그리스도에게 예배를 드리는 넓은 공간의 안전성과 내구성 문제에 대해 복잡하고 미묘하며 대단히 성공적인 해답을 내놓았다. 그런데 고딕 양식은 갈수록 장식이 복잡해지는 방향으로 발전하여, 마침내 스테인드글라스를 끼운 장식창살이 리브(갈빗대 모양의 뼈대)·부벽(扶壁)·각주(角柱)로 이루어진 구조적 단순함을 감싸게 되었다. 이런 현란함은 현학적이고 때로는 지엽적인 것에 집착하던 후기 스콜라 철학의 특성에 대응하는 동시에 갈수록 그리스도 교도의 확신이 약화되고 외관과 사치가 중시되던 시대적 풍조와도 궤를 같이 했다. 이런 풍조는 고위 성직자의 속심(俗心)에 대한 '신령파' 프란체스코회 수사들의 공격에 힘을 실어주었다.

1300년 이후 시대의 특징은 중세의 문화적 종합이 전반적으로 와해되었다는 것이다. 14세기와 15세기에는 신성함과 현세에서의 만족스러운 삶에 대한 여러 이상이 대립했으나, 정말로 사람들을 납득시킬 만한 해답은 나오지 않았다. 이 기간에 이탈리아는 알프스 북쪽의 사상적 풍토와는 중대한 차이를 보이며 발전했다. 이탈리아는 고전고대, 다시 말해 그리스의 과거가 아니라 로마의 고대를 의식적으로 부흥시키는 장소가 되었다. 다수의 교양 있는 이탈리아인은 이교의 라틴 시인과 키케로에 대한 연구가 뛰어난 문학적 모델뿐 아니라 인간이 어떻게 살고 행동해야 하는가 하는 질문에 신선하고 가치 있는 통찰을 제공해준다고 생각했다. 그런 관심에 몰두한 사람들은 우쭐한 마음에 자신을 인문주의자로 칭했는데, 그들이 명시적으로 그리스도교와 결별한 경우는 거의 없었다. 실제로 인문주의 문학과 예술의 가치는 종종 부유한 성직자들에 의해 공유되었고, 그들은 그 운동의 가장 중요한 후원자에 속했다.

이탈리아 도시의 환경에서 새로운 예술양식이 탄생했다. 인문주의자의 키케로적 라틴어와 마찬가지로, 그 양식은 고대의 모델을 신중하게 본받았다. 건축 분야에서는 기둥·벽기둥·원형 아치 등의 요소가 '르네상스' 양식을 구성했다. 회화에서는 고대의 모델이 거의 남아 있지 않았는데, 아마도 그 때문에 건축에 비해 더 근원적인 독창성이 발휘되었던 것 같다. 이탈리아의 화가들은 대기원근법*과 선원근법(1430년경부터)을 구사하여 대상을 가공의 공간에 배치했는데, 이것은 사물을 입체적으로 표현하는 데 대단히 합리적이고 시각적으로도 납득할 만한 체계적 기법이었다. 그 결과 힘차고 독특한 회화양식이 생겨나, 1500년 직전에 완숙한 경지에 도달했다. 이 양식은 19세기 말까지 유럽 회화의 기본적인 틀로 남아 있었다.

알프스 북방에서는 인문주의적이고 자연주의적인 새로운 관심이 그처럼 훌륭하고 과감하게 주장되거나 표현되지 않았다. 대신에 유럽의 문화유산 중에서 어울리지 않는 요소들이 대치하는 국면이 전개되었다. 화려한 궁정의 기사도는 프랑스와 잉글랜드 사이의 백년전쟁(1337~1453)에서 드러난 잔인한 현실과는 별개의 세계였다. 그 전쟁에서 용병들의 집단은 프랑스의 비옥한 농토를 가로지르며 약탈과 방화를 일삼았다. 민중의 불만은 격렬한 농민봉기와 잉글랜드의 롤라드파와 보헤미아의 후스파 같은 새로운 이단운동으로 표출되었다.

유럽 중세문화의 틀은 분명히 어려움에 처해 있었으나, 마침내 그것을 부정하기까지는 고통스런 긴 과정을 거쳐야 했다. 변화의 물꼬를 튼 것은 유럽의 선박에 의한 대항해의 개시와 그 직후에 일어난 종교개혁의 발발 같은 결정적인 대사건이었다. 근대 유럽의 기원에 대해서는 이 책 3부에서 논의할 것이다.

* aerial perspective. 대기층이나 빛의 작용으로 인한 색채 및 윤곽의 변화를 포착하여 거리감을 표현하는 기법으로 레오나르도 다빈치가 완성했다—옮긴이.

일본

　　　　　　일본의 초창기 궁정문화는 황실의 권력이 확립된 뒤에도 완전히 사라지지는 않았다. 그러나 앞장서서 일본 사회를 북쪽으로 확대했던 변경의 호족들은 일본 최초의 정신(廷臣)들이 중국의 당조에서 통째로 들여온 세련되고 반(反)전사적인 문화적 이상을 공유하거나 존경할 입장이 아니었다. 대신에 그들은 독자적인 행동규범과 전사적 이상을 발달시켜 전투에서의 용기, 지휘관에 대한 충성, 전사 개개인의 인간적 존엄성을 강조했다. 아무리 가난하다 해도, 아무리 절망적이라 해도 그들은 흔들리지 않았다. 사무라이라 불리는 일본 전사들의 규범은 갈수록 엄격해지고 구속력이 강해졌으며 성문화되기조차 했다. 그것은 개별 무장이 자신과 가신들의 세력을 증대시키기 위해 모집한 전사들을 기백이 넘치는 군단으로 훈련시키는 과정에서 생겨났다. 승리를 거둔 군단은 물론 일정한 영토를 차지했고, 농민으로부터 현물로 조세를 징수했다. 소유권은 보통 세습되었지만, 이미 획득한 것을 지키기 위해서는 철두철미하게 준비하고 있다가 유사시에 개인적·집단적 용맹성을 보여줄 수 있어야 했다. 그 결과 지방의 전쟁이 끊이지 않았다. 서로 다른 군사집단에 속한 자들 사이의 항쟁은 칼로 해결하는 것 외에는 달리 방법이 없었기 때문이다. 또한 한 집단의 성원들 사이에서도 문제가 평화적으로 해결되는 경우는 없었다.

　　그러므로 일본의 봉건제는 초기 중세 유럽의 봉건제와 흡사했다. 일본에서 비능률적인 황실의 종주권이 잔존하고 있던 것도 유럽인이 로마 황제의 이념을 막연하게 동경하던 것과 비슷했다. 하지만 세부에서는 중요한 차이가 있었다. 예컨대 일본의 사무라이는 씨족(사실이든 허구이든)으로 집단화된 데 반해, 유럽의 기사들은 혈연이 아니라 계약관계—신하의 예와 충성의 의무――에 의해 지배되었다. 더구나 일본의 무사계급을 지탱하던 농업의 양식도 유럽의 그것과는 전혀 달랐다. 중국과 마찬가지로 일본에서는 벼농사 중심의 노동집약적인 농경이 일반적이었다. 따라서 조밀하게 거주하던 농민층이 한 가구당 생산할 수 있는 잉여는 유럽의 농민에 비해 적었다. 그러나 가난하지만 아주 열심히 일하는 농민대중은 일본사회 전체의 토대였다.

1300년경 이후, 제3의 구성인자가 일본 사회에서 두각을 나타내기 시작했다. 그들은 조닌(町人)이라 불리던 도시민과 선원이었다. 중국인 선구자들이 크게 개선한 조선술 및 항해술은 일본 사회가 발전할 수 있는 길을 열어주었다. 나침판, 자재용골(自在龍骨), 용골, 대나무로 엮어 만든 돛을 대체한 베돛, 그리고 전반적으로 규모가 커지고 더욱 견고해진 선박의 건조술 등이 모두 중국에서 일본으로 전해졌다. 이에 따라 일본열도의 남북 연안을 항해하는 것은 물론이고 중국, 동남아시아, 인근 태평양 제도까지 원양항해를 하는 것이 가능해졌다. 어업은 곧 중요한 산업으로 발달했다. 그 후 1430년대에 중국이 바다에서 손을 떼자, 일본은 신속하게 남서 태평양 전역에서 해상 지배권을 장악했다.

이런 상황에서 해적의 노략질은 충분한 토지도 없고 지방의 전란에서 재산을 잃어버린 빈궁한 사무라이들에게 전망이 밝은 일거리였다. 일본의 해적은 순식간에 중국 연안의 골칫거리가 되었다. 그들은 풍성한 약탈품을 갖고 고향의 항구로 돌아왔는데, 항구에서는 해적질을 통해 얻은 이익에 일부 힘입어 도시생활의 맹아가 싹트고 있었다. 상인과 무사의 광범위한 교류는 호전적이고 독립심이 강한 중산계급을 만들어냈다. 문명세계에서 그것에 견줄 만한 계급은 유럽에만 존재했는데, 유럽의 경우에도 해적질이 도시민의 기풍을 형성하는 데 일조했다.

일본에서 도시의 발흥은 새로운 사회환경의 출현을 의미했다. 중국의 세련된 문명성과 일본의 현실이라는 양극 사이에서, 조닌은 농촌 사무라이의 스파르타적 이상이 만들어낼 수 있는 것보다 훨씬 수준 높은 일본적인 문화를 빠르게 만들어냈다. 그 성과 중 하나가 사무라이 씨족과 군사집단 사이의 투쟁에서 소재를 따온 연극이었다. 또 다른 성과는 중국의 양식과 관련이 있긴 하지만 분명히 구별되는 일본식 회화의 발전이었다. 그리고 우아하게 '다도'(茶道)를 즐기고 비단옷을 입게 되면서 사무라이의 풍속이 세련을 더해 간 것이 세 번째 성과였다.

일본의 종교사도 중국이라는 모델에서 벗어나 독자성을 획득하는 동일한 발전방향을 보여준다. 선불교는 원래 중국에서 전래되었지만, 일본 땅에서 사무라이의 이상과 결합하여 중국의 선례에서는 찾아볼 수 없는 독특한 양식으로 변했다. 늙거나 패배한 사무라이는 선사(禪寺)에 은거하며 찰나의 깨달음을 주는 형이상학적 교의 속에서 속세의 냉혹한 군사중심적 생활을 보상해주는 무엇인가를 발견했다. 1200년경부터 정토종(淨土宗)이 일본에서 성행했다. 많은 대중의 마음을 사로잡은 이 종파의 조직은 회중(會衆)적이어서, 속인이 구제받기 위해 매개자 역할을 하는 승려와 수도승에게 의존하는 것을 철저히 부정했다. 선불교와 정토종은 가끔 폭력에 호소했다. 사찰은 실제로 많은 땅을 보유하고 있는 경우가 많았고, 따라서 신도들은 사무라이 씨족처럼 자기의 재산을 스스로 지켜야만 했다. 한편 정토종은 다수의 대규모 농민봉기를 선동했다. 그것은 1400년 이후에 특히 많이 발생했는데, 어디에서도 장기간의 성공을 거두지는 못했다.

일본의 황실은 태양의 여신의 후예임을 자처하는데, 그 여신을 모시는 신앙은 15세기에 크게 변용되었다. 이전까지 그 신앙은 거의 전적으로 조정과 황족에 국한되었고, 중국식 조상숭배에 동화되었다. 하지만 1400년 이후, 여신을 모시는 대신궁의 신관들은 전래되던 신화에 정교한 해석을 가하기 시작했다. 이로 인해 그 신앙은 불교 교의에 버금가는 철학적 신학을 갖추게 되었다. 이렇게 개조된 신도(神道)는 일본인의 국민적 정체성과 독자성이라는 인식에 호소한 측면이 있었다. 당시 일본이 성공적으로 해양에 진출함으로써 외부세계와의 접촉이 늘어나자, 여기에 자극받아 그 같은 인식이 크게 고양되고 있었던 것이다.

그리하여 1500년에 이르자 일본의 사회와 문화는 그 복잡성·강인함·세련성에서 구세계의 다른 문명에 전혀 손색이 없는 수준에 달했다. 일본 문화의 구성원이 상대적으로 좁고 지리적으로 고립된 범위에 한정되어 있다는 것과 상대적으로 민족적 균질성이 크다는 것이 이 새로운 문명의 왕성한 발달을 저해하는 요인이었다. 어쩌면 일본의 문명이 일본열도의 한계 이상으로 퍼져 나가 다른 민족(예컨대 필리핀인과 아메리카 인디언)을 자신의 영향권으로 흡수하기 전에, 경쟁상대인 해양문명, 즉 이슬람 문명과 유럽 문명이 중요한 지역을 선점하여 효과적으로 일본을 가둬놓았기 때문에, 일본 문명은 자기보다 좀 더 유리한 지리적 위치에 있던 새로운 문명들과는 달리 다른 민족에게 퍼져 나갈 수 없었다고 말하는 편이 옳을 것이다. 그럼에도 불구하고 일본은 이 시기에 문명국 반열에 올랐고, 근대에는 완전한 문화적·정치적 자율성을 지킬 수 있었다. 다음 장에서는 그렇게 할 수 없었던 아프리카·오스트레일리아·아메리카의 후진적인 여러 민족의 문화발달에 대해서 살펴보기로 하자.

17장
문명세계의 주변부, 1500년까지

1500년 무렵에 이르면 문명화된 생활양식의 발달이 영향을 미치지 않은 지역은 구세계의 툰드라와 북극해 연안의 대상(帶狀)지대뿐이었다. 동토지대에는 소수의 순록 사육민이 전통적인 생활방식을 고수하고 있었고, 북극지방의 해안이라는 특수한 환경에 잘 적응해서 살아남은 에스키모의 문화는 인간이 호조건하에 있는 지역에서 성취한 것과 완전히 무관하게 생성되었다.

유라시아 대륙 전역으로 확장된 문명사회의 띠 남쪽에서는 지리적 조건과 문화적 관계가 훨씬 복잡했다. 아프리카처럼 광대하고 변화무쌍한 지역의 역사에 대한 우리의 지식에는 빈틈이 너무 많다. 현재까지 알려진 지식으로는 우리가 품고 있는 역사적 의문의 절반도 채 해결할 수 없는 실정이다. 따라서 이 책에서는 발전의 주된 과정이라고 생각되는 것을 시험적으로 요약하는 것 이상은 시도할 수 없다. 독자들은 이하에서 기술되는 내용 대부분이 치밀한 추론에 의존한 것임을 염두에 두기 바란다.

1500년에 잠베지 강 이남의 아프리카, 그리고 오스트레일리아와 거기에 인접한 태즈메이니아와 뉴기니 같은 섬들은 문명의 영향을 전혀 받지 않은 상태였다. 그 지역에서 배회하던 민족들은 최초의 수렵민들과 유사한 석기시대의 생활을 하고 있었으리라 짐작된다.

동남아시아와 남태평양

하지만 그 2대 격리지대의 북쪽에서는 문명화된 생활양식의 변용력이 모든 곳에서 감지되었다. 동남아시아와 인도네시아의 섬들에는 근채농경을 익히 알고 있고 원시적인 항해술에 능한 여러 사회가 인도나 중국의 탐험가들이 그 지방의 하구에 침입하기 전에도 존재하고 있었다. 그 후 이미 살펴본 바와 같이 서력기원이 시작될 무렵에는 인도의 문화가 대거 유입되었다. 600년경 이후 무슬림이 인도양의 제해권을 장악한 뒤로는 인도와의 관계가 약화되었고, 동남아시아의 다종다양한 힌두(때로는 불교) 궁정은 다시 지방 고유의 자원에 의존하게 되었다. 그 결과 때로는 찬란한 문화가 꽃피기도 했다. 예컨대 자바는 마자파힛 대신전을 건설한 힌두 왕국의 중심지였고, 메콩 강 하류지방은 앙코르와트라는 거대하고 인상적인 궁전 겸 신전도시를 남긴 크메르 제국의 중심지였다.

1200년경부터 두 개의 외부세력이 동남아시아의 인도화된 궁정문화를 공격했다. 북쪽에서 내려온 타이 부족들이 크메르 제국을 멸망시키고, 호전적이고 거친 방식으로 메콩 강 유역을 지배했다. 포교사들은 타이를 불교로 개종시켰는데, 그 일파는 인도적이라기보다는 버마-티베트적인 성격의 불교였다. 동시에 무슬림의 선교활동도 진행되었는데, 이는 이미 설명한 것처럼 이슬람 공동체 내부에서 일어난 변화의 결과였다. 이에 따라 말라야, 수마트라, 현재의 자바와 멀리 필리핀의 민다나오가 무슬림 정권의 지배 아래 들어갔다. 얼마 후 힌두 신앙은 모든 곳에서 종적을 감췄다. 유일한 예외는 발리 섬으로, 이곳에는 아직까지도 오래된 생활의 일부가 남아 있다.

같은 시대에 폴리네시아의 항해자들이 상대적으로 수준 높은 자신들의 미개 문화를 태평양의 먼 곳까지 보급했다. 그들의 문화는 동남아시아의 여러 문화와 느슨하게나마 관계를 맺고 있었다. 폴리네시아인의 선조는 아시아 본토 어딘가에서 왔을 것으로 추정되는데, 그들이 태평양 곳곳에 흩어지게 된 것은 속이 빈 통나무 하나로 만든 카누가 현외부재(舷外浮材, 배가 뒤집어지지 않도록 카누의 측면에 부착하는 장치)의 발명 덕분에 안전하게 대양을 항해할 수 있게 된 뒤였을 것이다. 그 획기적인 진전이 이루어지자(서기 1년에서 600년 사이의 어느 시점), 폴리네시아인은 수백 년 만에 광대한 태평양 일대를 가로질러 퍼져 나갔다. 이 사실은 뉴질랜드와 하와이처럼 서로 멀리 떨어져 있는 지역의 폴리네시아어계 언어들이 유사성을 보인다는 점에서 확인된다.

사하라 사막 이남 아프리카

아프리카는 아마도 인류의 요람이었을 것이다. 아프리카 대륙은 아직까지 지구상의 어떤 지역에서도 찾아볼 수 없는 민족적 다양성을 간직하고 있다. 산(부시먼)·코이코이(호텐토트)·딩카·마사이처럼 신체적 외관이 크게 다른 민족은 다른 대륙에서는 발견되지 않는다. 과거에 그들 민족의 일부는 지금보다 훨씬 넓은 영토를 점령하고 있었고, 반면에 다른 민족, 특히 반투어를 사용하는 아프리카인은 현재 차지하고 있는 협소한 지역에 갇혀 있었다. 아프리카가 예나 지금이나 거의 획일적인 흑인인구의 거주지였다는 단순한 사고방식은 전혀 근거가 없는 것이다. 그러나 진실을 재구성하기에는 아프리카의 역사가 너무 복잡하고 기록은 너무 부실하다.

사하라 사막은 아프리카 대륙을 사실상 두 영역으로 나눈다. 사막 북쪽의 해안지방은 지중해의 고대·중세사에 포함되기 때문에, 여기에서는

우리의 관심사가 아니다. 사하라 사막 이남의 아프리카는 지리적으로 극히 다양하다. 사바나, 즉 드문드문 수풀이 있는 스텝지대는 콩고 열대우림의 동·남·북에 접해 있다. 그러나 동아프리카 중앙부의 산맥과 거대한 호수가 활 모양의 사바나를 가로막고 있기 때문에, 사바나는 계속 연결되는 게 아니라 크게 두 부분으로 나뉜다. 서아프리카는 나이저 강의 구부러진 물줄기에 의해 갈라지며, 동아프리카는 대륙의 동쪽 산맥지대를 쭉 따라 내려가 희망봉에 이른다. 사하라 사막 남단에 있는 협소한 목초지는 산맥 북면에 가로막혀 있다. 이 축소판 스텝지대는 동·서 아프리카에서 가장 생산성이 높은 두 지역을 연결시킨다.

아프리카의 지리적 구획은 고대 이집트 문화의 범위가 제한적이었던 사실, 즉 그 영향이 나일 강 계곡 밖에서는 분명히 드러나지 않으며 고작해야 남쪽으로 누비아에 달했다는 사실을 설명하는 데 도움을 준다. 서기 1세기 또는 그 직전에, 인도네시아의 중요한 요소가 아프리카에 유입되었다. 그 당시 마다가스카르 섬은 인도네시아의 섬들 가운데 한 곳에서 출발하여 해로를 통해 도착한 민족에 의해 개척되었다. 그 출발점은 현대에도 가장 유사한 언어를 사용하는 사람들이 살고 있는 보르네오일 것으로 짐작된다. 아마 다른 인도네시아의 거주지도 한때 동아프리카 연안에 존재했을 것이다. 이를 보여주는 가장 확실한 증거는 인도네시아가 원산지이며 열대우림 농경에 적합한 다수의 근채식물이 아프리카 농업의 주요 작물로 확립되었다는 사실이다. 신종 작물은 서아프리카에 지대한 영향을 미쳤다. 그 무렵에 서아프리카의 농경민은 광대한 콩고의 열대우림지대에 진출하기 시작했는데, 이는 아마도 새로운 인도네시아의 작물이 처음으로 그 환경에서 농경을 가능하게 해주었기 때문일 것이다. 반투어를 사용하는 민족은 확장을 개시하기 전에는 베냉 만에서 그리 멀지 않은 서아프리카에 살고 있었으리라 짐작되는데, 그들의 지리적 확산은 인도네시아의 새 작물을 성공적으로 재배한 것과 깊은 관련이 있었을 것이다.

300년 무렵에 사하라 사막을 횡단하는 낙타 대상이 로마 세계의 영향을 서아프리카에 전했다. 금·소금·노예를 주로 취급하던 대상무역의 발달에 힘입어, 서아프리카 최초의 대국가 가나가 300~600년에 형태를 갖추기 시작했다. 한편 동아프리카에서는 누비아와 아비시니아(에티오피아의 옛 이름) 왕국이 로마 세계와 더욱 긴밀한 관계를 맺고, 이른 시기에 그리스도교 국가가 되었다. 그러나 아비시니아와 누비아의 그리스도교는 곧 로마와 콘스탄티노플이 인정하는 교리에서 벗어났기 때문에, 지중해 세계와의 연결이 다시 약화되었다. 아비시니아는 한동안 아덴 만 일대를 제압했고, 아라비아에서 상당한 세를 과시했다. 그러나 이슬람이 발흥하고 마호메트가 아라비아를 통일하자, 아비시니아인은 아덴 만 반대편으로 쫓겨났다. 그 후로 아비시니아의 그리스도교 문화는 언제나 수세에 몰려 있었다. 이슬람은 빠르게 동아프리카에 뿌리를 내리고 연안지방을 점령하여, 그리스도 교도를 고원지대로 몰아냈다. 오늘날에도 그리스도교는 고원지대에 남아 있다.

아랍인의 이집트 정복(642)과 북아프리카 전역의 정복(711년까지 완료)으로, 동·서 아프리카는 그리스도 교도가 아니라 무슬림을 이웃으로 삼게 되었다. 무슬림 함대가 신속하게 인도양의 제해권을 빼앗았다는 사실은 아프리카가 무슬림의 침투에 더욱 무방비로 노출되었음을 뜻했다. 하지만 1000년이 되기 전까지 이슬람은 조심스럽게 사하라 사막 이남으로 진출했고, 그 후에야 가속도가 붙었다. 예컨대 가나는 1076년에 무슬림 정복자에게 멸망당했다. 이때부터 무슬림의 국가들이 서아프리카를 지배했다. 무슬림의 초기 제국들 중에서 가장 중요한 것은 말리였다. 동아프리카에서는 이슬람의 공세에 저항하기 위해 애쓴 결과, 아비시니아 문화사의 '황금시대'라 불릴 만한 것이 실제로 출현했다. 그러나 누비아는 15세기에 무슬림 정복자에게 굴복했다. 누비아가 정복된 뒤, 아라비아의 유목부족들은 아프리카 대륙을 가로질러 이동을 개시하여 사하라 사막 남단까지 진출했다. 이 이주자들은 서아프리카에 도달하기까지 농경민의 마을을 닥치는 대로 습격하여 불을 지르고 약탈했는데, 그 피해가 극심했던 탓에 농경한계가 남쪽으로 크게 후퇴했다.

과르다푸이 곶 이남의 동아프리카 역사는 여전히 불분명하다. 700~

1400년의 어느 시기에 지금의 로디지아에 해당하는 지역(잠비아와 짐바브웨)의 여러 곳에서 대규모 광산 채굴이 있었다. 짐바브웨와 그 인근에 있는 광대한 석조건축의 유구를 보면 광업이 얼마나 큰 규모로 이루어졌는지 능히 짐작할 수 있다. 또 하나의 중요한 사건은 소를 사육하는 유목민의 남진이었다. 이번에도 개척자는 반투어를 사용하는 부족들이었는데, 그들은 좀 더 문명화된 민족—아마도 누비아인—으로부터 소 사육 기술을 전수받았던 것 같다. 소를 사육하던 반투 유목민은 그때까지 동아프리카의 넓은 지역을 점령하고 있던 코이코이 수렵민을 몰아냈다. 1500년 무렵 반투인의 확장된 경계는 잠베지 강에 이르렀다.

따라서 유럽인이 희망봉을 돌기 전에, 아프리카의 거의 모든 지역이 선진사회의 영향을 받았다는 것은 의심의 여지가 없는 사실이다. 비록 전달과정에서 원형이 많이 희석되는 경우도 많았지만 말이다. 동아프리카든 서아프리카든 농경에 적합한 토지가 있는 곳이라면 어디서나 문명생활의 지방 버전과 변종이 무수히 뿌리를 내렸다.

아메리카 대륙

그동안 아메리카 대륙에도 '문명'이라는 이름에 걸맞은 복합사회가 출현했다. 일반적으로 말하자면, 1500년까지 멕시코와 페루가 달성한 환경을 지배하는 기술의 수준은 기원전 2500년까지 고대 메소포타미아인 및 이집트인이 도달한 수준과 비슷하다. 아메리카 대륙의 인디언들은 4000년이라는 시간적 격차를 메울 수 없었기에, 스페인의 정복자들이 고립된 자신들의 땅에 쳐들어왔을 때 속수무책이었다. 아스테카와 잉카 제국의 수준 높은 문화는 약간의 흔적만 남았기 때문에, 아메리카 인디언의 문명에 대한 다음과 같은 설명도 다소 엉성할 수밖에 없다.

신세계에서 작물재배가 시작된 시기는 구세계에서 신석기시대 농경민들이 밀과 보리를 재배하는 실험을 개시한 시기와 거의 일치한다. 그러나 신세계의 주요 식량인 옥수수는 테오신트라는 식물과 각종 야생종의 다양한 자연교배를 통한 선택과 도태에 의해 발명되었다.(옥수수의 정확한 발생학적 계보는 아직까지 연구 중이다.) 여기에는 오랜 시간이 걸렸고, 기원전 2500년경이 되어서야 인간집단에게 기본적인 영양을 공급하기에 부족함이 없는 생산성을 가진 옥수수의 형태가 나타났다. 그때까지는 식량생산의 부족분이 수렵과 채집에 의해 보충되어야 했다. 따라서 인구는 늘 희박했다.

아메리카 인디언이 직면한 두 번째 불리한 조건은 신세계에는 인간의 식량자원을 풍부하게 해주고 다른 용도로도 활용할 수 있는 가축(정확히 말하면 가축화할 수 있는 동물)이 거의 없었다는 것이다. 신세계에서 사육되던 라마·개·기니피그는 구세계의 농경민과 유목민의 생활에 핵심적인 역할을 하던 각종 가축에 비하면 초라하기 짝이 없었다.

이런 이유에서, 서력기원이 개시되기 직전에야 비로소 문명이라는 이름에 걸맞은 고도로 복잡한 사회가 아메리카 대륙에서 발전하기 시작했다. 이 변화에 대한 증거는 고고학적인 것이다. 인공 피라미드 위에 세운 석조 신전을 특징으로 하는 다수의 거대한 종교 센터가 과테말라(마야)와 멕시코의 중앙고원에 건설되었다. 그 다음 수세기 동안에는 기술이 빠르게 진보했다. 마야와 멕시코의 종교센터에서, 조각은 세련미를 더했고 건물은 대형화되었으며 신전의 배치는 더욱 정확해졌다. 고고학자들이 말하는 중앙아메리카 인디언 문화의 '고전기'는 300년경에 출현하여 그 후 약 600년 동안 지속되었다. 이 기간에 마야와 멕시코의 신전은 규모가 커지고 체계적으로 치밀하게 구성되었다. 마야인은 정확한 역법(曆法)과 문자양식을 발달시켰는데, 문자의 일부는 현대의 연구자들에 의해 해독되었다. 신관이 사회를 지배하고 관리했다는 것은 명백하다. 그러나 사상과 신화, 종교원리, 일반 농민의 노동력을 동원하여 거대한 신전을

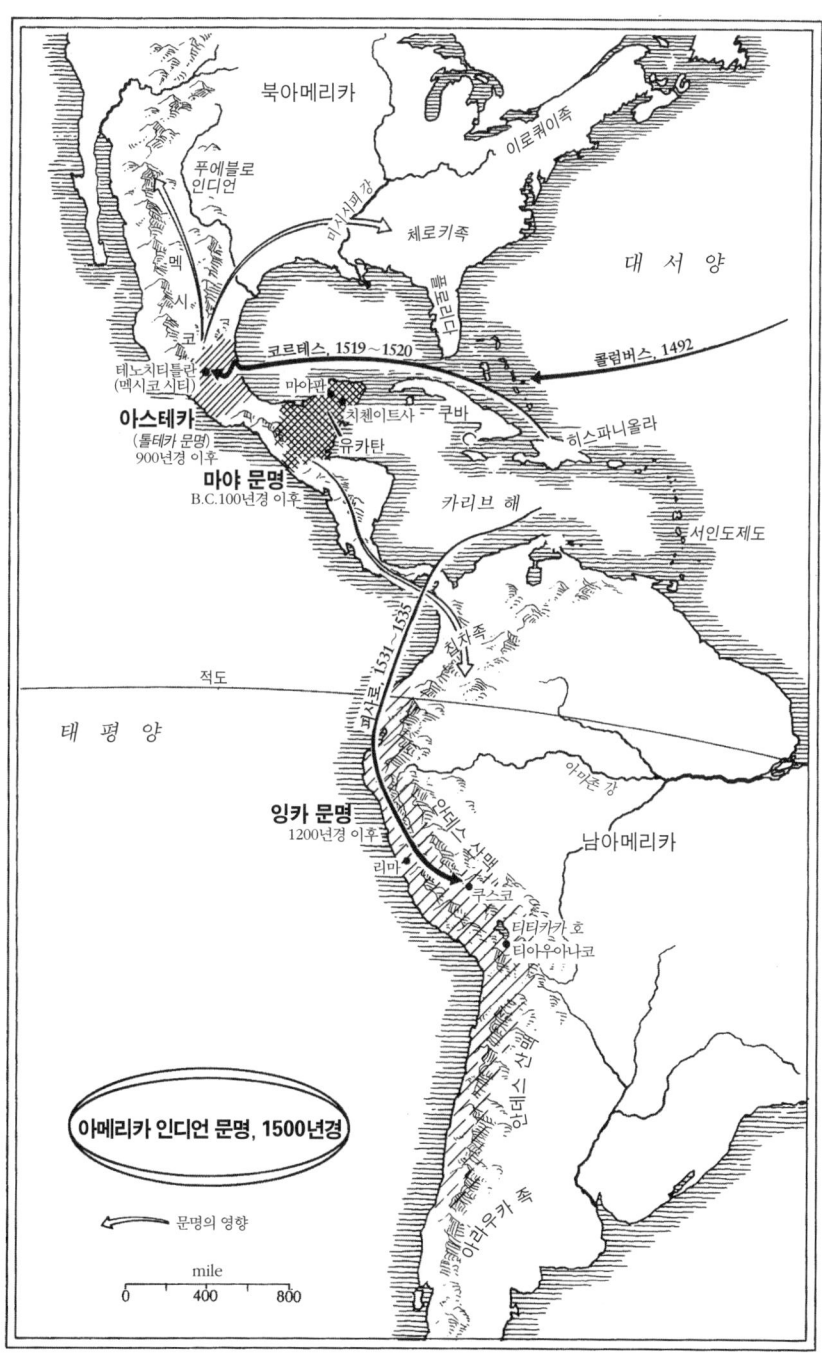

건설한 행정조직, 그리고 숙련된 석공과 여타 직인들을 유지했던 방식에 대해서는 자세히 알 수 없다.

페루는 멕시코와 과테말라의 발전에 비하면 다소 뒤진 듯하지만, 페루 3대 문화의 '고전기'는 마야 및 멕시코 신전국가의 고전시대와 시간적으로 거의 일치하는 것으로 생각된다. 멕시코에는 없던 감자와 라마가 안데스 구릉지대의 중요한 자원이었다. 게다가 페루 해안지방의 사회는 수준 높은 관개시설에 의존하고 있었던 데 비해, 중앙아메리카의 주요 작물인 옥수수는 천수지대에서 재배되었다. 500~1000년의 어느 시기에, 태평양으로 흘러가는 페루의 하천유역은 안데스 고원지대의 티아우아나코에서 발원한 예술양식의 영향하에 들어갔다. 이는 군사정복의 증거가 될 수도 있지만, 일종의 종교운동을 반영하는 것일지도 모른다. 그 성격이 무엇이었든 중앙집권적인 통일은 오래가지 않았다. 잉카인이 안데스 고원지대의 중심부에 새로운 제국을 발전시키기 시작했을 때, 일련의 지방도시와 부족국가가 팽창하고 있던 잉카의 군사에 저항했으나 곧 굴복했다(15세기). 잉카인은 페루 전역에 철저하게 중앙집권적인 정치체제를 강요했다. 그들의 제국은 도로와 관리와 태양신앙의 힘에 의해 통일되었다. 잉카의 황제는 신관의 수장을 겸했는데, 고대 이집트의 제정일치적 중앙집권화와 놀랄 정도로 유사하다.

멕시코 지역은 그 다양성 면에서 고대 메소포타미아에 견줄 만했다. 900년경에 신관이 주도하던 멕시코와 마야의 사회가 붕괴되었다. 그 이유는 명확하지 않다. 멕시코 중앙고원에서는 야만족의 남침이 신정(神政)을 파괴했을 개연성이 크다. 그보다 남쪽으로 내려가면 군사공격의 흔적이 발견되지 않는다. 신앙이 쇠퇴하여 마야의 농민들이 옥수수 밭의 풍요를 보장받기 위해 신관의 센터를 유지할 필요성을 더 이상 느끼지 못했기 때문에 신전이 폐기되었다는 식의 설명이 가능하다. 그렇지만 더욱 군사적인 성격이 강한 정권이 마야의 땅에 나타났다. 처음에는 치첸

이트사가 유카탄에, 다음에는 마야판이 마야인들 사이에 통제력이 느슨한 일종의 제국을 건설했던 것으로 보인다. 그러나 스페인인이 도착할 무렵에는 그 정도의 정치적 통일체마저 사라졌다. 대신전 센터가 말해주는 찬란한 과거에도 불구하고, 마야의 농경민은 스페인인이 처음 나타났을 때 단순한 마을공동체에 살고 있었고, 군사 및 정치조직은 물론이고 신관조직도 갖고 있지 않았다.

더 북쪽에서는 침입의 파도가 몇 차례 밀려온 뒤에, 아스테카인이 중앙 멕시코 전역에 대한 지배권을 주장했다.(1325년에 중앙 멕시코에 도착했다.) 아스테카의 군사작전은 인간의 심장을 1년 내내 신에게 바치기 위해 포로를 생포하는 데 중점을 두었다. 희생자들이 자신의 운명에 몸서리쳤으리라는 것은 불문가지이다. 따라서 1519년에 코르테스가 일군의 약탈자를 거느리고 몬테수마의 궁전에 침입했을 때, 멕시코 중앙고원에 살고 있던 수백만 주민들에게는 충성심이나 정치적 단결심이 존재하지 않았다.

유럽인에게 발견되기 전에, 아메리카 대륙의 다른 인디언 사회들도 농경문화를 향해 전진하고 있었다. 예컨대 북아메리카의 남동부에서는 멕시코의 영향을 받았으나 그것보다 훨씬 단순한 신앙의 중심지가 생겨났다. 그것과 유사한 원초적 문명이 오늘날의 콜롬비아와 칠레에 존재했다. 더욱 미개한 지역인 버지니아와 뉴잉글랜드의 인디언은 옥수수 재배법을 알고 있었고, 이로쿼이 같은 부족은 백인과 접촉하기 이전에 이미 강력한 정치-군사 연맹을 구축하기 시작했다.

아메리카 인디언 문화가 대양을 횡단한 항해자들 — 대서양을 경유했든 태평양을 경유했든 — 로부터 중대한 영향을 받았는지 여부는 뜨거운 논쟁거리이다. 중앙아메리카와 동남아시아의 몇몇 예술적 모티프가 괄목할 정도로 유사하다는 점, 그리고 유럽인의 도래 이전에 인디언의 재배식물이 태평양 제도에 분포되어 있었다는 점은 꽤 오랜 옛날부터 태평양 양안의 문화들 사이에 모종의 관계가 있었음을 시사한다. 그렇지만 다수의 학자는 아메리카 인디언의 문화가 나머지 세계와의 접촉으로부터 크게 혜택을 입었다는 것을 강력하게 부인한다. 지금까지 나온 것보다 훨씬 세심한 고고학적 연구가 이루어지기 전에는 어떤 단정도 내릴 수 없으므로, 그 문제는 당분간 미결상태로 남겨두어야 할 것이다.

1·2부 참고문헌 해설

1부

역사지도와 연표는 세계사에 관심을 가진 사람들에게 참으로 요긴한 참고자료이다. 최고의 세계사 지도는 *Westermanns Atlas zur Weltgeschichte* (Braunschweig, 1956)인데, 안타깝게도 영어판이 아직까지 출판되지 않았다. 영어권 독자들은 William Robert Shepherd, *Historical Atlas*, 9th ed.(New York 1964)를 이용할 수 있다. William L. Langer, ed., *An Encyclopedia of World History*, rev. ed.(Boston, 1972)는 연대를 확인하고 역사적 사건들을 순서대로 되짚어보는 데 유용한 책이다.

세계사를 다루고 있는 책은 상당히 많다. 그 중 일부는 케임브리지 대학에서 출판된 역사 시리즈처럼 여러 학자의 연구성과를 집약한 총서 형식을 취하고 있다. *The Cambridge Ancient History*, 12 vols.(Cambridge, 1923-39); *The Cambridge Medieval History*, 8 vols.(Cambridge, 1913-36); *The Cambridge Modern History*, 13 vols.(Cambridge, 1902-12) 등이 그 예이다. 이에 비해 개별 저자의 독자적인 역사관을 반영하고 있는 저작들은 일관성이 있지만 논쟁의 여지도 그만큼 많다. 혼자 힘으로 역사의 모든 분야에 관한 지식을 섭렵할 수는 없기 때문이다. 그런 책들 가운데 독자의 관심을 끌 만한 것으로는 H. G. Wells, *The Outline of History* (London, 1920); Oswald Spengler, *The Decline of the West*, 2nd ed. rev., 2 vols.(New York, 1931)[박광순 옮김, 『서구의 몰락』, 3권, 범우사, 2000]; Arnold J. Toynbee, *A Study of History*, 10 vols.(London, 1934-54); 그리고 William H. McNeill, *The Rise of the West* (Chicago, 1963)의 4권을 들 수 있다. 토인비의 저서는 축약본으로도 나와 있다. D. C. Somervell, ed., *A Study of History*, 2 vols. (London, 1946, 1957)[지경자 옮김, 『역사의 연구』, 2권, 홍신문화사, 1992]. Arnold Toynbee, *A Study of History* (New York, 1972)는 삽화가 들어간 또 다른 축약본이다.

그 밖에 학생들에게 추천하고 싶은 두 가지 종류의 읽을거리가 더 있다. 하나는 고대 텍스트의 번역서이고, 다른 하나는 세계 각국의 과거사에 대한 현대적 연구서이다. 성서와 호메로스의 저작 같은 고전의 번역서는 그 종류가 다양할 뿐 아니라 여러 세대의 학문적 노력이 축적된 탓에 상당히 정확한 수준에 도달했다. 따라서 어떤 번역본을 읽어도 별다른 문제가 없으리라고 본다. 다른 문명권에서는 영어권처럼 풍부하고 수준 높은 번역작업이 이루어지지 않았다. James B. Pritchard, ed., *Ancient Near Eastern Texts Relating to the Old Testament*, rev. ed. (Princeton, 1969)와 James B. Pritchard, *The Ancient Near East, New Anthology of Texts and Pictures* (Princeton, 1975)는 고대 서아시아의 매력적인 문서들을 묶어놓은 탁월한 선집들이다. N. K. Sandars, tr., *The Epic of Gilgamesh* (Penguin, 1960)는 메소포타미아의 중요한 문학적 기념비를 쉽게 접할 수 있는 염가판이다. Hans Goedicke, tr., *The Report about the Dispute of a Man with his Ba* (Baltimore, 1970)는 삶과 죽음에 관한 이집트인의 관점을 엿보게 해준다. W. T. DeBary, Jr. et al., eds., *Sources of Indian Tradition* (New York, 1958)은 베다와 우파니샤드를 비롯한 인도의 고대 텍스트에서 발췌한 글들을 모아놓은 것으로, 인도 문화에 대한 좋은 안내서이다. Johannes A. B. van Buitenen, *The Mahabharata* (Chicago, 1973-)는 인도의 위대한 서사시『마하바라타』를 전문가가 번역한 것으로, 현재 3권까지 나와 있다. W. T. DeBary, Jr. et al., eds., *Sources of Chinese Tradition* (New York, 1960)은 고대 중국의 문헌을 발췌편집한 뛰어난 사료집이다. Arthur Waley, tr., *The Analects of Confucius* (New York, 1939), Arthur Waley, tr., Shih Ching, *Book of Songs* (Boston, 1937), Richard Wilhelm, tr., *The I Ching, or Book of Changes*, 3rd ed. (Princeton, 1967)는 각각『논어』,『시경』(詩經)『역경』(易經)의 영역판이다.

오래된 과거를 설명하고 있는 책에는 대개 고대의 문서에서 발췌·번역한 인용문이 다수 수록되어 있다. 번역에 주석을 곁들인 책을 읽으면 번역문만 읽을 때보다 주제를 좀 더 쉽게 이해할 수 있다. 독자에게 익숙하지 않은 문화권의 역사에 관한 책일 경우에는 특히 그렇다. 이런 면에서 고대 서아시아에 관한 책 가운데 모범이 되는 것으로는 Samuel Noah Kramer, *Sumerian Mythology* (Philadelphia, 1944); Henri Frankfort et al., *Before Philosophy* (Penguin, 1941); J. A. Moulton, *Early Zoroastrianism* (London, 1913)을 들 수 있다. 인도 문화에 대해서는 Edward Conze, *Buddhism: Its Essence and Development* (New York, 1959); Sir Charles Eliot, *Hinduism and Buddhism: An Historical Sketch*, 3 vols. (London, 1921); Heinrich Zimmer, *Philosophies of India* (New York, 1951) [김용환 옮김,『인도의 철학』, 대원사, 1992]가, 중국 철학에 대해서는 Fung Yu-lan, *A History of Chinese Philosophy*, tr. Derk Bodde, 2 vols. (Princeton, 1952-53) [박성규 옮김,『중국철학사』, 상·하, 까치, 1999]가 유용하다. 고대 그리스 사상을 소개하는 책도 2권 추천하고 싶다. 그 중에서 John Burnet, *Early Greek Philosophy*, 4th ed. (London, 1930)는 좀 더 온건하고 표준적인 노작이고, F. M. Cornford, *From Religion to Philosophy: A Study in the Origins of Western Speculation* (London, 1912)〔남경희 옮김, 『종교에서 철학으로』, 이화여대출판부, 1995〕는 재기발랄하고 사변적이고 도발적인, 정반대 성격의 저서이다.

고대의 미술작품과 유물의 사진을 음미하는 것도 고대사를 공부하는 훌륭한 방법 중 하나이다. 이 방법의 최대 장점은 번역자 없이 직접 원작을 대할 수 있다는 것이다. 게다가 좋은 도록은 짧은 시간 안에 비교적 많은 수의 작품을 어렵지 않게 감상할 수 있다. 이런 식으로 안목을 기른 독자들은 시공을 통해 인간의 감성이 표현되는 방식이 어떻게 변천해왔는지 비교론적 시각에서 통찰할 수 있을 것이다. 물론 이를 위해서는 각각의 예술작품이 어떤 시간과 공간에 속하는지 머리 속에 그려보는 수고를 감수해야 한다. 지나치게 문서기록에 집착하는 역사가들—어쨌거나 이들은 주로 문자로 기록된 사료에 의존한다—의 단점을 보완하고 시정한다는 의미에서도, 미술과 미술사에 진지하게 주의를 기울여볼 것을 강력하게 추천하는 바이다. 선사시대의 미술에 대해서는 H. G. Bandi et al., *Art of the Stone Age* (New York, 1961)이 유용하다. 고대 서아시아에 관해서는 다음 도서를 참조하라. André Parrot, *Sumer: The Dawn of Art* (New York, 1961); André Parrot, *Arts of Assyria* (New York, 1962); Henri Frankfort, *The Art and Architecture of the Ancient Orient* (Penguin, 1959); W. Stevenson Smith, *Art and Architecture of Ancient Egypt* (Penguin, 1958). H. A. Groenewegen-Frankfort and Bernard Ashmole, *Art of the Ancient World* (New York, n. d.)는 고대 서아시아와 지중해의 예술에 대한 모범적인 입문서이다.

Heinrich Zimmer and Joseph Campbell, *The Art of Indian Asia*, 2nd ed., 2 vols.(New York, 1955)는 인도 문화가 동남아시아로 전파되는 과정을 생생하게 보여주는 발군의 저서이다. Ludwig Bachhofer, *A Short History of Chinese Art* (London, 1947)는 다소 전문적이긴 하지만 고대 중국 청동기 유물의 양식을 설득력 있게 분석하고 있다. Henri Frankfort, *Cylinder Seats* (London, 1939)는 아직까지 풍부하게 남아 있는 고대 메소포타미아의 유물들 가운데 한 종류를 택해 그 예술적 모티프의 변화를 사회적·정치적 질서의 변화와 연결시켜 설명한 미술양식 분석의 백미이다. 미술사와 사회적 발전상의 관계를 이보다 뛰어나게 예시한 책은 상상하기도 어렵다.

안타깝게도 도판이 많은 미술사 책은 값이 비싸기 때문에 선뜻 구입하기가 쉽지 않다. 썩 만족스럽지는 않지만 간단한 해결방안 하나는 University Prints에서 적당한 가격에 판매하는 다양한 미술품 사진을 구입하는 것이다. 수강생들이 같은 사진을 보면서 공부하고 토론하기를 원하는 강사들은 University Print에 직접 문의해보기 바란다. 주소는 15 Brattle Street, Cambridge, Mass., 02138이다.

이하에서 제시하는 참고문헌은 현대 학자들의 저서를 주제별·지역별로 분류한 것이다.

인류의 진화와 선사시대

W. E. Le Gros Clark, *The Antecedents of Man* (Chicago, 1960); Kenneth P. Oakley, *Man the Tool-Maker*, 5th ed. (London, 1976); Robert Ardrey, *African Genesis* (London, 1961); Sol Tax, ed., *Evolution after Darwin*, 3 vols. (Chicago, 1960); Carleton S. Coon, *The Origin of Races* (New York, 1962); M. F. Ashley Montague, ed., *Culture and the Evolution of Man* (New York, 1962); James Mellaart, *The Neolithic of the Near East* (New York, 1976); Grahame Clark, *World Prehistory, A New Outline* (Cambridge, 1969). Robert Redfield, *The Primitive World and its Transformations* (Ithaca, N. Y., 1953)는 역사서라기보다는 인류학 이론서이지만, 매우 사려 깊은 얇은 책이다.

고대 서아시아

Henri Frankfort, *The Birth of Civilization in the Near East* (Bloomington, Ind., 1951); V. Gordon Childe, *What Happened in History* (Penguin, 1943); Samuel Noah Kramer, *The Sumerians: Their History, Culture and Character* (Chicago, 1963); John A. Wilson, *The Burden of Egypt: An Interpretation of Ancient Egyptian Culture* (Chicago, 1951); A. Leo Oppenheim, *Ancient Mesopotamia, Portrait of a Dead Civilization* (Chicago, 1964); Karl W. Butzer, *Early Hydraulic Civilization in Egypt: A Study in Cultural Ecology* (Chicago, 1976); W. Stevenson Smith, *Interconnections in the Ancient Near East: A Study of the Relationships between the Arts of Egypt, the Aegean and Western Asia* (New Haven, Conn., 1965); O. R. Gurney, *The Hittites*, rev. ed (Penguin, 1961); George Steindorff and Keith C. Seele, *When Egypt Ruled the East*, rev. ed. (Chicago, 1957); A. T. Olmstead, *A History of Assyria* (Chicago, 1923); Donald Harden, *The Phoenicians* (New York, 1962); William F. Albright, *The Archeology of Palestine*, rev. ed. (Penguin, 1960); T. H. Robinson and W. O. E. Oesterly, *History of Israel*, 2 vols.(Oxford, 1932); H. H. Rowley ed., *The Old Testament and Modern Study* (Oxford, 1951); A. T. Olmstead, *A History of the Persian Empire* (Chicago, 1948); R. C. Zaehner, *The Dawn and Twilight of Zoroastrianism* (New York, 1961); Jack Finegan, *Light from the Ancient Past: The Archeological Background of Judaism and Christianity*, 2nd ed. (Princeton, 1959); David Diringer, *The Alphabet: A Key to the History of Mankind*, 2nd ed. rev.(London, 1953); Ignace J. Gelb, A Study of Writing, rev. ed. (Chicago, 1964); Otto Neugebauer, *The Exact Sciences in Antiquity*

(Leiden, 1950); Charles Singer et al., eds., *A History of Technology, I: From Early Times to Fall of Ancient Empires* (Oxford, 1954); and R. J. Forbes, *Metallurgy in Antiquity* (Leiden, 1950).

유럽

J. G. D. Clark, *Prehistoric Europe: The Economic Basis* (New York and London, 1952); C. F. C. Hawkes, *The Prehistoric Foundations of Europe to the Mycenean Age* (London, 1940); V. Gordon Childe, *The Dawn of European Civilization*, 6th ed.(New York, 1958); John Boardman et al., eds., *The European Community in Later Prehistory: Studies in Honor of C. F. C. Hawkes* (Totowa, N. J., 1971); J. D. Evans, *Malta* (New York, 1959); J. D. S. Pendlebury, *The Archeology of Ancient Crete* (London, 1939); R. W. Hutchinson, *Prehistoric Crete* (Penguin, 1962); Sinclair Hood, *The Minoans: The Story of Bronze Age Crete* (New York, 1971); A. R. Burn, *Minoans, Philistines and Greeks, B.C. 1400-900* (London, 1930); Chester G. Starr, *Origins of Greek Civilization, 1100-650 B.C.*(New York, 1961); M. I. Finley, *The World of Odysseus* (New York, 1954); Eric R. Dodds, *The Greeks and the Irrational* (Boston, 1957); Alfred E. Zimmerman, *The Greek Commonwealth*, 5th ed. rev.(Oxford, 1931); M. I. Finley, *Early Greece: The Bronze and Archaic Ages* (New York, 1970); M. Pallottino, *Art of the Etruscans* (London and New York, 1955); Raymond Block, *Origins of Rome* (New York, 1960); T. G. E. Powell, *The Celts* (New York, 1958); B. H. Warmington, *Carthage* (London, 1960); Marija Gimbutas, *The Slavs* (New York, 1971).

유라시아 대륙의 스텝지대

V. Gordon Childe, *The Aryans: A Study of Indo-European Origins* (New York, 1926); Tamara Talbot Rice, *The Scythians* (London, 1957); M. Rostovtzeff, *Iranians and Greeks in South Russia* (Oxford, 1922); George Vernadsky, *Ancient Russia* (New Haven, 1943); William M. McGovern, *The Early Empires of Central Asia* (Chapel Hill, N. C., 1939); Charles Burney and David M. Lang, *The Peoples of the Hills, Ancient Ararat and Caucasus* (New York, 1972); V. M. Masson and V. I. Sarianidi, *Central Asia: Turkmenia before the Achaemenids* (New York, 1972).

인도

Stuart W. Piggott, *Prehistoric India to 1000 B.C.* (Penguin, 1950); R. E. M.

Wheeler, *Early India and Pakistan, to Ashoka*, rev. ed.(London, 1968); R. E. M. Wheeler, *The Indus Civilization, The Cambridge History of India*, supp. vol.(Cambridge, 1953); R. E. M. Wheeler, *The Indus Civilization* (Cambridge, 1968); R. C. Majumdar and A. D. Pusalker, eds., *History and Culture of the Indian People, 1: The Vedic Age* (London, 1951); Bridget and Raymond Allchin, *The Birth of Indian Civilization: India and Pakistan before 500 B.C.* (Penguin, 1968); J. H. Hutton, *Caste in India: Its Nature Functions and Origins* (Cambridge, 1946).

중국

Ping-ti Ho, *Cradle of the East* (Chicago, 1975); Herrlee G. Creel, *The Birth of China* (London, 1936; reissued 1951); Li Chi, *The Beginnings of Chinese Civilization* (Seattle, 1957); Cheng Te-k'un, *Archeology in China, I: Prehistoric China* (Cambridge, 1959); Cheng Te-k'un, *Archeology in China, II: Shang China* (Cambridge, 1960); Cheng Te-k'un, *Archeology in China, III: Chou China* (Cambridge, 1964); Chang Kwang-chih, *Archeology of Ancient China*, rev. ed.(New Haven, 1977); Chang Kwang-chih, *Early Chinese Civilization: Anthropological Perspectives* (Cambridge, Mass., 1976); William Watson, *China: Before The Han Dynasty* (New York, 1961); Herrlee Creel, *The Origins of Statecraft in China, I: The Western Chou Empire* (Chicago, 1970); L. C. Goodrich, *A Short History of the Chinese People*, 3rd ed.(New York, 1959). 논란의 여지가 있지만 흡인력도 있는 세 권의 책은 Herrlee G. Creel, *Confucius, the Man and the Myth* (New York, 1949, 재출간, *Confucius and the Chinese Way*, New York, 1960) [이성규 옮김, 『공자: 인간과 신화』, 지식산업사, 1997]; Joseph Needham, *Science and Civilization in China*, multi-volumed (Cambridge, 1954-) [김영식·김제란 옮김, 『중국의 과학과 문명: 사상적 배경』(축약본 제1권); 이면우 옮김, 『중국의 과학과 문명: 수학, 하늘과 땅의 과학, 물리학』(축약본 제2권), 까치, 2000]; G. F. Hudson, *Europe and China* (London, 1931)이다.

그 밖의 세계

나머지 세계에 대해서는 기원전 500년 이전의 역사기록이 전무하다시피 하다. 하지만 아프리카의 선사시대에 관한 3권의 책은 언급할 만하다. Sonia Cole, *The Prehistory of East Africa* (New York, 1954); J. Desmond Clark, *The Prehistory of Southern Africa* (Penguin, 1959); George Peter Murdock, *Africa: Its Peoples and Their Cultural, History* (New York, 1959). 신세계와 동남아시아에 대해서는 2부의 참고문헌 해설에서 적당한 읽을거리를 추천하는 게 나을 것 같다.

2부

나는 문명의 성립기인 B.C. 500년에서 서양 우위의 시대가 시작되는 A.D. 1500년 사이의 전 기간을 일종의 확대된 '중세'로 함께 묶었다. 이런 분류는 서양사의 전통적인 시대구분에 어긋나는 것이다. 하지만 서기 400년을 기준으로 고전시대와 중세를 나누는 종래의 연대기적 패턴은 비서양세계의 역사에는 잘 들어맞지 않는다. 이런 이유로 참고도서도 시대별로 배열하지 않고 지역별로 정리했다.

유럽

고전적 저자들의 저작은 대부분 영어로 번역되어 로브 고전문고(Loeb classical library)로 출판되었다. 이것은 독자들에게 고전을 널리 보급하기 위해 하버드 대학에서 기획한 시리즈로, 그리스어 또는 라틴어 원문을 왼쪽 페이지에, 영어 번역문을 오른쪽 페이지에 수록한 대역본이다. 물론 아이스킬로스, 소포클레스, 아리스토파네스, 헤로도토스, 투키디데스, 플루타르크, 리비우스, 타키투스, 플라톤, 아리스토텔레스, 키케로를 비롯해 오랫동안 인기를 누리고 있는 주요 인물의 저작은 다른 형식으로도 자주 번역·출판되었다. 시중에 나와 있는 수많은 번역서 중에서 특정 판본을 추천하는 것은 내 능력 밖의 일이다. 하지만 호기심 많은 학생이라면 서양문명의 뿌리가 된 그 저자들의 대표작을 일독해야 할 것이다.

현대 학자들의 연구서를 추천하는 것 역시 어렵고 자의적일 수밖에 없다. 두 권의 모범적인 저서는 J. B. Bury, *History of Greece to the Death of Alexander the Great*, 4th ed. (London, 1975)와 Max Cary, *History of Rome Down to the Reign of Constantine the Great*, 2nd ed.(London, 1954)이다. Gisela M. A. Richter, *Sculpture and Sculptors of the Greeks*, rev. ed.(New Haven, 1950)도 권위 있는 저서이고, Moses Hadas, *History of Greek Literature* (New York, 1950)도 권할 만하다. 경제사에 대해서는 다음 책들을 참조하라. F. M. Heichelheim, *Ancient Economic History*, 3 vols.(New York, 1958); M. I. Rostovtseff, *The Social and Economic History of the Hellenistic World*, 3 vols. (Oxford, 1941); 같은 저자의 야심작인 *Social and Economic History of the Roman Empire*, revised by P. M. Fraser, 2nd ed., 2 vols.(Oxford, 1957); Tenny Frank et al., eds., *An Economic Survey of Ancient Rome*, 5 vols.(Baltimore, 1933-40); A. H. M. Jones, *The Greek City: From Alexander to Justinian* (Oxford, 1940); K. D. White, *Roman Farming* (Ithaca, N. Y., 1970); M. I. Finley, *The Ancient Economy* (Berkeley, 1973); Ernst Badian, *Publicans and Sinners: Private Enterprise in the Service of the Roman Republic* (Ithaca, N. Y., 1972). 군사 및

정치문제의 특수한 측면에 관해서는 다음과 같은 흥미로운 책들을 참조하라. A. R. Burn, *Persia and the Greeks: The Defence of the West* (New York, 1962); H. W. Parke, *Greek Mercenary Soldiers* (Oxford, 1933); A. H. M. Jones, *Athenian Democracy* (Oxford, 1957); Sir Ronald Syme, *The Roman Revolution* (Oxford, 1939) [김덕수·허승일 옮김, 『로마 혁명사』, 2권, 한길사, 2006]; J. R. Hamilton, *Alexander the Great* (London, 1973); F. E. Peters, *The Harvest of Hellenism: A History of the Near East from Alexander the Great to the Triumph of Christianity* (New York, 1970); Ernst Badian, *Roman Imperialism in the Late Republic* (Oxford, 1968); Fergus Millar, *The Emperor in the Roman World, 31 B.C.-A.D. 337* (Ithaca, N.Y., 1977); Ramsey Macmullen, *Roman Social Relations, 50 B.C. -A.D. 284* (New Haven, 1974). 그 밖의 분야에 관해 추천하고 싶은 3권의 책은 Marshall Clagett, *Greek Science in Antiquity* (New York, 1956), W. W. Tarn and G. T. Griffith, *Hellenistic Civilization*, 3rd ed. (London, 1952), Georges Dumezil, *Archaic Roman Religion* (Chicago, 1970)이다.

초대교회는 그 자체가 풍성한 연구의 주제이다. C. N. Cochrane, *Christianity and Classical Culture* (New York, 1944)[이상훈 옮김, 『기독교와 고전문화』, 한국장로교출판사, 1996]과 Arnaldo Momigliano, ed., *The Conflict Between Paganism and Christianity in the Fourth Century* (Oxford, 1963)는 고전학자에 의한 두 권의 뛰어난 연구서이다. William A. Chaney, *The Cult of Kingship in Anglo-Saxon England: The Transition from Paganism to Christianity* (Berkeley, 1970)는 이 교에서 그리스도교로 이행하는 중요한 시기에 나타난 연속성과 단절을 조명한다. 초대교회의 역사에 대한 개설서로는 Kenneth Scott Latourette, *A History of the Expansion of Christianity 1: The First Five Centuries* (New York, 1937); Robert M. Grant, *Historical Introduction to the New Testament* (New York, 1963); Rudolf Karl Bultmann, *Primitive Christianity in its Contemporary Setting* (London, 1956)을 참조하라. 좀 더 구체적인 주제를 다룬 책으로는 A. D. Nock, *Conversion, The Old and the New in Religion from Alexander the Great to Augustine of Hippo* (London, 1933); J. M. Allegro, *The Dead Sea Scrolls and the Origins of Christianity* (New York, 1957); Jean Doresse, *Secret Books of the Egyptian Gnostics* (New York, 1960); Peter Brown, *Augustine of Hippo* (Berkeley, 1967)를 들 수 있다. Salo W. Baron, *A Social and Religious History of the Jews*, 2nd ed., 8 vols.(New York, 1952-58)는 초대교회의 연구를 보완해주는 매우 유용한 연구서이다.

중세사는 대개 라틴 그리스도교권과 정교회 그리스도교권으로 양분된다. 슬라브계 유럽은 간혹 제3의 진영으로 등장하고, 이슬람과의 관계는 아예 무시되거나 전체 내러티브와 상관없이 따로 취급된다. 이로 인해 유라시아 대륙 전체는 말할 것도 없고 유럽 내에서도 중세시대의 각 종교진영의 실상과 그들 사이의 관계가 사실 이상으로 과장되는 경향이 있다. 이런 편협한 관점을 뛰어넘은 연구서로는, Hugh Trevor-Roper, *The Rise of Christian Europe* (London, 1965); Gustave E. von Grunebaum, *Medieval Islam: A Study in Cultural. Orientation*, 2nd ed.(Chicago, 1955); Robert S. Lopez, *The Birth of Europe* (New York,1967); Lynn White Jr., *Medieval Technology and Social Change* (Oxford, 1962)[강일휴 옮김,『중세의 기술과 사회변화, 지식의 풍경, 2005]를 꼽을 수 있다.

중세 경제사에 관한 최근의 연구서들은 '피렌 가설'[로마 제국은 게르만족의 침입 때문이 아니라 무슬림이 지중해의 패권을 장악했기 때문에 멸망했다는 설]에 크게 의존하고 있다. 이 가설은 벨기에의 역사가 앙리 피렌(Henri Pirenne)이 자신의 저서 *Mohammed and Charlemagne* (New York, 1955)와 *Economic and Social History of Medieval Europe* (New York, 1937)에서 개진한 것이다. *The Cambridge Economic History of Europe*, 3 vols.(Cambridge, 1941-63)는 그 가설에 대한 전문가들의 일치된 견해를 반영하고 있다. C. S. and C. S. L. Orwin, *The Open Fields*, 2nd ed.(Oxford, 1954)는 구체적인 사례연구를 통해 논란이 많은 장원제(莊園制)의 유형을 해명하려는 시도이다. 좀 더 최근에 나온 유명 학자들의 포괄적인 연구서로는 M. M. Postan, *The Medieval Economy and Society: An Economic History of Britain, 1100-1500* (Berkeley, 1972)과 Robert S. Lopez, *The Commercial Revolution of the Middle Ages* (Englewood Cliffs, N. J., 1971)를 들 수 있다.

중세의 정치적 측면에 대한 흥미롭고 중요한 저서들은 다음과 같다. *Marc Bloch, Feudal Society* (Chicago, 1961)[한정숙 옮김,『봉건사회』, 2권, 한길사, 2001]; Carl Stephenson, *Medieval Feudalism* (Ithaca, N.Y., 1942); Sir Steven Runciman, *A History of the Crusades*, 3 vols.(Cambridge, 1951-54); Charles Homer Haskins, *The Normans in European History* (Boston, 1915); Geoffrey Barraclough, *The Origins of Modern Germany*, 2nd ed.(Oxford,1947); P. H. Sawyer, *The Age of the Vikings* (New York, 1962).

문화사에 관한 주요 저서는 다음과 같다. R. W. Southern, *The Making of the Middle Ages* (New Haven, 1953); Christopher Dawson, *The Making of Europe* (London, 1932); Johan Huizinga, *The Waning of the Middle Ages* (London, 1924)[최홍숙 옮김,『중세의 가을』, 문학과지성사, 1997]; L. J. Daley, *The Medieval University* (New York, 1961); Charles Homer Haskins, *The Renaissance of the Twelfth Century* (Cambridge, Mass., 1927); C. H. McIlwain, *The Growth of Political Thought in the West* (New York, 1932); David Knowles, *The Evolution of Medieval Thought* (London, 1962); Ernst Kitzinger, *Early Medieval Art in the British Museum*, 2nd ed.(London, 1955); Erwin Panofsky,

Gothic Architecture and Scholasticism (Latrobe, Pa., 1951); Paul Oskar Kristeller, *Renaissance Thought: The Classic, Scholastic and Humanist Strains*, rev. ed., 2 vols.(New York, 1961); Ernst Cassirer et al., eds., *The Renaissance Philosophy of Man* (Chicago, 1948). David Talbot Rice, ed., *The Dawn of European Civilization* (London, 1965)은 1천년기의 유럽과 서아시아의 예술에 대한 훌륭한 입문서이다. 유럽 문화의 중요한 테마를 훑어보고 있는 개괄적인 저서로는, 유럽의 자연관을 다루고 있는 Clarence Glacken, *Traces on the Rhodian Shore* (Berkeley, 1967)와 Herschel Baker, *The Dignity of Man* (Cambridge, Mass., 1947, 재출간, *The Image of Man*, New York, 1961)을 꼽을 수 있다.

영어로 된 동유럽 연구서는 그리 많지 않지만, 다음의 책들은 추천할 만하다. Archibald R. Lewis, *Naval Power and Trade in the Mediterranean, A.D. 500-1000* (Princeton, 1951); Sir Steven Runciman, *Byzantine Civilization* (London, 1933); William H. McNeill, *Venice: The Hinge of Europe, 1081-1797* (Chicago, 1974); Norman H. Baynes and H. St. L. B. Moss, eds., *Byzantium* (Oxford, 1961); Peter Charanis, *Studies on the Demography of the Byzantine Empire: Collected Studies* (London, 1972); O. M. Dalton, *East Christian Art: A Survey of the Monuments* (Oxford, 1925); N. P. Kondakov, *The Russian Icon* (Oxford, 1927); George Vernadsky, *A History of Russia*, 5 vols.(New Haven, 1943); Jerome Blum, *Lord and Peasant in Russia* (Princeton, 1961).

이슬람의 영역

'영역'이란 유연한 용어를 사용한 것은 이슬람이 이 기간에 개종자를 계속 만들어냈고 영토적 기반을 확대했기 때문이다. 실제로 오늘날에도 이 현상은 계속되고 있다. 또한 파르티아 제국과 사산 제국도 여러 측면에서 아바스 왕조의 전신으로 볼 수 있으므로 한 묶음으로 처리하는 것이 편리하다. 전반적으로 이란에 대한 연구는 적은 편이다. 두 권의 개괄적인 저서는 Richard N. Frye, *Heritage of Persia* (Cleveland, 1963) 와 Roman Ghirshman, *Iran from the Earliest Times to the Islamic Conquest* (Penguin, 1961)이다. 파르티아 및 사산조 시대에 대해서는 Neilson C. Debevoise, *A Political History of Parthia* (Chicago, 1938)를 보라. 프랑스어를 아는 독자는 Arthur Christensen, *L'Iran sous les Sassanides*, 2nd ed. (Copenhagen, 1944)를 읽어보라. Roman Ghirshman, *Persian Art, The Parthian and Sassanian Dynasties* (New York, 1962)와 Arthur Upham Pope and Phyllis Ackerman, eds., *A Survey of Persian Art*, 7 vols.(London and New York, 1938-39)는 페르시아의 미술에 관한 탁월한 저서이다. 종교사에 대해서는 F. C. Burkitt, *The Religion of the Manichees* (Cambridge, 1925-), Robert Charles Zaehner의 *The Dawn and Twilight of Zoroastrianism* (New York, 1961), *Zurvan: A Zoroastrian Dilemma* (Oxford, 1955)를 참조하라.

이슬람에 관한 일반적인 연구서로는 다음의 책들이 유용하다. H. A. R. Gibb, *Mohammedanism: An Historical Survey*, 2nd ed.(London, 1953); Bernard Lewis, *The Arabs in History* (London and New York, 1950); Marshall G. S. Hodgson, *The Venture of Islam: Conscience and History in a World Civilization*, 3 vols.(Chicago, 1974); Gustave E. von Grunebaum, *Medieval Islam: A Study in Cultural Orientation*, 2nd ed.(Chicago, 1955); T. W. Arnold, *The Caliphate* (Oxford, 1924); and T. W. Arnold, *The Preaching of Islam*, 2nd ed. (London, 1913). 마호메트의 생애에 대해서는 Tor Andrae, *Mohammed: The Man and his Faith* (New York, 1956); W. Montgomery Watt, *Muhammad at Mecca* (Oxford, 1953); W. Montgomery Watt, *Muhammad at Medina* (Oxford, 1956)가 탁월하다. 코란 영역본은 다수 나와 있지만, 원전의 문학적 힘을 제대로 전달하는 영어판은 없는 듯하다. 또 어떤 번역이 가장 충실한 것인지는 나로서도 판단하기 어렵다. Eric Schroeder, *Muhammad's People* (Freeport, Me., 1955)은 이슬람 이전 시대의 아라비아 시를 감상할 수 있는 훌륭한 선집이다. William Polk, *The Golden Ode* (Chicago, 1974)는 이슬람 이전 아라비아의 위대한 시인 우마르 이븐 라비아의 시를 번역·해설하면서 아랍 사회를 소개하는 책이다. Ibn Khaldun, *The Muquddimah: An Introduction to History*, tr. Franz Rosenthal, 3 vols.(New York, 1958)[김호동 옮김, 『역사서설』, 까치, 2003]은 전혀 느낌이 다른 책이다. 유명한 무슬림 신학자 알 가잘리의 자서전인 W. Montgomery Watt, tr., *The Faith and Practice of Al-Ghazali* (London and New York, 1953)는 무슬림 문명의 또 다른 차원을 통찰하게 해준다.

수피 운동이 이슬람에 초래한 거대한 변화에 대해서는 A. J Arberry, *Sufism: An Account of the Mystics of Islam* (London, 1950)과 Reynold Alleyne Nicholson, *Studies in Islamic Mysticism* (Cambridge, 1911)을 추천하고 싶다. Edward G. Browne, *A Literary History of Persia*, 4 vols.(London and Cambridge, 1902-24)는 명성에 걸맞은 고전이다. T. W. Arnold, *Painting in Islam* (Oxford, 1928)과 Richard Ettinghausen, *Arab Painting* (Geneva, 1062)은 유용한 미술사 서적이다.

좀 더 전문적인 주제에 대해서는 다음의 책들을 참조하라. George Fadlo Hourani, *Arab Seafaring in the Indian Ocean in Ancient and Early Medieval Times* (Princeton, 1951); Andrew S. Ehrenkreutz, *Saladin* (Albany, N.Y., 1972); W. Barthold, *Turkestan Down to the Mongol Invasion*, 2nd ed.(London,1928); Paul Wittek, *The Rise of the Ottoman Empire* (London, 1938); HalilInalcik, *The Ottoman Empire: The Classical Age, 1300-1600* (New York, 1973); Franz Babinger, *Mehmet the Conqueror and His Time*

(Princeton, 1977); J. K. Birge, *The Bektashi Order of Dervishes* (Hartford, 1937); and Marshall G. S. Hodgson, *The Order of Assassins* (The Hague, 1955).

중앙아시아와 스텝지대

유라시아 대륙의 스텝지대를 하나로 뭉뚱그려 취급한 연구서는 거의 없다. Réné Grousset, *The Empire of the Steppes* (trans. New Brunswick, 1970) 〔김호동 외 옮김, 『유라시아 유목제국사』, 사계절, 1998〕는 스텝의 동쪽과 서쪽에서 일어난 일을 하나의 틀 안에서 연관시키고자 노력한 보기 드문 저작이다. William M. McGovern, *The Early Empires of Central Asia* (Chapel Hill, 1939)와 Owen Lattimore, *The Inner Asian Frontiers of China* (New York, 1940)은 스텝지대의 동부를 다룬 책이다. W. W. Tarn, *The Greeks in Bactria and India*, 2nd ed. (Cambridge, 1951)와 A. K. Narain, *The Indo-Greeks* (Oxford, 1957)는 중앙아시아 역사에서 특별히 극적인 사건들을 주제로 삼았다. 쿠샨 제국에 관해서는 딱히 추천할 만한 책이 없다. 또 위구르 마니교도가 세를 떨치던 시대에 중앙아시아에 산재해 있던 사산조 페르시아의 주변국들에 대해서도 만족스러운 연구가 없다. Sir Aurel Stein, *On Ancient Central Asian Tracks* (London, 1933)는 자신의 발견을 기록해둔 것으로, 자료를 역사로 엮어내지는 못하고 있다.

스텝지대의 서부에 대해서는 역사가들의 연구가 좀 더 많이 이루어졌다. M. I. Rostovtzeff, *Iranians and Greeks in South Russia* (Oxford, 1922)와 Tamara Talbot Rice, *The Scythians* (London, 1957)는 이미 1부에서 언급했다. I. Mortimer Wheeler, *Rome Beyond the Imperial Frontiers* (New York, 1955); E. A. Thompson, *A History of Attila and the Huns* (Oxford, 1948); Otto Maenchen-Helfen, *The World of the Huns* (Berkeley, 1973); D. M. Dunlop, *The History of the Jewish Khazars* (Princeton, 1954)는 유럽에 관련된 스텝지대 역사의 주요 국면을 능숙하게 설명한 책들이다. R. A. Stein, *Tibetan Civilization* (trans. Stanford, 1972)은 티베트 문명에 대한 뛰어난 입문서이다. 몽골에 대해서는 H. Desmond Martin, *The Rise of Chingis Khan and His Conquest of North China*, ed. Eleanor Lattimore (Baltimore, 1950)와 Christopher Dawson, ed., *The Mongol Mission* (London and New York, 1955)이 유용하다. Michael Prawdin (Michal Charol의 필명), *The Mongol Empire: Its Rise and Legacy* (London, 1940)는 재미있는 책이지만 전거를 제시하지 않고 있다.

인도와 동남아시아

A. L. Basham, *The Wonder That Was India*, rev. ed.(New York, 1963)는 인도 문명 전반에 대한 최고의 입문서이다. 좀 더 최근에 나온 개괄적인 연구서는 Stanley Wolpert, *A New History of India* (New York, 1977)이다. K. A. Nilakanta Sastri,

A History of South India from Prehistoric Times to the Fall of Vijayanagar, 3rd ed.(Madras, 1966)와 E. H. Warmington, *Commerce between the Roman Empire and India* (Cambridge, 1928)는 지중해 세계와 인도양 세계의 상호연관성에 관한 흥미로운 자료를 제시한다.

인도의 사상과 문예에 대한 모범적인 저작으로는, Surendranath Dasgupta, *A History of Indian Philosophy*, 5 vols.(Cambridge, 1932-5U); A. B. Keith, *A History of Sanskrit Literature* (London, 1928); A. B. Keith, *The Sanskrit Drama in Its Origin, Development, Theory, and Practice* (Oxford, 1924)를 들 수 있다. Heinrich Zimmer and Joseph Campbell, *The Art of Indian Asia*, 2 vols.(New York, 1955); Benjamin Rowland, *The Art and Architecture of India* (Penguin, 1953), Calambur Sivaramamurti, *The Art of India* (New York, 1977)는 인도 미술을 멋지게 설명하고 있다. 인도 문학의 번역서로는, V. R. R. Dikshitar, ed. and tr., *The Lay of the Anklet* (Silappadik ram) (Oxford, 1939); Johannes A. B. van Buitenen, *Tales of Ancient India* (Chicago, 1959); Franklin Edgerton, ed. and tr., *The Bhagavad Gita, transtated and interpreted* (Harvard Oriental Series, Cambridge, Mass., 1944) 〔함석헌 주석·이거룡 해제, 『바가바드기타』, 한길사, 1996〕; N. A. Nikam and Richard P. McKeon, eds. and trs., *The Edicts of Ashoka* (Chicago, 1958) 등이 눈길을 끈다. 『마하바라타』를 영어로 번역하고 있는 판 바위테넌(Johannes A. B. van Buitenen)의 중요한 작업에 대해서는 1부에서 이미 언급했다. Robert C. Zaehner, *Hinduism* (Oxford, 1966) 〔남수영 옮김, 『힌두이즘』, 여래, 1996〕과 Mircea Eliade, *Yoga: Immorality and Freedom*,. 2nd ed. rev. (Princeton, 1969)는 인도의 종교를 개괄적으로 설명한 두 권의 빼어난 저서이다.

동남아시아에 대한 이해에 도움을 주는 책들은 다음과 같다. D. G. E. Hall, *A History of Southeast Asia* (New York, 1955); John F. Cady, *Southeast Asia: Its Historical Development* (New York, 1964); H. G. Quaritch Wales, *The Making of Greater India: A Study in Southeast Asian Culture Change* (London, 1950); J. C. van Leur, *Indonesian Trade and Society* (The Hague, 1955); B. H. M. Vlekke, *Nusantara: A History of the East Indian Archipelago* (Cambridge, Mass., 1943); G. Coedes, *The Indianized States of Southeast Asia*, trans. (Honolulu, 1968).

동아시아

L. C. Goodrich, *A Short History of the Chinese People*, 3rd ed. (New York, 1959)와 Charles O. Hucker, *China's Imperial Past* (Stanford, 1975)는 추천할 만한 중국사 입문서이다. George B. Sansom, *Japan: A Short Cultural History* (New York, 1962)와 John Hall, *Japan: From Prehistory to Modern Times* (New

York, 1970) [박영재 옮김, 『일본사』, 역민사, 1986]은 고전적인 일본사 입문서이다. 한국에 대해서는 M. Frederick Nelson, *Korea and the Old Orders in Eastern Asia* (Baton Rouge, 1945); Homer B. Hulbert, *The History of Korea*, rev. ed. by C. M. Weems, 2 vols.(Hillary, N.Y., n. d.; first published, Seoul, 1905); Woo-kuen Han, *The History of Korea* (Seoul, 1970) [한우근, 『한국통사』, 을유문화사, 1970]를 참조하라. E. O. Reischauer, John K. Fairbank, and Albert Craig, *East Asia: Tradition and Transformation* (Boston, 1973) [이 책은 *A History of East Asian Civilization* 총 3권 중 마지막 권으로, 1권과 2권을 요약한 것이다. 김한규·전용남·윤병남 옮김, 『동양문화사』, 상·하, 을유문화사, 1991-1992는 그 1권 *East Asia: Tradition*과 2권 *East Asia: Transformation*을 옮긴 것이다]는 동아시아 전반을 다룬 책이다.

중국의 유구한 정치적·사회적 발전과정에 관한 주제별 연구서는 다음과 같다. Derk Bodde, *China's First Unifier: A Study of the Ch'in Dynasty as Seen in the Life of Li Ssu* (Leiden, 1938); Michael Loewe, *Crisis and Conflict in Han China* (London, 1974); Arthur F. Wright, *Buddhism in Chinese History* (Stanford, 1959) [양필승 역, 『中國史와 佛敎』, 신서원, 1994]; Kenneth Ch'en, *Buddhism in China: An Historical Survey* (Princeton, 1964) [박해당 역, 『중국불교: 역사와 전개』, 민족사, 1991]; Arthur Wright and Denis Twitchett, *Perspectives on the T'ang* (New Haven, 1973); Edwin G. Pulleyblank, *The Background of the Rebellion of An Lu-shan* (London, 1955); Edward A. Kracke, Jr., *Civil Service in Early Sung China, 960-1067* (Cambridge, Mass., 1953); Shiba Yoshinobu, *Commerce and Society in Sung China*, trans.(Ann Arbor, 1970)[원서는 斯波義信, 『宋代商業史硏究』, 東京: 風間書房, 1968]; James T. C. Liu, *Reform in Sung China: Wang An-shih and his New Politics* (Cambridge, Mass., 1959); Charles O. Hucker, ed., *Chinese Government in Ming Times* (New York, 1969); J. J. L. Duyvendak, *China's Discovery of Africa* (London, 1949). Raymond Dawson, ed., *The Legacy of China* (Oxford, 1964)에는 각 분야의 전문가가 중국 전통 문명의 여러 측면을 간략히 소개한 논문들이 수록되어 있다.

중국의 예술과 사상을 이해하는 데 도움을 주는 책은 다음과 같다. Osvald Siren, *Chinese Painting: Leading Masters and Principles*, 7 vols.(New York, 1956-58); Lawrence Sickman and Alexander Soper, *The Art and Architecture of China* (Penguin, 1956); 중국화에 관한 최고의 입문서인 James Cahill, *Chinese Painting* (Cleveland, 1960; reissued in paperback, New York, 1977) [조선미 옮김, 『중국회화사』, 열화당, 2002]; Fung Yu-lan, *A History of Chinese Philosophy*, tr. Derk Bodde, 2 vols. (Princeton, 1952-53); Wing-tsit Ch'an, *A Sourcebook in Chinese Philosophy* (Princeton, 1963). 후대의 중국을 지배한 신유학사상의 양면성에 대해서는 Wing-tsit Ch'an, tr., *Reflections on Things at Hand: The Neo-*

Confucian Anthology Compiled by Chu Hsi and Lü Tsu-ch'ien (New York, 1967)과 Tu Wei-ming, *Neo-Confucian Thought in Action: Wang Yang-ming's Youth* (Berkeley, 1976)를 참조하라. *Historical Relics Unearthed in New China* (Peking, 1972)와 *Murals from the Han to the T'ang Dynasty* (Peking, 1974)는 현대 중국의 고고학자들이 발굴해낸 주요 유물의 컬러사진을 다수 수록하고 있다. 1부에서 이미 언급한 Joseph Needham, *Science and Civilization in China*, multi-volumed (Cambridge, 1954-)와 T. F. Carter and L. C. Goodrich, *The Invention of Printing in China and Its Spread Westward*, 2nd ed.(New York, 1955)는 각 주제에 대해 최고의 권위를 자랑하는 역작이다. Burton Watson, tr., *Records of the Grand Historian of China*, 2 vols.(New York, 1961)와 Homer H. Dubs, ed. and tr., *The History of the former Han Dynasty by Pan Ku* (Baltimore, 1938-55)는 중국의 가장 유명한 역사가 두 명 쓰마첸(司馬遷)과 쓰마광(司馬光)에 대한 정보를 제공한다. Arthur Waley, tr., *The Poetry and Career* of Li Po, 701-762 A.D.(London, 1951)도 읽어볼 만하다.

Donald L. Philippi, tr., *Kojiki* (Tokyo, 1968)[권오엽 옮김, 『고사기』 3권, 충남대학교출판부, 2000~2001]는 고대 일본을 이해하는 데 없어서는 안될 중요한 1차 사료이다. Muraski Shikibu, *The Tale of Genji*, tr. Arthur Waley (Boston, 1935)[김난주 옮김, 『겐지 이야기』 10권, 한길사, 2007]는 헤이안(平安) 시대의 문화를 들여다보는 창이다. 그 밖에도 Ivan Morris, *The World of the Shining Prince* (New York, 1964); Jeffrey Mass, *Warrior Government in Early Medieval Japan: A Study of the Kamakura Bakufu, Shugo and Jito* (New Haven, 1974); Alfred Bloom, *Shinran's Gospel of Pure Grace* (Tucson, 1965)가 전근대 일본에 대한 충실한 연구서이다.

아프리카

Roland Oliver and John D. Fage, *A Short History of Africa* (Penguin, 1962)는 필독서로 통하지만, 근래에 나온 Philip D. Curtin, *African History* (Boston, 1978)가 그 자리에 도전하고 있다. 개괄적인 지역 연구서로는 다음과 같은 책이 있다. Zoe Marsh and G. W. Kingsnorth, *An Introduction to the History of East Africa*, 2nd ed.(Cambridge, 1961); John D. Fage, *An Introduction to the History of West Africa*, 2nd ed.(Cambridge, 1960); E. W. Bovill, *Caravans of the Old Sahara: An Introduction to the History of the Western Sudan* (London, 1933); J. Spencer Trimingham, *A History of Islam in West Africa* (London, 1962); A. H. M. Jones and Elizabeth Monroe, *A History of Abyssinia* (Oxford, 1935; reissued as A History of Ethiopia, 1955); Nehemia Levtzion, *Ancient Ghana and Mali* (New York, 1973). Roland Oliver, ed., *The Cambridge History of*

Africa, III: from c. 1050 to c. 1600 (Cambridge, 1977)은 해당 시대에 대한 최신 연구동향을 반영하고 있다.

아메리카 대륙

Gordon R. Willey, *New World Prehistory, Smithsonian Institution Report for 1960* (Washington, D.C., 1961)과 H. E. Driver, ed., *The Americas on the Eve of Discovery* (Englewood Cliffs, N.J., 1964)는 아메리카 인디언에 대한 훌륭한 개설서이다. G. H. S. Bushnell, *Peru*, rev. ed.(New York, 1963); J. Eric S. Thompson, *The Rise and Fall of Maya Civilization* (Norman, Okla., 1954); G. C. Valliant, *The Aztecs of Mexico* (Penguin, 1950); Friedrich Katz, *The Ancient American Civilizations* (New York, 1972)도 대단히 유용하다. 콜럼버스 이전에 구세계와 신세계 사이의 태평양을 넘어선 접촉 여부에 대한 논쟁은 M. W. Smith, *Asia and North America: Trans-Pacific Contacts, Society for American Archeology*, Memoir No.9(1953)와 Andrew Sharp, *Ancient Voyagers in the Pacific* (Wellington, N. Z., 1956)을 참조하라.